S10868

Medizinische Hochschule Hannover
Institut für Transfusionsmedizin und
Transplantat Engineering
Prof. Dr. med. R. Blasczyk
Carl-Neuberg-Straße 1 • 30625 Hannover
Telefon 0511 532-67 00 • Fax -20 79

Medizinische Hochschule Hannover
Transfusionsmedizin und
Transplantat Engineering OE 8350
AUSGESCHIEDEN
19. Okt. 2021
eingegangen

Kohlhammer

DKG-NT Band I

Tarif der Deutschen Krankenhausgesellschaft
für die Abrechnung erbrachter Leistungen und
für die Kostenerstattung vom Arzt an das Krankenhaus

zugleich

BG-T

vereinbarter Tarif für die Abrechnung
mit den gesetzlichen Unfallversicherungsträgern

Stand: 1. Oktober 2021

40., aktualisierte Auflage

Herausgeber: Deutsche Krankenhausgesellschaft
Verlag W. Kohlhammer

Dieses Werk einschließlich aller seiner Teile ist urheberrechtlich geschützt. Jede Verwendung außerhalb der engen Grenzen des Urheberrechts ist ohne Zustimmung des Verlags unzulässig und strafbar. Das gilt insbesondere für Vervielfältigungen, Übersetzungen, Mikroverfilmungen und für die Einspeicherung und Verarbeitung in elektronischen Systemen.

Die Wiedergabe von Warenbezeichnungen, Handelsnamen und sonstigen Kennzeichen in diesem Buch berechtigt nicht zu der Annahme, dass diese von jedermann frei benutzt werden dürfen. Vielmehr kann es sich auch dann um eingetragene Warenzeichen oder sonstige geschützte Kennzeichen handeln, wenn sie nicht eigens als solche gekennzeichnet sind.

Es konnten nicht alle Rechtsinhaber von Abbildungen ermittelt werden. Sollte dem Verlag gegenüber der Nachweis der Rechtsinhaberschaft geführt werden, wird das branchenübliche Honorar nachträglich gezahlt.

Dieses Werk enthält Hinweise/Links zu externen Websites Dritter, auf deren Inhalt der Verlag keinen Einfluss hat und die der Haftung der jeweiligen Seitenanbieter oder -betreiber unterliegen. Zum Zeitpunkt der Verlinkung wurden die externen Websites auf mögliche Rechtsverstöße überprüft und dabei keine Rechtsverletzung festgestellt. Ohne konkrete Hinweise auf eine solche Rechtsverletzung ist eine permanente inhaltliche Kontrolle der verlinkten Seiten nicht zumutbar. Sollten jedoch Rechtsverletzungen bekannt werden, werden die betroffenen externen Links soweit möglich unverzüglich entfernt.

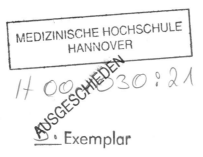

Herausgeber: Deutsche Krankenhausgesellschaft e.V., Berlin

40., aktualisierte Auflage (Stand: Oktober 2021)
Alle Rechte vorbehalten
© W. Kohlhammer GmbH, Stuttgart
Umschlagabbildung: © Stauke – Fotolia.com
Gesamtherstellung: W. Kohlhammer GmbH, Stuttgart

Print:
ISBN 978-3-17-040870-8

An die Bezieher des DKG-NT Band I/BG-T

Der DKG-NT Band I/BG-T beinhaltet Änderungen, die mit Wirkung zum 01.08.2021 in Kraft getreten sind.

Im Kapitel S I „Bäder, Massagen, Krankengymnastik und andere Heilbehandlungen" wurden mit Wirkung zum 01.08.2021 die Gebühren der Ziffern 9207, 9401 sowie 9407 bis 9413 angepasst.

Ferner wurden zum 01.08.2021 im Tarifteil BG-T für die durch Beschluss der Ständigen Gebührenkommission nach § 52 Vertrag Ärzte/Unfallversicherungsträger in die UV-GOÄ neu aufgenommen Leistungen mit den Gebührennummern 35 und 36 Allgemeine Kosten (Spalte 5) im Tarifteil BG-T ausgewiesen.

Der DKG-NT Band I/BG-T auch als Online-Datenbank – Nutzen Sie die Vorteile des unbegrenzten Zugangs und abonnieren Sie jetzt!

Funktionen:

- Möglichkeit einer elektronischen Rechnungserstellung
- Speichern der Rechnungsdaten in verschiedenen Formaten
- intelligente Suchfunktionen nach Tarifnummern und Stichworten ermöglichen einen schnellen Zugriff auf die relevanten Tarifnummern (auch eine eingeschränkte Suche in BG-T und DKG-NT ist möglich).
- umfassende Verlinkungen von Registerbegriffen und Querverweisen

Weitere Infos finden Sie auf www.dkg-nt-online.de

Inhaltsverzeichnis

	Vorwort	V
	Erläuterungen zu der 40. Auflage des DKG-NT Band I / BG-T	IX
A	**Allgemeine Tarifbestimmungen**	1
B	**Grundleistungen und allgemeine Leistungen (DKG-NT I)**	7
	I. Allgemeine Beratungen und Untersuchungen (DKG-NT I)	9
	II. Zuschläge zu Beratungen und Untersuchungen nach den Nummern 1, 3, 4, 5, 6, 7 oder 8 (DKG-NT I)	15
	III. Spezielle Beratungen und Untersuchungen (DKG-NT I)	17
	IV. Visiten, Konsiliartätigkeit, Besuche, Assistenz (DKG-NT I)	23
	V. Zuschläge zu den Leistungen nach den Nummern 45 bis 62, 100 und 101 (DKG-NT I)	27
	VI. Berichte, Briefe (DKG-NT I)	29
	VII. Todesfeststellung (DKG-NT I)	31
B	**Grundleistungen und allgemeine Leistungen (BG-T)**	33
	I. Allgemeine Beratungen und Untersuchungen (BG-T)	35
	II. Leistungen unter besonderen Bedingungen (BG-T)	41
	III. Visiten, Konsiliartätigkeit, Besuche, Assistenz (BG-T)	45
	IV. Wegegeld und Reiseentschädigungen (BG-T)	51
	V. Todesfeststellung (BG-T)	53
	VI. Besondere Regelungen (BG-T)	55
C	**Nichtgebietsbezogene Sach- und Sonderleistungen**	63
	I. Anlegen von Verbänden (DKG-NT I)	65
	I. Anlegen von Verbänden (BG-T)	69
	II. Blutentnahmen, Injektionen, Infiltrationen, Infusionen, Transfusionen, Implantationen, Abstrichentnahmen	73
	III. Punktionen	79
	IV. Kontrastmitteleinbringungen	81
	V. Impfungen und Testungen	85
	VI. Sonographische Leistungen	89
	VII. Intensivmedizinische und sonstige Leistungen	93
	VIII. Zuschläge zu ambulanten Operations- und Anästhesieleistungen (DKG-NT I)	95
	VIII. Zuschläge zu ambulanten Operations- und Anästhesieleistungen (BG-T)	101
D	**Anästhesieleistungen**	111
E	**Physikalisch-medizinische Leistungen**	121
	I. Inhalationen	125
	II. Krankengymnastik und Übungsbehandlungen	127
	III. Massagen	129
	IV. Hydrotherapie und Packungen	131
	V. Wärmebehandlung	133
	VI. Elektrotherapie	135
	VII. Lichttherapie	137
F	**Innere Medizin, Kinderheilkunde, Dermatologie**	139
G	**Neurologie, Psychiatrie und Psychotherapie**	157
H	**Geburtshilfe und Gynäkologie**	167
I	**Augenheilkunde**	177

Inhaltsverzeichnis

J	**Hals-, Nasen-, Ohrenheilkunde**	189
K	**Urologie**	203
L	**Chirurgie, Orthopädie**	215
	I. Wundversorgung, Fremdkörperentfernung	219
	II. Extremitätenchirurgie	221
	III. Gelenkchirurgie	225
	IV. Gelenkluxationen	233
	V. Knochenchirurgie	237
	VI. Frakturbehandlung	241
	VII. Chirurgie der Körperoberfläche	245
	VIII. Neurochirurgie	249
	IX. Mund-, Kiefer- und Gesichtschirurgie	255
	X. Halschirurgie	261
	XI. Gefäßchirurgie	263
	XII. Thoraxchirurgie	267
	XIII. Herzchirurgie	269
	XIV. Ösophaguschirurgie / Abdominalchirurgie	271
	XV. Hernienchirurgie	277
	XVI. Orthopädisch-chirurgische konservative Leistungen	279
M	**Laboratoriumsuntersuchungen**	281
	I. Vorhalteleistungen in der eigenen, niedergelassenen Praxis	287
	II. Basislabor	291
	III. Untersuchungen von körpereigenen oder körperfremden Substanzen und körpereigenen Zellen	301
	IV. Untersuchungen zum Nachweis und zur Charakterisierung von Krankheitserregern	359
N	**Histologie, Zytologie und Zytogenetik**	385
	I. Histologie	387
	II. Zytologie	389
	III. Zytogenetik	391
O	**Strahlendiagnostik, Nuklearmedizin, Magnetresonanztomographie und Strahlentherapie**	393
	I. Strahlendiagnostik	396
	II. Nuklearmedizin	417
	III. Magnetresonanztomographie	435
	IV. Strahlentherapie	437
P	**Sektionsleistungen**	445
R	**Analoge Bewertungen**	449
S	**Krankenhaussachleistungen, Obduktionen**	465
	I. Bäder, Massagen, Krankengymnastik und andere Heilbehandlungen	467
	II. Arzneimittel, Sera, Blutersatzmittel, Blutkonserven, Blutspenden, Blutplasmen, therapeutische Hilfsmittel	471
	III. Sonstige Leistungen, Obduktionen	475
Anhang		477
Sachregister		479
Sachregister (Labor)		499

Erläuterungen zu der 40. Auflage des DKG-NT Band I/BG-T

Die 40. Auflage des DKG-NT Band I/BG-T mit Stand 01.10.2021 beinhaltet folgende Änderungen im Vergleich zur 39., aktualisierten Auflage mit Stand vom 01.10.2020:

Im Kapitel S I „Bäder, Massagen, Krankengymnastik und andere Heilbehandlungen" wurden mit Wirkung zum 01.08.2021 die Gebühren der Ziffern 9207, 9401 sowie 9407 bis 9413 angepasst.

Darüber hinaus erfolgten für den Tarifteil BG-T aufgrund von Beschlüssen der Ständigen Gebührenkommission Anpassungen der Leistungslegendierung sowie die Aufnahme von Gebührenordnungspositionen.

Mit Wirkung zum 01.08.2021 wurden die Leistungsziffern 35 und 36 im Tarifteil BG-T neu eingeführt und zugleich wurden für diese allgemeine Kosten aufgenommen. Die Leistungsziffern 379a und 379b wurden neu in den Tarifteil BG-T eingeführt. Ferner wurde die Leistungsziffer 757 im Tarifteil BG-T gestrichen.

Zur Struktur des DKG-NT Band I/BG-T sind nachfolgende Punkte zu berücksichtigen:

– Die Leistungsverzeichnisse des DKG-NT Band I und BG-T sind mit Wirkung ab 01.05.2001 zusammengeführt worden. Hierbei ist zwischen drei Kategorien von Leistungen zu unterscheiden

  – Leistungen, die gleichermaßen für den DKG-NT Band I und den BG-T gelten,
  – Leistungen, die nur für den DKG-NT Band I gelten,
  – Leistungen, die nur für den BG-T gelten.

  Die Zuordnung der einzelnen Leistungen zu der jeweiligen Kategorie kann den Spalten 1a und 1b entnommen werden. Aufgrund größerer Unterschiede in den Leistungsverzeichnissen des DKG-NT Band I und des BG-T werden die Abschnitte B und CI sowie CVIII für den DKG-NT Band I und den BG-T jeweils gesondert ausgewiesen.

– Die Sachkosten (Spalte 6) setzten sich aus der Summe der Besonderen Kosten (Spalte 4) und der Allgemeinen Kosten (Spalte 5) zusammen.

– Die Vollkosten (Spalte 7) gelten nur für den DKG-NT Band I und setzen sich aus der Summe von Besonderen Kosten und dem Produkt aus Punktzahl und Punktwert zusammen. Dieser beträgt ab 01.10.2020 10,13709758 Cent. Ausnahme bilden die Leistungen nach Nr. 757, der Teil C VIII (DKG-NT I) sowie die Leistungen der Nummern 2005, 2010, 2031, 2060, 2073, 2105, 2339, 2347, 2348, 2353, 2381, 2382, 2403, 2404, 2405 und 2801. Für diese Leistungen gilt ein Punktwert i. H. v. 8,589704. Weitere Ausnahme bilden die Laboratoriumsuntersuchungen nach Abschnitt M, die Leistung nach Nr. 437 sowie die Leistungen nach den Nrn. 73732 bis 74463. Für diese Leistungen gilt ein Punktwert i. H. v. 6,90244 Cent. Die Vielzahl an Nachkommastellen resultiert aus der Euro-Umstellung, die ohne Rundung vorgenommen wurde.

– Bei prozentualen Anpassungen von Kosten bzw. Preisen wurde auf drei Stellen nach dem Komma gerechnet und anschließend kaufmännisch auf 2 Nachkommastellen gerundet.

Wesentliche Anwendungsbereiche der Tarifwerke der Deutschen Krankenhausgesellschaft (DKG-NT Band I/BG-T und DKG-NT Band II) sind:

– Liquidation erbrachter ambulanter Leistungen des Krankenhauses (Institutsleistungen) gegenüber Selbstzahlern.

– Abrechnung Besonderer Kosten (Spalte 4) bei ambulanter berufsgenossenschaftlicher Heilbehandlung und Nebenleistungen bei berufsgenossenschaftlicher Begutachtung.

– Liquidation konsiliarärztlicher Leistungen des Krankenhauses bei Leistungserbringung für stationäre Patienten anderer Krankenhäuser.

– Kostenerstattung vom Arzt an das Krankenhaus, wenn GOÄ Grundlage der Honorarberechnung durch den Arzt ist.

DKG-NT Band II

Kostenerstattung vom Arzt an das Krankenhaus, wenn der EBM die Grundlage der Honorarberechnung durch den Arzt ist, sofern der DKG-NT Band II als Kostenerstattungsgrundlage zwischen Arzt und Krankenhaus vereinbart ist.

Teil A

Allgemeine
Tarifbestimmungen
DKG-NT Band I
BG-T

Allgemeine Tarifbestimmungen DKG-NT Band I

§ 1 Allgemeines

(1) Die Beträge in den Spalten 4 bis 6 sind für die jeweiligen Leistungen als Pauschalen zwischen den Vertragsparteien vereinbart.

(2) Leistungen, die Teil einer anderen Leistung sind, können nicht gesondert berechnet werden.

(3) Selbständige ärztliche Leistungen, die im Tarif nicht aufgenommen sind, können entsprechend einer nach Art, Kosten- und Zeitaufwand gleichwertigen Leistung des Tarifs berechnet werden, dabei ist die gleichwertige Leistung anzugeben.

§ 2 Besondere Kosten

(1) Soweit in diesem Tarif nichts anderes bestimmt ist, sind mit den Beträgen der Spalte 4 (Besondere Kosten) die Kosten für

- Anästhetika bei Leistungen des Teils D,
- Verbandmittel, Materialien, Gegenstände und Stoffe, die der Patient zur weiteren Verwendung behält oder die mit der einmaligen Anwendung verbraucht sind,

abgegolten.

(2) Weder in den Besonderen Kosten (Spalte 4) enthalten noch gesondert berechnungsfähig sind:

1. Kleinmaterialien wie Zellstoff, Mulltupfer, Schnellverbandmaterial, Verbandspray, Gewebeklebstoff auf Histoacrylbasis, Mullkompressen, Holzspatel, Holzstäbchen, Wattestäbchen, Gummifingerlinge,
2. Reagenzien und Narkosemittel zur Oberflächenanästhesie,
3. Desinfektions- und Reinigungsmittel,
4. Augen-, Ohren-, Nasentropfen, Puder, Salben und Arzneimittel zur sofortigen Anwendung, deren Aufwand je Mittel unter € 1,02 liegt
5. Folgende Einmalartikel: Einmalspritzen, Einmalkanülen, Einmalhandschuhe, Einmalharnblasenkatheter, Einmalskalpelle, Einmalproktoskope, Einmaldarmrohre, Einmalspekula.

(3) Nicht mit den Besonderen Kosten (Spalte 4) abgegolten und damit gesondert berechnungsfähig sind:

1. Arzneimittel (einschließlich Salben, Blutkonserven, Blutderivate, Blutersatzmittel, Sera u.ä.), wenn der Aufwand je Arzneimittel € 1,02 übersteigt,
2. Blutspenden,
3. Gummi-Elastikbinden, Gummistrümpfe u.ä.,
4. Knochennägel, Knochenschrauben, Knochenspäne, Stahlsehnendrähte, Gelenkschienen, Schienen bei Kieferbruchbehandlung, Gehbügel, Abrollsohlen, Gefäßprothesen, Endoprothesen, Dauerkanülen, Herzschrittmacher, Kunststoffprothesen, Kunststofflinsen, alloplastisches Material,
5. Einmalinfusionsbestecke, Einmalbiopsienadeln, Einmalkatheter (ausgenommen Einmalharnblasenkatheter), Einmalsaugdrainagen,
6. fotografische Aufnahmen, Vervielfältigungen,
7. Telefon-, Telefax- und Telegrammkosten sowie Versand- und Portokosten u.ä.,
8. Versand- und Portokosten können nur von demjenigen berechnet werden, dem die gesamten Kosten für Versandmaterial, Versandgefäße sowie für den Versand oder Transport entstanden sind. Kosten für Versandmaterial, für den Versand des Untersuchungsmaterials und die Übermittlung des Untersuchungsergebnisses innerhalb einer Laborgemeinschaft oder innerhalb eines Krankenhausgeländes sind nicht berechnungsfähig; dies gilt auch, wenn Material oder ein Teil davon unter Nutzung der Transportmittel oder des Versandweges oder der Versandgefäße einer Laborgemeinschaft zur Untersuchung einem zur Erbringung von Leistungen Beauftragten zugeleitet wird. Werden aus demselben Körpermaterial sowohl in einer Laborgemeinschaft als

Allgemeine Tarifbestimmungen DKG-NT Band I

auch von einem Labor Leistungen aus den Abschnitten M oder N ausgeführt, so kann das Labor bei Benutzung desselben Transportweges Versandkosten nicht berechnen; dies gilt auch dann, wenn von einem anderen Fachgebiet Auftragsleistungen aus den Abschnitten M oder N erbracht werden. Für die Versendung der Rechnung dürfen Versand- oder Portokosten nicht berechnet werden.

9. Die bei der Anwendung radioaktiver Stoffe und deren Verbrauch entstandenen Kosten.
10. Die Kosten der inkorporierten Stoffe einschließlich Kontrastmittel, soweit in diesem Tarif nichts anderes bestimmt ist.
11. Wochenbettpackungen

§ 3 Allgemeine Kosten

(1) Soweit in diesem Tarif und in Absatz 2 nichts anderes bestimmt ist, sind mit den Beträgen der Spalte 5 (Allgemeine Kosten) die Kosten für Personal (mit Ausnahme des ärztlichen Dienstes einschließlich der Arztschreibkräfte), Räume, Einrichtungen, Materialien, sowie die durch die Anwendung von ärztlichen Geräten entstandenen Kosten abgegolten.

(2) Außerdem sind abgegolten:
1. Kleinmaterialien wie Zellstoff, Mulltupfer, Schnellverbandmaterial, Verbandspray, Gewebeklebstoff auf Histoacrylbasis, Mullkompressen, Holzspatel, Holzstäbchen, Wattestäbchen, Gummifingerlinge,
2. Reagenzien und Narkosemittel zur Oberflächenanästhesie,
3. Desinfektions- und Reinigungsmittel,
4. Augen-, Ohren-, Nasentropfen, Puder, Salben und geringwertige Arzneimittel zur sofortigen Anwendung sowie
5. Folgende Einmalartikel: Einmalspritzen, Einmalkanülen, Einmalhandschuhe, Einmalharnblasenkatheter, Einmalskalpelle, Einmalproktoskope, Einmaldarmrohre, Einmalspekula.

(3) Nicht abgegolten sind:
1. Die Besonderen Kosten nach § 2 und
2. Die Kosten des ärztlichen Dienstes einschließlich Arztschreibkräfte

§ 4 Sachkosten

(1) Soweit in diesem Tarif und den §§ 2 und 3 nichts anderes bestimmt ist, sind mit den Beträgen der Spalte 6 (Sachkosten) die Besonderen Kosten (Spalte 4) und die Allgemeinen Kosten (Spalte 5) abgegolten.

(2) Nicht abgegolten und daher gesondert berechnungsfähig sind die Kosten nach § 2 Abs. 3

§ 5 Krankenhaussachleistungen

Soweit in diesem Tarif nichts anderes bestimmt ist, sind mit den Beträgen in Spalte 3 des Teils S alle Kosten abgegolten.

§ 6 Vollkosten

(1) Die Beträge in Spalte 7 sind die pauschale Vergütung, wenn die jeweiligen Leistungen als Institutsleistung des Krankenhauses abgerechnet werden.

(2) Mit diesen Pauschalen nach Spalte 7 (Vollkosten) sind die Sachkosten nach Maßgabe des § 4 und die Kosten des ärztlichen Dienstes einschließlich Arztschreibkräfte abgegolten.

§ 7 Hebammenhilfe

Die Hebammenhilfe ist mit den Tarifsätzen nicht abgegolten.

Allgemeine Tarifbestimmungen BG-T

§ 1 Allgemeines

(1) Die Beträge in den Spalten 4 bis 6 sind für die jeweiligen Leistungen als Pauschalen zwischen den Vertragsparteien vereinbart.

(2) Leistungen, die Teil einer anderen Leistung sind, können nicht gesondert berechnet werden.

§ 2 Besondere Kosten

(1) Soweit in diesem Tarif nichts anderes bestimmt ist, sind mit den Beträgen der Spalte 4 (Besondere Kosten) die Kosten für

- Anästhetika bei Leistungen des Teils D,
- Verbandmittel, Gewebeklebstoff, Materialien, Gegenstände und Stoffe, die der Patient zur weiteren Verwendung behält oder die mit der einmaligen Anwendung verbraucht sind,

abgegolten.

(2) Weder in den Besonderen Kosten (Spalte 4) enthalten noch gesondert berechnungsfähig sind:

1. Kleinmaterialien wie Zellstoff, Mulltupfer, Schnellverbandmaterial, Verbandspray, Mullkompressen, Holzspatel, Holzstäbchen, Wattestäbchen, Gummifingerlinge,
2. Reagenzien und Narkosemittel zur Oberflächenanästhesie,
3. Desinfektions- und Reinigungsmittel,
4. Augen-, Ohren-, Nasentropfen, Puder, Salben und Arzneimittel zur sofortigen Anwendung, deren Aufwand je Mittel unter € 1,02 liegt,
5. Folgende Einmalartikel: Einmalspritzen, Einmalkanülen, Einmalhandschuhe, Einmalharnblasenkatheter, Einmalskalpelle, Einmalproktoskope, Einmaldarmrohre, Einmalspekula.

(3) Nicht mit den Besonderen Kosten (Spalte 4) abgegolten und damit gesondert berechnungsfähig sind:

1. Arzneimittel (einschließlich Salben, Blutkonserven, Blutderivate, Blutersatzmittel, Sera u.ä.), wenn der Aufwand je Arzneimittel € 1,02 übersteigt,
2. Blutspenden,
3. Gummi-Elastikbinden, Gummistrümpfe u.ä.,
4. Knochennägel, Knochenschrauben, Knochenspäne, Stahlsehnendrähte, Gelenkschienen, Schienen bei Kieferbruchbehandlung, Gehbügel, Abrollsohlen, Gefäßprothesen, Endoprothesen, Dauerkanülen, Herzschrittmacher, Kunststoffprothesen, Kunststofflinsen, alloplastisches Material,
5. Einmalinfusionsbestecke, Einmalbiopsienadeln, Einmalkatheter (ausgenommen Einmalharnblasenkatheter), Einmalsaugdrainagen,
6. fotografische Aufnahmen, Vervielfältigungen,
7. Telefon-, Telefax- und Telegrammkosten sowie Versand- und Portokosten u.ä.,
8. Versand- und Portokosten können nur von demjenigen berechnet werden, dem die gesamten Kosten für Versandmaterial, Versandgefäße sowie für den Versand oder Transport entstanden sind. Kosten für Versandmaterial, für den Versand des Untersuchungsmaterials und die Übermittlung des Untersuchungsergebnisses innerhalb einer Laborgemeinschaft oder innerhalb eines Krankenhausgeländes sind nicht berechnungsfähig; dies gilt auch, wenn Material oder ein Teil davon unter Nutzung der Transportmittel oder des Versandweges oder der Versandgefäße einer Laborgemeinschaft zur Untersuchung einem zur Erbringung von Leistungen Beauftragten zugeleitet wird. Werden aus demselben Körpermaterial sowohl in einer Laborgemeinschaft als auch von einem Labor Leistungen aus den Abschnitten M oder N ausgeführt, so kann das Labor bei Benutzung desselben Transportweges Versandkosten nicht berechnen; dies gilt auch dann, wenn von einem anderen Fachgebiet Auftragsleistungen aus den Abschnitten M oder N

Allgemeine Tarifbestimmungen BG-T

erbracht werden. Für die Versendung der Rechnung dürfen Versand- oder Portokosten nicht berechnet werden.

9. Die bei der Anwendung radioaktiver Stoffe und deren Verbrauch entstandenen Kosten,
10. Die Kosten der inkorporierten Stoffe einschließlich Kontrastmittel, soweit in diesem Tarif nichts anderes bestimmt ist.

§ 3 Allgemeine Kosten

(1) Soweit in diesem Tarif und in Absatz 2 nichts anderes bestimmt ist, sind mit den Beträgen der Spalte 5 (Allgemeine Kosten) die Kosten für Personal (mit Ausnahme des ärztlichen Dienstes einschließlich der Arztschreibkräfte), Räume, Einrichtungen, Materialien, sowie die durch die Anwendung von ärztlichen Geräten entstandenen Kosten abgegolten.

(2) Außerdem sind abgegolten:

1. Kleinmaterialien wie Zellstoff, Mulltupfer, Schnellverbandmaterial, Verbandspray, Gewebeklebstoff auf Histoacrylbasis, Mullkompressen, Holzspatel, Holzstäbchen, Wattestäbchen, Gummifingerlinge,
2. Reagenzien und Narkosemittel zur Oberflächenanästhesie,
3. Desinfektions- und Reinigungsmittel,
4. Augen-, Ohren-, Nasentropfen, Puder, Salben und geringwertige Arzneimittel zur sofortigen Anwendung sowie
5. Folgende Einmalartikel: Einmalspritzen, Einmalkanülen, Einmalhandschuhe, Einmalharnblasenkatheter, Einmalskalpelle, Einmalproktoskope, Einmaldarmrohre, Einmalspekula.

(3) Nicht abgegolten sind:

1. Die Besonderen Kosten nach § 2 und
2. Die Kosten des ärztlichen Dienstes einschließlich Arztschreibkräfte

§ 4 Sachkosten

(1) Soweit in diesem Tarif und den §§ 2 und 3 nichts anderes bestimmt ist, sind mit den Beträgen der Spalte 6 (Sachkosten) die Besonderen Kosten (Spalte 4) und die Allgemeinen Kosten (Spalte 5) abgegolten.

(2) Nicht abgegolten und daher gesondert berechnungsfähig sind die Kosten nach § 2 Abs. 3.

§ 5 Krankenhaussachleistungen

Soweit in diesem Tarif nichts anderes bestimmt ist, sind mit den Beträgen in Spalte 3 des Teils S alle Kosten abgegolten.

Teil B

Grundleistungen und allgemeine Leistungen (DKG-NT I)

B I Allgemeine Beratungen und Untersuchungen (DKG-NT I)

BGT Tarif-Nr.	DKG-NT Tarif-Nr.	Leistung	Punkte (nur DKG-NT I)	Besondere Kosten	Allgemeine Kosten	Sach-kosten	Vollkosten (nur DKG-NT I)
1a	1b	2	3	4	5	6	7
		Allgemeine Bestimmungen					
		1. Als Behandlungsfall gilt für die Behandlung derselben Erkrankung der Zeitraum eines Monats nach der jeweils ersten Inanspruchnahme des Arztes					
		2. Die Leistungen nach den Nrn. 1 und/oder 5 sind neben Leistungen nach den Abschnitten C bis O im Behandlungsfall nur einmal berechnungsfähig.					
		3. Die Leistungen nach den Nrn. 1, 3, 5, 6, 7 und/oder 8 können an demselben Tag nur dann mehr als einmal berechnet werden, wenn dies durch die Beschaffenheit des Krankheitsfalls geboten war. Bei mehrmaliger Berechnung ist die jeweilige Uhrzeit der Leistungserbringung in der Rechnung anzugeben. Bei den Leistungen nach den Nummern 1, 5, 6, 7 und/oder 8 ist eine mehrmalige Berechnung an demselben Tag auf Verlangen, bei der Leistung nach Nummer 3 generell zu begründen.					
		4. Die Leistungen nach den Nummern 1, 3, 22, 30 und/oder 34 sind neben den Leistungen nach den Nummern 804 bis 812, 817, 835, 849, 861 bis 864, 870, 871, 886 sowie 887 nicht berechnungsfähig.					
		5. Mehr als zwei Visiten an demselben Tag können nur berechnet werden, wenn sie durch die Beschaffenheit des Krankheitsfalls geboten waren. Bei der Berechnung von mehr als zwei Visiten an demselben Tag ist die jeweilige Uhrzeit der Visiten anzugeben. Auf Verlangen ist die mehr als zweimalige Berechnung einer Visite an demselben Tag zu begründen. Anstelle oder neben der Visite im Krankenhaus sind die Leistungen nach den Nummern 1, 3, 4, 5, 6, 7, 8 und/oder 15 nicht berechnungsfähig.					
		6. Besuchsgebühren nach den Nummern 48, 50 und/oder 51 sind für Besuche von Krankenhaus- und Belegärzten im Krankenhaus nicht berechnungsfähig.					
		7. Terminvereinbarungen sind nicht berechnungsfähig.					

B I   Allgemeine Beratungen und Untersuchungen (DKG-NT I)

BGT Tarif-Nr.	DKG-NT Tarif-Nr.	Leistung	Punkte (nur DKG-NT I)	Besondere Kosten	Allgemeine Kosten	Sach-kosten	Vollkosten (nur DKG-NT I)
1a	1b	2	3	4	5	6	7
		8. Neben einer Leistung nach den Nummern 5, 6, 7 oder 8 sind die Leistungen nach den Nummern 600, 601, 1203, 1204, 1228, 1240, 1400, 1401 und 1414 nicht berechnungsfähig.					

B I Allgemeine Beratungen und Untersuchungen (DKG-NT I)

BGT Tarif-Nr.	DKG-NT Tarif-Nr.	Leistung	Punkte (nur DKG-NT I)	Besondere Kosten	Allgemeine Kosten	Sachkosten	Vollkosten (nur DKG-NT I)
1a	1b	2	3	4	5	6	7
	1	Beratung – auch mittels Fernsprecher –	80		1,52 €	1,52 €	8,11 €
	2	Ausstellung von Wiederholungsrezepten und/oder Überweisungen und/oder Übermittlung von Befunden oder ärztlichen Anordnungen – auch mittels Fernsprecher – durch die Arzthelferin und/oder Messung von Körperzuständen (z.B. Blutdruck, Temperatur) ohne Beratung, bei einer Inanspruchnahme des Arztes	30		1,31 €	1,31 €	3,04 €
		Die Leistung nach Nummer 2 darf anläßlich einer Inanspruchnahme des Arztes nicht zusammen mit anderen Gebühren berechnet werden.					
	3	Eingehende, das gewöhnliche Maß übersteigende Beratung – auch mittels Fernsprecher –	150		1,52 €	1,52 €	15,21 €
		Die Leistung nach Nummer 3 (Dauer mindestens 10 Minuten) ist nur berechnungsfähig als einzige Leistung oder im Zusammenhang mit einer Untersuchung nach den Nummern 5, 6, 7, 8, 800 oder 801. Eine mehr als einmalige Berechnung im Behandlungsfall bedarf einer besonderen Begründung					
	4	Erhebung der Fremdanamnese über einen Kranken und/oder Unterweisung und Führung der Bezugsperson(en) – im Zusammenhang mit der Behandlung eines Kranken –	220		3,07 €	3,07 €	22,30 €
		Die Leistung nach Nummer 4 ist im Behandlungsfall nur einmal berechnungsfähig.					
		Die Leistung nach Nummer 4 ist neben den Leistungen nach den Nummern 30, 34, 801, 806, 807, 816, 817 und/oder 835 nicht berechnungsfähig.					
	5	Symptombezogene Untersuchung	80		1,52 €	1,52 €	8,11 €
		Die Leistung nach Nummer 5 ist neben den Leistungen nach den Nummern 6 bis 8 nicht berechnungsfähig.					

B I   Allgemeine Beratungen und Untersuchungen (DKG-NT I)   Nummer 6

BGT Tarif-Nr.	DKG-NT Tarif-Nr.	Leistung	Punkte (nur DKG-NT I)	Besondere Kosten	Allgemeine Kosten	Sach-kosten	Vollkosten (nur DKG-NT I)
1a	1b	2	3	4	5	6	7
	6	Vollständige körperliche Untersuchung mindestens eines der folgenden Organsysteme: alle Augenabschnitte, der gesamte HNO-Bereich, das stomatognathe System, die Nieren und ableitenden Harnwege (bei Männern auch gegebenenfalls einschließlich der männlichen Geschlechtsorgane) oder Untersuchung zur Erhebung eines vollständigen Gefäßstatus – gegebenenfalls einschließlich Dokumentation – ..... *Die vollständige körperliche Untersuchung eines Organsystems nach der Leistung nach Nummer 6 beinhaltet insbesondere:* *– bei den Augen: beidseitige Inspektion des äußeren Auges, beidseitige Untersuchung der vorderen und mittleren Augenabschnitte sowie des Augenhintergrunds;* *– bei dem HNO-Bereich: Inspektion der Nase, des Naseninnern, des Rachens, beider Ohren, beider äußeren Gehörgänge und beider Trommelfelle, Spiegelung des Kehlkopfs;* *– bei dem stomatognathen System: Inspektion der Mundhöhle, Inspektion und Palpation der Zunge und beider Kiefergelenke sowie vollständiger Zahnstatus;* *– bei den Nieren und ableitenden Harnwegen: Palpation der Nierenlager und des Unterbauchs, Inspektion der äußeren Genitale sowie Digitaluntersuchung des Enddarms, bei Männern zusätzlich Digitaluntersuchung der Prostata, Prüfung der Bruchpforten sowie Inspektion und Palpation der Hoden und Nebenhoden;* *– bei dem Gefäßstatus: Palpation und gegebenenfalls Auskultation der Arterien an beiden Handgelenken, Ellenbeugen, Achseln, Fußrücken, Sprunggelenken, Kniekehlen, Leisten sowie der tastbaren Arterien an Hals und Kopf, Inspektion und gegebenenfalls Palpation der oberflächlichen Bein- und Halsvenen.* *Die Leistung nach Nummer 6 ist neben den Leistungen nach den Nummern 5, 7 und/oder 8 nicht berechnungsfähig.*	100		2,83 €	2,83 €	10,14 €

B I   Allgemeine Beratungen und Untersuchungen (DKG-NT I)

BGT Tarif-Nr.	DKG-NT Tarif-Nr.	Leistung	Punkte (nur DKG-NT I)	Besondere Kosten	Allgemeine Kosten	Sach-kosten	Vollkosten (nur DKG-NT I)
1a	1b	2	3	4	5	6	7
	7	Vollständige körperliche Untersuchung mindestens eines der folgenden Organsysteme: das gesamte Hautorgan, die Stütz- und Bewegungsorgane, alle Brustorgane, der gesamte weibliche Genitaltrakt (gegebenenfalls einschließlich Nieren und ableitende Harnwege) – gegebenenfalls einschließlich Dokumentation –	160		4,48 €	4,48 €	16,22 €
		Die vollständige körperliche Untersuchung eines Organsystems nach der Leistung nach Nummer 7 beinhaltet insbesondere:					
		– bei dem Hautorgan: Inspektion der gesamten Haut, Hautanhangsgebilde und sichtbaren Schleimhäute, gegebenenfalls einschließlich Prüfung des Dermographismus und Untersuchung mittels Glasspatel;					
		– bei den Stütz- und Bewegungsorganen: Inspektion, Palpation und orientierende Funktionsprüfung der Gelenke und der Wirbelsäule einschließlich Prüfung der Reflexe;					
		– bei den Brustorganen: Auskultation und Perkussion von Herz und Lunge sowie Blutdruckmessung;					
		– bei den Bauchorganen: Palpation, Perkussion und Auskultation der Bauchorgane einschließlich palpatorischer Prüfung der Bruchpforten und der Nierenlager;					
		– bei den weiblichen Genitaltrakt: bimanuelle Untersuchung der Gebärmutter und der Adnexe, Inspektion der äußeren Genitale, der Vagina und der Protio uteri, Digitaluntersuchung des Enddarms, gegebenenfalls Palpation der Nierenlager und des Unterbauchs.					
		Die Leistung nach Nummer 7 ist neben den Leistungen nach den Nummern 5, 6 und/oder 8 nicht berechnungsfähig.					
	8	Untersuchung zur Erhebung des Ganzkörperstatus, gegebenenfalls einschließlich Dokumentation	260		3,07 €	3,07 €	26,36 €

B I Allgemeine Beratungen und Untersuchungen (DKG-NT I) — Nummern 11–15

BGT Tarif-Nr.	DKG-NT Tarif-Nr.	Leistung	Punkte (nur DKG-NT I)	Besondere Kosten	Allgemeine Kosten	Sachkosten	Vollkosten (nur DKG-NT I)
1a	1b	2	3	4	5	6	7
		Der Ganzkörperstatus beinhaltet die Untersuchung der Haut, der sichtbaren Schleimhäute, der Brust- und Bauchorgane, der Stütz- und Bewegungsorgane sowie eine orientierende neurologische Untersuchung.					
		Die Leistung nach Nummer 8 ist neben den Leistungen nach den Nummern 5, 6, 7 und/oder 800 nicht berechnungsfähig.					
	11	Digitaluntersuchung des Mastdarms und/oder der Prostata	60		**3,07 €**	**3,07 €**	**6,08 €**
	15	Einleitung und Koordination flankierender therapeutischer und sozialer Maßnahmen während der kontinuierlichen ambulanten Betreuung eines chronisch Kranken	300		**1,52 €**	**1,52 €**	**30,41 €**
		Die Leistung nach Nr. 15 darf nur einmal im Kalenderjahr berechnet werden.					
		Neben der Leistung nach Nr. 15 ist die Leistung nach Nr. 4 im Behandlungsfall nicht berechnungsfähig.					

B II Zuschläge zu Beratungen und Untersuchungen nach den Nummern 1, 3, 4, 5, 6, 7 oder 8 (DKG-NT I)   Nummern A–D

BGT Tarif-Nr.	DKG-NT Tarif-Nr.	Leistung	Punkte (nur DKG-NT I)	Besondere Kosten	Allgemeine Kosten	Sach-kosten	Vollkosten (nur DKG-NT I)
1a	1b	2	3	4	5	6	7
		Allgemeine Bestimmungen					
		Die Zuschläge nach den Buchstaben A bis D sowie K 1 sind nur mit dem einfachen Gebührensatz berechnungsfähig. Sie dürfen unabhängig von der Anzahl und Kombination der erbrachten Leistungen je Inanspruchnahme des Arztes nur einmal berechnet werden. Neben den Zuschlägen nach den Buchstaben A bis D sowie K 1 dürfen Zuschläge nach den Buchstaben E bis J sowie K 2 nicht berechnet werden. Die Zuschläge nach den Buchstaben B bis D dürfen von Krankenhausärzten nicht berechnet werden, es sei denn, die Leistungen werden durch den liquidationsberechtigten Arzt oder seinen Vertreter nach § 4 Abs. 2 Satz 3 erbracht.					
		Die Zuschläge sind unmittelbar im Anschluß an die zugrundeliegende Leistung aufzuführen.					
	A	Zuschlag für außerhalb der Sprechstunde erbrachte Leistungen	70				**7,10 €**
		Der Zuschlag nach Buchstabe A ist neben den Zuschlägen nach den Buchstaben B, C und/oder D nicht berechnungsfähig.					
		Der Zuschlag nach Buchstabe A ist für Krankenhausärzte nicht berechnungsfähig.					
	B	Zuschlag für in der Zeit zwischen 20 und 22 Uhr oder 6 und 8 Uhr außerhalb der Sprechstunde erbrachte Leistungen	180				**18,25 €**
	C	Zuschlag für in der Zeit zwischen 22 und 6 Uhr erbrachte Leistungen	320				**32,44 €**
		Neben dem Zuschlag nach Buchstabe C ist der Zuschlag nach Buchstabe B nicht berechnungsfähig.					
	D	Zuschlag für an Samstagen, Sonn- oder Feiertagen erbrachte Leistungen	220				**22,30 €**
		Werden Leistungen innerhalb einer Sprechstunde an Samstagen erbracht, so ist der Zuschlag nach Buchstabe D nur mit dem halben Gebührensatz berechnungsfähig.					

B II Zuschläge zu Beratungen und Untersuchungen nach den Nummern 1, 3, 4, 5, 6, 7 oder 8 (DKG-NT I)   **Nummer K1**

BGT Tarif-Nr.	DKG-NT Tarif-Nr.	Leistung	Punkte (nur DKG-NT I)	Besondere Kosten	Allgemeine Kosten	Sach- kosten	Vollkosten (nur DKG-NT I)
1a	1b	2	3	4	5	6	7
	K1	*Werden Leistungen an Samstagen, Sonn- oder Feiertagen zwischen 20 und 8 Uhr erbracht, ist neben dem Zuschlag nach Buchstabe D ein Zuschlag nach Buchstabe B oder C berechnungsfähig.* *Der Zuschlag nach Buchstabe D ist für Krankenhausärzte im Zusammenhang mit zwischen 8 und 20 Uhr erbrachten Leistungen nicht berechnungsfähig.* Zuschlag zu Untersuchungen nach den Nummern 5, 6, 7 oder 8 bei Kindern bis zum vollendeten 4. Lebensjahr	120				**12,16 €**

B III Spezielle Beratungen und Untersuchungen (DKG-NT I)

BGT Tarif-Nr.	DKG-NT Tarif-Nr.	Leistung	Punkte (nur DKG-NT I)	Besondere Kosten	Allgemeine Kosten	Sach-kosten	Vollkosten (nur DKG-NT I)
1a	1b	2	3	4	5	6	7
	20	Beratungsgespräch in Gruppen von 4 bis 12 Teilnehmern im Rahmen der Behandlung von chronischen Krankheiten, je Teilnehmer und Sitzung (Dauer mindestens 50 Minuten)	120		2,71 €	2,71 €	12,16 €
		Neben der Leistung nach Nummer 20 sind die Leistungen nach den Nummern 847, 862, 864, 871 und/oder 887 nicht berechnungsfähig.					
	21	Eingehende humangenetische Beratung, je angefangene halbe Stunde und Sitzung	360		1,52 €	1,52 €	36,49 €
		Die Leistung nach Nummer 21 darf nur berechnet werden, wenn die Beratung in der Sitzung mindestens eine halbe Stunde dauert.					
		Die Leistung nach Nummer 21 ist innerhalb eines halben Jahres nach Beginn des Beratungsfalls nicht mehr als viermal berechnungsfähig.					
		Neben der Leistung nach Nummer 21 sind die Leistungen nach den Nummern 1, 3, 4, 22 und 34 nicht berechnungsfähig.					
	22	Eingehende Beratung einer Schwangeren im Konfliktfall über die Erhaltung oder den Abbruch der Schwangerschaft – auch einschließlich Beratung über soziale Hilfen, gegebenenfalls auch einschließlich Beurteilung über das Vorliegen einer Indikation für einen nicht rechtswidrigen Schwangerschaftsabbruch – ..	300		2,36 €	2,36 €	30,41 €
		Neben der Leistung nach Nummer 22 sind die Leistungen nach den Nummern 1, 3, 21 oder 34 nicht berechnungsfähig.					
	23	Erste Vorsorgeuntersuchung in der Schwangerschaft mit Bestimmung des Geburtstermins – einschließlich Erhebung der Anamnese und Anlegen des Mutterpasses sowie Beratung der Schwangeren über die Mutterschaftsvorsorge, einschließlich Hämoglobinbestimmung	300		12,04 €	12,04 €	30,41 €
		Neben der Leistung nach Nummer 23 sind die Leistungen nach den Nummern 1, 3, 5, 7 und/oder 3550 nicht berechnungsfähig.					

B III Spezielle Beratungen und Untersuchungen (DKG-NT I)   Nummern 24–27

BGT Tarif-Nr.	DKG-NT Tarif-Nr.	Leistung	Punkte (nur DKG-NT I)	Besondere Kosten	Allgemeine Kosten	Sach-kosten	Vollkosten (nur DKG-NT I)
1a	1b	2	3	4	5	6	7
	24	Untersuchung im Schwangerschaftsverlauf – einschließlich Beratung und Bewertung der Befunde, gegebenenfalls auch im Hinblick auf die Schwangerschaftsrisiken –	200		3,07 €	3,07 €	20,27 €
		Neben der Leistung nach Nummer 24 sind die Leistungen nach den Nummern 1, 3, 5 und/oder 7 nicht berechnungsfähig.					
	25	Neugeborenen-Erstuntersuchung – gegebenenfalls einschließlich Beratung der Bezugsperson(en) –	200		8,97 €	8,97 €	20,27 €
		Neben der Leistung nach Nummer 25 sind die Leistungen nach den Nummern 1, 3, 4, 5, 6, 7 und/oder 8 nicht berechnungsfähig.					
	26	Untersuchung zur Früherkennung von Krankheiten bei einem Kind bis zum vollendeten 14. Lebensjahr (Erhebung der Anamnese, Feststellung der Körpermaße, Untersuchung von Nervensystem, Sinnesorganen, Skelettsystem, Haut-, Brust-, Bauch- und Geschlechtsorganen) – gegebenenfalls einschließlich Beratung der Bezugsperson(en) –	450		12,28 €	12,28 €	45,62 €
		Die Leistung nach Nummer 26 ist ab dem vollendeten 2. Lebensjahr je Kalenderjahr höchstens einmal berechnungsfähig.					
		Neben der Leistung nach Nummer 26 sind die Leistungen nach den Nummern 1, 3, 4, 5, 6, 7 und/oder 8 nicht berechnungsfähig.					
	27	Untersuchung einer Frau zur Früherkennung von Krebserkrankungen der Brust, des Genitales, des Rektums und der Haut – einschließlich Erhebung der Anamnese, Abstrichentnahme zur zytologischen Untersuchung, Untersuchung auf Blut im Stuhl und Urinuntersuchung auf Eiweiß, Zucker und Erythrozyten, einschließlich Beratung –	320		13,92 €	13,92 €	32,44 €
		Mit der Gebühr sind die Kosten für Untersuchungsmaterialien abgegolten.					
		Neben der Leistung nach Nummer 27 sind die Leistungen nach den Nummern 1, 3, 5, 6, 7, 8, 297, 3500, 3511, 3650 und/oder 3652 nicht berechnungsfähig.					

B III Spezielle Beratungen und Untersuchungen (DKG-NT I) — Nummern 28–30

BGT Tarif-Nr.	DKG-NT Tarif-Nr.	Leistung	Punkte (nur DKG-NT I)	Besondere Kosten	Allgemeine Kosten	Sach-kosten	Vollkosten (nur DKG-NT I)
1a	1b	2	3	4	5	6	7
	28	Untersuchung eines Mannes zur Früherkennung von Krebserkrankungen des Rektums, der Prostata, des äußeren Genitales und der Haut – einschließlich Erhebung der Anamnese, Urinuntersuchung auf Eiweiß, Zucker und Erythrozyten sowie Untersuchung auf Blut im Stuhl, einschließlich Beratung –	280		12,74 €	12,74 €	28,38 €
		Mit der Gebühr sind die Kosten für Untersuchungsmaterialien abgegolten.					
		Neben der Leistung nach Nummer 28 sind die Leistungen nach den Nummern 1, 3, 5, 6, 7, 8, 11, 3500, 3511, 3650 und/oder 3652 nicht berechnungsfähig.					
	29	Gesundheitsuntersuchung zur Früherkennung von Krankheiten bei einem Erwachsenen – einschließlich Untersuchung zur Erhebung des vollständigen Status (Ganzkörperstatus), Erörterung des individuellen Risikoprofils und verhaltensmedizinisch orientierter Beratung	440		3,54 €	3,54 €	44,60 €
		Neben der Leistung nach Nr. 29 sind die Leistungen nach den Nummern 1, 3, 5, 6, 7 und/oder 8 nicht berechnungsfähig.					
	30	Erhebung der homöopathischen Erstanamnese mit einer Mindestdauer von einer Stunde nach biographischen und homöopathisch-individuellen Gesichtspunkten mit schriftlicher Aufzeichnung zur Einleitung einer homöopathischen Behandlung – einschließlich homöopathischer Repertorisation und Gewichtung der charakteristischen psychischen, allgemeinen und lokalen Zeichen und Symptome des jeweiligen Krankheitsfalls, unter Berücksichtigung der Modalitäten, Alternanzen, Kausal- und Begleitsymptome, zur Auffindung des homöopathischen Einzelmittels, einschließlich Anwendung und Auswertung standardisierter Fragebogen –	900		23,61 €	23,61 €	91,23 €

BGT Tarif-Nr.	DKG-NT Tarif-Nr.	Leistung	Punkte (nur DKG-NT I)	Besondere Kosten	Allgemeine Kosten	Sach-kosten	Vollkosten (nur DKG-NT I)
1a	1b	2	3	4	5	6	7
		Dauert die Erhebung einer homöopathischen Erstanamnese bei einem Kind bis zum vollendeten 14. Lebensjahr weniger als eine Stunde, mindestens aber eine halbe Stunde, kann die Leistung nach Nummer 30 mit entsprechender Begründung mit der Hälfte der Gebühr berechnet werden.					
		Die Leistung nach Nummer 30 ist innerhalb von einem Jahr nur einmal berechnungsfähig.					
		Neben der Leistung nach Nummer 30 sind die Leistungen nach den Nummern 1, 3 und/oder 34 nicht berechnungsfähig.					
	31	Homöopathische Folgeanamnese mit einer Mindestdauer von 30 Minuten unter laufender Behandlung nach den Regeln der Einzelmittelhomöopathie zur Beurteilung des Verlaufs und Feststellung des weiteren Vorgehens – einschließlich schriftlicher Aufzeichnungen –	450		**11,79 €**	**11,79 €**	**45,62 €**
		Die Leistung nach Nummer 31 ist innerhalb von sechs Monaten höchstens dreimal berechnungsfähig.					
		Neben der Leistung nach Nummer 31 sind die Leistungen nach den Nummern 1, 3, 4, 30 und/oder 34 nicht berechnungsfähig.					
	32	Untersuchung nach §§ 32 bis 35 und 42 des Jugendarbeitsschutzgesetzes (Eingehende, das gewöhnliche Maß übersteigende Untersuchung – einschließlich einfacher Seh-, Hör- und Farbsinnprüfung –; Urinuntersuchung auf Eiweiß, Zucker und Erythrozyten; Beratung des Jugendlichen; schriftliche gutachtliche Äußerung; Mitteilung für die Personensorgeberechtigten; Bescheinigung für den Arbeitgeber	400		**3,19 €**	**3,19 €**	**40,55 €**

BGT Tarif-Nr.	DKG-NT Tarif-Nr.	Leistung	Punkte (nur DKG-NT I)	Besondere Kosten	Allgemeine Kosten	Sach-kosten	Vollkosten (nur DKG-NT I)
1a	1b	2	3	4	5	6	7
	33	Strukturierte Schulung einer Einzelperson mit einer Mindestdauer von 20 Minuten (bei Diabetes, Gestationsdiabetes oder Zustand nach Pankreatektomie) – einschließlich Evaluation zur Qualitätssicherung unter diabetologischen Gesichtspunkten zum Erlernen und Umsetzen des Behandlungsmanagements, einschließlich der Auswertung eines standardisierten Fragebogens –	300		4,25 €	4,25 €	30,41 €
		Die Leistung nach Nummer 33 ist innerhalb von einem Jahr höchstens dreimal berechnungsfähig.					
		Neben der Leistung nach Nummer 33 sind die Leistungen nach den Nummern 1, 3, 15, 20, 847, 862, 864, 871 und/oder 887 nicht berechnungsfähig.					
	34	Erörterung (Dauer mindestens 20 Minuten) der Auswirkungen einer Krankheit auf die Lebensgestaltung in unmittelbarem Zusammenhang mit der Feststellung oder erheblichen Verschlimmerung einer nachhaltig lebensverändernden oder lebensbedrohenden Erkrankung – gegebenenfalls einschließlich Planung eines operativen Eingriffs und Abwägung seiner Konsequenzen und Risiken – gegebenenfalls einschließlich Beratung – gegebenenfalls unter Einbeziehung von Bezugspersonen – ..	300		4,25 €	4,25 €	30,41 €
		Die Leistung nach Nummer 34 ist innerhalb von 6 Monaten höchstens zweimal berechnungsfähig.					
		Neben der Leistung nach Nummer 34 sind die Leistungen nach den Nummern 1, 3, 4, 15 und/oder 30 nicht berechnungsfähig.					

B IV Visiten, Konsiliartätigkeit, Besuche, Assistenz (DKG-NT I)   Nummern 45–46

BGT Tarif-Nr.	DKG-NT Tarif-Nr.	Leistung	Punkte (nur DKG-NT I)	Besondere Kosten	Allgemeine Kosten	Sach-kosten	Vollkosten (nur DKG-NT I)
1a	1b	2	3	4	5	6	7
	45	Visite im Krankenhaus	70		1,77 €	1,77 €	7,10 €
		Die Leistung nach Nummer 45 ist neben anderen Leistungen des Abschnitts B nicht berechnungsfähig.					
		Werden zu einem anderen Zeitpunkt an demselben Tag andere Leistungen des Abschnitts B erbracht, so können diese mit Angabe der Uhrzeit für die Visite und die anderen Leistungen aus Abschnitt B berechnet werden.					
		Anstelle oder neben der Visite im Krankenhaus sind die Leistungen nach den Nummern 1, 3, 4, 5, 6, 7, 8, 15, 48, 50 und/oder 51 nicht berechnungsfähig.					
		Wird mehr als eine Visite an demselben Tag erbracht, kann für die über die erste Visite hinausgehenden Visiten nur die Leistung nach Nummer 46 berechnet werden.					
		Die Leistung nach Nummer 45 ist nur berechnungsfähig, wenn diese durch den liquidationsberechtigten Arzt des Krankenhauses oder dessen ständigen ärztlichen Vertreter persönlich erbracht wird.					
	46	Zweitvisite im Krankenhaus	50		1,52 €	1,52 €	5,07 €
		Die Leistung nach Nummer 46 ist neben anderen Leistungen des Abschnitts B nicht berechnungsfähig.					
		Werden zu einem anderen Zeitpunkt an demselben Tag andere Leistungen des Abschnitts B erbracht, so können diese mit Angabe der Uhrzeit für die Visite und die anderen Leistungen aus Abschnitt B berechnet werden.					
		Anstelle oder neben der Zweitvisite im Krankenhaus sind die Leistungen nach den Nummern 1, 3, 4, 5, 6, 7, 8, 15, 45, 48, 50 und/oder 51 nicht berechnungsfähig.					
		Mehr als zwei Visiten dürfen nur berechnet werden, wenn sie durch die Beschaffenheit des Krankheitsfalls geboten waren oder verlangt wurden. Wurde die Visite verlangt, muß dies in der Rechnung angegeben werden.					

B IV Visiten, Konsiliartätigkeit, Besuche, Assistenz (DKG-NT I)   Nummern 48–52

BGT Tarif-Nr.	DKG-NT Tarif-Nr.	Leistung	Punkte (nur DKG-NT I)	Besondere Kosten	Allgemeine Kosten	Sach-kosten	Vollkosten (nur DKG-NT I)
1a	1b	2	3	4	5	6	7
		Die Leistung nach Nummer 46 ist nur berechnungsfähig, wenn diese durch den liquidationsberechtigten Arzt des Krankenhauses oder dessen ständigen ärztlichen Vertreter persönlich erbracht wird.					
	48	Besuch eines Patienten auf einer Pflegestation (z.B. in Alten- oder Pflegeheimen) – bei regelmäßiger Tätigkeit des Arztes auf der Pflegestation zu vorher vereinbarten Zeiten –	120				**12,16 €**
		Die Leistung nach Nummer 48 ist neben den Leistungen nach den Nummern 1, 50, 51 und/oder 52 nicht berechnungsfähig.					
	50	Besuch, einschließlich Beratung und symptombezogene Untersuchung	320				**32,44 €**
		Die Leistung nach Nummer 50 darf anstelle oder neben einer Leistung nach den Nummern 45 oder 46 nicht berechnet werden.					
		Neben der Leistung nach Nummer 50 sind die Leistungen nach den Nummern 1, 5, 48 und/oder 52 nicht berechnungsfähig.					
	51	Besuch eines weiteren Kranken in derselben häuslichen Gemeinschaft in unmittelbarem zeitlichen Zusammenhang mit der Leistung nach Nummer 50 – einschließlich Beratung und symptombezogener Untersuchung –	250				**25,34 €**
		Die Leistung nach Nummer 51 darf anstelle oder neben einer Leistung nach den Nummern 45 oder 46 nicht berechnet werden.					
		Neben der Leistung nach Nummer 51 sind die Leistungen nach den Nummern 1, 5, 48 und/oder 52 nicht berechnungsfähig.					
	52	Aufsuchen eines Patienten außerhalb der Praxisräume oder des Krankenhauses durch nichtärztliches Personal im Auftrag des niedergelassenen Arztes (z.B. zur Durchführung von kapillaren oder venösen Blutentnahmen, Wundbehandlungen, Verbandswechsel, Katheterwechsel)	100				**10,14 €**

B IV   Visiten, Konsiliartätigkeit, Besuche, Assistenz (DKG-NT I)   Nummern 55–60

BGT Tarif-Nr.	DKG-NT Tarif-Nr.	Leistung	Punkte (nur DKG-NT I)	Besondere Kosten	Allgemeine Kosten	Sach-kosten	Vollkosten (nur DKG-NT I)
1a	1b	2	3	4	5	6	7
		Die Pauschalgebühr nach Nummer 52 ist nur mit dem einfachen Gebührensatz berechnungsfähig. Sie ist nicht berechnungsfähig, wenn das nichtärztliche Personal den Arzt begleitet. Wegegeld ist daneben nicht berechnungsfähig.					
	55	Begleitung eines Patienten durch den behandelnden Arzt zur unmittelbar notwendigen stationären Behandlung – gegebenenfalls einschließlich organisatorischer Vorbereitung der Krankenhausaufnahme –	500		12,28 €	12,28 €	50,69 €
		Neben der Leistung nach Nummer 55 sind die Leistungen nach den Nummern 56, 60 und/oder 833 nicht berechnungsfähig.					
	56	Verweilen, ohne Unterbrechung und ohne Erbringung anderer ärztlicher Leistungen – wegen der Erkrankung erforderlich –, je angefangene halbe Stunde	180				18,25 €
		Die Verweilgebühr darf nur berechnet werden, wenn der Arzt nach der Beschaffenheit des Krankheitsfalls mindestens eine halbe Stunde verweilen muß und während dieser Zeit keine ärztliche(n) Leistung(en) erbringt. Im Zusammenhang mit dem Beistand bei einer Geburt darf die Verweilgebühr nur für ein nach Ablauf von zwei Stunden notwendiges weiteres Verweilen berechnet werden.					
	60	Konsiliarische Erörterung zwischen zwei oder mehr liquidationsberechtigten Ärzten, für jeden Arzt	120		1,52 €	1,52 €	12,16 €
		Die Leistung nach Nummer 60 darf nur berechnet werden, wenn sich der liquidierende Arzt zuvor oder in unmittelbarem zeitlichem Zusammenhang mit der konsiliarischen Erörterung persönlich mit dem Patienten und dessen Erkrankung befaßt hat.					
		Die Leistung nach Nummer 60 darf auch dann berechnet werden, wenn die Erörterung zwischen einem liquidationsberechtigten Arzt und dem ständigen persönlichen ärztlichen Vertreter eines anderen liquidationsberechtigten Arztes erfolgt.					

BGT Tarif-Nr.	DKG-NT Tarif-Nr.	Leistung	Punkte (nur DKG-NT I)	Besondere Kosten	Allgemeine Kosten	Sach-kosten	Vollkosten (nur DKG-NT I)
1a	1b	2	3	4	5	6	7
		Die Leistung nach Nummer 60 ist nicht berechnungsfähig, wenn die Ärzte Mitglieder derselben Krankenhausabteilung oder derselben Gemeinschaftspraxis oder einer Praxisgemeinschaft von Ärzten gleicher oder ähnlicher Fachrichtung (z.B. praktischer Arzt und Allgemeinarzt, Internist und praktischer Arzt) sind. Sie ist nicht berechnungsfähig für routinemäßige Besprechungen (z.B. Röntgenbesprechung, Klinik- oder Abteilungskonferenz, Team- oder Mitarbeiterbesprechung, Patientenübergabe).					
	61	Beistand bei der ärztlichen Leistung eines anderen Arztes (Assistenz), je angefangene halbe Stunde	130		0,82 €	0,82 €	13,18 €
		Die Leistung nach Nummer 61 ist neben anderen Leistungen nicht berechnungsfähig. Die Nummer 61 gilt nicht für Ärzte, die zur Ausführung einer Narkose hinzugezogen werden.					
		Die Leistung nach Nummer 61 darf nicht berechnet werden, wenn die Assistenz durch nicht liquidationsberechtigte Ärzte erfolgt.					
	62	Zuziehung eines Assistenten bei operativen belegärztlichen Leistungen oder bei ambulanter Operation durch niedergelassene Ärzte, je angefangene halbe Stunde	150		0,95 €	0,95 €	15,21 €
		Wird die Leistung nach Nummer 62 berechnet, kann der assistierende Arzt die Leistung nach Nummer 61 nicht berechnen.					

B V Zuschläge zu den Leistungen nach den Nummern 45 bis 62, 100 und 101 (DKG-NT I) Nummern E–F

BGT Tarif-Nr.	DKG-NT Tarif-Nr.	Leistung	Punkte (nur DKG-NT I)	Besondere Kosten	Allgemeine Kosten	Sach-kosten	Vollkosten (nur DKG-NT I)
1a	1b	2	3	4	5	6	7
		Allgemeine Bestimmungen					
		Die Zuschläge nach den Buchstaben E bis J sowie K 2 sind nur mit dem einfachen Gebührensatz berechnungsfähig. Abweichend hiervon sind die Zuschläge nach den Buchstaben E bis H neben der Leistung nach Nummer 51 nur mit dem halben Gebührensatz berechnungsfähig.					
		Im Zusammenhang mit Leistungen nach den Nummern 45 bis 55 und 60 dürfen die Zuschläge unabhängig von der Anzahl und Kombination der erbrachten Leistungen je Inanspruchnahme des Arztes nur einmal berechnet werden.					
		Im Zusammenhang mit Leistungen nach den Nummern 100 oder 101 dürfen die Zuschläge nach den Buchstaben F bis H unabhängig von der Anzahl und Kombination der erbrachten Leistungen je Inanspruchnahme des Arztes nur einmal berechnet werden.					
		Neben den Zuschlägen nach den Buchstaben E bis J sowie K 2 dürfen die Zuschläge nach den Buchstaben A bis D sowie K 1 nicht berechnet werden.					
		Die Zuschläge sind in der Rechnung unmittelbar im Anschluß an die zugrundeliegende Leistung aufzuführen.					
	E	Zuschlag für dringend angeforderte und unverzüglich erfolgte Ausführung	160				**16,22 €**
		Der Zuschlag nach Buchstabe E ist neben Leistungen nach den Nummern 45 und/oder 46 nicht berechnungsfähig, es sei denn, die Visite wird durch einen Belegarzt durchgeführt. Der Zuschlag nach Buchstabe E ist neben Zuschlägen nach den Buchstaben F, G und/oder H nicht berechnungsfähig.					
	F	Zuschlag für in der Zeit von 20 bis 22 Uhr oder 6 bis 8 Uhr erbrachte Leistungen	260				**26,36 €**
		Der Zuschlag nach Buchstabe F ist neben den Leistungen nach den Nummern 45, 46, 48 und 52 nicht berechnungsfähig.					

B V Zuschläge zu den Leistungen nach den Nummern 45 bis 62, 100 und 101 (DKG-NT I) — Nummern G–K2

BGT Tarif-Nr.	DKG-NT Tarif-Nr.	Leistung	Punkte (nur DKG-NT I)	Besondere Kosten	Allgemeine Kosten	Sach-kosten	Vollkosten (nur DKG-NT I)
1a	1b	2	3	4	5	6	7
	G	Zuschlag für in der Zeit zwischen 22 und 6 Uhr erbrachte Leistungen	450				**45,62 €**
		Der Zuschlag nach Buchstabe G ist neben den Leistungen nach den Nummern 45, 46, 48 und 52 nicht berechnungsfähig.					
		Neben dem Zuschlag nach Buchstabe G ist der Zuschlag nach Buchstabe F nicht berechnungsfähig.					
	H	Zuschlag für an Samstagen, Sonn- oder Feiertagen erbrachte Leistungen	340				**34,47 €**
		Werden Leistungen an Samstagen, Sonn- oder Feiertagen zwischen 20 und 8 Uhr erbracht, darf neben dem Zuschlag nach Buchstabe H ein Zuschlag nach Buchstabe F oder G berechnet werden.					
		Der Zuschlag nach Buchstabe H ist neben den Leistungen nach den Nummern 45, 46, 48 und 52 nicht berechnungsfähig.					
	J	Zuschlag zur Visite bei Vorhalten eines vom Belegarzt zu vergütenden ärztlichen Bereitschaftsdienstes, je Tag	80				**8,11 €**
	K2	Zuschlag zu den Leistungen nach den Nummern 45, 46, 48, 50, 51, 55 oder 56 bei Kindern bis zum vollendeten 4. Lebensjahr	120				**12,16 €**

B VI Berichte, Briefe (DKG-NT I) — Nummern 70–96

BGT Tarif-Nr.	DKG-NT Tarif-Nr.	Leistung	Punkte (nur DKG-NT I)	Besondere Kosten	Allgemeine Kosten	Sach-kosten	Vollkosten (nur DKG-NT I)
1a	1b	2	3	4	5	6	7
	70	Kurze Bescheinigung oder kurzes Zeugnis, Arbeitsunfähigkeitsbescheinigung	40		2,02 €	2,02 €	4,05 €
	75	Ausführlicher schriftlicher Krankheits- und Befundbericht (einschließlich Angaben zur Anamnese, zu dem(n) Befund(en), zur epikritischen Bewertung und gegebenenfalls zur Therapie ..	130		2,24 €	2,24 €	13,18 €
		Die Befundmitteilung oder der einfache Befundbericht ist mit der Gebühr für die zugrundeliegende Leistung abgegolten.					
	76	Schriftlicher Diätplan, individuell für den einzelnen Patienten aufgestellt	70		1,52 €	1,52 €	7,10 €
	77	Schriftliche, individuelle Planung und Leitung einer Kur mit diätetischen, balneologischen und/oder klimatherapeutischen Maßnahmen unter Einbeziehung gesundheitserzieherischer Aspekte	150		1,52 €	1,52 €	15,21 €
		Die Leistung nach Nummer 77 ist für eine im zeitlichen Zusammenhang durchgeführte Kur unabhängig von deren Dauer nur einmal berechnungsfähig.					
	78	Behandlungsplan für die Chemotherapie und/oder schriftlicher Nachsorgeplan für einen tumorkranken Patienten, individuell für den einzelnen Patienten aufgestellt	180		1,52 €	1,52 €	18,25 €
	80	Schriftliche gutachtliche Äußerung	300		1,52 €	1,52 €	30,41 €
	85	Schriftliche gutachtliche Äußerung mit einem das gewöhnliche Maß übersteigendem Aufwand – gegebenenfalls mit wissenschaftlicher Begründung –, je angefangene Stunde Arbeitszeit	500		1,52 €	1,52 €	50,69 €
	90	Schriftliche Feststellung über das Vorliegen oder Nichtvorliegen einer Indikation für einen Schwangerschaftsabbruch	120		1,52 €	1,52 €	12,16 €
	95	Schreibgebühr, je angefangene DIN A 4-Seite	60		4,13 €	4,13 €	6,08 €
	96	Schreibgebühr, je Kopie	3		0,21 €	0,21 €	0,30 €
		Die Schreibgebühren nach den Nummern 95 und 96 sind nur neben den Leistungen nach den Nummern 80, 85 und 90 und nur mit dem einfachen Gebührensatz berechnungsfähig.					

B VII Todesfeststellung (DKG-NT I)   Nummer 100

BGT Tarif-Nr.	DKG-NT Tarif-Nr.	Leistung	Punkte (nur DKG-NT I)	Besondere Kosten	Allgemeine Kosten	Sach-kosten	Vollkosten (nur DKG-NT I)
1a	1b	2	3	4	5	6	7
		Allgemeine Bestimmung					
		1. Begibt sich der Arzt zur Erbringung einer oder mehrerer Leistungen nach den Nummern 100 bis 109 außerhalb seiner Arbeitsstätte (Praxis oder Krankenhaus) oder seiner Wohnung, kann er für die zurück-gelegte Wegstrecke Wegegeld nach § 8 oder Reiseentschädigung nach § 9 berechnen.					
		2. Neben den Leistungen nach den Nummern 100 und 101 sind Zuschläge nach den Buchstaben F bis H berechnungsfähig.					
		3. Neben den Leistungen nach den Nummern 100 und 101 sind die Leistungen nach den Nummern 48 bis 52 nicht berechnungsfähig.					
		4. Die Leistungen nach den Nummern 100 und 101 sind nicht nebeneinander berechnungsfähig.					
		5. Die Leistungen nach den Nummern 100 und 101 sowie der Zuschlag nach Nummer 102 sind nur mit dem einfachen Gebührensatz berechnungsfähig					
	100	Untersuchung eines Toten und Ausstellung einer vorläufigen Todesbescheinigung gemäß landesrechtlicher Bestimmungen, gegebenenfalls einschließlich Aktenstudium und Einholung von Auskünften bei Angehörigen, vorbehandelnden Ärzten, Krankenhäusern und Pflegediensten (Dauer mindestens 20 Minuten), gegebenenfalls einschließlich Aufsuchen (vorläufige Leichenschau)					
		Dauert die Leistung nach Nummer 100 weniger als 20 Minuten (ohne Aufsuchen), mindestens aber 10 Minuten (ohne Aufsuchen), sind 60 Prozent der Gebühr zu berechnen	1896				

B VII Todesfeststellung (DKG-NT I) Nummern 101–109

BGT Tarif-Nr.	DKG-NT Tarif-Nr.	Leistung	Punkte (nur DKG-NT I)	Besondere Kosten	Allgemeine Kosten	Sach-kosten	Vollkosten (nur DKG-NT I)
1a	1b	2	3	4	5	6	7
	101	Eingehende Untersuchung eines Toten und Ausstellung einer Todesbescheinigung, einschließlich Angaben zu Todesart und Todesursache gemäß landesrechtlicher Bestimmungen, gegebenenfalls einschließlich Aktenstudium und Einholung von Auskünften bei Angehörigen, vorbehandelnden Ärzten, Krankenhäusern und Pflegediensten (Dauer mindestens 40 Minuten), gegebenenfalls einschließlich Aufsuchen (eingehende Leichenschau)					
		Dauert die Leistung nach Nummer 101 weniger als 40 Minuten (ohne Aufsuchen), mindestens aber 20 Minuten (ohne Aufsuchen), sind 60 Prozent der Gebühr zu berechnen	2844				
	102	Zuschlag zu den Leistungen nach den Nummern 100 oder 101 bei einer Leiche mit einer dem Arzt oder der Ärztin unbekannten Identität und/oder besonderen Todesumständen (zusätzliche Dauer mindestens 10 Minuten)	474				
	106	Entnahme einer Körperflüssigkeit	150		5,55 €	5,55 €	15,21 €
	107	Bulbusentnahme bei einem Toten	250		2,48 €	2,48 €	25,34 €
	108	Hornhautentnahme aus einem Auge bei einem Toten	230		2,24 €	2,24 €	23,32 €
	109	Entnahme eines Herzschrittmachers bei einem Toten	220		2,12 €	2,12 €	22,30 €

Teil B

Grundleistungen und allgemeine Leistungen (BG-T)

B I   Allgemeine Beratungen und Untersuchungen (BG-T)

BGT Tarif-Nr.	DKG-NT Tarif-Nr.	Leistung	Punkte (nur DKG-NT I)	Besondere Kosten	Allgemeine Kosten	Sach-kosten	Vollkosten (nur DKG-NT I)
1a	1b	2	3	4	5	6	7
		Allgemeine Bestimmungen					
		1. Als Behandlungsfall gilt die gesamte ambulante Versorgung, die von demselben Arzt nach der ersten Inanspruchnahme innerhalb von drei Monaten an demselben Patienten zu Lasten desselben gesetzlichen UV-Trägers vorgenommen worden ist. Stationäre belegärztliche Behandlung ist ein eigenständiger Behandlungsfall auch dann, wenn innerhalb der 3 Monate ambulante Behandlung durch den Belegarzt erfolgt.					
		2. Die Leistung nach Nr. 1 ist neben Leistungen nach den Abschnitten C bis O im Behandlungsfall nur einmal berechnungsfähig. Die Leistung nach Nr. 1 ist neben der Leistung nach Nr. 6 nicht berechnungsfähig.					
		3. Die Leistungen nach den Nrn. 1 bis 14 können an demselben Tag nur dann mehr als einmal berechnet werden, wenn dies durch die Beschaffenheit des Krankheitsfalls geboten war. Bei mehrmaliger Berechnung ist die jeweilige Uhrzeit der Leistungserbringung in der Rechnung anzugeben. Bei den Leistungen nach den Nummern 1 bis 4 und 11 bis 14 ist eine mehrmalige Berechnung an demselben Tag auf Verlangen, bei den Leistungen nach den Nummern 6 bis 9 generell zu begründen.					
		4. Die Leistung nach Nummer 1 ist neben den Leistungen nach den Nummern 804 bis 812, 817, 835, 849, 861 bis 864, 870, 871, 886 sowie 887 nicht berechnungsfähig.					
		5. Mehr als zwei Visiten an demselben Tag können nur berechnet werden, wenn sie durch die Beschaffenheit des Krankheitsfalls geboten waren. Bei der Berechnung von mehr als zwei Visiten an demselben Tag ist die jeweilige Uhrzeit der Visiten in der Rechnung anzugeben. Auf Verlangen ist die mehr als zweimalige Berechnung einer Visite an demselben Tag zu begründen. *Anstelle oder neben der Visite im Krankenhaus sind die Leistungen nach den Nummern 11 bis 14 und/oder 18 nicht berechnungsfähig.*					

B I Allgemeine Beratungen und Untersuchungen (BG-T)

BGT Tarif-Nr.	DKG-NT Tarif-Nr.	Leistung	Punkte (nur DKG-NT I)	Besondere Kosten	Allgemeine Kosten	Sach-kosten	Vollkosten (nur DKG-NT I)
1a	1b	2	3	4	5	6	7
		6. Besuchsgebühren nach den Nummern 48, 50 und/oder 51 sind für Besuche von Krankenhaus- und Belegärzten im Krankenhaus nicht berechnungsfähig.					
		7. Terminvereinbarungen sind nicht berechnungsfähig.					
		8. Neben einer Leistung nach den Nummern 6 bis 9 sind die Leistungen nach den Nummern 600, 601, 1203, 1204, 1228, 1240, 1400, 1401 und 1414 nicht berechnungsfähig.					

B I Allgemeine Beratungen und Untersuchungen (BG-T)

BGT Tarif-Nr.	DKG-NT Tarif-Nr.	Leistung	Punkte (nur DKG-NT I)	Besondere Kosten	Allgemeine Kosten	Sach-kosten	Vollkosten (nur DKG-NT I)
1a	1b	2	3	4	5	6	7
1		Symptomzentrierte Untersuchung bei Unfallverletzungen oder bei Verdacht auf das Vorliegen einer Berufskrankheit. Bei Kindern bis zum 6. Geburtstag wird anstelle der Nummer 1 einmal im Behandlungsfall die Nummer 6 abgerechnet. Dies gilt nicht bei Verletzungen, bei denen durch bloße Inaugenscheinnahme das Ausmaß der Erkrankung beurteilt werden kann.			**1,52 €**	**1,52 €**	
2		Leistung nach Nummer 1, jedoch außerhalb der Sprechstunde			**1,52 €**	**1,52 €**	
		Die Leistung nach Nummer 2 ist nicht berechnungsfähig, wenn ein Patient zwar nach Ablauf der nagezeigten Sprechstundenzeit, jedoch während der noch andauernden Sprechstunde vom Arzt behandelt wird. Dies gilt auch für eine Behandlung im Rahmen einer Bestellpraxis.					
3		Leistung nach Nummer 1, jedoch bei Nacht (zwischen 20 und 8 Uhr)			**1,52 €**	**1,52 €**	
4		Leistung nach Nummer 1, jedoch an Samstagen, Sonn- und Feiertagen			**1,52 €**	**1,52 €**	
5		nicht besetzt					
6		Umfassende Untersuchung verbunden mit nach Umfang und Zeit besonderem differenzialdiagnostischen Aufwand und/oder Beteiligung mehrerer Organe einschl. Klärung oder Überprüfung des Zusammenhangs mit der Berufstätigkeit sowie der notwendigen Beratung			**3,07 €**	**3,07 €**	
		Die Leistung kann pro Behandlungsfall nicht mehr als dreimal abgerechnet werden					
		Neben der Leistung nach Nummer 6 ist die Leistung nach Nummer 826 nicht berechnungsfähig.					
7		Leistung nach Nummer 6, jedoch außerhalb der Sprechstunde			**3,07 €**	**3,07 €**	
		Die Leistung nach Nummer 7 ist nicht berechnungsfähig, wenn ein Patient zwar nach Ablauf der angezeigten Sprechstundenzeit, jedoch während der noch andauernden Sprechstunde					

B I   Allgemeine Beratungen und Untersuchungen (BG-T)   Nummern 8–17

BGT Tarif-Nr.	DKG-NT Tarif-Nr.	Leistung	Punkte (nur DKG-NT I)	Besondere Kosten	Allgemeine Kosten	Sach-kosten	Vollkosten (nur DKG-NT I)
1a	1b	2	3	4	5	6	7
		vom Arzt behandelt wird. Dies gilt auch für eine Behandlung im Rahmen einer Bestellpraxis.					
8		Leistung nach Nummer 6, jedoch bei Nacht (zwischen 20 und 8 Uhr)			3,07 €	3,07 €	
9		Leistung nach Nummer 6, jedoch an Samstagen, Sonn- und Feiertagen			3,07 €	3,07 €	
10		nicht besetzt					
11		Beratung – auch mittels Fernsprecher – als alleinige Leistung			1,52 €	1,52 €	
12		Leistung nach Nummer 11, jedoch außerhalb der Sprechstunde			1,52 €	1,52 €	
		Die Leistung nach Nr. 12 ist nicht berechnungsfähig, wenn ein Patient zwar nach Ablauf der angezeigten Sprechstundenzeit, jedoch während der noch andauernden Sprechstunde vom Arzt beraten wird. Dies gilt auch für eine Behandlung im Rahmen einer Bestellpraxis.					
13		Leistung nach Nr. 11, jedoch bei Nacht (zwischen 20 und 8 Uhr)			1,52 €	1,52 €	
14		Leistung nach Nr. 11, jedoch an Samstag, Sonn- und Feiertagen			1,52 €	1,52 €	
15		nicht besetzt					
16		Aushändigen von Wiederholungsrezepten und/oder Überweisungen und/oder Übermittlung von Befunden oder ärztlichen Anordnungen – auch mittels Fernsprecher – durch die Arzthelferin als alleinige Leistung			1,52 €	1,52 €	
17		Mitwirkung des Arztes bei der Erstellung des Reha-Planes i. S. von Nr. 3.2 des Handlungsleitfadens „Das Reha-Management der Deutschen Gesetzlichen Unfallversicherung". Die Fortschreibung des Reha-Planes ist durch die Gebühr abgegolten. Die Mitwirkung bedarf eines Auftrages durch den zuständigen UV-Träger. Daneben sind die Nummern 34 und 35 nicht abrechenbar.					

B I Allgemeine Beratungen und Untersuchungen (BG-T)

Nummern 17a–19a

BGT Tarif-Nr.	DKG-NT Tarif-Nr.	Leistung	Punkte (nur DKG-NT I)	Besondere Kosten	Allgemeine Kosten	Sach-kosten	Vollkosten (nur DKG-NT I)
1a	1b	2	3	4	5	6	7
17a		Erstellung eines individuellen Hautschutzplanes nach vorheriger Anforderung durch den Unfallversicherungsträger. Die Leistung beinhaltet auch die Besprechung des Hautschutzplanes mit dem Erkrankten ...					
18		Digitaluntersuchung des Mastdarms und/oder der Prostata			3,07 €	3,07 €	
19		Einleitung und Koordination flankierender therapeutischer und sozialer Maßnahmen während der kontinuierlichen ambulanten Betreuung eines chronisch Kranken			1,52 €	1,52 €	
		Die Leistung nach Nummer 19 darf nur einmal im Kalenderjahr berechnet werden.					
19a		Behandlungsplan für die Chemotherapie und/oder schriftlicher Nachsorgeplan für einen tumorkranken Patienten, individuell für den einzelnen Patienten aufgestellt					

B II   Leistungen unter besonderen Bedingungen (BG-T)

BGT Tarif-Nr.	DKG-NT Tarif-Nr.	Leistung	Punkte (nur DKG-NT I)	Besondere Kosten	Allgemeine Kosten	Sach-kosten	Vollkosten (nur DKG-NT I)
1a	1b	2	3	4	5	6	7
20		Beratungsgespräch in Gruppen von 4 bis 12 Teilnehmern im Rahmen der Behandlung von chronischen Krankheiten, je Teilnehmer und Sitzung (Dauer mindestens 50 Minuten)			2,71 €	2,71 €	
		Neben der Leistung nach Nummer 20 sind die Leistungen nach den Nummern 847, 862, 864, 871 und/oder 887 nicht berechnungsfähig.					
21		Eingehende humangenetische Beratung, je angefangene halbe Stunde und Sitzung			1,52 €	1,52 €	
		Die Leistung nach Nummer 21 darf nur berechnet werden, wenn die Beratung in der Sitzung mindestens eine halbe Stunde dauert.					
		Die Leistung nach Nummer 21 ist innerhalb eines halben Jahres nach Beginn des Beratungsfalls nicht mehr als viermal berechnungsfähig.					
		Neben der Leistung nach Nummer 21 sind die Leistungen nach den Nummern 1 bis 14 oder 22 nicht berechnungsfähig.					
22		Eingehende Beratung einer Schwangeren im Konfliktfall über die Erhaltung oder den Abbruch der Schwangerschaft – auch einschließlich Beratung über soziale Hilfen, gegebenenfalls auch einschließlich Beurteilung über das Vorliegen einer Indikation für einen nicht rechtswidrigen Schwangerschaftsabbruch –			2,36 €	2,36 €	
		Neben der Leistung nach Nummer 22 sind die Leistungen nach den Nummern 1 bis 14 oder 21 nicht berechnungsfähig.					
33		Strukturierte Schulung einer Einzelperson mit einer Mindestdauer von 20 Minuten (bei Diabetes, Gestationsdiabetes oder Zustand nach Pankreatektomie) – einschließlich Evaluation zur Qualitätssicherung unter diabetologischen Gesichtspunkten zum Erlernen und Umsetzen des Behandlungsmanagements, einschließlich der Auswertung eines standardisierten Fragebogens – ggf. auch für gleichwertig strukturierte Schulungsprogramme			4,25 €	4,25 €	

B II Leistungen unter besonderen Bedingungen (BG-T)   Nummer 34

BGT Tarif-Nr.	DKG-NT Tarif-Nr.	Leistung	Punkte (nur DKG-NT I)	Besondere Kosten	Allgemeine Kosten	Sach-kosten	Vollkosten (nur DKG-NT I)
1a	1b	2	3	4	5	6	7
34		*Neben der Leistung nach Nummer 33 sind die Leistungen nach den Nummern 1 bis 14, 19, 20, 847, 862, 864, 871 und/oder 887 nicht berechnungsfähig.* Vom Unfallversicherungsträger beauftragte bzw. auf Veranlassung des Versicherten durchgeführte Untersuchung einschließlich Einschätzung zum bisherigen Verlauf, zum Stand des Heilverfahrens und/oder zu laufenden oder geplanten Maßnahmen der medizinischen Behandlung bzw. Rehabilitation durch einen anderen als den behandelnden Arzt. Sofern die Untersuchung auf Veranlassung des Versicherten erfolgen soll, kann diese nach dieser Nummer abgerechnet werden, wenn der Unfallversicherungsträger im Sinne der Heilverfahrenssteuerung über die beabsichtigte Untersuchung informiert wurde und die Kostenübernahme bestätigt hat. Die Leistung kann einmal pro Behandlungsfall abgerechnet werden. Eine nochmalige Abrechnung durch denselben Arzt ist nicht zulässig. Die Leistung umfasst die Sichtung und Auswertung der vorhandenen medizinischen Unterlagen einschließlich bildgebender Diagnostik, eine umfassende Untersuchung und Beratung im Sinne der Nummer 6 sowie die zeitnahe Erstattung eines Berichts über das Ergebnis der Untersuchung. Bestandteil des Berichts sind bei Beauftragung durch den Unfallversicherungsträger die Beantwortung der durch diesen formulierten Fragestellungen, Empfehlungen zu weiteren diagnostischen und/oder therapeutischen Maßnahmen, Einschätzung der weiteren Dauer der Arbeitsunfähigkeit und eventuell erforderlicher Teilhabeleistungen. Bei Veranlassung der Untersuchung durch den Versicherten ist der Unfallversicherungsträger über Inhalt und Ergebnis der erfolgten Beratung zu informieren. Alle Untersuchungs- und Beratungsleistungen – mit Ausnahme bildgebender Diagnostik sowie weiterer zur Diagnostik erforderlicher Maßnahmen (z. B. Funktionsmessungen, Laboruntersuchungen) sind mit der Gebühr abgegolten. Daneben können die Nummern 35 und 36 nicht abgerechnet werden.			5,00 €	5,00 €	

B II Leistungen unter besonderen Bedingungen (BG-T) — Nummer 35

BGT Tarif-Nr.	DKG-NT Tarif-Nr.	Leistung	Punkte (nur DKG-NT I)	Besondere Kosten	Allgemeine Kosten	Sach-kosten	Vollkosten (nur DKG-NT I)
1a	1b	2	3	4	5	6	7
35		Beurteilung und Bewertung von Schnittbildern und /oder Röntgenbildern durch den D-Arzt bei einem Durchgangsarztwechsel Für eine Beurteilung und Bewertung im Rahmen der Vorstellungspflicht nach § 37 Vertrag Ärzte/Unfallversicherungsträger und einer Hinzuziehung nach § 12 Vertrag Ärzte/Unfallversicherungsträger kann die Leistung nicht abgerechnet werden. Dies gilt auch für Ärzte eines Krankenhauses (auch Kooperationshäuser), Ärzte einer Berufsausübungsgemeinschaft, bei der Vertretung in einer Praxis, Ärzten eines Medizinischen Versorgungszentrums und/oder Überweisung zur Durchführung einer Operation und wenn der Versicherte bereits vorher in demselben Behandlungsfall bei dem D-Arzt in Behandlung war. Eine Abrechnung neben Gutachterleistungen ist ausgeschlossen. Neben der Nr. 35 können die Nummern 17, 34, und 5255-5257 nicht abgerechnet werden. Die Leistung kann von den an dem Heilverfahren beteiligten D-Ärzten und Handchirurgen gem. § 37 Abs. 3 Vertrag Ärzte/Unfallversicherungsträger einmal im Behandlungsfall abgerechnet werden.			**1,52 €**	**1,52 €**	

BGT Tarif-Nr.	DKG-NT Tarif-Nr.	Leistung	Punkte (nur DKG-NT I)	Besondere Kosten	Allgemeine Kosten	Sach-kosten	Vollkosten (nur DKG-NT I)
1a	1b	2	3	4	5	6	7
36		Beurteilung und Bewertung von Schnittbildern des hinzugezogenen Radiologen durch den D-Arzt Diese Leistung kann nicht zwischen Ärzten eines Krankenhauses (auch Kooperationshäuser), Ärzten einer Berufsausübungsgemeinschaft, eines Medizinischen Versorgungszentrums sowie bei der Vertretung in der Praxis abgerechnet werden. Diese Leistung kann nur dann abgerechnet werden, wenn der Befund des D-Arztes vom Befund des Radiologen abweicht und es sich um eine Besonderheit nach § 16 Vertrag Ärzte/Unfallversicherungsträger handelt, über die der Arzt den Unfallversicherungsträger mit einem Verlaufsbericht informieren muss. Neben der Nummer 36 können die Nummern 34, 60a und 60b sowie 5255-5257 nicht abgerechnet werden. Die Leistung kann von den an dem Heilverfahren beteiligten D-Ärzten und Handchirurgen gem. § 37 Abs. 3 Vertrag Ärzte/Unfallversicherungsträger einmal im Behandlungsfall abgerechnet werden.			1,52 €	1,52 €	

BGT Tarif-Nr.	DKG-NT Tarif-Nr.	Leistung	Punkte (nur DKG-NT I)	Besondere Kosten	Allgemeine Kosten	Sach-kosten	Vollkosten (nur DKG-NT I)
1a	1b	2	3	4	5	6	7
45		Visite im Krankenhaus			1,77 €	1,77 €	
		Die Leistung nach Nummer 45 ist neben anderen Leistungen des Abschnitts B nicht berechnungsfähig.					
		Werden zu einem anderen Zeitpunkt an demselben Tag andere Leistungen des Abschnitts B erbracht, so können diese mit Angabe der Uhrzeit für die Visite und die anderen Leistungen aus Abschnitt B berechnet werden.					
		Anstelle oder neben der Visite im Krankenhaus sind die Leistungen nach den Nummern 1 bis 14, 19, 48, 50 und/oder 51 nicht berechnungsfähig.					
		Wird mehr als eine Visite an demselben Tag erbracht, kann für die über die erste Visite hinausgehenden Visiten nur die Leistung nach Nummer 46 berechnet werden.					
		Die Leistung nach Nummer 45 ist nur berechnungsfähig, wenn diese durch den liquidationsberechtigten Arzt des Krankenhauses oder dessen ständigen ärztlichen Vertreter persönlich erbracht wird. Sie ist auch berechnungsfähig, wenn diese vom Belegarzt erbracht wird.					
46		Zweitvisite im Krankenhaus			1,52 €	1,52 €	
		Die Leistung nach Nummer 46 ist neben anderen Leistungen des Abschnitts B nicht berechnungsfähig.					
		Werden zu einem anderen Zeitpunkt an demselben Tag andere Leistungen des Abschnitts B erbracht, so können diese mit Angabe der Uhrzeit für die Visite und die anderen Leistungen aus Abschnitt B berechnet werden.					
		Anstelle oder neben der Zweitvisite im Krankenhaus sind die Leistungen nach den Nummern 1 bis 14, 19, 45, 48, 50 und/oder 51 nicht berechnungsfähig.					

B III Visiten, Konsiliartätigkeit, Besuche, Assistenz (BG-T) **Nummern 47–50e**

BGT Tarif-Nr.	DKG-NT Tarif-Nr.	Leistung	Punkte (nur DKG-NT I)	Besondere Kosten	Allgemeine Kosten	Sach-kosten	Vollkosten (nur DKG-NT I)
1a	1b	2	3	4	5	6	7
		Mehr als zwei Visiten dürfen nur berechnet werden, wenn sie durch die Beschaffenheit des Krankheitsfalls geboten waren oder verlangt wurden. Wurde die Visite verlangt, muss dies in der Rechnung angegeben werden.					
		Die Leistung nach Nummer 46 ist nur berechnungsfähig, wenn diese durch den liquidationsberechtigten Arzt des Krankenhauses oder dessen ständigen ärztlichen Vertreter persönlich erbracht wird. Sie ist auch berechnungsfähig, wenn diese vom Belegarzt erbracht wird.					
47		Kostenersatz zur Visite, je Tag, bei Vorhalten eines vom Belegarzt zu vergütenden ärztlichen Bereitschaftsdienstes					
48		Besuch eines Patienten auf einer Pflegestation (z.B. in Alten- oder Pflegeheimen) – bei regelmäßiger Tätigkeit des Arztes auf der Pflegestation zu vorher vereinbarten Zeiten –					
		Die Leistung nach Nummer 48 ist neben den Leistungen nach den Nummern 11 bis 14, 50, 51 und/oder 52 nicht berechnungsfähig.					
50		Besuch, einschließlich Beratung und symptombezogene Untersuchung					
50a		Leistung nach Nummer 50 (dringend angefordert und sofort ausgeführt oder wegen der Beschaffenheit der Krankheit gesondert notwendig)					
50b		Leistung nach Nummer 50, jedoch aus der Sprechstunde heraus sofort ausgeführt					
50c		Leistung nach Nummer 50, jedoch bei Nacht (bestellt und ausgeführt zwischen 20 und 22 Uhr oder 6 und 8 Uhr)					
50d		Leistung nach Nummer 50, jedoch bei Nacht (bestellt und ausgeführt zwischen 22 und 6 Uhr)					
50e		Leistung nach Nummer 50, jedoch an Samstagen ab 12 Uhr sowie an Sonn- und Feiertagen					

BGT Tarif-Nr.	DKG-NT Tarif-Nr.	Leistung	Punkte (nur DKG-NT I)	Besondere Kosten	Allgemeine Kosten	Sach-kosten	Vollkosten (nur DKG-NT I)
1a	1b	2	3	4	5	6	7
		Die Leistungen nach Nummern 50 bis 50e dürfen anstelle oder neben einer Leistung nach Nummer 45 oder 46 nicht berechnet werden. Neben den Leistungen nach Nummern 50 bis 50e sind die Leistungen nach den Nummern 1 bis 5, 11 bis 14, 48 und/oder 52 nicht berechnungsfähig.					
51		Besuch eines weiteren Kranken in derselben häuslichen Gemeinschaft in unmittelbarem zeitlichen Zusammenhang mit der Leistung nach den Nummern 50 bis 50e – einschließlich Beratung und Untersuchung –					
		Die Leistung nach Nummer 51 darf anstelle oder neben einer Leistung nach den Nummern 45 oder 46 nicht berechnet werden.					
		Neben der Leistung nach Nummer 51 sind die Leistungen nach den Nummern 1 bis 4, 11 bis 14, 48 und/oder 52 nicht berechnungsfähig.					
52		Aufsuchen eines Patienten außerhalb der Praxisräume oder des Krankenhauses durch nichtärztliches Personal im Auftrag des niedergelassenen Arztes (z.B. zur Durchführung von kapillaren oder venösen Blutentnahmen, Wundbehandlungen, Verbandswechsel, Katheterwechsel)					
		Wegegeld ist nicht berechnungsfähig. Die Gebühr ist nicht berechnungsfähig, wenn das nichtärztliche Personal den Arzt begleitet.					
55		Begleitung eines Patienten durch den behandelnden Arzt zur unmittelbar notwendigen stationären Behandlung – gegebenenfalls einschließlich organisatorischer Vorbereitung der Krankenhausaufnahme – je angefangene halbe Stunde der Einsatzdauer			12,28 €	12,28 €	
		Neben der Leistung nach Nummer 55 sind die Leistungen nach den Nummern 56, 60 und/oder 833 nicht berechnungsfähig.					

B III   Visiten, Konsiliartätigkeit, Besuche, Assistenz (BG-T) Nummern 56–60b

BGT Tarif-Nr.	DKG-NT Tarif-Nr.	Leistung	Punkte (nur DKG-NT I)	Besondere Kosten	Allgemeine Kosten	Sach-kosten	Vollkosten (nur DKG-NT I)
1a	1b	2	3	4	5	6	7
		Verweilen, ohne Unterbrechung und ohne Erbringung anderer ärztlicher Leistungen – wegen der Erkrankung erforderlich –, je angefangene halbe Stunde					
56		– am Tag					
57		– bei Nacht (zwischen 20 und 8 Uhr)					
		Die Verweilgebühr darf nur berechnet werden, wenn der Arzt nach der Beschaffenheit des Krankheitsfalls mindestens eine halbe Stunde verweilen muss und während dieser Zeit keine ärztliche(n) Leistung(en) erbringt. Im Zusammenhang mit dem Beistand bei einer Geburt darf die Verweilgebühr nur für ein nach Ablauf von zwei Stunden notwendiges weiteres Verweilen berechnet werden.					
		Konsiliarische Erörterung zwischen zwei oder mehr liquidationsberechtigten Ärzten, für jeden Arzt					
		Die Gebühr ist auch zu zahlen für die konsiliarische Erörterung mit einem am Psychotherapeutenverfahren der Unfallversicherungsträger beteiligten Therapeuten (§ 1 Abs. 2 ÄV).					
60a		– am Tag			1,52 €	1,52 €	
60b		– bei Nacht zwischen 20 und 8 Uhr)			1,52 €	1,52 €	
		Die Leistungen nach Nummern 60a und 60b dürfen nur berechnet werden, wenn sich der liquidierende Arzt zuvor oder in unmittelbarem zeitlichen Zusammenhang mit der konsiliarischen Erörterung persönlich mit dem Patienten und dessen Erkrankung befasst hat.					
		Die Leistungen nach Nummern 60a und 60b dürfen auch dann berechnet werden, wenn die Erörterung zwischen einem liquidationsberechtigten Arzt und dem ständigen persönlichen ärztlichen Vertreter eines anderen liquidationsberechtigten Arztes erfolgt.					

B III Visiten, Konsiliartätigkeit, Besuche, Assistenz (BG-T) — Nummern 61a–61c

BGT Tarif-Nr.	DKG-NT Tarif-Nr.	Leistung	Punkte (nur DKG-NT I)	Besondere Kosten	Allgemeine Kosten	Sach-kosten	Vollkosten (nur DKG-NT I)
1a	1b	2	3	4	5	6	7
		Die Leistungen nach Nummern 60a und 60b sind nicht berechnungsfähig, wenn die Ärzte Mitglieder derselben Krankenhausabteilung oder derselben Gemeinschaftspraxis oder einer Praxisgemeinschaft von Ärzten gleicher oder ähnlicher Fachrichtung (z.B. praktischer Arzt und Allgemeinarzt, Internist und praktischer Arzt) sind. Sie sind nicht berechnungsfähig für routinemäßige Besprechungen (z.B. Röntgenbesprechung, Klinik- oder Abteilungskonferenz, Team- oder Mitarbeiterbesprechung, Patientenübergabe). Neben den Nummern 60a und 60b kann die Nummer 36 nicht abgerechnet werden.					
		Beistand bei der ärztlichen Leistung eines anderen Arztes (Assistenz), die typischerweise ohne ärztliche Assistenz nicht erbracht werden kann, je angefangene halbe Stunde – die Leistungen sind anzugeben.					
61a		– am Tag			0,82 €	0,82 €	
61b		– bei Nacht (zwischen 20 und 22 Uhr und zwischen 6 und 8 Uhr)			0,82 €	0,82 €	
61c		– bei Nacht (zwischen 22 Uhr und 6 Uhr)			0,82 €	0,82 €	
		Die Leistungen nach Nummer 61 a–c sind neben anderen Leistungen nicht berechnungsfähig.					
		Die Nummern 61 a–c gelten nicht für Ärzte, die zur Ausführung einer Narkose hinzugezogen werden.					
		Die Leistungen nach Nummer 61 a–c dürfen nicht berechnet werden, wenn die Assistenz durch nicht liquidationsberechtigte Ärzte erfolgt.					

B IV Wegegeld und Reiseentschädigungen (BG-T)

BGT Tarif-Nr.	DKG-NT Tarif-Nr.	Leistung	Punkte (nur DKG-NT I)	Besondere Kosten	Allgemeine Kosten	Sach-kosten	Vollkosten (nur DKG-NT I)
1a	1b	2	3	4	5	6	7
		Allgemeine Bestimmungen					
		1. Als Entschädigung für Besuche erhält der Arzt Wegegeld und Reiseentschädigung; hierdurch abgegolten sind die Zeitversäumnisse und die durch den Besuch bedingten Mehrkosten.					
		2. Der Arzt kann für jeden Besuch innerhalb eines begrenzten Radius um die Praxisstelle ein Wegegeld berechnen.					
		3. Bei Besuchen über eine Entfernung von mehr als 25 Kilometern zwischen Praxisstelle des Arztes und Besuchsstelle tritt an die Stelle des Wegegeldes eine Reiseentschädigung.					
		4. Erfolgt der Besuch von der Wohnung des Arztes aus, so tritt bei der Berechnung des Radius die Wohnung des Arztes an die Stelle der Praxisstelle.					
		Werden mehrere Patienten in der selben häuslichen Gemeinschaft oder in einem Heim, insbesondere in einem Alten- oder Pflegeheim besucht, darf der Arzt das Wegegeld bzw. die Reiseentschädigung unabhängig von der Anzahl der besuchten Patienten und deren Versichertenstatus insgesamt nur einmal anteilig berechnen.					
		Wegegeld					
71		bis zu zwei Kilometern					
72		bei Nacht (zwischen 20 und 8 Uhr)					
73		bis zu fünf Kilometern					
74		bei Nacht (zwischen 20 und 8 Uhr)					
81		bis zu zehn Kilometern					
82		bei Nacht (zwischen 20 und 8 Uhr)					
83		bis zu 25 Kilometer					
84		bei Nacht (zwischen 20 und 8 Uhr)					

B IV Wegegeld und Reiseentschädigungen (BG-T)

BGT Tarif-Nr.	DKG-NT Tarif-Nr.	Leistung	Punkte (nur DKG-NT I)	Besondere Kosten	Allgemeine Kosten	Sach-kosten	Vollkosten (nur DKG-NT I)
1a	1b	2	3	4	5	6	7
		Reiseentschädigung					
86		bei Benutzung des eigenen Kraftwagens je zurückgelegter Kilometer					
87		bei Benutzung anderer Verkehrsmittel tatsächliche Aufwendungen					
88		bei Abwesenheit bis zu 8 Stunden					
89		bei Abwesenheit von mehr als 8 Stunden je Tag					
91		für notwendige Übernachtungen Ersatz von Kosten					

B V Todesfeststellung (BG-T)

BGT Tarif-Nr.	DKG-NT Tarif-Nr.	Leistung	Punkte (nur DKG-NT I)	Besondere Kosten	Allgemeine Kosten	Sach-kosten	Vollkosten (nur DKG-NT I)
1a	1b	2	3	4	5	6	7
		Allgemeine Bestimmung					
		Begibt sich der Arzt zur Erbringung einer oder mehrerer Leistungen nach den Nummern 100 bis 107 außerhalb seiner Arbeitsstätte (Praxis oder Krankenhaus) oder seiner Wohnung, kann er für die zurückgelegte Wegstrecke Wegegeld nach den Nummern 71 bis 74 oder 81 bis 84 berechnen.					
100		Untersuchung eines Toten und Ausstellung einer vorläufigen Todesbescheinigung gemäß landesrechtlicher Bestimmungen, gegebenenfalls einschließlich Aktenstudium und Einholung von Auskünften bei Angehörigen, vorbehandelnden Ärzten, Krankenhäusern und Pflegediensten (Dauer mindestens 20 Minuten), gegebenenfalls einschließlich Aufsuchen (vorläufige Leichenschau)					
		Dauert die Leistung nach Nummer 100 weniger als 20 Minuten (ohne Aufsuchen), mindestens aber 10 Minuten (ohne Aufsuchen), sind 60 Prozent der Gebühr zu berechnen					
101		Eingehende Untersuchung eines Toten und Ausstellung einer Todesbescheinigung, einschließlich Angaben zu Todesart und Todesursache gemäß landesrechtlicher Bestimmungen, gegebenenfalls einschließlich Aktenstudium und Einholung von Auskünften bei Angehörigen, vorbehandelnden Ärzten, Krankenhäusern und Pflegediensten (Dauer mindestens 40 Minuten), gegebenenfalls einschließlich Aufsuchen (eingehende Leichenschau)					
		Dauert die Leistung nach Nummer 101 weniger als 40 Minuten (ohne Aufsuchen), mindestens aber 20 Minuten (ohne Aufsuchen), sind 60 Prozent der Gebühr zu berechnen					
102		Zuschlag zu den Leistungen nach den Nummern 100 oder 101 bei einer Leiche mit einer dem Arzt oder der Ärztin unbekannten Identität und/oder besonderen Todesumständen (zusätzliche Dauer mindestens 10 Minuten)					
103		Zuschlag für in der Zeit von 20 bis 22 Uhr oder 6 bis 8 Uhr erbrachte Leistungen					

B V Todesfeststellung (BG-T)

BGT Tarif-Nr.	DKG-NT Tarif-Nr.	Leistung	Punkte (nur DKG-NT I)	Besondere Kosten	Allgemeine Kosten	Sach-kosten	Vollkosten (nur DKG-NT I)
1a	1b	2	3	4	5	6	7
104		Zuschlag für in der Zeit von 22 bis 6 Uhr erbrachte Leistungen					
105		Zuschlag für an Samstagen, Sonn- und Feiertagen erbrachte Leistungen					
106		Entnahme einer Körperflüssigkeit bei einem Toten			5,55 €	5,55 €	
107		Bulbusentnahme bei einem Toten			2,48 €	2,48 €	
108		Hornhautentnahme aus dem Auge bei einem Toten			2,24 €	2,24 €	
109		Entnahme eines Herzschrittmachers bei einem Toten			2,12 €	2,12 €	

B VI Besondere Regelungen (BG-T)

BGT Tarif-Nr.	DKG-NT Tarif-Nr.	Leistung	Punkte (nur DKG-NT I)	Besondere Kosten	Allgemeine Kosten	Sach-kosten	Vollkosten (nur DKG-NT I)
1a	1b	2	3	4	5	6	7
		Allgemeine Bestimmungen					
		1. Die Befundmitteilung oder der einfache Befundbericht ist mit der Gebühr für die zugrundeliegende Leistung abgegolten.					
		2. Für Berichte, die auf Verlangen des Trägers der gesetzlichen Unfallversicherung oder aufgrund von Regelungen des Vertrags Ärzte/Unfallversicherungsträger frei ohne Verwendung eines Vordrucks erstattet werden, bemisst sich die Gebühr entsprechend dem Aufwand, Zweck und Inhalt nach dem Gebührenrahmen der Nummern 110 bis 123.					
		3. Portoauslagen für angeforderte Berichte/Gutachten sind – soweit kein Freiumschlag beigefügt ist- dem Arzt zu erstatten.					
		4. Für die Übersendung von Krankengeschichten oder Auszüge (Fotokopien) daraus wird ungeachtet des Umfanges ein Pauschsatz von € 13,76 (Abrechnung als Geb.-Nr. 193), zuzüglich Porto, vergütet. Sie müssem vom absendenden Arzt durchgesehen und ihre Richtigkeit muß von diesem bescheinigt werden.					
110		Vordruck F 1100 Auskunft Behandlung					11,79 €*
111		nicht besetzt					
112		nicht besetzt					
113		nicht besetzt					
114		nicht besetzt					
115		Vordruck F 2100 Verlaufsbericht					11,79 €*
116		Vordruck F 3110 Belastungserprobung einschließlich Anlage F 3112 Arbeitsplatzbeschreibung					19,04 €
117		Vordruck F 1110 Auskunft Klärung Arbeitsunfall					19,04 €*
118		Ausführlicher Befundbericht auf Anforderung des Unfallversicherungsträgers					32,62 €

B VI Besondere Regelungen (BG-T)

BGT Tarif-Nr.	DKG-NT Tarif-Nr.	Leistung	Punkte (nur DKG-NT I)	Besondere Kosten	Allgemeine Kosten	Sach-kosten	Vollkosten (nur DKG-NT I)
1a	1b	2	3	4	5	6	7
119		nicht besetzt					
120		nicht besetzt					
121		nicht besetzt					
122		nicht besetzt					
123		nicht besetzt					
124		nicht besetzt					
125		Vordruck F 1050 Ärztliche Unfallmeldung					8,85 €*
126		Vordruck F 1030 Augenarztbericht					14,62 €*
127		Vordruck F 1040 Hals-Nasen-Ohrenarztbericht					14,62 €*
128		Vollständige Dokumentation des Erlanger Atopie-Score nach vorheriger Anforderung durch den Unfallversicherungsträger					19,04 €*
129		Vordruck F 6150 Bericht Haut BK 5101					24,40 €*
130		Vordruck F 6050 Hautarztbericht – Einleitung Hautarztverfahren/Stellungnahme Prävention					59,01 €*
		Mit der Gebühr ist (sind) die Untersuchungsleistung(en) abgegolten. Portoauslagen und Tests (§ 43 Vertrag Ärzte/UV-Träger) werden gesondert vergütet.					
131		Vordruck F 6052 Hautarztbericht – Behandlungsverlauf –					31,86 €*
		Mit der Gebühr ist (sind) die Untersuchungsleistung(en) abgegolten.					
132		Arztvordruck F 1000 Durchgangsarztbericht					17,81 €*
135		Vordruck F 6120 – 5103 Bericht Hautkrebs BK 5103					30,00 €

B VI Besondere Regelungen (BG-T)

BGT Tarif-Nr.	DKG-NT Tarif-Nr.	Leistung	Punkte (nur DKG-NT I)	Besondere Kosten	Allgemeine Kosten	Sach-kosten	Vollkosten (nur DKG-NT I)
1a	1b	2	3	4	5	6	7
135a		Vordruck F 6122 – 5103 Nachsorgebericht Hautkrebs BK-Nr. 5103					50,00 €
		Mit der Gebühr ist (sind) die Untersuchungsleistung(en) abgegolten.					
136		Vordruck F1002 Ergänzungsbericht Kopfverletzung					20,27 €*
137		Vordruck F 1004 Ergänzungsbericht Knie					25,00 €*
138		Vordruck F 1006 Ergänzungsbericht Schulter					25,00 €*
139		Vordruck F 1008 Ergänzungbericht schwere Verbrennungen ...					10,34 €*
140		Vordruck F 1010 Handchirurgischer Erstbericht					17,81 €*
141		Vordruck F 6000 Ärztliche Anzeige über eine Berufskrankheit (§ 44 Vertrag Ärzte/UV-Träger)					17,96 €*
		Der Anspruch auf die Gebühr besteht auch dann, wenn der Arzt die Anzeige an die für den Arbeitsschutz zuständige Stelle übermittelt und der Unfallversicherungsträger sie von dieser Stelle erhält.					
142		Vordruck F 6120 Bericht Wirbelsäule BK 2108, 2109, 2110					19,04 €*
142a		Vordruck F 6120 Bericht Carpaltunnel-Syndrom BK 2113					19,04 €*
143		Vordruck Bescheinigung zum Nachweis der Arbeitsunfähigkeit (§ 47 Vertrag Ärzte/UV-Träger)					3,23 €*
144		Vordruck Bescheinigung über Transportunfähigkeit (§ 38 Vertrag Ärzte/UV-Träger)					4,49 €*
145		Überweisung (ohne Formtext) (§§ 26, 39 und 41 Vertrag Ärzte/UV-Träger)					4,12 €*

BGT Tarif-Nr.	DKG-NT Tarif-Nr.	Leistung	Punkte (nur DKG-NT I)	Besondere Kosten	Allgemeine Kosten	Sach-kosten	Vollkosten (nur DKG-NT I)
1a	1b	2	3	4	5	6	7
		Formulargutachten					
146		Vordruck A 4200 Erstes Rentengutachten					120,00 €*
147		Vordruck A 4202 Erstes Rentengutachten Augen					120,00 €*
148		Vordruck A 4500 Zweites Rentengutachten (Rente auf unbestimmte Zeit)					100,00 €*
149		Vordruck A 4502 Zweites Rentengutachten Augen (Rente auf unbestimmte Zeit)					100,00 €*
150		Vordruck 4510 Rentengutachten (Nachprüfung MdE)					100,00 €*
151		Vordruck A 4512 Zweites Rentengutachten Augen (Nachprüfung MdE)					100,00 €*
152		Vordruck A 4520 Rentengutachten (Rente nach Gesamtvergütung)					100,00 €*
153		Vordruck A 4550 Gutachten bei Abfindung					47,53 €*
154		Vordruck A 5512 Gutachten erhöhte Witwen-/Witwerrente					47,53 €*
155		Vordruck A 8200-2301 Gutachten BK 2301					271,82 €*
		Mit der Gebühr sind alle erforderlichen Untersuchungsleistungen (einschl. TEOAE und DPOAE) und Sachkosten – ausgenommen Röntgenleistungen – abgegolten. Werden dem Unfallversicherungsträger Sachkosten von einem Dritten in Rechnung gestellt, so sind diese vom Gutachtenhonorar abzuziehen. *Soweit erforderlich, sind mit Begründung (siehe nachfolgende „Hinweise") gesondert berechnungsfähig:* *– Nr. 1403 Tinnitusbestimmung* *– Nr. 1403 Verdeckungskurven (n. Feldmann)*					

B VI Besondere Regelungen (BG-T)

BGT Tarif-Nr.	DKG-NT Tarif-Nr.	Leistung	Punkte (nur DKG-NT I)	Besondere Kosten	Allgemeine Kosten	Sach-kosten	Vollkosten (nur DKG-NT I)
1a	1b	2	3	4	5	6	7
		– Nr. 1403 Hörfeldskalierung / Hyperakusis – Nr. 1403 Überschwellige Hörtestverfahren – Nr. 1403 Békésy-Audiometrie – Nr. 1407 Stapediusreflexschwellenbestimmung ipsi u. contralateral – Nr. 1408 BERA *Hinweise zu den gesondert berechnungsfähigen Untersuchungen:* *Tinnitusbestimmung, Verdeckungskurven (nach Feldmann), Hörfeldskalierung* *Die Neufassung der Königsteiner Empfehlung beinhaltet optional eine umfangreiche Tinnitusdiagnostik als Standard. Eine Abrechnungsmöglichkeit soll bestehen, wenn abzuklären ist, ob ein vorliegender Tinnitus lärmbedingt ist, und die Untersuchungen jeweils durchgeführt und dokumentiert wurden. Für jede durchgeführte Untersuchung, also bis zu drei Mal, kann die Nummer 1403 zusätzlich abgerechnet werden.* *Überschwellige Hörtestverfahren* *Überschwelligen Hörprüfungen sind mit dem Ansatz der GOP 1403 nicht abgegolten, da die Legende auf „Überschwellige Hörprüfung" zwar hinweist, dies aber auch nur im Singular. Gemäß Neufassung der Königsteiner Empfehlung sind überschwellige Testverfahren wie eine Geräuschaudiometrie nach Langenbeck oder einen SISI-Test o. ä. nur notwendig, wenn OAE-Messungen nicht zu Ergebnissen führen.* *Diese optionale Abrechnungsmöglichkeit soll daher bestehen, wenn OAE-Messungen nicht zu Ergebnissen führen und die Untersuchungen jeweils durchgeführt und dokumentiert wurden. Hierfür kann die Nummer 1403 bis zu drei Mal zusätzlich abgerechnet werden.* *Békésy-Audiometrie* *Bei der Békésy-Audiometrie handelt es sich um ein automatisiertes Audiometrieverfahren, das der Differenzierung zwischen Adaptation und Hörermüdung dient oder anders ausgedrückt zwischen Innenohr- und neuraler Schädigung. Da es sich somit um ein völlig eigenständiges Verfahren handelt, ist eine gesonderte Abrechnung gerechtfertigt.*					

B VI Besondere Regelungen (BG-T)

BGT Tarif-Nr.	DKG-NT Tarif-Nr.	Leistung	Punkte (nur DKG-NT I)	Besondere Kosten	Allgemeine Kosten	Sachkosten	Vollkosten (nur DKG-NT I)
1a	1b	2	3	4	5	6	7
		Die Békésy-Audiometrie ist anzuwenden, wenn der Verdacht besteht, dass es sich nicht um eine reine Innenohrschwerhörigkeit handeln könnte und die Untersuchung jeweils durchgeführt und dokumentiert wurde. Hierfür kann die Nummer 1403 zusätzlich einmal abgerechnet werden.					
		Stapediusreflexschwellenbestimmung ipsi u. contralateral Unter der 1407 wird üblicherweise die sog. Tympanometrie und die einfache Messung der Stapediusreflexe verstanden. Die Stapediusreflexschwellenbestimmung ist dagegen ein Verfahren, das ähnlich wie die überschwelligen Hörprüfungen dem Nachweis eines Recruitment dient. (Recruitmentäquivalent-Metz, 1952)					
		Die Stapediusreflexschwellenbestimmung ipsi und contralateral ist nur notwendig, wenn Audiometriebefunde und OAE-Messungen Zweifel aufwerfen. Diese optionale Abrechnungsmöglichkeit soll daher bestehen, wenn Audiometriebefunde und OAE-Messungen Zweifel aufwerfen und die Untersuchungen jeweils durchgeführt und dokumentiert wurden. Hierfür kann die Nummer 1407 zusätzlich einmal abgerechnet werden.					
		Hirnstammaudiometrie (BERA) Die BERA ist indiziert, wenn nach Messung der OAE Zweifel bestehen, dass es sich um eine innenohrbedingte Schwerhörigkeitsform handelt und evtl. eine retrocochleäre/neurale Ursache zu vermuten ist. Diese optionale Abrechnungsmöglichkeit soll daher bestehen, wenn die OAE-Messungen vorgenannte Zweifel aufwerfen und die Untersuchung durchgeführt und dokumentiert wurde. Hierfür kann die Nummer 1408 zusätzlich einmal abgerechnet werden.					

BGT Tarif-Nr.	DKG-NT Tarif-Nr.	Leistung	Punkte (nur DKG-NT I)	Besondere Kosten	Allgemeine Kosten	Sach-kosten	Vollkosten (nur DKG-NT I)
1a	1b	2	3	4	5	6	7
		Freie Gutachten					
160		Begutachtungsmaterie mit normalem Schwierigkeitsgrad. Abhandlung in Fachliteratur und Begutachtungs-Standardwerken bzw. von den Fachgesellschaften herausgegebene Begutachtungsempfehlungen sind regelmäßig vorhanden. Es sind keine sich widersprechenden Vorgutachten zum Kausalzusammenhang zu berücksichtigen.					280,00 €*
161		Begutachtungsmaterie mit hohem Schwierigkeitsgrad. Es existieren keine konsentierten Begutachtungsempfehlungen bzw. trotz Vorliegens einer solchen setzt die Begutachtung eine anspruchsvolle medizinische Bewertung voraus. Regelmäßig sind deshalb verschiedene medizinische Quellen und diverse Fachliteratur zu sichten bzw. bedarf es einer Literaturrecherche oder entsprechender fundierter Fachkenntnisse oder es ist eine umfassende Auseinandersetzung mit Vorgutachten notwendig.					490,00 €*
		Zu den Höchstsätzen nach Nrn. 160, 161 gilt § 59 des Vertrags Ärzte/UV-Träger.					
165		Begutachtungsmaterie mit hohem Schwierigkeitsgrad und sehr hohem zeitlichen Aufwand zu speziellen Kausalzusammenhängen und/oder differentialdiagnostischen Problemstellungen. Es gibt nur wenig gesicherte medizinisch-wissenschaftliche Erkenntnisse bzw. die Erkenntnislage ist unübersichtlich oder es liegen divergierende Auffassungen in der Fachliteratur vor. Die Begutachtung bedarf umfangreicher Recherchen und tiefgehender eigener wissenschaftlich fundierter Überlegungen und Begründungen. Zusätzlich ist das Gutachten mit einem deutlich überdurchschnittlichen Zeitaufwand verbunden, zum Beispiel durch aufwändige Anamnese, Auswertung umfangreicher Voruntersuchungen, weit überdurchschnittlichen Aktenumfang etc.					700,00 €*

BGT Tarif-Nr.	DKG-NT Tarif-Nr.	Leistung	Punkte (nur DKG-NT I)	Besondere Kosten	Allgemeine Kosten	Sach-kosten	Vollkosten (nur DKG-NT I)
1a	1b	2	3	4	5	6	7
190		Schreibgebühren für Arztvordrucke nach den Nummern 117 bis 124 und Gutachten nach den Nummern 146 bis 154, 155 (ausgenommen audiologischer Befundbogen), 160, 161, 165 je Seite					4,50 €*
191		je verlangte Kopie					0,21 €*
192		Elektronische Übermittlung eines Arztberichts an den UV-Träger					0,41 €*
193		Übersendung von Krankengeschichten gem. B. VI Allgemeine Bestimmungen Nr. 4 (zuzüglich Porto)					14,60 €*
194		Kopie und Versand von Tonschwellenaudiogrammen – auch beiderseits (zuzüglich Porto) – bzw. Hauttestprotokollen – vgl. Anmerkung zu Nr. 1403					3,14 €*
195		Übersendung angeforderter Röntgenaufnahmen (einschließlich Verpackung) pauschal je Sendung (zuzüglich Porto) – vgl. O. Allgemeine Bestimmungen Nr. 8 – Diese Gebühr gilt auch für auf Anforderung des Kostenträgers oder eines anderen Arztes auf CD oder DVD übersandte Aufnahmen einschließlich der Herstellung					6,46 €*
196		Bei Bedarf im Hautarztverfahren und in der dermatologischen Begutachtung gefertigte Fotos, die den im jeweiligen Bericht oder im Gutachten beschriebenen Hautbefund nachvollziehbar dokumentieren und auf CD/DVD (einschließlich der Herstellung, Verpackung, zuzüglich Porto) zur Verfügung gestellt werden, unabhängig von der Anzahl der Fotos ... *Eine darüberhinausgehende notwendige Fotodokumentation kann durch den UV-Träger nach Rücksprache genehmigt werden.*					10,03 €*

* Berichtsgebühr gemäß UV-GOÄ

Teil C

Nichtgebietsbezogene Sach- und Sonderleistungen

C I Anlegen von Verbänden (DKG-NT I)

BGT Tarif-Nr.	DKG-NT Tarif-Nr.	Leistung	Punkte (nur DKG-NT I)	Besondere Kosten	Allgemeine Kosten	Sach-kosten	Vollkosten (nur DKG-NT I)
1a	1b	2	3	4	5	6	7
		Allgemeine Bestimmung					
		Wundverbände nach Nummer 200, die im Zusammenhang mit einer operativen Leistung (auch Ätzung, Fremdkörperentfernung), Punktion, Infusion, Transfusion oder Injektion durchgeführt werden, sind Bestandteil dieser Leistung.[1]					
	200	Verband – ausgenommen Schnell- und Sprühverbände, Augen-, Ohrenklappen oder Dreiecktücher –	45	1,19 €	2,95 €	4,14 €	5,75 €
	201a	Redressierender Klebeverband des Brustkorbs oder dachziegelförmiger Klebeverband – ausgenommen Nabelverband –	65	11,87 €	3,07 €	14,94 €	18,46 €
	201b	bei Verwendung von Tape-Verbänden	65	21,87 €	3,07 €	24,94 €	28,46 €
	204	Zirkulärer Verband des Kopfes oder des Rumpfes (auch als Wundverband); stabilisierender Verband des Halses, des Schulter- oder Hüftgelenks oder einer Extremität über mindestens zwei große Gelenke; Schanz'scher Halskrawattenverband; Kompressionsverband –	95	7,46 €	3,42 €	10,88 €	17,09 €
	206	Tape-Verband eines kleinen Gelenks	70	0,48 €	4,37 €	4,85 €	7,58 €
	207a	Tape-Verband eines großen Gelenks	100	8,00 €	8,14 €	16,14 €	18,14 €
	207b	Zinkleimverband	100	15,77 €	3,42 €	19,19 €	25,91 €
	208	Stärke- oder Gipsfixation, zusätzlich zu einem Verband	30	2,73 €	1,42 €	4,15 €	5,77 €
	209	Großflächiges Auftragen von Externa (z.B. Salben, Cremes, Puder, Lotionen, Lösungen) zur Behandlung von Hautkrankheiten mindestens einer Körperregion (Extremität, Kopf, Brust, Bauch, Rücken), je Sitzung	150		3,89 €	3,89 €	15,21 €
	210	Kleiner Schienenverband – auch als Notverband bei Frakturen	75	5,43 €	3,07 €	8,50 €	13,03 €
	211	Kleiner Schienenverband – bei Wiederanlegung derselben, gegebenenfalls auch veränderten Schiene –	60	1,52 €	1,88 €	3,40 €	7,60 €

[1] Gilt nicht für die Berechnung von Besonderen Kosten

C I Anlegen von Verbänden (DKG-NT I) — Nummern 212–230h

BGT Tarif-Nr.	DKG-NT Tarif-Nr.	Leistung	Punkte (nur DKG-NT I)	Besondere Kosten	Allgemeine Kosten	Sach-kosten	Vollkosten (nur DKG-NT I)
1a	1b	2	3	4	5	6	7
	212	Schienenverband mit Einschluß von mindestens zwei großen Gelenken (Schulter-, Ellenbogen-, Hand-, Knie-, Fußgelenk) – auch als Notverband bei Frakturen –	160	10,11 €	6,84 €	16,95 €	26,33 €
	213	Schienenverband mit Einschluß von mindestens zwei großen Gelenken (Schulter-, Ellenbogen-, Hand-, Knie-, Fußgelenk) – bei Wiederanlegung derselben, gegebenenfalls auch veränderten Schiene	100	5,23 €	5,78 €	11,01 €	15,37 €
	214	Abduktionsschienenverband – auch mit Stärke- oder Gipsfixation –	240	30,27 €	8,14 €	38,41 €	54,60 €
	217	Streckverband	230	5,04 €	3,42 €	8,46 €	28,36 €
	218	Streckverband mit Nagel- oder Drahtextension	660	10,93 €	13,34 €	24,27 €	77,83 €
	225	Gipsfingerling	70	1,48 €	1,42 €	2,90 €	8,58 €
	227a	Gipshülse mit Gelenkschienen	300	7,46 €	3,42 €	10,88 €	37,87 €
	227b	bei Verwendung von Kunststoff	300	20,92 €	3,42 €	24,34 €	51,33 €
	228a	Gipsschienenverband am Unterarm	190	2,98 €	5,78 €	8,76 €	22,24 €
	228b	bei Verwendung von Kunststoff	190	12,44 €	5,78 €	18,22 €	31,70 €
	228c	Gipsschienenverband am Unterschenkel oder Gipspantoffel	190	9,15 €	5,78 €	14,93 €	28,41 €
	228d	bei Verwendung von Kunststoff	190	30,40 €	5,78 €	36,18 €	49,66 €
	229	Gipsschienenverband – bei Wiederanlegung derselben, gegebenenfalls auch veränderten Schiene –	130	3,01 €	2,83 €	5,84 €	16,19 €
	230a	Zirkulärer Finger- und Zehengipsverband einschl. Hand- oder Fußgelenk	300	7,67 €	5,78 €	13,45 €	38,08 €
	230b	bei Verwendung von Kunststoff	300	20,60 €	5,78 €	26,38 €	51,01 €
	230c	Zirkulärer Unterarmgips einschl. Hand	300	8,30 €	5,78 €	14,08 €	38,71 €
	230d	bei Verwendung von Kunststoff	300	16,64 €	5,78 €	22,42 €	47,05 €
	230e	Zirkulärer Gipsverband für Unterschenkel mit Fuß	300	15,35 €	5,78 €	21,13 €	45,76 €
	230f	bei Verwendung von Kunststoff	300	94,18 €	5,78 €	99,96 €	124,59 €
	230g	Zirkulärer Gipstutor	300	21,97 €	5,78 €	27,75 €	52,38 €
	230h	bei Verwendung von Kunststoff	300	62,86 €	5,78 €	68,64 €	93,27 €

C I Anlegen von Verbänden (DKG-NT I)

BGT Tarif-Nr.	DKG-NT Tarif-Nr.	Leistung	Punkte (nur DKG-NT I)	Besondere Kosten	Allgemeine Kosten	Sach-kosten	Vollkosten (nur DKG-NT I)
1a	1b	2	3	4	5	6	7
	231a	Zirkulärer Gehgipsverband für Unterschenkel mit Fuß	360	27,22 €	6,25 €	33,47 €	63,71 €
	231b	bei Verwendung von Kunststoff	360	122,14 €	6,25 €	128,39 €	158,63 €
	232a	Zirkulärer Gipsverband mit Einschluß von mindestens zwei großen Gelenken (Schulter-, Ellenbogen-, Hand-, Knie-, Sprunggelenk)	430	12,72 €	6,03 €	18,75 €	56,31 €
	232b	bei Verwendung von Kunststoff	430	37,73 €	6,03 €	43,76 €	81,32 €
	235a	Zirkulärer Gipsverband des Halses einschließlich Kopfstütze – auch mit Schultergürtel	750	29,01 €	8,14 €	37,15 €	105,04 €
	235b	bei Verwendung von Kunststoff	750	111,73 €	8,14 €	119,87 €	187,76 €
	236a	Zirkulärer Gipsverband des Rumpfes	940	39,94 €	26,55 €	66,49 €	135,23 €
	236b	bei Verwendung von Kunststoff	940	133,38 €	26,55 €	159,93 €	228,67 €
	237a	Zirkulärer Gipsverband für den ganzen Arm ..	370	5,23 €	6,25 €	11,48 €	42,74 €
	237b	bei Verwendung von Kunststoff	370	20,98 €	6,25 €	27,23 €	58,49 €
	237c	Zirkulärer Gipsverband für das ganze Bein ...	370	24,59 €	6,25 €	30,84 €	62,10 €
	237d	bei Verwendung von Kunststoff	370	135,17 €	6,25 €	141,42 €	172,68 €
	237e	Großer Gipsschienenverband	370	11,46 €	6,25 €	17,71 €	48,97 €
	237f	bei Verwendung von Kunststoff (Arm)	370	26,39 €	6,25 €	32,64 €	63,90 €
	237g	bei Verwendung von Kunststoff (Bein)	370	41,09 €	6,25 €	47,34 €	78,60 €
	238	Gipsschienenverband mit Einschluß von mindestens zwei großen Gelenken (Schulter-, Ellenbogen-, Hand-, Knie-, Fußgelenk) – bei Wiederanlegung derselben, gegebenenfalls auch veränderten Schiene –	200	5,47 €	6,25 €	11,72 €	25,74 €
	239a	Gipsverband für Arm mit Schulter oder Bein mit Beckengürtel	750	63,39 €	8,14 €	71,53 €	139,42 €
	239b	bei Verwendung von Kunststoff	750	172,91 €	8,14 €	181,05 €	248,94 €
	240a	Gipsbett oder Nachtschale für den Rumpf	940	95,75 €	26,55 €	122,30 €	191,04 €
	240b	bei Verwendung von Kunststoff	940	295,26 €	26,55 €	321,81 €	390,55 €
	245	Quengelverband zusätzlich zum jeweiligen Gipsverband	110	3,99 €	1,52 €	5,51 €	15,14 €
	246	Abnahme des zirkulären Gipsverbandes	150		2,24 €	2,24 €	15,21 €

C I Anlegen von Verbänden (DKG-NT I)

BGT Tarif-Nr.	DKG-NT Tarif-Nr.	Leistung	Punkte (nur DKG-NT I)	Besondere Kosten	Allgemeine Kosten	Sach-kosten	Vollkosten (nur DKG-NT I)
1a	1b	2	3	4	5	6	7
	247a	Fensterung, Spaltung, Kürzung oder wesentliche Änderung bei einem nicht an demselben Tage angelegten Gipsverband	110	**1,89 €**	**3,42 €**	**5,31 €**	**13,04 €**
	247b	Schieneneinsetzung, Anlegung eines Gehbügels oder einer Abrollsohle bei einem nicht an demselben Tage angelegten Gipsverband	110	**11,77 €**	**3,42 €**	**15,19 €**	**22,92 €**
	247c	bei Verwendung von Kunststoff	110	**22,84 €**	**3,42 €**	**26,26 €**	**33,99 €**

C I Anlegen von Verbänden (BG-T)

BGT Tarif-Nr.	DKG-NT Tarif-Nr.	Leistung	Punkte (nur DKG-NT I)	Besondere Kosten	Allgemeine Kosten	Sach-kosten	Vollkosten (nur DKG-NT I)
1a	1b	2	3	4	5	6	7
		Allgemeine Bestimmung					
		Wundverbände nach Nummer 200, die im Zusammenhang mit einer operativen Leistung (auch Ätzung, Fremdkörperentfernung), Punktion, Infusion, Transfusion oder Injektion durchgeführt werden, sind Bestandteil dieser Leistung.[1] *Als operative Leistungen in diesem Sinne gelten auch die Leistungen nach den Nummern 2000 bis 2005.*					
200		Verband – ausgenommen Schnellverbände, Augen-, Ohrenklappen oder Dreiecktücher –.		1,19 €	2,95 €	4,14 €	
201a		Redressierender Klebeverband des Brustkorbs oder dachziegelförmiger Klebeverband – ausgenommen Nabelverband –		11,87 €	3,07 €	14,94 €	
201b		bei Verwendung von Tape-Verbänden		21,87 €	3,07 €	24,94 €	
202		Schanz'scher Halskrawattenverband		6,20 €	3,42 €	9,62 €	
203a		Kompressionsverband / auch Schaumstoffkompressionsverband		1,76 €	3,42 €	5,18 €	
203b		Zinkleimverband		15,77 €	3,42 €	19,19 €	
204		Zirkulärer Verband des Kopfes, ders Schulter- oder Hüftgelenks oder des Rumpfes		7,46 €	3,42 €	10,88 €	
205		Rucksack- oder Désault-Verband		7,88 €	3,42 €	11,30 €	
208		Tape-Verband an Fingern oder Zehen		0,48 €	4,37 €	4,85 €	
209		Tape-Verband an großen Gelenken oder an Weichteilen der Gliedmaßen		8,00 €	8,14 €	16,14 €	
210		Kleiner Schienenverband – auch als Notverband bei Frakturen		5,43 €	3,07 €	8,50 €	
211		Kleiner Schienenverband – bei Wiederanlegung derselben, nicht neu hergerichteten Schiene –		1,52 €	1,88 €	3,40 €	
212		Schienenverband mit Einschluss von mindestens zwei großen Gelenken (Schulter-, Ellenbogen-, Hand-, Knie-, Fußgelenk) – auch als Notverband bei Frakturen –		10,11 €	6,84 €	16,95 €	

[1] Gilt nicht für die Berechnung von Besonderen Kosten

C I Anlegen von Verbänden (BG-T)

BGT Tarif-Nr.	DKG-NT Tarif-Nr.	Leistung	Punkte (nur DKG-NT I)	Besondere Kosten	Allgemeine Kosten	Sach-kosten	Vollkosten (nur DKG-NT I)
1a	1b	2	3	4	5	6	7
213		Schienenverband mit Einschluss von mindestens zwei großen Gelenken (Schulter-, Ellenbogen-, Hand-, Knie-, Fußgelenk) – bei Wiederanlegung derselben, nicht neu hergerichteten Schiene –		5,23 €	5,78 €	11,01 €	
214		Abduktionsschienenverband		30,27 €	8,14 €	38,41 €	
217		Streckverband		5,04 €	3,42 €	8,46 €	
218		Streckverband mit Nagel- oder Drahtextension		10,93 €	13,34 €	24,27 €	
226a		Gipshülse		7,46 €	3,42 €	10,88 €	
226b		bei Verwendung von Kunststoff		20,92 €	3,42 €	24,34 €	
227		Thermoplastische Fingerschiene (einschließlich individueller Zurichtung und Anpassung) .		7,46 €	6,23 €	13,69 €	
228a		Gipsschienenverband am Unterarm		2,98 €	5,78 €	8,76 €	
228b		bei Verwendung von Kunststoff		12,44 €	5,78 €	18,22 €	
228c		Gipsschienenverband am Unterschenkel oder Gipspantoffel		9,15 €	5,78 €	14,93 €	
228d		bei Verwendung von Kunststoff		30,40 €	5,78 €	36,18 €	
229		Gipsschienenverband – bei Wiederanlegung derselben nicht neu hergerichteten Schiene ..		3,01 €	2,83 €	5,84 €	
230a		Zirkulärer Finger- und Zehengipsverband einschl. Hand- oder Fußgelenk		7,67 €	5,78 €	13,45 €	
230b		bei Verwendung von Kunststoff		20,60 €	5,78 €	26,38 €	
230c		Zirkulärer Unterarmgips einschließlich Hand ..		8,30 €	5,78 €	14,08 €	
230d		bei Verwendung von Kunststoff		16,64 €	5,78 €	22,42 €	
230e		Zirkulärer Gipsverband Unterschenkel einschließlich Fuß		15,35 €	5,78 €	21,13 €	
230f		bei Verwendung von Kunststoff		94,18 €	5,78 €	99,96 €	
230g		Zirkluärer Gipstutor		21,97 €	5,78 €	27,75 €	
230h		bei Verwendung von Kunststoff		62,86 €	5,78 €	68,64 €	
231a		Zirkulärer Gehgipsverband für Unterschenkel mit Fuß		27,22 €	6,25 €	33,47 €	
231b		bei Verwendung von Kunststoff		122,14 €	6,25 €	128,39 €	

C I   Anlegen von Verbänden (BG-T)

BGT Tarif-Nr.	DKG-NT Tarif-Nr.	Leistung	Punkte (nur DKG-NT I)	Besondere Kosten	Allgemeine Kosten	Sach-kosten	Vollkosten (nur DKG-NT I)
1a	1b	2	3	4	5	6	7
231c		Zirkulärer Gehgipsverband für das ganze Bein		36,37 €	6,25 €	42,62 €	
231d		bei Verwendung von Kunststoff		162,61 €	6,25 €	168,86 €	
235a		Zirkulärer Gipsverband des Halses einschließ-lich Kopfstütze – auch mit Schultergürtel		29,01 €	8,14 €	37,15 €	
235b		bei Verwendung von Kunststoff		111,73 €	8,14 €	119,87 €	
236a		Zirkulärer Gipsverband des Rumpfes		39,94 €	26,55 €	66,49 €	
236b		bei Verwendung von Kunststoff		133,38 €	26,55 €	159,93 €	
237a		Zirkulärer Gipsverband für den ganzen Arm* ..		5,23 €	6,25 €	11,48 €	
237b		bei Verwendung von Kunststoff*		20,98 €	6,25 €	27,23 €	
237c		Zirkulärer Gipsverband für das ganze Bein* ...		24,59 €	6,25 €	30,84 €	
237d		bei Verwendung von Kunststoff*		135,17 €	6,25 €	141,42 €	
237e		Großer Gipsschienenverband		11,46 €	6,25 €	17,71 €	
237f		bei Verwendung von Kunststoff (Arm)		26,39 €	6,25 €	32,64 €	
237g		bei Verwendung von Kunststoff (Bein)		41,09 €	6,25 €	47,34 €	
238		Gipsschienenverband über wenigstens zwei große Gelenke (Schulter-, Ellenbogen-, Hand-, Knie-, Fußgelenk) – bei Wiederanlegung der-selben, nicht neu hergerichteten Schiene		5,47 €	6,25 €	11,72 €	
239a		Zirkulärer Gipsverband für Arm mit Schulter oder Bein mit Beckengürtel*		63,39 €	8,14 €	71,53 €	
239b		bei Verwendung von Kunststoff*		172,91 €	8,14 €	181,05 €	
240a		Gipsbett oder Nachtschale für den Rumpf		95,75 €	26,55 €	122,30 €	
240b		bei Verwendung von Kunststoff		295,26 €	26,55 €	321,81 €	
245		Quengelverband zusätzlich zum jeweiligen Gipsverband		3,99 €	1,52 €	5,51 €	
246		Abnahme des zirkulären Gipsverbandes			2,24 €	2,24 €	
247a		Fensterung, Spaltung, Kürzung oder wesentli-che Änderung bei einem nicht an demselben Tage angelegten Gipsverband		1,89 €	3,42 €	5,31 €	
247b		Schieneneinsetzung, Anlegung eines Gehbü-gels oder einer Abrollsohle bei einem nicht an demselben Tage angelegten Gipsverband		11,77 €	3,42 €	15,19 €	
247c		bei Verwendung von Kunststoff		22,84 €	3,42 €	26,26 €	

C I   Anlegen von Verbänden (BG-T)

BGT Tarif-Nr.	DKG-NT Tarif-Nr.	Leistung	Punkte (nur DKG-NT I)	Besondere Kosten	Allgemeine Kosten	Sach-kosten	Vollkosten (nur DKG-NT I)
1a	1b	2	3	4	5	6	7
		* Bei diesen Verbänden handelt es sich um zirkuläre Gips- bzw. Kunststoffverbände, deren Abnahme nach Nr. 246 berechnet werden kann.					

BGT Tarif-Nr.	DKG-NT Tarif-Nr.	Leistung	Punkte (nur DKG-NT I)	Besondere Kosten	Allgemeine Kosten	Sach-kosten	Vollkosten (nur DKG-NT I)
1a	1b	2	3	4	5	6	7
		Allgemeine Bestimmungen					
		Die Leistungen nach den Nummern 252 bis 258 und 261 sind nicht mehrfach berechnungsfähig, wenn anstelle einer Mischung mehrere Arzneimittel bei liegender Kanüle im zeitlichen Zusammenhang nacheinander verabreicht werden.					
		Die Leistungen nach den Nummern 270, 273 bis 281, 283, 286 sowie 287 können jeweils nur einmal je Behandlungstag berechnet werden. Die Leistungen nach den Nummern 271 oder 272 sind je Gefäßzugang einmal, insgesamt jedoch nicht mehr als zweimal je Behandlungstag berechnungsfähig. Die zweimalige Berechnung der Leistungen nach den Nummern 271 oder 272 setzt gesonderte Punktionen verschiedener Blutgefäße voraus.					
		Gegebenenfalls erforderliche Gefäßpunktionen sind Bestandteil der Leistungen nach den Nummern 270 bis 287 und mit den Gebühren abgegolten.					
		Die Leistungen nach den Nummern 271 bis 276 sind nicht nebeneinander berechnungsfähig.					
250	250	Blutentnahme mittels Spritze, Kanüle oder Katheter aus der Vene	40		2,02 €	2,02 €	4,05 €
250a	250a	Kapillarblutentnahme bei Kindern bis zum vollendeten 8. Lebensjahr	40		2,02 €	2,02 €	4,05 €
251	251	Blutentnahme mittels Spritze oder Kanüle aus der Arterie	60		3,07 €	3,07 €	6,08 €
251a		Blutentnahme zum Zwecke der Alkoholbestimmung			3,07 €	3,07 €	
		Befundbericht, Kosten der Koller-Venüle und Versandkosten sind mit der Gebühr abgegolten.					
252	252	Injektion, subkutan, submukös, intrakutan oder intramuskulär	40		1,88 €	1,88 €	4,05 €
253	253	Injektion, intravenös	70		2,02 €	2,02 €	7,10 €
254	254	Injektion, intraarteriell	80		2,36 €	2,36 €	8,11 €

C II Blutentnahmen, Injektionen, Infiltrationen, Infusionen, Transfusionen, Implantationen, Abstrichentnahmen Nummern 255–266

BGT Tarif-Nr.	DKG-NT Tarif-Nr.	Leistung	Punkte (nur DKG-NT I)	Besondere Kosten	Allgemeine Kosten	Sach-kosten	Vollkosten (nur DKG-NT I)
1a	1b	2	3	4	5	6	7
255	255	Injektion, intraartikulär oder perineural	95		3,54 €	3,54 €	9,63 €
256	256	Injektion in den Periduralraum	185		6,25 €	6,25 €	18,75 €
257	257	Injektion in den Subarachnoidalraum	400		6,14 €	6,14 €	40,55 €
258	258	Injektion intraaortal oder intrakardial – ausgenommen bei liegendem Aorten- oder Herzkatheter	180		6,03 €	6,03 €	18,25 €
259	259	Legen eines Periduralkatheters – in Verbindung mit der Anlage eines subkutanen Medikamentenreservoirs –	600		14,87 €	14,87 €	60,82 €
260	260	Legen eines arteriellen Katheters oder eines zentralen Venenkatheters – einschließlich Fixation –	200		4,96 €	4,96 €	20,27 €
		Die Leistung nach Nummer 260 ist neben Leistungen nach den Nummern 355 bis 361, 626 bis 632 und/oder 648 nicht berechnungsfähig.					
261	261	Einbringung von Arzneimitteln in einen parenteralen Katheter	30		1,17 €	1,17 €	3,04 €
		Die Leistung nach Nummer 261 ist im Zusammenhang mit einer Anästhesie/Narkose nicht berechnungsfähig für die Einbringung von Anästhetika, Anästhesieadjuvantien und Anästhesieantidoten					
		Wird die Leistung nach Nummer 261 im Zusammenhang mit einer Anästhesie/Narkose berechnet, ist das Medikament in der Rechnung anzugeben.					
262	262	Transfemorale Blutentnahme mittels Katheter aus dem Bereich der Nierenvene(n)	450		15,34 €	15,34 €	45,62 €
263	263	Subkutane Hyposensibilisierungsbehandlung (Desensibilisierung), je Sitzung	90		3,78 €	3,78 €	9,12 €
264	264	Injektions- und/oder Infiltrationsbehandlung der Prostata, je Sitzung	120		3,78 €	3,78 €	12,16 €
265	265	Auffüllung eines subkutanen Medikamentenreservoirs oder Spülung eines Ports, je Sitzung	60		2,95 €	2,95 €	6,08 €
265a	265a	Auffüllung eines Hautexpanders, je Sitzung ...	90		3,30 €	3,30 €	9,12 €
266	266	Intrakutane Reiztherapie (Quaddelbehandlung), je Sitzung	60		2,83 €	2,83 €	6,08 €

C II Blutentnahmen, Injektionen, Infiltrationen, Infusionen, Transfusionen, Implantationen, Abstrichentnahmen   Nummern 267–275

BGT Tarif-Nr.	DKG-NT Tarif-Nr.	Leistung	Punkte (nur DKG-NT I)	Besondere Kosten	Allgemeine Kosten	Sach-kosten	Vollkosten (nur DKG-NT I)
1a	1b	2	3	4	5	6	7
267	267	Medikamentöse Infiltrationsbehandlung im Bereich einer Körperregion, auch paravertrebrale oder perineurale oder perikapsuläre oder retrobulbäre Injektion und/oder Infiltration, je Sitzung	80		3,30 €	3,30 €	8,11 €
268	268	Medikamentöse Infiltrationsbehandlung im Bereich mehrerer Körperregionen (auch eine Körperregion beidseitig), je Sitzung	130		5,78 €	5,78 €	13,18 €
269	269	Akupunktur (Nadelstich-Technik) zur Behandlung von Schmerzen, je Sitzung	200		5,78 €	5,78 €	20,27 €
269a	269a	Akupunktur (Nadelstich-Technik) mit einer Mindestdauer von 20 Minuten zur Behandlung von Schmerzen, je Sitzung	350		5,78 €	5,78 €	35,48 €
270	270	Infusion, subkutan	80		3,54 €	3,54 €	8,11 €
271	271	Infusion, intravenös, bis zu 30 Minuten Dauer	120		3,54 €	3,54 €	12,16 €
272	272	Infusion, intravenös, von mehr als 30 Minuten Dauer	180		4,48 €	4,48 €	18,25 €
273	273	Infusion, intravenös – gegebenenfalls mittels Nabelvenenkatheter oder in die Kopfvene – bei einem Kind bis zum vollendeten 4. Lebensjahr	180		4,48 €	4,48 €	18,25 €
		Die Leistungen nach den Nummern 271, 272 und 273 sind im Zusammenhang mit einer Anästhesie/Narkose nicht berechnungsfähig für die Einbringung von Anästhetika, Anästhesieadjuvantien und Anästhesieantidoten.					
		Werden die Leistungen nach den Nummern 271, 272 oder 273 im Zusammenhang mit einer Anästhesie/Narkose berechnet, ist das Medikament in der Rechnung anzugeben.					
274	274	Dauertropfinfusion, intravenös, von mehr als 6 Stunden Dauer – gegebenenfalls einschließlich Infusionsplan und Bilanzierung –	320		11,44 €	11,44 €	32,44 €
		Neben der Leistung nach Nummer 274 sind die Leistungen nach den Nummern 271 bis 273, 275 und/oder 276 nicht berechnungsfähig.					
275	275	Dauertropfinfusion von Zytostatika, von mehr als 90 Minuten Dauer	360		12,85 €	12,85 €	36,49 €

C II Blutentnahmen, Injektionen, Infiltrationen, Infusionen, Transfusionen, Implantationen, Abstrichentnahmen Nummern 276–283

BGT Tarif-Nr.	DKG-NT Tarif-Nr.	Leistung	Punkte (nur DKG-NT I)	Besondere Kosten	Allgemeine Kosten	Sach-kosten	Vollkosten (nur DKG-NT I)
1a	1b	2	3	4	5	6	7
276	276	Dauertropfinfusion von Zytostatika, von mehr als 6 Stunden Dauer	540		18,88 €	18,88 €	54,74 €
277	277	Infusion, intraarteriell, bis zu 30 Minuten Dauer	180		5,78 €	5,78 €	18,25 €
278	278	Infusion, intraarteriell, von mehr als 30 Minuten Dauer	240		6,03 €	6,03 €	24,33 €
279	279	Infusion in das Knochenmark	180		4,01 €	4,01 €	18,25 €
280	280	Transfusion der ersten Blutkonserve (auch Frischblut) oder des ersten Blutbestandteilpräparats – einschließlich Identitätssicherung im AB0-System (bedside-test) und Dokumentation der Konserven- bzw. Chargen-Nummer –	330		10,73 €	10,73 €	33,45 €
		Die Infusion von Albumin oder von Präparaten, die als einzigen Blutbestandteil Albumin enthalten, ist nicht nach der Leistung nach Nummer 280 berechnungsfähig.					
281	281	Transfusion der ersten Blutkonserve (auch Frischblut) oder des ersten Blutbestandteilpräparats bei einem Neugeborenen – einschließlich Nabelvenenkatheterismus, Identitätssicherung im AB0-System (bedside-test) und Dokumentation der Konserven- bzw. Chargen-Nummer –	450		20,78 €	20,78 €	45,62 €
		Die Infusion von Albumin oder von Präparaten, die als einzigen Blutbestandteil Albumin enthalten, ist nicht nach der Leistung nach Nummer 281 berechnungsfähig.					
282	282	Transfusion jeder weiteren Blutkonserve (auch Frischblut) oder jedes weiteren Blutbestandteilpräparats im Anschluß an die Leistungen nach den Nummern 280 oder 281 – einschließlich Identitätssicherung im AB0-System (bedside-test) und Dokumentation der Konserven- bzw. Chargen-Nummer –	150		6,96 €	6,96 €	15,21 €
		Die Infusion von Albumin oder von Präparaten, die als einzigen Blutbestandteil Albumin enthalten, ist nicht nach der Leistung nach Nummer 282 berechnungsfähig.					
283	283	Infusion in die Aorta bei einem Neugeborenen mittels transumbilikalem Aortenkatheter – einschließlich der Anlage des Katheters –	500		17,46 €	17,46 €	50,69 €

C II Blutentnahmen, Injektionen, Infiltrationen, Infusionen, Transfusionen, Implantationen, Abstrichentnahmen   Nummern 284–297

BGT Tarif-Nr.	DKG-NT Tarif-Nr.	Leistung	Punkte (nur DKG-NT I)	Besondere Kosten	Allgemeine Kosten	Sach-kosten	Vollkosten (nur DKG-NT I)
1a	1b	2	3	4	5	6	7
284	284	Eigenbluteinspritzung – einschließlich Blutentnahme	90		3,30 €	3,30 €	9,12 €
285	285	Aderlaß aus der Vene oder Arterie mit Entnahme von mindestens 200 Milliliter Blut – gegebenenfalls einschließlich Verband –	110		3,42 €	3,42 €	11,15 €
286	286	Reinfusion der ersten Einheit (mindestens 200 Milliliter) Eigenblut oder Eigenplasma – einschließlich Identitätssicherung im AB0-System (bedside-test) –	220		7,20 €	7,20 €	22,30 €
286a	286a	Reinfusion jeder weiteren Einheit (mindestens 200 Milliliter) Eigenblut oder Eigenplasma im Anschluß an die Leistung nach Nummer 286 – einschließlich Identitätssicherung im AB0-System (bedside-test) –	100		3,30 €	3,30 €	10,14 €
287	287	Blutaustauschtransfusion (z.B. bei schwerster Intoxikation)	800		21,24 €	21,24 €	81,10 €
288	288	Präoperative Entnahme einer Einheit Eigenblut (mindestens 400 Milliliter) zur späteren Retransfusion bei Aufbewahrung als Vollblutkonserve – gegebenenfalls einschließlich Konservierung –	230		7,20 €	7,20 €	23,32 €
289	289	Präoperative Entnahme einer Einheit Eigenblut (mindestens 400 Milliliter) zur späteren Retransfusion einschließlich Auftrennung des Patientenblutes in ein Erythrozytenkonzentrat und eine Frischplasmakonserve, Versetzen des Erythrozytenkonzentrats mit additiver Lösung und anschließender Aufbewahrung bei +2 °C bis +6 °C sowie Schockgefrieren des Frischplasmas und anschließender Aufbewahrung bei –30 °C oder darunter –	350		10,97 €	10,97 €	35,48 €
290	290	Infiltration gewebehärtender Mittel	120		4,72 €	4,72 €	12,16 €
291	291	Implantation von Hormonpreßlingen	70		3,19 €	3,19 €	7,10 €
297	297	Entnahme und Aufbereitung von Abstrichmaterial zur zytologischen Untersuchung – gegebenenfalls einschließlich Fixierung – .... *Mit der Gebühr sind die Kosten abgegolten*	45		2,48 €	2,48 €	4,56 €

C II Blutentnahmen, Injektionen, Infiltrationen, Infusionen, Transfusionen, Implantationen, Abstrichentnahmen Nummer 298

BGT Tarif-Nr.	DKG-NT Tarif-Nr.	Leistung	Punkte (nur DKG-NT I)	Besondere Kosten	Allgemeine Kosten	Sach-kosten	Vollkosten (nur DKG-NT I)
1a	1b	2	3	4	5	6	7
298	298	Entnahme und gegebenenfalls Aufbereitung von Abstrichmaterial zur mikrobiologischen Untersuchung – gegebenenfalls einschließlich Fixierung –	40		2,12 €	2,12 €	4,05 €

C III Punktionen

BGT Tarif-Nr.	DKG-NT Tarif-Nr.	Leistung	Punkte (nur DKG-NT I)	Besondere Kosten	Allgemeine Kosten	Sach-kosten	Vollkosten (nur DKG-NT I)
1a	1b	2	3	4	5	6	7
		Allgemeine Bestimmung					
		Zum Inhalt der Leistungen der Punktionen gehören die damit im Zusammenhang stehenden Injektionen, Instillationen, Spülungen sowie Entnahmen z.B. von Blut, Liquor, Gewebe.					
300	300	Punktion eines Gelenks	120		5,07 €	5,07 €	12,16 €
301	301	Punktion eines Ellenbogen-, Knie- oder Wirbelgelenks	160		5,43 €	5,43 €	16,22 €
302	302	Punktion eines Schulter- oder Hüftgelenks	250		6,73 €	6,73 €	25,34 €
303	303	Punktion einer Drüse, eines Schleimbeutels, Ganglions, Seroms, Hygroms, Hämatoms oder Abszesses oder oberflächiger Körperteile	80		2,36 €	2,36 €	8,11 €
304	304	Punktion der Augenhöhle	160		5,43 €	5,43 €	16,22 €
305	305	Punktion der Liquorräume (Subokzipital- oder Lumbalpunktion)	350		10,62 €	10,62 €	35,48 €
305a	305a	Punktion der Liquorräume durch die Fontanelle	250		9,32 €	9,32 €	25,34 €
306	306	Punktion der Lunge – auch Abszeß- oder Kavernenpunktion in der Lunge – oder Punktion des Gehirns bei vorhandener Trepanationsöffnung	500		8,73 €	8,73 €	50,69 €
307	307	Punktion des Pleuraraums oder der Bauchhöhle	250		5,67 €	5,67 €	25,34 €
308	308	Gewebeentnahme aus der Pleura – gegebenenfalls einschließlich Punktion	350		6,37 €	6,37 €	35,48 €
310	310	Punktion des Herzbeutels	350		10,62 €	10,62 €	35,48 €
311	311	Punktion des Knochenmarks – auch Sternalpunktion –	200		6,37 €	6,37 €	20,27 €
312	312	Knochenstanze – gegebenenfalls einschließlich Entnahme von Knochenmark –	300		6,49 €	6,49 €	30,41 €
314	314	Punktion der Mamma oder Punktion eines Lymphknotens	120		5,43 €	5,43 €	12,16 €
315	315	Punktion eines Organs (z.B. Leber, Milz, Niere, Hoden)	250		6,03 €	6,03 €	25,34 €
316	316	Punktion des Douglasraums	250		6,73 €	6,73 €	25,34 €

C III Punktionen

BGT Tarif-Nr.	DKG-NT Tarif-Nr.	Leistung	Punkte (nur DKG-NT I)	Besondere Kosten	Allgemeine Kosten	Sach-kosten	Vollkosten (nur DKG-NT I)
1a	1b	2	3	4	5	6	7
317	317	Punktion eines Adnextumors – auch einschließlich Douglaspunktion –	350		8,97 €	8,97 €	35,48 €
318	318	Punktion der Harnblase oder eines Wasserbruchs	120		5,67 €	5,67 €	12,16 €
319	319	Punktion der Prostata oder Punktion der Schilddrüse	200		6,49 €	6,49 €	20,27 €
321	321	Untersuchung von natürlichen Gängen oder Fisteln mittels Sonde oder Einführung eines Fistelkatheters – gegebenenfalls einschließlich anschließender Injektion oder Instillation –	50		2,60 €	2,60 €	5,07 €

C IV Kontrastmitteleinbringungen

BGT Tarif-Nr.	DKG-NT Tarif-Nr.	Leistung	Punkte (nur DKG-NT I)	Besondere Kosten	Allgemeine Kosten	Sach-kosten	Vollkosten (nur DKG-NT I)
1a	1b	2	3	4	5	6	7
		Allgemeine Bestimmungen					
		Die zur Einbringung des Kontrastmittels erforderlichen Maßnahmen wie Sondierungen, Injektionen, Punktionen, Gefäßkatheterismus oder Probeinjektionen und gegebenenfalls anschließende Wundnähte und Entfernung(en) des Kontrastmittels sind Bestandteile der Leistungen und nicht gesondert berechnungsfähig. Dies gilt auch für gegebenenfalls notwendige Durchleuchtungen zur Kontrolle der Lage eines Katheters oder einer Punktionsnadel.					
340	340	Einbringung des Kontrastmittels in die zerebralen und spinalen Liquorräume	400		8,73 €	8,73 €	40,55 €
344	344	Intravenöse Einbringung des Kontrastmittels mittels Injektion oder Infusion bis zu 10 Minuten Dauer	100		3,19 €	3,19 €	10,14 €
345	345	Intravenöse Einbringung des Kontrastmittels mittels Injektion oder Infusion von mehr als 10 Minuten Dauer	130		3,19 €	3,19 €	13,18 €
346	346	Intravenöse Einbringung des Kontrastmittels mittels Hochdruckinjektion	300		10,03 €	10,03 €	30,41 €
347	347	Ergänzung für jede weitere intravenöse Kontrastmitteleinbringung mittels Hochdruckinjektion bei bestehendem Zugang – im Zusammenhang mit der Leistung nach Nummer 346 –	150		6,84 €	6,84 €	15,21 €
350	350	Intraarterielle Einbringung des Kontrastmittels	150		4,96 €	4,96 €	15,21 €
351	351	Einbringung des Kontrastmittels zur Angiographie von Gehirnarterien, je Halsschlagader ...	500		7,55 €	7,55 €	50,69 €
		Die Leistung nach Nummer 351 ist je Sitzung nicht mehr als zweimal berechnungsfähig.					
353		Einbringung des Kontrastmittels mittels intraarterieller Hochdruckinjektionen zur selektiven Arteriographie (z.B. Nierenarterie), einschließlich Röntgenkontrolle und ggf. einschließlich fortlaufender EKG-Kontrolle			7,55 €	7,55 €	
		Die Leistung nach Nummer 353 ist je Sitzung nicht mehr als zweimal berechenbar.					

C IV Kontrastmitteleinbringungen

BGT Tarif-Nr.	DKG-NT Tarif-Nr.	Leistung	Punkte (nur DKG-NT I)	Besondere Kosten	Allgemeine Kosten	Sach-kosten	Vollkosten (nur DKG-NT I)
1a	1b	2	3	4	5	6	7
355	355	Herzkatheter-Einbringung(en) und anschließende intrakardiale bzw. intraarterielle Einbringung(en) des Kontrastmittels mittels Hochdruckinjektion zur Darstellung des Herzens und der herznahen Gefäße (Aorta ascendens, Aorta pulmonalis) – einschließlich Röntgenkontrolle und fortlaufender EKG-Kontrolle –, je Sitzung	600		31,52 €	31,52 €	60,82 €
		Die Leistung nach Nummer 355 ist neben den Leistungen nach den Nummern 626 und/oder 627 nicht berechnungsfähig.					
		Wird die Leistung nach Nummer 355 im zeitlichen Zusammenhang mit der Leistung nach Nummer 360 erbracht, ist die Leistung nach Nummer 355 nur mit dem einfachen Gebührensatz berechnungsfähig.					
355a		Leistung nach Nummer 355, jedoch im zeitlichen Zusammenhang mit der Leistung nach Nummer 360			31,52 €	31,52 €	
356	356	Zuschlag zu der Leistung nach Nummer 355 bei Herzkatheter-Einbringung(en) zur Untersuchung sowohl des linken als auch des rechten Herzens über jeweils gesonderte Gefäßzugänge während einer Sitzung	400		21,00 €	21,00 €	40,55 €
		Die Leistung nach Nummer 356 ist neben den Leistungen nach den Nummern 626 und/oder 627 nicht berechnungsfähig.					
		Wird die Leistung nach Nummer 356 im zeitlichen Zusammenhang mit der Leistung nach Nummer 360 erbracht, ist die Leistung nach Nummer 356 nur mit dem einfachen Gebührensatz berechnungsfähig.					
356a		Leistung nach Nummer 356, jedoch im zeitlichen Zusammenhang mit der Leistung nach Nummer 360			21,00 €	21,00 €	
357	357	Intraarterielle Einbringung(en) des Kontrastmittels über einen Katheter mittels Hochdruckinjektion zur Übersichtsangiographie der Brust- und/oder Bauchaorta – einschließlich Röntgenkontrolle und gegebenenfalls einschließlich fortlaufender EKG-Kontrolle –, je Sitzung	500		17,00 €	17,00 €	50,69 €

C IV Kontrastmitteleinbringungen — Nummern 357a–374

BGT Tarif-Nr.	DKG-NT Tarif-Nr.	Leistung	Punkte (nur DKG-NT I)	Besondere Kosten	Allgemeine Kosten	Sach-kosten	Vollkosten (nur DKG-NT I)
1a	1b	2	3	4	5	6	7
		Wird die Leistung nach Nummer 357 im Zusammenhang mit der Leistung nach Nummer 351 erbracht, ist die Leistung nach der Nummer 357 nur mit dem einfachen Gebührensatz berechnungsfähig.					
357a		Leistung nach Nummer 357, jedoch im Zusammenhang mit der Leistung nach Nummer 351					
360	360	Herzkatheter-Einbringung(en) und anschließende intraarterielle Einbringung(en) des Kontrastmittels nach selektiver arterieller Katheterplazierung zur selektiven Koronarangiographie einschließlich Röntgenkontrolle und fortlaufender EKG-Kontrolle –, je Sitzung	1000		33,98 €	33,98 €	101,37 €
		Die Leistung nach Nummer 360 kann je Sitzung nur einmal berechnet werden.					
		Die Leistung nach Nummer 360 ist neben den Leistungen nach den Nummern 626 und/oder 627 nicht berechnungsfähig.					
361	361	Intraarterielle Einbringung(en) des Kontrastmittels nach erneuter Einbringung eines Herzkatheters zur Sondierung eines weiteren Gefäßes – im Anschluß an die Leistung nach Nummer 360 –	600		20,41 €	20,41 €	60,82 €
		Die Leistung nach Nummer 361 ist je Sitzung nicht mehr als zweimal berechnungsfähig.					
365	365	Einbringung des Kontrastmittels zur Lymphographie, je Extremität	400		13,70 €	13,70 €	40,55 €
368	368	Einbringung des Kontrastmittels zur Bronchographie	400		13,70 €	13,70 €	40,55 €
370	370	Einbringung des Kontrastmittels zur Darstellung natürlicher, künstlicher oder krankhaft entstandener Gänge, Gangsysteme, Hohlräume oder Fisteln – gegebenenfalls intraoperativ –	200		6,84 €	6,84 €	20,27 €
372	372	Einbringung des Kontrastmittels in einen Zwischenwirbelraum	280		9,56 €	9,56 €	28,38 €
373	373	Einbringung des Kontrastmittels in ein Gelenk	250		8,50 €	8,50 €	25,34 €
374	374	Einbringung des Kontrastmittels in den Dünndarm mittels im Dünndarm endender Sonde ..	150		5,19 €	5,19 €	15,21 €

C V Impfungen und Testungen   Nummer 375

BGT Tarif-Nr.	DKG-NT Tarif-Nr.	Leistung	Punkte (nur DKG-NT I)	Besondere Kosten	Allgemeine Kosten	Sach-kosten	Vollkosten (nur DKG-NT I)
1a	1b	2	3	4	5	6	7
		Allgemeine Bestimmungen					
		1. Als Behandlungsfall gilt für die Behandlung derselben Erkrankung der Zeitraum eines Monats nach der jeweils ersten Inanspruchnahme des Arztes.					
		NUR BG-T:					
		Als Behandlungsfall gilt für die Behandlung derselben Erkrankung der Zeitraum von 3 Monaten nach der jeweils ersten Inanspruchnahme des Arztes.					
		2. Erforderliche Nachbeobachtungen am Tag der Impfung oder Testung sind in den Leistungsansätzen enthalten und nicht gesondert berechnungsfähig.					
		3. Neben den Leistungen nach den Nummern 376 bis 378 sind die Leistungen nach den Nummern 1 und 2 und die gegebenenfalls erforderliche Eintragung in den Impfpass nicht berechnungsfähig.					
		4. Mit den Gebühren für die Leistungen nach den Nummern 380 bis 382, 385 bis 391 sowie 395 und 396 sind die Kosten abgegolten.					
		NUR BG-T:					
		Bei allen an den DKG-Reihen orientierten Testreihen, die nicht zur Standard-Testreihe gehören, werden zu den Gebühren nach Nrn. 380, 381 und 382 zusätzlich 2,12 € je Test vergütet.					
		5. Mit den Gebühren für die Leistungen nach den Nummern 393, 394, 397 und 398 sind die Kosten für serienmäßig lieferbare Testmittel abgegolten.					
		NUR BG-T:					
		6. Für die Anfertigung und Übersendung von Kopien der Hauttestprotokolle wird eine Gebühr nach Nr. 194, zzgl. Porto, erstattet					
375	375	Schutzimpfung (intramuskulär, subkutan) – gegebenenfalls einschließlich Eintragung in den Impfpass –	80		**2,02 €**	**2,02 €**	**8,11 €**

C V   Impfungen und Testungen

BGT Tarif-Nr.	DKG-NT Tarif-Nr.	Leistung	Punkte (nur DKG-NT I)	Besondere Kosten	Allgemeine Kosten	Sachkosten	Vollkosten (nur DKG-NT I)
1a	1b	2	3	4	5	6	7
376	376	Schutzimpfung (oral) – einschließlich beratendem Gespräch –	80		2,02 €	2,02 €	8,11 €
377	377	Zusatzinjektion bei Parallelimpfung	50		2,02 €	2,02 €	5,07 €
378	378	Simultanimpfung (gleichzeitige passive und aktive Impfung gegen Wundstarrkrampf)	120		4,48 €	4,48 €	12,16 €
379		Testung mit patienteneigenen Substanzen nach vorheriger Beauftragung durch den Unfallversicherungsträger.					
379a		Für die Vorbereitung der Testsubstanz nach Nummer 379 werden zusätzlich 5,60 € (ohne spezifische Aufbereitung, nativ) vergütet.					
379b		Für die Vorbereitung der Testsubstanz nach Nummer 379 werden zusätzlich 11,20 € (mit spezifischer Aufbereitung) vergütet.					
380	380	Epikutantest, je Test (1. bis 30. Test je Behandlungsfall)	30		1,66 €	1,66 €	3,04 €
381	381	Epikutantest, je Test (31. bis 50. Test je Behandlungsfall)	20		1,06 €	1,06 €	2,03 €
382	382	Epikutantest, je Test (51. bis 100. Test je Behandlungsfall)	15		0,82 €	0,82 €	1,52 €
		Mehr als 100 Epikutantests sind je Behandlungsfall nicht berechnungsfähig.					
383	383	Kutane Testung (z.B. von Pirquet, Moro)	30		0,95 €	0,95 €	3,04 €
384	384	Tuberkulinstempeltest, Mendel-Mantoux-Test oder Stempeltest mit mehreren Antigenen (sog. Batterietests)	40		1,06 €	1,06 €	4,05 €
385	385	Pricktest, je Test (1. bis 20. Test je Behandlungsfall)	45		1,66 €	1,66 €	4,56 €
386	386	Pricktest, je Test (21. bis 40. Test je Behandlungsfall)	30		1,06 €	1,06 €	3,04 €
387	387	Pricktest, je Test (41. bis 80. Test je Behandlungsfall)	20		0,71 €	0,71 €	2,03 €
		Mehr als 80 Pricktests sind je Behandlungsfall nicht berechnungsfähig.					
388	388	Reib-, Scratch- oder Skarifikationstest, je Test (bis zu 10 Tests je Behandlungsfall)	35		1,52 €	1,52 €	3,55 €

C V Impfungen und Testungen

BGT Tarif-Nr.	DKG-NT Tarif-Nr.	Leistung	Punkte (nur DKG-NT I)	Besondere Kosten	Allgemeine Kosten	Sachkosten	Vollkosten (nur DKG-NT I)
1a	1b	2	3	4	5	6	7
389	389	Reib-, Scratch- oder Skarifikationstest, jeder weitere Test	25		1,17 €	1,17 €	2,53 €
390	390	Intrakutantest, je Test (1. bis 20. Test je Behandlungsfall)	60		1,66 €	1,66 €	6,08 €
391	391	Intrakutantest, jeder weiterer Test	40		1,06 €	1,06 €	4,05 €
		Mehr als 80 Intrakutantests sind je Behandlungsfall nicht berechnungsfähig.					
393	393	Beidseitiger nasaler oder konjunktivaler Provokationstest zur Ermittlung eines oder mehrerer auslösender Allergene mit Einzel- oder Gruppenextrakt, je Test	100		4,37 €	4,37 €	10,14 €
394	394	Höchstwert für Leistungen nach Nummer 393, je Tag	300		16,05 €	16,05 €	30,41 €
395	395	Nasaler Schleimhautprovokationstest (auch beidseitig) mit mindestens dreimaliger apparativer Registrierung zur Ermittlung eines oder mehrerer auslösender Allergene mit Einzel- oder Gruppenextrakt, je Test	280		12,39 €	12,39 €	28,38 €
396	396	Höchstwert für Leistungen nach Nummer 395, je Tag	560		24,67 €	24,67 €	56,77 €
397	397	Bronchialer Provokationstest zur Ermittlung eines oder mehrerer auslösender Allergene mit Einzel- oder Gruppenextrakt mit apparativer Registrierung, je Test	380		10,73 €	10,73 €	38,52 €
398	398	Höchstwert für Leistungen nach Nummer 397, je Tag	760		21,24 €	21,24 €	77,04 €
399	399	Oraler Provokationstest, auch Expositionstest bei Nahrungsmittel- oder Medikamentenallergien – einschließlich Überwachung zur Erkennung von Schockreaktionen	200		8,85 €	8,85 €	20,27 €

C VI Sonographische Leistungen

BGT Tarif-Nr.	DKG-NT Tarif-Nr.	Leistung	Punkte (nur DKG-NT I)	Besondere Kosten	Allgemeine Kosten	Sach-kosten	Vollkosten (nur DKG-NT I)
1a	1b	2	3	4	5	6	7
		Allgemeine Bestimmungen *NUR DKG-NT:* *1. Die Zuschläge nach den Nummern 401 sowie 404 bis 406 sind nur mit dem einfachen Gebührensatz berechnungsfähig.* *2. Die Zuschläge bzw. Leistungen nach den Nummern 401 bis 418 sowie 422 bis 424 sind je Sitzung jeweils nur einmal berechnungsfähig.* *3. Die Zuschläge bzw. Leistungen nach den Nummern 410 bis 418 sind nicht nebeneinander berechnungsfähig.* *4. Die Leistungen nach den Nummern 422 bis 424 sind nicht nebeneinander berechnungsfähig.* *5. Mit den Gebühren für die Zuschläge bzw. Leistungen nach den Nummern 401 bis 424 ist die erforderliche Bilddokumentation abgegolten.* *6. Als Organe im Sinne der Leistungen nach den Nummern 410 und 420 gelten neben den anatomisch definierten Organen auch der Darm, Gelenke als Funktionseinheiten sowie Muskelgruppen, Lymphknoten und/oder Gefäße einer Körperregion.* *Als Organ gilt die jeweils untersuchte Körperregion unabhängig davon, ob nur Gefäße oder nur Lymphknoten oder Gefäße und Lymphknoten bzw. Weichteile untersucht werden.* *Die Darstellung des Darms gilt als eine Organuntersuchung unabhängig davon, ob der gesamte Darm, mehrere Darmabschnitte oder nur ein einziger Darmabschnitt untersucht werden.* *7. Die sonographische Untersuchung eines Organs erfordert die Differenzierung der Organstrukturen in mindestens zwei Ebenen und schließt gegebenenfalls die Untersuchung unterschiedlicher Funktionszustände und die mit der gezielten Organuntersuchung verbundene Darstellung von Nachbarorganen mit ein.*					

C VI Sonographische Leistungen

BGT Tarif-Nr.	DKG-NT Tarif-Nr.	Leistung	Punkte (nur DKG-NT I)	Besondere Kosten	Allgemeine Kosten	Sach-kosten	Vollkosten (nur DKG-NT I)
1a	1b	2	3	4	5	6	7
401	401	Zuschlag zu den sonographischen Leistungen nach den Nummern 410 bis 418 bei zusätzlicher Anwendung des Duplex-Verfahrens – gegebenenfalls einschließlich Farbcodierung – ..	400		21,71 €	21,71 €	40,55 €
		Der Zuschlag nach Nummer 401 ist neben den Leistungen nach den Nummern 406, 422 bis 424, 644, 645, 649 und/oder 1754 nicht berechnungsfähig.					
402	402	Zuschlag zu den sonographischen Leistungen bei transösophagealer Untersuchung	250		13,57 €	13,57 €	25,34 €
		Der Zuschlag nach Nummer 402 ist neben den Leistungen nach den Nummern 403 sowie 676 bis 692 nicht berechnungsfähig.					
403	403	Zuschlag zu den sonographischen Leistungen bei transkavitärer Untersuchung	150		8,14 €	8,14 €	15,21 €
		Der Zuschlag nach Nummer 403 ist neben den Leistungen nach den Nummern 402 sowie 676 bis 692 nicht berechnungsfähig.					
404	404	Zuschlag zu Doppler-sonographischen Leistungen bei zusätzlicher Frequenzspektrumanalyse – einschließlich graphischer oder Bilddokumentation	250		13,57 €	13,57 €	25,34 €
		Der Zuschlag nach Nummer 404 ist neben den Leistungen nach den Nummern 422, 423, 644, 645, 649 und/oder 1754 nicht berechnungsfähig.					
405	405	Zuschlag zu den Leistungen nach den Nummern 415 oder 424 – bei zusätzlicher Untersuchung mit cw-Doppler –	200		10,87 €	10,87 €	20,27 €
406	406	Zuschlag zu der Leistung nach Nummer 424 – bei zusätzlicher Farbkodierung –	200		10,87 €	10,87 €	20,27 €
408	408	Transluminale Sonographie von einem oder mehreren Blutgefäß(en) nach Einbringung eines Gefäßkatheters, je Sitzung	200		10,87 €	10,87 €	20,27 €
410	410	Ultraschalluntersuchung eines Organs	200		7,67 €	7,67 €	20,27 €
		Das untersuchte Organ ist in der Rechnung anzugeben.					

C VI Sonographische Leistungen

BGT Tarif-Nr.	DKG-NT Tarif-Nr.	Leistung	Punkte (nur DKG-NT I)	Besondere Kosten	Allgemeine Kosten	Sachkosten	Vollkosten (nur DKG-NT I)
1a	1b	2	3	4	5	6	7
412	412	Ultraschalluntersuchung des Schädels bei einem Säugling oder Kleinkind bis zum vollendeten 2. Lebensjahr	280		10,73 €	10,73 €	28,38 €
413	413	Ultraschalluntersuchung der Hüftgelenke bei einem Säugling oder Kleinkind bis zum vollendeten 2. Lebensjahr	280		10,73 €	10,73 €	28,38 €
	415	Ultraschalluntersuchung im Rahmen der Mutterschaftsvorsorge – gegebenenfalls einschließlich Biometrie und Beurteilung der Organentwicklung –	300		11,57 €	11,57 €	30,41 €
417	417	Ultraschalluntersuchung der Schilddrüse	210		8,14 €	8,14 €	21,29 €
418	418	Ultraschalluntersuchung einer Brustdrüse – gegebenenfalls einschließlich der regionalen Lymphknoten –	210		8,14 €	8,14 €	21,29 €
420	420	Ultraschalluntersuchung von bis zu drei weiteren Organen im Anschluß an eine der Leistungen nach den Nummern 410 bis 418, je Organ	80		3,07 €	3,07 €	8,11 €

Die untersuchten Organe sind in der Rechnung anzugeben.

Die Leistung nach Nummer 420 kann je Sitzung höchstens dreimal berechnet werden.

422	422	Eindimensionale echokardiographische Untersuchung mittels Time-Motion-Diagramm, mit Bilddokumentation – gegebenenfalls einschließlich gleichzeitiger EKG-Kontrolle – ..	200		9,80 €	9,80 €	20,27 €
423	423	Zweidimensionale echokardiographische Untersuchung mittels Real-Time-Verfahren (B-Mode), mit Bilddokumentation – einschließlich der Leistung nach Nummer 422 –	500		24,44 €	24,44 €	50,69 €
424	424	Zweidimensionale Doppler-echokardiographische Untersuchung mit Bilddokumentation – einschließlich der Leistung nach Nummer 423 – (Duplex-Verfahren)	700		34,10 €	34,10 €	70,96 €

C VII   Intensivmedizinische und sonstige Leistungen

BGT Tarif-Nr.	DKG-NT Tarif-Nr.	Leistung	Punkte (nur DKG-NT I)	Besondere Kosten	Allgemeine Kosten	Sachkosten	Vollkosten (nur DKG-NT I)
1a	1b	2	3	4	5	6	7
427	427	Assistierte und/oder kontrollierte apparative Beatmung durch Saug-Druck-Verfahren bei vitaler Indikation, bis zu 12 Stunden Dauer	150		2,83 €	2,83 €	15,21 €
428	428	Assistierte und/oder kontrollierte apparative Beatmung durch Saug-Druck-Verfahren bei vitaler Indikation, bei mehr als 12 Stunden Dauer, je Tag	220		4,13 €	4,13 €	22,30 €
		Neben den Leistungen nach den Nummern 427 und 428 sind die Leistungen nach den Nummern 462, 463 und/oder 501 nicht berechnungsfähig.					
429	429	Wiederbelebungsversuch – einschließlich künstlicher Beatmung und extrathorakaler indirekter Herzmassage, gegebenenfalls einschließlich Intubation –	400	2,21 €	3,78 €	6,06 €	42,76 €
430	430	Extra- oder intrathorakale Elektro-Defibrillation und/oder -Stimulation des Herzens	400		18,06 €	18,06 €	40,55 €
		Die Leistung nach Nummer 430 ist auch bei mehrfacher Verabfolgung von Stromstößen in engem zeitlichem Zusammenhang zur Erreichung der Defibrillation nur einmal berechnungsfähig.					
431	431	Elektrokardioskopie im Notfall	100		5,43 €	5,43 €	10,14 €
433	433	Ausspülung des Magens – auch mit Sondierung der Speiseröhre und des Magens und/oder Spülung des Duodenums –	140		7,55 €	7,55 €	14,19 €
	435	Stationäre intensivmedizinische Überwachung und Behandlung eines Patienten auf einer dafür eingerichteten gesonderten Betteneinheit eines Krankenhauses mit spezieller Personal- und Geräteausstattung – einschließlich aller im Rahmen der Intensivbehandlung erbrachten Leistungen, soweit deren Berechnungsfähigkeit nachfolgend ausgeschlossen ist –, bis zu 24 Stunden Dauer	900		48,85 €	48,85 €	91,23 €

C VII Intensivmedizinische und sonstige Leistungen   Nummer 437

BGT Tarif-Nr.	DKG-NT Tarif-Nr.	Leistung	Punkte (nur DKG-NT I)	Besondere Kosten	Allgemeine Kosten	Sach-kosten	Vollkosten (nur DKG-NT I)
1a	1b	2	3	4	5	6	7
		Neben der Leistung nach Nummer 435 sind für die Dauer der stationären intensivmedizinischen Überwachung und Behandlung Leistungen nach den Abschnitten C III und M sowie die Leistungen nach den Nummern 1 bis 56, 61 bis 96, 200 bis 211, 247, 250 bis 268, 270 bis 286 a, 288 bis 298, 401 bis 424, 427 bis 433, 483 bis 485, 488 bis 490, 500, 501, 505, 600 bis 609, 634 bis 648, 650 bis 657, 659 bis 661, 665 bis 672, 1529 bis 1532, 1728 bis 1733 und 3055 nicht berechnungsfähig.					
		Diese Leistungen dürfen auch nicht anstelle der Leistung nach Nummer 435 berechnet werden.					
		Teilleistungen sind auch dann mit der Gebühr abgegolten, wenn sie von verschiedenen Ärzten erbracht werden. Die Leistung nach Nummer 60 kann nur von dem Arzt berechnet werden, der die Leistung nach Nummer 435 nicht berechnet.					
		Mit der Gebühr für die Leistung nach Nummer 435 sind Leistungen zur Untersuchung und/oder Behandlung von Störungen der Vitalfunktionen, der zugrundeliegenden Erkrankung und/oder sonstiger Erkrankungen abgegolten.					
	437	Laboratoriumsuntersuchungen im Rahmen einer Intensivbehandlung nach Nummer 435, bis zu 24 Stunden Dauer	500		15,30 €	15,30 €	34,51 €
		Neben der Leistung nach Nummer 437 sind Leistungen nach Abschnitt M – mit Ausnahme von Leistungen nach den Abschnitten M III 13 (Blutgruppenmerkmale, HLA-System) und M IV (Untersuchungen zum Nachweis und zur Charakterisierung von Krankheitserregern) – nicht berechnungsfähig.					

C VIII Zuschläge zu ambulanten Operations- und Anästhesieleistungen (DKG-NT I)

BGT Tarif-Nr.	DKG-NT Tarif-Nr.	Leistung	Punkte (nur DKG-NT I)	Besondere Kosten	Allgemeine Kosten	Sach-kosten	Vollkosten (nur DKG-NT I)
1a	1b	2	3	4	5	6	7
		Allgemeine Bestimmungen *1. Bei ambulanter Durchführung von Operations- und Anästhesieleistungen in der Praxis niedergelassener Ärzte oder in Krankenhäusern können für die erforderliche Bereitstellung von Operationseinrichtungen und Einrichtungen zur Vor- und Nachsorge (z.B. Kosten für Operations- oder Aufwachräume oder Gebühren bzw. Kosten für wiederverwendbare Operationsmaterialien bzw. -geräte) Zuschläge berechnet werden. Für die Anwendung eines Operationsmikroskops oder eines Lasers, im Zusammenhang mit einer ambulanten operativen Leistung können Zuschläge berechnet werden, wenn die Anwendung eines Operationsmikroskops oder eines Lasers in der Leistungsbeschreibung der Gebührennummer für die operative Leistung nicht beinhaltet ist.* *2. Die Zuschläge nach den Nummern 440 bis 449 sind nur mit dem einfachen Gebührensatz berechnungsfähig.* *3. Die Zuschläge nach den Nummern 440, 441, 442, 443, 444 und 445 sind operativen Leistungen* *– nach den Nummern 679, 695, 700, 701, 765 in Abschnitt F,* *– nach den Nummern 1011, 1014, 1041, 1043 bis 1045, 1048, 1052, 1055, 1056, 1060, 1085, 1086, 1089, 1097 bis 1099, 1104, 1111 bis 1113, 1120 bis 1122, 1125, 1126, 1129, 1131, 1135 bis 1137, 1140, 1141, 1145, 1155, 1156, 1159, 1160 in Abschnitt H,* *– nach den Nummern 1283 bis 1285, 1292, 1299, 1301, 1302, 1304 bis 1306, 1310, 1311, 1321, 1326, 1330 bis 1333, 1341, 1345, 1346, 1348 bis 1361, 1365, 1366, 1367, 1369 bis 1371, 1374, 1375, 1377, 1382, 1384, 1386 in Abschnitt I,*					

C VIII Zuschläge zu ambulanten Operations- und Anästhesieleistungen (DKG-NT I)

BGT Tarif-Nr.	DKG-NT Tarif-Nr.	Leistung	Punkte (nur DKG-NT I)	Besondere Kosten	Allgemeine Kosten	Sach-kosten	Vollkosten (nur DKG-NT I)
1a	1b	2	3	4	5	6	7
		– nach den Nummern 1428, 1438, 1441, 1445 bis 1448, 1455, 1457, 1467 bis 1472, 1485, 1486, 1493, 1497, 1513, 1519, 1520, 1527, 1528, 1534, 1535, 1576, 1586, 1588, 1595, 1597, 1598, 1601, 1610 bis 1614, 1622, 1628, 1635 bis 1637 in Abschnitt J,					
		– nach den Nummern 1713, 1738, 1740, 1741, 1753, 1755, 1756, 1760, 1761, 1763 bis 1769, 1782, 1797, 1800, 1802, 1815, 1816, 1827, 1851 in Abschnitt K,					
		– oder nach den Nummern 2010, 2040, 2041, 2042 bis 2045, 2050 bis 2052, 2062, 2064 bis 2067, 2070, 2072 bis 2076, 2080 bis 2084, 2087 bis 2089, 2091, 2092, 2100 bis 2102, 2105, 2106, 2110 bis 2112, 2117 bis 2122, 2130, 2131, 2133 bis 2137, 2140, 2141, 2156 bis 2158, 2170 bis 2172, 2189 bis 2191, 2193, 2210, 2213, 2216, 2219, 2220, 2223 bis 2225, 2230, 2235, 2250, 2253, 2254, 2256, 2257, 2260, 2263, 2268, 2269, 2273, 2279, 2281 bis 2283, 2291, 2293 bis 2297, 2325, 2339, 2340, 2344, 2345, 2347 bis 2350, 2354 bis 2356, 2380 bis 2386, 2390, 2392 bis 2394, 2396, 2397, 2402, 2404, 2405, 2407, 2408, 2410 bis 2412, 2414 bis 2421, 2427, 2430 bis 2432, 2440 bis 2442, 2454, 2540, 2541, 2570, 2580, 2581, 2583, 2584, 2586 bis 2589, 2597, 2598, 2620, 2621, 2625, 2627, 2640, 2642, 2650, 2651, 2655 bis 2658, 2660, 2670, 2671, 2675 bis 2677, 2682, 2687, 2688, 2690, 2692 bis 2695, 2698, 2699, 2701, 2705, 2706, 2710, 2711, 2730, 2732, 2751 bis 2754, 2800, 2801, 2803, 2809, 2823, 2881 bis 2883, 2887, 2890, 2891, 2895 bis 2897, 2950 bis 2952, 2970, 2990 bis 2993, 3095 bis 3097, 3120, 3156, 3173, 3200, 3208, 3219 bis 3224, 3237, 3240, 3241, 3283 bis 3286, 3300 in Abschnitt L,					
		zuzuordnen.					
		Die Zuschläge nach den Nummern 446 und 447 sind anästhesiologischen Leistungen des Abschnitts D zuzuordnen.					

C VIII   Zuschläge zu ambulanten Operations- und Anästhesieleistungen (DKG-NT I)   Nummer 440

BGT Tarif-Nr.	DKG-NT Tarif-Nr.	Leistung	Punkte (nur DKG-NT I)	Besondere Kosten	Allgemeine Kosten	Sach-kosten	Vollkosten (nur DKG-NT I)
1a	1b	2	3	4	5	6	7
		Die Zuschläge nach den Nummern 448 und 449 dürfen nur im Zusammenhang mit einer an einen Zuschlag nach den Nummern 442 bis 445 gebundenen ambulanten Operation und mit einer an einen Zuschlag nach den Nummern 446 bis 447 gebundenen Anästhesie bzw. Narkose berechnet werden.					
		Die Zuschläge sind in der Rechnung unmittelbar im Anschluß an die zugeordnete operative bzw. anästhesiologische Leistung aufzuführen.					
		4. Maßgeblich für den Ansatz eines Zuschlags nach den Nummern 442 bis 445 sowie 446 oder 447 ist die erbrachte Operations- bzw. Anästhesieleistung mit der höchsten Punktzahl. Eine Zuordnung des Zuschlags nach den Nummern 442 bis 445 sowie 446 bis 447 zu der Summe der jeweils ambulant erbrachten einzelnen Operations- bzw. Anästhesieleistungen ist nicht möglich.					
		5. Die Leistungen nach den Nummern 448 und 449 sind im Zusammenhang mit derselben Operation nur von einem der an dem Eingriff beteiligten Ärzte und nur entweder neben den Leistungen nach den Nummmern 442 bis 445 oder den Leistungen nach den Nummern 446 bis 447 berechnungsfähig. Neben den Leistungen nach den Nummern 448 oder 449 darf die Leistung nach Nummer 56 nicht berechnet werden.					
		6. Die Zuschläge nach den Nummern 442 bis 449 sind nicht berechnungsfähig, wenn der Patient an demselben Tag wegen derselben Erkrankung in stationäre Krankenhausbehandlung aufgenommen wird; das gilt nicht, wenn die stationäre Behandlung wegen unvorhersehbarer Komplikationen während oder nach der ambulanten Operation notwendig und entsprechend begründet wird.					
	440	Zuschlag für die Anwendung eines Elektronenmikroskops bei ambulanten operativen Leistungen	400		18,40 €	18,40 €	34,36 €
		Der Zuschlag nach Nummer 440 ist je Behandlungstag nur einmal berechnungsfähig.					

C VIII Zuschläge zu ambulanten Operations- und Anästhesieleistungen (DKG-NT I) — Nummern 441–445

BGT Tarif-Nr.	DKG-NT Tarif-Nr.	Leistung	Punkte (nur DKG-NT I)	Besondere Kosten	Allgemeine Kosten	Sach-kosten	Vollkosten (nur DKG-NT I)
1a	1b	2	3	4	5	6	7
	441	Zuschlag für die Anwendung eines Lasers bei ambulanten operativen Leistungen .... *Der Zuschlag beträgt 100 v.H. des Gebührensatzes der betreffenden Leistung, jedoch nicht mehr als 67,49 €. Der Sachkostenanteil ist analog der Nummer 5298 zu ermitteln.* *Der Zuschlag nach Nummer 441 ist je Behandlungstag nur einmal berechnungsfähig.*					
	442	Zuschlag bei ambulanter Durchführung von operativen Leistungen, die mit Punktzahlen von 250 bis 499 Punkten bewertet sind .... *Der Zuschlag nach Nummer 442 ist je Behandlungstag nur einmal berechnungsfähig. Der Zuschlag nach Nummer 442 ist neben den Zuschlägen nach den Nummern 443 bis 445 nicht berechnungsfähig.*	400		18,40 €	18,40 €	34,36 €
	443	Zuschlag bei ambulanter Durchführung von operativen Leistungen, die mit Punktzahlen von 500 bis 799 Punkten bewertet sind .... *Der Zuschlag nach Nummer 443 ist je Behandlungstag nur einmal berechnungsfähig. Der Zuschlag nach Nummer 443 ist neben den Zuschlägen nach den Nummern 442, 444 und/oder 445 nicht berechnungsfähig.*	750		34,50 €	34,50 €	64,42 €
	444	Zuschlag bei ambulanter Durchführung von operativen Leistungen, die mit Punktzahlen von 800 bis 1199 Punkten bewertet sind ..... *Der Zuschlag nach Nummer 444 ist je Behandlungstag nur einmal berechnungsfähig. Der Zuschlag nach Nummer 444 ist neben den Zuschlägen nach den Nummern 442, 443 und/oder 445 nicht berechnungsfähig.*	1.300		59,80 €	59,80 €	111,67 €
	445	Zuschlag bei ambulanter Durchführung von operativen Leistungen, die mit Punktzahlen von 1200 und mehr Punkten bewertet sind ... *Der Zuschlag nach Nummer 445 ist je Behandlungstag nur einmal berechnungsfähig. Der Zuschlag nach Nummer 445 ist neben den Zuschlägen nach den Nummern 442 bis 444 nicht berechnungsfähig.*	2.200		96,20 €	96,20 €	188,97 €

C VIII Zuschläge zu ambulanten Operations- und Anästhesieleistungen (DKG-NT I) Nummern 446–449

BGT Tarif-Nr.	DKG-NT Tarif-Nr.	Leistung	Punkte (nur DKG-NT I)	Besondere Kosten	Allgemeine Kosten	Sach-kosten	Vollkosten (nur DKG-NT I)
1a	1b	2	3	4	5	6	7
	446	Zuschlag bei ambulanter Durchführung von Anästhesieleistungen, die mit Punktzahlen von 200 bis 399 Punkten bewertet sind	300		13,80 €	13,80 €	25,77 €
		Der Zuschlag nach Nummer 446 ist je Behandlungstag nur einmal berechnungsfähig. Der Zuschlag nach Nummer 446 ist neben dem Zuschlag nach Nummer 447 nicht berechnungsfähig.					
	447	Zuschlag bei ambulanter Durchführung von Anästhesieleistungen, die mit 400 und mehr Punkten bewertet sind	650		29,90 €	29,90 €	55,83 €
		Der Zuschlag nach Nummer 447 ist je Behandlungstag nur einmal berechnungsfähig. Der Zuschlag nach Nummer 447 ist neben dem Zuschlag nach Nummer 446 nicht berechnungsfähig.					
	448	Beobachtung und Betreuung eines Kranken über mehr als zwei Stunden während der Aufwach- und/oder Erholungszeit bis zum Eintritt der Transportfähigkeit nach zuschlagsberechtigten ambulanten operativen Leistungen bei Durchführung unter zuschlagsberechtigten ambulanten Anästhesien bzw. Narkosen	600		24,10 €	24,10 €	51,54 €
		Der Zuschlag nach Nummer 448 ist je Behandlungstag nur einmal berechnungsfähig. Der Zuschlag nach Nummer 448 ist neben den Leistungen nach den Nummern 1 bis 8 und 56 sowie dem Zuschlag nach Nummer 449 nicht berechnungsfähig.					
	449	Beobachtung und Betreuung eines Kranken über mehr als vier Stunden während der Aufwach- und/oder Erholungszeit bis zum Eintritt der Transportfähigkeit nach zuschlagsberechtigten ambulanten operativen Leistungen bei Durchführung unter zuschlagsberechtigten ambulanten Anästhesien bzw. Narkosen	900		36,20 €	36,20 €	77,31 €
		Der Zuschlag nach Nummer 449 ist je Behandlungstag nur einmal berechnungsfähig. Der Zuschlag nach Nummer 449 ist neben den Leistungen nach den Nummern 1 bis 8 und 56 sowie dem Zuschlag nach Nummer 448 nicht berechnungsfähig.					

C VIII Zuschläge zu ambulanten Operations- und Anästhesieleistungen (BG-T)

BGT Tarif-Nr.	DKG-NT Tarif-Nr.	Leistung	Punkte (nur DKG-NT I)	Besondere Kosten	Allgemeine Kosten	Sach-kosten	Vollkosten (nur DKG-NT I)
1a	1b	2	3	4	5	6	7
		Allgemeine Bestimmungen 1. Grundsätze Ambulantes Operieren in der gesetzlichen Unfallversicherung (GUV) 1.1. Anwendung des Kataloges ambulant durchführbarer Operationen und stationsersetzender Eingriffe. *Zur Entscheidung, ob eine Operation unter ambulanten oder stationären Bedingungen durchzuführen ist, wird der „Katalog ambulant durchführbarer Operationen und stationsersetzender Eingriffe" nach Anlage 1 des Vertrages nach § 115b Abs. 1 SGB V – Ambulantes Operieren und stationsersetzende Eingriffe im Krankenhaus – (Stand: 01.01.2004) für Versicherte der gesetzlichen Unfallversicherung entsprechend zugrunde gelegt.* *1.2 Vorrang der ambulanten Leistungserbringung.* *Die in dem Katalog mit * gekennzeichneten Leistungen sollen im Regelfall ambulant erbracht werden. Wird die Leistung stationär erbracht, ist dies gesondert zu begründen. Die Entscheidung obliegt dem Durchgangsarzt, dem H-Arzt, dem Handchirurgen nach § 37 Abs. 3 des Vertrages Ärzte/UVTr. nach Art oder Schwere der Verletzung bzw. dem entsprechenden Facharzt bei Augen- und/oder HNO-Verletzungen und ggf. dem nach § 25 des Vertrages Ärzte/UVTr. hinzugezogenen Facharzt auf seinem Fachgebiet. Die Besonderheiten des Verletzungsartenverfahrens (siehe Pkt. 1.4) sind zu beachten. Eine stationäre Leistungserbringung kann insbesondere in Betracht kommen, wenn die in Anlage 2 zum Vertrag nach § 115b Abs. 1 SGB V (Stand: 01.01.2004) genannten „Allgemeinen Tatbestände" erfüllt sind. Bei der Entscheidung ist darüber hinaus die Gesamtkonstellation der Verletzungsfolgen und deren Auswirkungen auf die individuelle Situation und den Gesundheitszustand des Patienten zu berücksichtigen.*					

C VIII Zuschläge zu ambulanten Operations- und Anästhesieleistungen (BG-T)

BGT Tarif-Nr.	DKG-NT Tarif-Nr.	Leistung	Punkte (nur DKG-NT I)	Besondere Kosten	Allgemeine Kosten	Sachkosten	Vollkosten (nur DKG-NT I)
1a	1b	2	3	4	5	6	7
		1.3 Anwendung des Vertrages Ärzte/UV-Träger.					
		Die allgemeinen und besonderen Regelungen für die Heilbehandlung bei Arbeitsunfällen nach dem Vertrag Ärzte/UV-Träger, insbesondere über Vorstellungspflichten beim Durchgangsarzt, die Hinzuziehung anderer Ärzte durch den Durchgangsarzt oder H-Arzt sowie Unterstützungs- und Berichtspflichten, bleiben unberührt.					
		1.4 Besonderheiten des Verletzungsartenverfahrens und des Schwerstverletzungsartenverfahrens.					
		Handelt es sich um eine Verletzung des Verletzungsartenverzeichnisses, hat der behandelnde Arzt dafür zu sorgen, dass der Patient unverzüglich in ein von den Landesverbänden der DGUV am Verletzungsartenverfahren beteiligtes Krankenhaus überwiesen wird. Bei Vorliegen einer in den Erläuterungen zum Verletzungsartenverzeichnis mit „S" gekennzeichneten Verletzung erfolgt die Überweisung in ein von den Landesverbänden der DGUV am Schwerstverletzungsartenverfahren (SAV) beteiligtes Krankenhaus. Der an diesem Krankenhaus tätige Durchgangsarzt entscheidet nach Art oder Schwere der Verletzung, ob eine stationäre oder ambulante Behandlung erforderlich ist. Er kann die Behandlung ambulant durchführen oder einen anderen qualifizierten Arzt mit der ambulanten Behandlung beauftragen. Eine Überweisung in ein beteiligtes Krankenhaus ist in den in den Erläuterungen zu Nummer 8 des Verletzungsartenverzeichnisses mit einem „V" gekennzeichneten Fällen dann nicht erforderlich, wenn es sich bei dem behandelnden Arzt um einen Handchirurgen handelt, der zur Behandlung Unfallverletzter von einem Landesverband der DGUV zugelassen ist (§ 37 Vertrag Ärzte/UV-Träger). In den in den Erläuterungen zu Nummer 8 des Verletzungsartenverzeichnisses mit einem „S" gekennzeichneten Fällen braucht eine Überweisung nach Abs. 1 dann nicht zu erfolgen, wenn die Behandlung in einer von den Landesverbänden der DGUV beteiligten handchirurgischen Spezialeinrichtung erfolgt.					

C VIII   Zuschläge zu ambulanten Operations- und Anästhesieleistungen (BG-T)

BGT Tarif-Nr.	DKG-NT Tarif-Nr.	Leistung	Punkte (nur DKG-NT I)	Besondere Kosten	Allgemeine Kosten	Sach-kosten	Vollkosten (nur DKG-NT I)
1a	1b	2	3	4	5	6	7
		1.5 Berechtigung zur Durchführung ambulanter Operations- und Anästhesieleistungen. *Zur Durchführung ambulanter Operations- und Anästhesieleistungen in der GUV berechtigt sind in Praxis niedergelassene oder an Krankenhäusern tätige Durchgangsärzte, die als solche bis zum 31.12.2010 von einem Landesverband beteiligt worden sind, andere nur, wenn sie über die Schwerpunktbezeichnung „Unfallchirurgie" bzw. über die Zusatzbezeichnung „Spezielle Unfallchirurgie" verfügen, bzw. Augen- und HNO-Ärzte und Handchirurgen nach § 37 Abs. 3 des Vertrages Ärzte/UVTr. sowie Hautärzte und Mund-, Kiefer-, Gesichtschirurgen bei Verletzungen bzw. Erkrankungen auf dem jeweiligen Fachgebiet und Ärzte für Anästhesie, wenn sie hierzu von der zuständigen Kassenärztlichen Vereinigung zugelassen sind und/oder die Erklärungen nach § 3 der „Vereinbarung von Qualitätssicherungsmaßnahmen bei ambulanten Operationen und bei sonstigen stationsersetzenden Leistungen gemäß § 15 des Vertrages nach § 115b Abs. 1 SGB V" (Stand 01.01.2004) abgegeben haben, die fachlichen und räumlich-apparativen Voraussetzungen erfüllen und die notwendigen Pflichten anerkennen. Durchgangsärzte ohne Schwerpunktbezeichnung „Unfallchirurgie" bzw. Zusatzbezeichnung „Spezielle Unfallchirurgie" und H-Ärzte dürfen nur solche ambulanten Operationen durchführen und abrechnen, die in den Gebühren-Nrn. 442 bis 445 mit einem „*" gekennzeichnet sind, andere nur mit vorheriger Genehmigung durch den Unfallversicherungsträger.*					

C VIII Zuschläge zu ambulanten Operations- und Anästhesieleistungen (BG-T)

BGT Tarif-Nr.	DKG-NT Tarif-Nr.	Leistung	Punkte (nur DKG-NT I)	Besondere Kosten	Allgemeine Kosten	Sach-kosten	Vollkosten (nur DKG-NT I)
1a	1b	2	3	4	5	6	7
		Durchgangs- und H-Ärzte sind berechtigt, Arbeitsunfallverletzte an Ärzte, die zum ambulanten Operieren in der vertragsärztlichen Versorgung berechtigt sind, zur ambulanten Leistungserbringung zu überweisen (§ 12 Vertrag Ärzte/UV-Träger). In Zweifelsfällen ist die Erfüllung der Anforderungen gegenüber dem zuständigen Landesverband der DGUV nachzuweisen. Der Landesverband kann verlangen, dass der Arzt/das Krankenhaus die abgegebenen Erklärungen zur Einsichtnahme zur Verfügung stellt. Der Arzt/das Krankenhaus ermöglicht dem Landesverband, jederzeit die Erfüllung der Anforderungen zu überprüfen.

2. Bei ambulanter Durchführung von Operations- und Anästhesieleistungen in der Praxis niedergelassener Ärzte oder in Krankenhäusern können für die erforderliche Bereitstellung von Operationseinrichtungen und Einrichtungen zur Vor- und Nachsorge (z.B. Kosten für Operations- und Aufwachräume oder Gebühren bzw. Kosten für wieder verwendbare Operationsmaterialien bzw. -geräte) Zuschläge berechnet werden. Für die Anwendung eines Operationsmikroskops oder eines Lasers im Zusammenhang mit einer ambulanten operativen Leistung können Zuschläge dann berechnet werden, wenn die Anwendung eines Operationsmikroskops oder eines Lasers in der Leistungsbeschreibung der Gebührennummer für die operative Leistung nicht beinhaltet ist.

3. nicht besetzt

4. Maßgeblich für den Ansatz eines Zuschlags nach den Nummern 442 bis 445 sowie 446 oder 447 ist die erbrachte Operations- bzw. Anästhesieleistung mit der höchsten Bewertung.

5. Die Leistungen nach den Nummern 448, 448a und 449 sind im Zusammenhang mit derselben Operation nur von einem der an dem Eingriff beteiligten Ärzte und nur entweder neben den Leistungen nach den Nummern 442 bis 445 oder den Leistungen nach den Nummern 446 bis 447 berechnungsfähig. Neben den Leistungen nach den Nummern 448, 448a | | | | | |

C VIII Zuschläge zu ambulanten Operations- und Anästhesieleistungen (BG-T)

BGT Tarif-Nr.	DKG-NT Tarif-Nr.	Leistung	Punkte (nur DKG-NT I)	Besondere Kosten	Allgemeine Kosten	Sach-kosten	Vollkosten (nur DKG-NT I)
1a	1b	2	3	4	5	6	7
		oder 449 darf die Leistung nach Nummern 56 und 57 nicht berechnet werden.					
		6. Die Zuschläge/Leistungen nach den Nummern 442 bis 449 sind nicht berechnungsfähig, wenn der Patient an demselben Tag wegen derselben Erkrankung in stationäre Krankenhausbehandlung aufgenommen wird; das gilt nicht, wenn die stationäre Behandlung wegen unvorhersehbarer Komplikationen während oder nach der ambulanten Operation notwendig und entsprechend begründet wird.					
440		Zuschlag für die Anwendung eines Operationsmikroskops bei ambulanten operativen Leistungen			individuell zu vereinbaren	individuell zu vereinbaren	
		Der Zuschlag nach Nummer 440 ist je Behandlungstag nur einmal berechnungsfähig.					
441		Zuschlag für die Anwendung eines Lasers bei ambulanten operativen Leistungen, je Sitzung			individuell zu vereinbaren	individuell zu vereinbaren	
		Der Zuschlag nach Nr. 441 ist je Behandlungstag nur einmal berechnungsfähig.					
442		Zuschlag bei ambulanter Durchführung von operativen Leistungen nach den Gebühren-Nrn. 695, 1011, 1014, 1044, 1085, 1086, 1089, 1097, 1098, 1112, 1113, 1131, 1140, 1292, 1301, 1321, 1356, 1357, 1377, 1428, 1438, 1441, 1445, 1457, 1467, 1468, 1493, 1513, 1527, 1534, 1576, 1586, 1713, 1740, 1741, 1755, 1767, 1816, 2005*, 2010*, 2031*, 2060*, 2062, 2065, 2066, 2072, 2080, 2084, 2100*, 2122, 2158, 2170, 2250, 2256*, 2293, 2295, 2380*, 2381*, 2402*, 2405*, 2430*, 2431, 2441, 2660, 2671, 2694, 2800*, 2890, 3120, 3220, 3237			individuell zu vereinbaren	individuell zu vereinbaren	

C VIII Zuschläge zu ambulanten Operations- und Anästhesieleistungen (BG-T)

BGT Tarif-Nr.	DKG-NT Tarif-Nr.	Leistung	Punkte (nur DKG-NT I)	Besondere Kosten	Allgemeine Kosten	Sach-kosten	Vollkosten (nur DKG-NT I)
1a	1b	2	3	4	5	6	7
		Der Zuschlag nach Nr. 442 ist je Behandlungstag nur einmal berechnungsfähig. Der Zuschlag nach Nr. 442 ist neben den Zuschlägen nach den Nummern 442a bis 445 nicht berechnungsfähig.					
442a		Zuschlag bei ambulanter Durchführung von operativen Leistungen nach den Gebühren-Nrn. 2008*, 2009*, 2063* und 2403*			individuell zu vereinbaren	individuell zu vereinbaren	
		Der Zuschlag nach Nr. 442a ist je Behandlungstag nur einmal berechnungsfähig. Der Zuschlag nach Nr. 442a ist neben den Zuschlägen nach den Nrn. 442 und 443 bis 445 nicht berechnungsfähig.					
443		Zuschlag bei ambulanter Durchführung von operativen Leistungen nach den Gebühren-Nrn. 1043, 1052, 1099, 1104, 1111, 1120, 1122, 1129, 1135, 1141, 1283, 1299, 1305, 1330, 1331, 1333, 1359, 1446, 1455, 1519, 1528, 1535, 1588, 1622, 1628, 1635, 1738, 1761, 1765, 1802, 2040*, 2041, 2045, 2051*, 2052*, 2073*, 2092, 2101, 2105, 2110, 2118, 2120, 2130, 2156, 2210, 2253, 2254, 2279, 2339, 2347, 2348, 2382, 2384, 2386, 2393, 2397*, 2404*, 2410, 2421, 2580, 2650, 2651, 2656, 2657, 2670, 2730, 2751, 2801, 3300 ...			individuell zu vereinbaren	individuell zu vereinbaren	
		Der Zuschlag nach Nr. 443 ist je Behandlungstag nur einmal berechnungsfähig. Der Zuschlag nach Nr. 443 ist neben den Zuschlägen nach den Nummern 442, 442a, 444 und/oder 445 nicht berechnungsfähig.					
444		Zuschlag bei ambulanter Durchführung von operativen Leistungen nach den Gebühren-Nrn. 700, 701, 1041, 1045, 1055, 1060, 1121, 1125, 1155, 1156, 1284, 1302, 1304, 1306, 1311, 1332, 1348, 1353, 1355, 1358, 1360, 1365, 1366, 1384, 1485, 1497, 1597, 1612, 1636, 1756, 1815, 2064, 2074, 2075, 2076, 2081, 2087, 2088, 2091, 2106, 2111, 2134, 2140, 2213, 2273, 2296, 2297, 2349, 2353*, 2355, 2383, 2392, 2392a, 2396, 2417, 2418, 2420, 2440, 2442, 2583, 2655, 2675, 2881, 3096, 3241, 3283			individuell zu vereinbaren	individuell zu vereinbaren	

C VIII Zuschläge zu ambulanten Operations- und Anästhesieleistungen (BG-T)

BGT Tarif-Nr.	DKG-NT Tarif-Nr.	Leistung	Punkte (nur DKG-NT I)	Besondere Kosten	Allgemeine Kosten	Sach-kosten	Vollkosten (nur DKG-NT I)
1a	1b	2	3	4	5	6	7
		Der Zuschlag nach Nr. 444 ist je Behandlungstag nur einmal berechnungsfähig. Der Zuschlag nach Nr. 444 ist neben den Zuschlägen nach den Nummern 442, 442a, 443 und/oder 445 nicht berechnungsfähig.					
445		Zuschlag bei ambulanter Durchführung von operativen Leistungen nach den Gebühren-Nrn. 1048, 1056, 1126, 1137, 1145, 1159, 1160, 1285, 1346, 1349, 1350, 1351, 1352, 1354, 1361, 1367, 1374, 1375, 1382, 1383, 1447, 1448, 1471, 1595, 1611, 1613, 1614, 1625, 1626, 1637, 1638, 1766, 1768, 1769, 1800, 1827, 1851, 2043, 2044, 2067, 2070, 2082, 2083, 2089, 2112, 2117, 2119, 2121, 2135, 2189, 2190, 2191, 2193, 2260, 2263, 2268, 2269, 2281, 2282, 2354*, 2356, 2385, 2390, 2394, 2419, 2570, 2584, 2586, 2587, 2588, 2589, 2682, 2687, 2695, 2699, 2701, 2823, 2882, 2883, 2895, 2896, 2897, 3095, 3097, 3284, 3285			individuell zu vereinbaren	individuell zu vereinbaren	
		Der Zuschlag nach Nr. 445 ist je Behandlungstag nur einmal berechnungsfähig. Der Zuschlag nach Nr. 445 ist neben den Zuschlägen nach den Nummern 442, 442a bis 444 nicht berechnungsfähig.					
446		Zuschlag bei ambulanter Durchführung von Anästhesieleistungen nach den Nummern 469, 473, 476, 477, 478, 497, 498 im Zusammenhang mit ambulanten Operationen			individuell zu vereinbaren	individuell zu vereinbaren	
		Der Zuschlag nach Nr. 446 ist je Behandlungstag nur einmal berechnungsfähig. Der Zuschlag nach Nummer 446 ist neben dem Zuschlag nach Nummer 447 nicht berechnungsfähig.					
447		Zuschlag bei ambulanter Durchführung von Anästhesieleistungen nach den Nummern 460, 462, 470, 481 im Zusammenhang mit ambulanten Operationen			individuell zu vereinbaren	individuell zu vereinbaren	
		Der Zuschlag nach Nr. 447 ist je Behandlungstag nur einmal berechnungsfähig. Der Zuschlag nach Nummer 447 ist neben dem Zuschlag nach Nummer 446 nicht berechnungsfähig.					

C VIII Zuschläge zu ambulanten Operations- und Anästhesieleistungen (BG-T)

BGT Tarif-Nr.	DKG-NT Tarif-Nr.	Leistung	Punkte (nur DKG-NT I)	Besondere Kosten	Allgemeine Kosten	Sach-kosten	Vollkosten (nur DKG-NT I)
1a	1b	2	3	4	5	6	7
448		Beobachtung und Betreuung eines Kranken bis zu zwei Stunden während der Aufwach- und/oder Erholungszeit bis zum Eintritt der Transportierbarkeit nach ambulanten operativen Leistungen bei Durchführung unter ambulanten Anästhesien			individuell zu vereinbaren	individuell zu vereinbaren	
		Die Leistung nach Nummer 448 ist je Behandlungstag nur einmal berechnungsfähig. Die Leistung nach Nr. 448 ist neben Leistungen nach Nummer 1 bis 9, 56 und 57 sowie den Leistungen nach Nummern 448a und 449 nicht berechnungsfähig.					
448a		Beobachtung und Betreuung eines Kranken über mehr als zwei Stunden während der Aufwach- und/oder Erholungszeit bis zum Eintritt der Transportfähigkeit nach ambulanten operativen Leistungen bei Durchführung unter ambulanten Anästhesien bzw. Narkosen			individuell zu vereinbaren	individuell zu vereinbaren	
		Die Leistung nach Nummer 448a ist je Behandlungstag nur einmal berechnungsfähig. Die Leistung nach Nr. 448a ist neben Leistungen nach Nummern 1 bis 9, 56 und 57 sowie der Leistung nach Nummern 448 und 449 nicht berechnungsfähig.					
449		Beobachtung und Betreuung eines Kranken über mehr als vier Stunden während der Aufwach- und/oder Erholungszeit bis zum Eintritt der Transportfähigkeit nach ambulanten operativen Leistungen bei Durchführung unter ambulanten Anästhesien bzw. Narkosen			individuell zu vereinbaren	individuell zu vereinbaren	
		Die Leistung nach Nummer 449 ist je Behandlungstag nur einmal berechnungsfähig. Die Leistung nach Nr. 449 ist neben Leistungen nach Nummern 1 bis 9, 56 und 57 sowie den Leistungen nach Nummer 448 und 448a nicht berechnungsfähig.					

C VIII Zuschläge zu ambulanten Operations- und Anästhesieleistungen (BG-T)

BGT Tarif-Nr.	DKG-NT Tarif-Nr.	Leistung	Punkte (nur DKG-NT I)	Besondere Kosten	Allgemeine Kosten	Sach-kosten	Vollkosten (nur DKG-NT I)
1a	1b	2	3	4	5	6	7
		Hinweis:					
		Die in den Gebühren-Nrn. 442 bis 445 mit einem „" gekennzeichneten Leistungen dürfen auch von Durchgangsärzten ohne Schwerpunktbezeichnung „Unfallchirurgie" bzw. Zusatzbezeichnung „Spezielle Unfallchirurgie" und H-Ärzten durchgeführt und abgerechnet werden, wenn sie die übrigen Voraussetzungen für das ambulante Operieren erfüllen. Diese Leistungen sind nachfolgend nochmals zusammengestellt:*					
		Nr. Leistung					
		2005 Versorgung einer großen und/oder stark verunreinigten Wunde einschließlich Umschneidung und Naht					
		2008 Wund- oder Fistelspaltung					
		2009 Entfernung eines unter der Oberfläche der Haut oder der Schleimhaut gelegenen fühlbaren Fremdkörpers					
		2010 Entfernung eines tiefsitzenden Fremdkörpers auf operativem Wege aus Weichteilen und/oder Knochen					
		2031 Eröffnung eines ossalen oder Sehnenscheidenpanaritiums einschließlich örtlicher Drainage					
		2040 Exstirpation eines Tumors der Fingerweichteile (z. B. Hämangiom)					
		2051 Operation eines Ganglions (Hygroms) an einem Hand- oder Fußgelenk					
		2052 Operation eines Ganglions an einem Fingergelenk					
		2060 Drahtstiftung zur Fixierung eines kleinen Gelenks (Finger-, Zehengelenk)					
		2063 Entfernung einer Drahtstiftung nach Nummer 2062					
		2073 Sehnen-, Muskel- und/oder Fasziennaht – ggf. einschließlich Versorgung einer frischen Wunde					

C VIII Zuschläge zu ambulanten Operations- und Anästhesieleistungen (BG-T)

BGT Tarif-Nr.	DKG-NT Tarif-Nr.	Leistung	Punkte (nur DKG-NT I)	Besondere Kosten	Allgemeine Kosten	Sach-kosten	Vollkosten (nur DKG-NT I)
1a	1b	2	3	4	5	6	7
		2100 Naht der Gelenkkapsel eines Finger- oder Zehengelenkes					
		2256 Knochenaufmeißelung oder Nektrotomie bei kleinen Knochen					
		2353 Entfernung einer Nagelung und/oder Drahtung und/oder Verschraubung aus kleinen Röhrenknochen – auch Stellschraubenentfernung aus großen Röhrenknochen					
		2354 Entfernung einer Nagelung und/oder Drahtung und/ oder Verschraubung (mit Metallplatten) aus großen Röhrenknochen.					
		2380 Überpflanzung von Epidermisstücken					
		2381 Einfache Hautlappenplastik					
		2397 Operative Ausräumung eines ausgedehnten Hämatoms, als selbständige Leistung					
		2402 Probeexzision aus tiefliegendem Körpergewebe (z. B. Fettgewebe, Faszie, Muskulatur) oder aus einem Organ ohne Eröffnung einer Körperhöhle (z. B. Zunge)					
		2403 Exzision einer in oder unter der Haut oder Schleimhaut liegenden kleinen Geschwulst, auch am Kopf und an den Händen					
		2404 Exzision einer größeren Geschwulst (z. B. Ganglion, Fasziengeschwulst, Fettgeschwulst, Lymphdrüse, Neurom)					
		2405 Entfernung eines Schleimbeutels					
		2430 Eröffnung eines tiefliegenden Abszesses					
		2800 Venaesectio					

Teil D

Anästhesieleistungen

D Anästhesieleistungen

Nummern 450–462

BGT Tarif-Nr.	DKG-NT Tarif-Nr.	Leistung	Punkte (nur DKG-NT I)	Besondere Kosten	Allgemeine Kosten	Sach-kosten	Vollkosten (nur DKG-NT I)
1a	1b	2	3	4	5	6	7
		Allgemeine Bestimmungen					
		Bei der Anwendung mehrerer Narkose- oder Anästhesieverfahren nebeneinander ist nur die jeweils höchstbewertete dieser Leistungen berechnungsfähig; eine erforderliche medikamentöse Prämedikation ist Bestandteil dieser Leistung.					
		Als Dauer der Allgemeinanästhesie (Nr. 462) gilt bei ambulanten Operationen die Dauer von 25 Minuten vor Operationsbeginn bis 25 Minuten nach Operationsende. Als Operationsbeginn und -ende gilt die Schnitt-/Naht-Zeit. Für die anästhesiologische Durchführung der Allgemein- und Regionalanästhesieverfahren sind die „Empfehlungen der Deutschen Gesellschaft für Anästhesiologie und Intensivmedizin e.V. zu den Mindestanforderungen an den anästhesiologischen Arbeitsplatz" in der jeweiligen aktuellen Fassung verbindlich zu beachten.					
	450	Rauschnarkose – auch mit Lachgas –	76	1,48 €	3,07 €	4,55 €	9,18 €
451	451	Intravenöse Kurznarkose	121	4,94 €	3,42 €	8,36 €	17,21 €
452	452	Intravenöse Narkose (mehrmalige Verabreichung des Narkotikums)	190	4,94 €	4,48 €	9,42 €	24,20 €
	453	Vollnarkose	210	15,35 €	5,78 €	21,13 €	36,64 €
	460	Kombinationsnarkose mit Maske, Gerät – auch Insufflationsnarkose –, bis zu einer Stunde ...	404	15,35 €	8,14 €	23,49 €	56,30 €
	461	Kombinationsnarkose mit Maske, Gerät – auch Insufflationsnarkose –, jede weitere angefangene halbe Stunde	202	5,57 €	5,78 €	11,35 €	26,05 €
	462	Kombinationsnarkose mit endotrachealer Intubation, bis zu einer Stunde	510	10,19 €	10,87 €	21,06 €	61,89 €

D Anästhesieleistungen   **Nummern 462–464**

BGT Tarif-Nr.	DKG-NT Tarif-Nr.	Leistung	Punkte (nur DKG-NT I)	Besondere Kosten	Allgemeine Kosten	Sachkosten	Vollkosten (nur DKG-NT I)
1a	1b	2	3	4	5	6	7
462		Allgemeinanästhesie mit Larynxmaske oder endotrachealer Intubation oder Maske oder Jet einschließlich – medikamentöser Prämedikation – erster peripherer Venenverweilkanüle – kontinuierlicher nicht invasiver Blutdruck- und Frequenzmessung, – Elektrokardioskopie – kontinuierlicher Pulsoxymetrie – kontinuierlicher CO_2-Messung und/oder Multigasmessung – Überwachung der Atemfrequenz und des Atemvolumens – ggfs. Kehlkopfanästhesie – ggf. Magensonde – bis zu einer Anästhesiedauer von 60 Minuten. Neben der Leistung nach Nr. 462 sind die Leistungen nach Nrn. 470, 602, 614, 650 und 670 im Zusammenhang mit derselben Operation nicht gesondert berechnungsfähig, auch nicht prä- und postoperativ. Leistungen nach den Nrn. 602 oder 614, 617 und 650 sind obligate Leistungsbestandteile der Leistung nach Nr. 462. Diese sind nach anästhesiologischem Standard zu dokumentieren.		15,35*/ 10,19**	32,68 €	48,03*/ 42,87**	
	463	Kombinationsnarkose mit endotrachealer Intubation, jede weitere angefangene halbe Stunde	348	5,57 €	5,78 €	11,35 €	40,85 €
463		Zuschlag zu den Leistungen nach Nr. 462 für jede weitere angefangene halbe Stunde Anästhesiedauer		5,57 €	10,70 €	16,27 €	
464		Zuschlag zu den Leistungen nach Nr. 462 für die Kombination mit einer Regionalanästhesie nach Nr. 470 zur Postoperativen Schmerzausschaltung		2,73 €	4,62 €	7,35 €	

* (berechnungsfähig bei Allgemeinanästhesie mit Larynxmaske oder Maske oder Jet)
** (berechnungsfähig bei Allgemeinanästhesie mit endotrachealer Intubation)

D Anästhesieleistungen

Nummern 469–470

BGT Tarif-Nr.	DKG-NT Tarif-Nr.	Leistung	Punkte (nur DKG-NT I)	Besondere Kosten	Allgemeine Kosten	Sach-kosten	Vollkosten (nur DKG-NT I)
1a	1b	2	3	4	5	6	7
469	469	Kaudalanästhesie	250	6,83 €	3,07 €	9,90 €	32,17 €
	470	Einleitung und Überwachung einer einzeitigen subarachnoidalen Spinalanästhesie (Lumbalanästhesie) oder einzeitigen periduralen (epiduralen) Anästhesie, bis zu einer Stunde Dauer	400	2,73 €	4,48 €	7,21 €	43,28 €
470		Regionalanästhesie nach anästhesiologischem Standard (rückenmarksnahe Leistungsanästhesie oder Blockade eines Nervengeflechtes auch mittels Katheter (z. B. Plexusbrachialis), und/oder des N. Ischiadicus und/oder N. Femoralis und/oder Drei-in-eins-, und/oder Knie- und/oder Fußblock) auch mittels Katheter einschließlich – medikamentöser Prämedikation, – erster peripherer Venenverweilkanüle – ggf. Lokalanästhesie – kontinuierlicher nichtinvasiver Blutdruck- und Frequenzmessung, – kontinuierlicher Pulsoxymetrie – Elektrokardioskopie bis zu einer Anästhesiedauer von 60 Minuten. Die Leistung ist nur einmal berechenbar. Neben der Leistung nach Nr. 470 sind die Leistungen nach Nrn. 602 oder 614 sowie 650 im Zusammenhang mit derselben Operation nicht gesondert berechnungsfähig, auch nicht prä- und postoperativ, sondern obligater Leistungsbestandteil und nach anästhesiologischem Standard zu dokumentieren. Verfahren zur Identifikation von Nerven mittels Nervenstimulators sind nicht gesondert berechenbar. Verfahren zur Identifikation von Nerven mittels Ultraschall können nach Nr. 410 berechnet werden. Abrechnungsvoraussetzung ist die nachvollziehbare Dokumentation und Befundung. Diese ist dem UV-Träger auf Anforderung nachzuweisen. Neben dieser Leistung ist Nr. 496 nicht berechenbar.		2,73 €	9,79 €	12,52 €	

D Anästhesieleistungen

Nummern 471–473

BGT Tarif-Nr.	DKG-NT Tarif-Nr.	Leistung	Punkte (nur DKG-NT I)	Besondere Kosten	Allgemeine Kosten	Sach-kosten	Vollkosten (nur DKG-NT I)
1a	1b	2	3	4	5	6	7
471	471	Einleitung und Überwachung einer einzeitigen subarachnoidalen Spinalanästhesie (Lumbalanästhesie) oder einzeitigen periduralen (epiduralen) Anästhesie, bis zu zwei Stunden Dauer …	600	5,47 €	6,84 €	12,31 €	66,29 €
		Zuschlag zu den Leistungen nach Nr. 470 für jede weitere angefangene halbe Stunde ggf. einschließlich Nachinjektionen des Lokalanästhetikums bis Ende der Anästhesie …		1,54 €	3,10 €	4,64 €	
472	472	Einleitung und Überwachung einer einzeitigen subarachnoidalen Spinalanästhesie (Lumbalanästhesie) oder einzeitigen periduralen (epiduralen) Anästhesie, bei mehr als zwei Stunden Dauer …	800	5,47 €	9,09 €	14,56 €	86,57 €
		Zuschlag zu den Leistungen nach Nr. 470 für die Kombination von zwei oder mehr der benannten Verfahren. Die Berechnung dieses Zuschlages ist begrenzt auf anästhesiologische Leistungen bei Eingriffen an der unteren Extremität. …		2,73 €	4,62 €	7,35 €	
473	473	Einleitung und Überwachung einer kontinuierlichen subarachnoidalen Spinalanästhesie (Lumbalanästhesie) oder periduralen (epiduralen) Anästhesie mit Katheter, bis zu fünf Stunden Dauer …	600	9,98 €	6,84 €	16,82 €	70,80 €
		Standby und/oder Analgosedierung als alleinige anästhesiologische Maßnahme einschließlich – Überwachung der Vitalfunktionen, – Elektrokardioskopie, – kontinuierlicher Pulsoxymetrie, – nicht invasiver Blutdruckmessung bis zu einer Dauer von 30 Minuten. Neben der Leistung nach Nr. 473 sind die Leistungen nach Nrn. 602, 614 und 650 nicht gesondert berechnungsfähig, auch nicht prä- und postoperativ. …		1,48 €	19,80 €	21,28 €	

D Anästhesieleistungen

Nummern 474–476

BGT Tarif-Nr.	DKG-NT Tarif-Nr.	Leistung	Punkte (nur DKG-NT I)	Besondere Kosten	Allgemeine Kosten	Sach-kosten	Vollkosten (nur DKG-NT I)
1a	1b	2	3	4	5	6	7
474	474	Einleitung und Überwachung einer kontinuierlichen subarachnoidalen Spinalanästhesie (Lumbalanästhesie) oder periduralen (epiduralen) Anästhesie mit Katheter, bei mehr als fünf Stunden Dauer	900	16,61 €	10,27 €	26,88 €	107,84 €
		Zuschlag zu den Leistungen nach Nr. 473 für jede weitere angefangene Viertelstunde		0,37 €	4,07 €	4,44 €	
475	475	Überwachung einer kontinuierlichen subarachnoidalen Spinalanästhesie (Lumbalanästhesie) oder periduralen (epiduralen) Anästhesie mit Katheter, zusätzlich zur Leistung nach Nr. 474 für den zweiten und jeden weiteren Tag, je Tag	450	20,07 €	10,27 €	30,34 €	65,69 €
		Überwachung einer kontinuierlichen Regionalanästhesie, Zuschlag zu den Leistungen nach Nr. 470 mit Katheter, zusätzlich zur Leistung nach Nummer 470 für den zweiten und jeden weiteren Tag, je Tag. Nur berechenbar im Zusammenhang mit Operationen an der Schulter bei begründeter Indikation. Berechenbar für max. 3 Tage.		20,07 €	13,96 €	34,03 €	
	476	Einleitung und Überwachung einer supraklavikulären oder axillären Armplexus- oder Paravertebralanästhesie, bis zu einer Stunde Dauer	380	6,83 €	4,48 €	11,31 €	45,35 €

D Anästhesieleistungen

BGT Tarif-Nr.	DKG-NT Tarif-Nr.	Leistung	Punkte (nur DKG-NT I)	Besondere Kosten	Allgemeine Kosten	Sach- kosten	Vollkosten (nur DKG-NT I)
1a	1b	2	3	4	5	6	7
476		Intravenöse Regionalanästhesie und intravenöse Sympathikusblockade einschließlich – medikamentöser Prämedikation – erster peripherer Venenverweilkanüle – Anlage einer Doppelstaumanschette – nicht invasiver Blutdruck- und Frequenzmessung, – Elektrokardioskopie – kontinuierlicher Pulsoxymetrie. Die Leistung ist einmal berechenbar, unabhängig von der Dauer der Leistungserbringung. Neben der Leistung nach Nr. 476 sind die Leistungen nach Nrn. 602 oder 614 sowie 650 nicht gesondert berechnungsfähig, auch nicht prä- und postoperativ, sondern obligater Leistungsbestandteil. Diese Leistungen sind nach anästhesiologischem Standard zu dokumentieren und dem UV-Träger im begründeten Einzelfall auf Anforderung nachzuweisen. Diese Leistung ist nicht berechenbar für den Arzt, der gleichzeitig Leistungen aus dem Abschnitt L der UV-GOÄ berechnet.		4,56 €	9,79 €	14,35 €	
	477	Überwachung einer supraklavikulären oder axillären Armplexus- oder Paravertebralanästhesie, jede weitere angefangene Stunde	190	2,00 €	4,48 €	6,48 €	21,26 €
477		Einleitung und Überwachung einer supraklavikulären oder axillären Armplexus- oder Paravertebralanästhesie, bis zu einer Stunde Dauer, soweit der Operateur die Anästhesie selbst durchführt		6,83 €	4,48 €	11,31 €	
477a		Überwachung einer supraklavikulären oder axillären Armplexus- oder Paravertebralanästhesie, jede weitere angefangene Stunde		2,00 €	4,48 €	6,48 €	
478	478	Intravenöse Anästhesie einer Extremität, bis zu einer Stunde Dauer	230	6,83 €	2,24 €	9,07 €	30,15 €
479	479	Intravenöse Anästhesie einer Extremität, jede weitere angefangene Stunde	115	2,21 €	2,24 €	4,45 €	13,87 €

D Anästhesieleistungen

BGT Tarif-Nr.	DKG-NT Tarif-Nr.	Leistung	Punkte (nur DKG-NT I)	Besondere Kosten	Allgemeine Kosten	Sach-kosten	Vollkosten (nur DKG-NT I)
1a	1b	2	3	4	5	6	7
480	**480**	Kontrollierte Blutdrucksenkung während der Narkose	222		4,25 €	4,25 €	22,50 €
481	**481**	Kontrollierte Hypothermie während der Narkose	475		8,14 €	8,14 €	48,15 €
483	**483**	Lokalanästhesie der tieferen Nasenabschnitte – ggf. einschl. des Rachens –, auch beidseitig ..	46		2,60 €	2,60 €	4,66 €
484	**484**	Lokalanästhesie des Kehlkopfes	46		2,60 €	2,60 €	4,66 €
485	**485**	Lokalanästhesie des Trommelfells und/oder der Paukenhöhle	46		2,60 €	2,60 €	4,66 €
488	**488**	Lokalanästhesie der Harnröhre und/oder Harnblase	46		2,60 €	2,60 €	4,66 €
489	**489**	Lokalanästhesie des Bronchialgebietes – ggf. einschl. des Kehlkopfes und des Rachens – ..	145		4,72 €	4,72 €	14,70 €
490	**490**	Infiltrationsanästhesie kleiner Bezirke	61	1,48 €	2,36 €	3,84 €	7,66 €
491	**491**	Infiltrationsanästhesie großer Bezirke – auch Parazervikal-Anästhesie –	121	2,23 €	4,48 €	6,71 €	14,50 €
493	**493**	Leitungsanästhesie, perineural – auch nach Oberst –	61	1,15 €	2,24 €	3,39 €	7,33 €
494	**494**	Leitungsanästhesie, endoneural – auch Pudendus-Anästhesie –	121	2,94 €	4,48 €	7,42 €	15,21 €
495	**495**	Leitungsanästhesie, retrobulbär	121	2,94 €	4,48 €	7,42 €	15,21 €
496		Drei-in-eins-Block, Knie-oder Fußblock		6,62 €	4,48 €	11,10 €	6,62 €
497	**497**	Blockade des Truncus sympathicus (lumbaler Grenzstrang oder Ganglion stellatum) mittels Anästhetika	220		3,66 €	3,66 €	22,30 €
498	**498**	Blockade des Truncus sympathicus (thorakaler Grenzstrang oder Plexus solaris) mittels Anästhetika	300		3,07 €	3,07 €	30,41 €

Teil E

Physikalisch-medizinische Leistungen

In diesem Teil sind die Leistungen der Nummern 500 bis 569 nur nachrichtlich aufgeführt.
Werden Leistungen der Nummern 500 bis 569 als Krankenhaussachleistungen abgegeben, findet Teil S I Anwendung.
Wenn diese Leistungen vom Arzt selbst ausgeführt werden, erfolgt die Abrechnung nach GOÄ bzw. UV-GOÄ.

E Physikalisch-medizinische Leistungen

BGT Tarif-Nr.	DKG-NT Tarif-Nr.	Leistung	Punkte (nur DKG-NT I)	Besondere Kosten	Allgemeine Kosten	Sach-kosten	Vollkosten (nur DKG-NT I)
1a	1b	2	3	4	5	6	7
		Allgemeine Bestimmungen *In den Leistungen des Abschnittes E sind alle Kosten enthalten mit Ausnahme der für Inhalationen sowie für Fotochemotherapie erforderlichen Arzneimittel.*					

E I Inhalationen

BGT Tarif-Nr.	DKG-NT Tarif-Nr.	Leistung	Punkte (nur DKG-NT I)	Besondere Kosten	Allgemeine Kosten	Sach-kosten	Vollkosten (nur DKG-NT I)
1a	1b	2	3	4	5	6	7
500	**500**	Inhalationstherapie – auch mittels Ultraschallvernebelung –	38				
501	**501**	Inhalationstherapie mit intermittierender Überdruckbeatmung (z.B. Bird-Respirator)	86				

E II Krankengymnastik und Übungsbehandlungen

BGT Tarif-Nr.	DKG-NT Tarif-Nr.	Leistung	Punkte (nur DKG-NT I)	Besondere Kosten	Allgemeine Kosten	Sach-kosten	Vollkosten (nur DKG-NT I)
1a	1b	2	3	4	5	6	7
505	505	Atmungsbehandlung – einschl. aller unterstützender Maßnahmen –	85				
506	506	Krankengymnastische Ganzbehandlung (Einzelbehandlung) – einschließlich der erforderlichen Massage(n)	120				
507	507	Krankengymnastische Teilbehandlung (Einzelbehandlung) – einschließlich der erforderlichen Massage(n)	80				
508	508	Krankengymnastische Ganzbehandlung als Einzelbehandlung im Bewegungsbad	110				
509	509	Krankengymnastik in Gruppen (orthopädisches Turnen) – auch im Bewegungsbad –, bei mehr als drei bis acht Teilnehmern, je Teilnehmer	38				
510	510	Übungsbehandlung mit oder ohne Anwendung medikomechanischer Apparate, je Sitzung ...	70				
		Neben der Leistung nach Nummer 510 ist die Leistung nach Nummer 521 nicht berechnungsfähig.					
514	514	Extensionsbehandlung kombiniert mit Wärmetherapie und Massage mittels Gerät	105				
515	515	Extensionsbehandlung (z.B. Glissonschlinge) .	38				
516	516	Extensionsbehandlung mit Schrägbrett, Extensionstisch, Perlgerät	65				
518	518	Prothesengebrauchsschulung des Patienten – gegebenenfalls einschließlich seiner Betreuungsperson – auch Fremdkraftprothesenschulung, Mindestdauer 20 Minuten, je Sitzung ...	120				

E III Massagen — Nummern 520–527

BGT Tarif-Nr.	DKG-NT Tarif-Nr.	Leistung	Punkte (nur DKG-NT I)	Besondere Kosten	Allgemeine Kosten	Sach-kosten	Vollkosten (nur DKG-NT I)
1a	1b	2	3	4	5	6	7
520	520	Teilmassage (Massage einzelner Körperteile) ..	45				
521	521	Großmassage (Massage beider Beine, beider Arme, einer Körperseite, des Schultergürtels, eines Armes und eines Beines, des Rückens und eines Armes, beider Füße, beider Hände, beider Knie, beider Schultergelenke und ähnliche Massagen mehrer Körperteile), je Sitzung	65				
523	523	Massage im extramuskulären Bereich wie Bindegewebsmassage, Periostmassage, manuelle Lymphdrainage)	65				
525	525	Intermittierende apparative Kompressionstherapie an einer Extremität, je Sitzung	35				
526	526	Intermittierende apparative Kompressionstherapie an mehreren Extremitäten, je Sitzung ...	55				
527	527	Unterwasserdruckmassage (Wanneninhalt mindestens 400 Liter, Leistung der Apparatur mindestens 4 bar)	94				

E IV Hydrotherapie und Packungen

BGT Tarif-Nr.	DKG-NT Tarif-Nr.	Leistung	Punkte (nur DKG-NT I)	Besondere Kosten	Allgemeine Kosten	Sach- kosten	Vollkosten (nur DKG-NT I)
1a	1b	2	3	4	5	6	7
528		Warmpackung oder Teilbäder eines oder mehrerer Körperabschnitte mit Paraffinen bzw. Paraffin-Peloid-Gemischen (Behandlungszeit 20 Minuten)					
529		Warmpackung mit natürlichen Peloiden (Moor, Fango, Schlick, Pelose), Teilpackung, ein Körperabschnitt (Arm, Bein, Schulter, Nacken) auch Fangokneten (Behandlungszeit 20 Minuten)					
530	530	Kalt- oder Heißpackung des Rumpfes oder heiße Rolle, je Sitzung	35				
531	531	Leitung eines ansteigenden Teilbades	46				
532	532	Leitung eines ansteigenden Vollbades (Überwärmungsbad)	76				
533	533	Subaquales Darmbad	150				

E V Wärmebehandlung

BGT Tarif-Nr.	DKG-NT Tarif-Nr.	Leistung	Punkte (nur DKG-NT I)	Besondere Kosten	Allgemeine Kosten	Sach-kosten	Vollkosten (nur DKG-NT I)
1a	1b	2	3	4	5	6	7
535	535	Heißluftbehandlung eines Körperteiles (z.B. Kopf oder Arm)	33				
536	536	Heißluftbehandlung mehrerer Körperteile (z.B. Rumpf oder Beine)	51				
538	538	Infrarotbehandlung, je Sitzung	40				
539	539	Ultraschallbehandlung	44				

E VI Elektrotherapie

BGT Tarif-Nr.	DKG-NT Tarif-Nr.	Leistung	Punkte (nur DKG-NT I)	Besondere Kosten	Allgemeine Kosten	Sach-kosten	Vollkosten (nur DKG-NT I)
1a	1b	2	3	4	5	6	7
548	548	Kurzwellen-, Mikrowellenbehandlung (Anwendung hochfrequenter Ströme)	37				
549	549	Kurzwellen-, Mikrowellenbehandlung (Anwendung hochfrequenter Ströme) bei Behandlung verschiedener Körperregionen in einer Sitzung	55				
551	551	Reizstrombehandlung (Anwendung niederfrequenter Ströme) – auch bei wechselweiser Anwendung verschiedener Impuls- oder Stromformen und ggf. unter Anwendung von Saugelektroden –	48				
		Wird Reizstrombehandlung nach Nummer 551 gleichzeitig neben einer Leistung nach den Nummern 535, 536, 538, 539, 548, 549, 552 oder 747 an demselben Körperteil oder an denselben Körperteilen verabreicht, so ist nur die höherbewertete Leistung berechnungsfähig; dies gilt auch bei Verwendung eines Apparatesystems an mehreren Körperteilen.					
552	552	Iontophorese	44				
552a	552a	Leitungswasser-Iontophorese					
553	553	Vierzellenbad	46				
554	554	Hydroelektrisches Vollbad (Kataphoretisches Bad, Stanger-Bad)	91				
555	555	Gezielte Niederfrequenzbehandlung bei spastischen und/oder schlaffen Lähmungen, je Sitzung	120				
558	558	Apparative isokinetische Muskelfunktionstherapie, je Sitzung	120				

E VII Lichttherapie

BGT Tarif-Nr.	DKG-NT Tarif-Nr.	Leistung	Punkte (nur DKG-NT I)	Besondere Kosten	Allgemeine Kosten	Sach-kosten	Vollkosten (nur DKG-NT I)
1a	1b	2	3	4	5	6	7
560	560	Behandlung mit Ultraviolettlicht in einer Sitzung	31				
		Werden mehrere Kranke gleichzeitig mit Ultraviolettlicht behandelt, so darf die Nummer 560 nur einmal berechnet werden.					
561	561	Reizbehandlung eines umschriebenen Hautbezirkes mit Ultraviolettlicht	31				
562	562	Reizbehandlung mehrerer umschriebener Hautbezirke mit Ultraviolettlicht in einer Sitzung	46				
		Die Leistungen nach den Nummern 538, 560, 561 und 562 sind nicht nebeneinander berechnungsfähig.					
563	563	Quarzlampendruckbestrahlung eines Feldes ..	46				
564	564	Quarzlampendruckbestrahlung mehrerer Felder in einer Sitzung	91				
565	565	Photo-Chemotherapie, je Sitzung	120				
566	566	Phototherapie eines Neugeborenen, je Tag ...	500				
567	567	Phototherapie mit selektivem UV-Spektrum, je Sitzung	91				
569	569	Photo-Patch-Test (belichteter Läppchentest), bis zu drei Tests je Sitzung, je Test	30				
570		Photodynamische Therapie (PDT) von Hautläsionen inkl. Photodynamischer Lichtbestrahlung, Aufklärung und Beratung, Erstellung des Behandlungsplans, vorbereitender Maßnahmen (z.B. Kürretage, Kryotherapie, Debridement) und Auftragen des Photosensibilisators, Okklusiv-Verband inkl. adäquatem Schmerzmanagement, ggf. Anwendung einer Kaltpackung inkl. Dokumentation			50,31 €	50,31 €	
		Eine ggf. durchgeführte photodynamische Diagnostik ist nicht gesondert abrechenbar.					
		Die Leistung kann nur mit Zustimmung des UV-Trägers erbracht werden.					

E VII Lichttherapie

BGT Tarif-Nr.	DKG-NT Tarif-Nr.	Leistung	Punkte (nur DKG-NT I)	Besondere Kosten	Allgemeine Kosten	Sach-kosten	Vollkosten (nur DKG-NT I)
1a	1b	2	3	4	5	6	7
		Leistungen nach Nrn. 1 und 6 sind enthalten und nicht gesondert abrechenbar. Die Gebühr umfasst die PDT-Behandlung von bis zu 100 cm² der im Behandlungsplan festgestellten Gesamtfläche*, ggf. auch in mehreren Sitzungen. Die PDT-Behandlung des darüber hinausgehenden Teils der Gesamtfläche ist nach Nr. 571 abzurechnen.					
571		Leistung nach Nr. 570 für jeweils weitere angefangene 100 cm² der vom Behandlungsplan zu Nr. 570 erfassten Gesamtfläche, ggf. auch in weiteren Sitzungen			24,00 €	24,00 €	
575		Laserbehandlung von aktinischen Keratosen bis zu 7 cm² Gesamtfläche* inkl. ggf. notwendiger Wiederholungsbehandlungen (inkl. Fotodokumentation)			26,51 €	26,51 €	
576		Laserbehandlung von aktinischen Keratosen > 7 cm² bis zu 21 cm² Gesamtfläche* inkl. ggf. notwendiger Wiederholungsbehandlungen (inkl. Fotodokumentation)			36,78 €	36,78 €	
577		Laserbehandlung von aktinischen Keratosen > 21 cm² Gesamtfläche*, nur nach nachgewiesenem, dokumentiertem Versagen anderer Therapieformen (PDT und selbstapplizierbare Flächentherapie) inkl. ggf. notwendiger Wiederholungsbehandlungen (inkl. Fotodokumentation)			91,78 €	91,78 €	
		Die Leistung kann nur nach Genehmigung des UV-Trägers erbracht werden.					
		* Die Gesamtfläche ist die Summe aller Flächen mit Hautläsionen, die im Zeitpunkt der Therapieentscheidung mit dem jeweiligen Verfahren zu behandeln sind.					

Teil F

Innere Medizin, Kinderheilkunde, Dermatologie

F Innere Medizin, Kinderheilkunde, Dermatologie

BGT Tarif-Nr.	DKG-NT Tarif-Nr.	Leistung	Punkte (nur DKG-NT I)	Besondere Kosten	Allgemeine Kosten	Sach-kosten	Vollkosten (nur DKG-NT I)
1a	1b	2	3	4	5	6	7
600	600	Herzfunktionsprüfung nach Schellong einschl. graphischer Darstellung	73		1,52 €	1,52 €	7,40 €
601	601	Hyperventilationsprüfung	44		2,36 €	2,36 €	4,46 €
602	602	Oxymetrische Untersuchung(en) (Bestimmung der prozentualen Sauerstoffsättigung im Blut) – ggf. einschl. Bestimmung(en) nach Belastung –	152		8,26 €	8,26 €	15,41 €
603	603	Bestimmung des Atemwegwiderstandes (Resistance) nach der Oszillationsmethode oder der Verschlußdruckmethode – ggf. einschließlich fortlaufender Registrierung –	90		4,96 €	4,96 €	9,12 €
		Neben der Leistung nach Nummer 603 ist die Leistung nach Nummer 608 nicht berechnungsfähig.					
604	604	Bestimmung des Atemwegwiderstandes (Resistance) nach der Oszillationsmethode oder der Verschlußdruckmethode vor und nach Applikation pharmakodynamisch wirksamer Substanzen – ggf. einschl. Phasenwinkelbestimmung und gegebenenfalls einschließlich fortlaufender Registrierung –	160		8,73 €	8,73 €	16,22 €
		Mit der Gebühr sind die Kosten abgegolten.					
		Neben der Leistung nach der Nummer 604 sind die Leistungen nach den Nummern 603 und 608 nicht berechnungsfähig.					
605	605	Ruhespirographische Untersuchung (im geschlossenen oder offenen System) mit fortlaufend registrierenden Methoden	242		13,21 €	13,21 €	24,53 €
605a	605a	Darstellung der Flußvolumenkurve bei spirographischen Untersuchungen – einschließlich graphischer Registrierung und Dokumentation – ..	140		7,55 €	7,55 €	14,19 €
606	606	Spiroergometrische Untersuchung – einschl. vorausgegangener Ruhespirographie und ggf. einschl. Oxymetrie –	379		20,65 €	20,65 €	38,42 €
607	607	Residualvolumenbestimmung (Fremdgasmethode)	242		13,21 €	13,21 €	24,53 €
608	608	Ruhespirographische Teiluntersuchung (z.B. Bestimmung des Atemgrenzwertes, Atemstoßtest), insgesamt	76		4,13 €	4,13 €	7,70 €

F Innere Medizin, Kinderheilkunde, Dermatologie | Nummern 609–617

BGT Tarif-Nr.	DKG-NT Tarif-Nr.	Leistung	Punkte (nur DKG-NT I)	Besondere Kosten	Allgemeine Kosten	Sach-kosten	Vollkosten (nur DKG-NT I)
1a	1b	2	3	4	5	6	7
609	609	Bestimmung der absoluten und relativen Sekundenkapazität vor und nach Inhalation pharmakodynamisch wirksamer Substanzen	182		9,91 €	9,91 €	18,45 €
		Mit der Gebühr sind die Kosten abgegolten.					
610	610	Ganzkörperplethysmographische Untersuchung (Bestimmung des intrathorakalen Gasvolumens und des Atemwegwiderstandes) – ggf. mit Bestimmung der Lungendurchblutung –	605		33,04 €	33,04 €	61,33 €
		Neben der Leistung nach Nummer 610 sind die Leistungen nach den Nummern 605 und 608 nicht berechnungsfähig.					
611	611	Bestimmung der Lungendehnbarkeit (Compliance) – einschl. Einführung des Ösophagus-Katheters –	605		33,04 €	33,04 €	61,33 €
612	612	Ganzkörperplethysmographische Bestimmung der absoluten und relativen Sekundenkapazität und des Atemwegwiderstandes vor und nach Applikation pharmakodynamisch wirksamer Substanzen	757		41,30 €	41,30 €	76,74 €
		Mit der Gebühr sind die Kosten abgegolten.					
		Neben der Leistung nach Nummer 612 sind die Leistungen nach den Nummern 605, 608, 609 und 610 nicht berechnungsfähig.					
614	614	Transkutane Messung(en) des Sauerstoffpartialdrucks	150		8,14 €	8,14 €	15,21 €
615	615	Untersuchung der CO-Diffusionskapazität mittels Ein-Atemzugmethode (single-breath)	227		12,39 €	12,39 €	23,01 €
616	616	Untersuchung der CO-Diffusionskapazität als fortlaufende Bestimmung (steady state) in Ruhe oder unter Belastung	303		16,52 €	16,52 €	30,72 €
		Neben der Leistung nach Nummer 616 ist die Leistung nach Nummer 615 nicht berechnungsfähig.					
617	617	Gasanalyse in der Exstirpationsluft mittels kontinuierlicher Bestimmung mehrerer Gase	341		18,64 €	18,64 €	34,57 €

F   Innere Medizin, Kinderheilkunde, Dermatologie

BGT Tarif-Nr.	DKG-NT Tarif-Nr.	Leistung	Punkte (nur DKG-NT I)	Besondere Kosten	Allgemeine Kosten	Sach-kosten	Vollkosten (nur DKG-NT I)
1a	1b	2	3	4	5	6	7
618		H_2-Atemtest (z.B. Laktosetoleranztest), einschließlich Verabreichung der Testsubstanz, Probeentnahmen und Messungen der H_2-Konzentration, einschließlich Kosten			18,64 €	18,64 €	
620	620	Rheographische Untersuchung der Extremitäten	152		8,26 €	8,26 €	15,41 €
		Mit der Gebühr sind die Kosten abgegolten.					
621	621	Mechanisch-oszillographische Untersuchung (Gesenius-Keller)	127		6,96 €	6,96 €	12,87 €
622	622	Akrale infraton-oszillographische Untersuchung	182		9,91 €	9,91 €	18,45 €
623	623	Temperaturmessung(en) an der Hautoberfläche, z.B. der Brustdrüse, mittels Flüssig-Kristall-Thermographie (Plattenthermographie) einschl. der notwendigen Aufnahmen	140		7,67 €	7,67 €	14,19 €
		Die Leistung nach Nummer 623 zur Temperaturmessung an der Hautoberfläche der Brustdrüse ist nur beim Vorliegen eines abklärungsbedürftigen mammographischen Röntgenbefundes berechnungsfähig.					
624	624	Thermographische Untersuchung mittels elektronischer Infrarotmessung mit Schwarzweiß-Wiedergabe und Farbthermogramm einschließlich der notwendigen Aufnahmen, je Sitzung ..	330		17,94 €	17,94 €	33,45 €
		Neben der Leistung nach Nummer 624 ist die Leistung nach Nummer 623 nicht berechnungsfähig.					
626	626	Rechtsherzkatheterismus – einschließlich Druckmessungen und oxymetrischer Untersuchungen sowie fortlaufender EKG- und Röntgenkontrolle –	1.000		39,89 €	39,89 €	101,37 €
		Die Leistung nach Nummer 626 ist je Sitzung nur einmal berechnungsfähig.					
		Neben der Leistung nach Nummer 626 sind die Leistungen nach den Nummern 355, 356, 360, 361, 602, 648, 650, 651, 3710 und 5295 nicht berechnungsfähig.					

BGT Tarif-Nr.	DKG-NT Tarif-Nr.	Leistung	Punkte (nur DKG-NT I)	Besondere Kosten	Allgemeine Kosten	Sach-kosten	Vollkosten (nur DKG-NT I)
1a	1b	2	3	4	5	6	7
627	627	Linksherzkatheterismus – einschließlich Druckmessungen und oxymetrischer Untersuchungen sowie fortlaufender EKG- und Röntgenkontrolle – …………………	1.500		47,79 €	47,79 €	152,06 €
		Die Leistung nach Nummer 627 ist je Sitzung nur einmal berechnungsfähig.					
		Neben der Leistung nach Nummer 627 sind die Leistungen nach den Nummern 355, 356, 360, 361, 602, 648, 650, 651, 3710 und 5295 nicht berechnungsfähig.					
628	628	Herzkatheterismus mit Druckmessungen und oxymetrischen Untersuchungen – einschließlich fortlaufender EKG- und Röntgenkontrolle – im zeitlichen Zusammenhang mit Leistungen nach den Nummern 355 und/oder 360 ……	800		43,42 €	43,42 €	81,10 €
		Die Leistung nach Nummer 628 ist je Sitzung nur einmal berechnungsfähig.					
		Neben der Leistung nach Nummer 628 sind die Leistungen nach den Nummern 602, 648, 650, 651, 3710 und 5295 nicht berechnungsfähig.					
629	629	Transseptaler Linksherzkatheterismus – einschließlich Druckmessungen und oxymetrischer Untersuchungen sowie fortlaufender EKG- und Röntgenkontrolle ………………	2.000		108,57 €	108,57 €	202,74 €
		Die Leistung nach Nummer 629 ist je Sitzung nur einmal berechnungsfähig.					
		Neben der Leistung nach Nummer 629 sind die Leistungen nach den Nummern 355, 356, 602, 648, 650, 651, 3710 und 5295 nicht berechnungsfähig.					
630	630	Mikro-Herzkatheterismus unter Verwendung eines Einschwemmkatheters – einschließlich Druckmessungen nebst fortlaufender EKG-Kontrolle – ………………………	908		49,56 €	49,56 €	92,04 €
		Die Kosten für den Einschwemmkatheter sind mit der Gebühr abgegolten.					

BGT Tarif-Nr.	DKG-NT Tarif-Nr.	Leistung	Punkte (nur DKG-NT I)	Besondere Kosten	Allgemeine Kosten	Sach-kosten	Vollkosten (nur DKG-NT I)
1a	1b	2	3	4	5	6	7
		Neben der Leistung nach Nummer 630 sind die Leistungen nach den Nummern 355, 356, 360, 361, 602, 648, 650, 651, 3710 und 5295 nicht berechnungsfähig.					
631	631	Anlegung eines transvenösen temporären Schrittmachers – einschl. Venenpunktion, Elektrodeneinführung, Röntgendurchleuchtung des Brustkorbs und fortlaufender EKG-Kontrolle –	1.110		60,53 €	60,53 €	112,52 €
632	632	Mikro-Herzkatheterismus unter Verwendung eines Einschwemmkatheters – einschließlich Druckmessungen und oxymetrischer Untersuchungen nebst fortlaufender EKG-Kontrolle, ggf. auch unter Röntgen-Kontrolle –	1.210		65,97 €	65,97 €	122,66 €
		Die Kosten für den Einschwemmkatheter sind mit der Gebühr abgegolten.					
		Neben der Leistung nach Nummer 632 sind die Leistungen nach den Nummern 355, 356, 360, 361, 602, 648, 650, 651, 3710 und 5295 nicht berechnungsfähig.					
634	634	Lichtreflex-Rheographie	120		6,61 €	6,61 €	12,16 €
635	635	Photoelektrische Volumenpulsschreibung an mindestens vier Punkten	227		12,39 €	12,39 €	23,01 €
636	636	Photoelektrische Volumenpulsschreibung mit Kontrolle des reaktiven Verhaltens der peripheren Arterien nach Belastung (z.B. mit Temperaturreizen)	379		20,65 €	20,65 €	38,42 €
637	637	Pulswellenlaufzeitbestimmung – gegebenenfalls einschließlich einer elektrokardiographischen Kontrollableitung –	227		12,39 €	12,39 €	23,01 €
638	638	Punktuelle Arterien- und/oder Venenpulsschreibung	121		6,61 €	6,61 €	12,27 €
639	639	Prüfung der spontanen und reaktiven Vasomotorik (photoplethysmographische Registrierung der Blutfüllung und photoplethysmographische Simultanregistrierung der Füllungsschwankungen peripherer Arterien an mindestens vier peripheren Gefäßabschnitten sowie gleichzeitige Registrierung des Volumenpulsbandes)	454		24,78 €	24,78 €	46,02 €
640	640	Phlebodynamometrie	650		35,40 €	35,40 €	65,89 €

BGT Tarif-Nr.	DKG-NT Tarif-Nr.	Leistung	Punkte (nur DKG-NT I)	Besondere Kosten	Allgemeine Kosten	Sach-kosten	Vollkosten (nur DKG-NT I)
1a	1b	2	3	4	5	6	7
641	**641**	Venenverschlussplethysmographische Untersuchung	413		**22,55 €**	**22,55 €**	**41,87 €**
642	**642**	Venenverschlussplethysmographische Untersuchung mit reaktiver Hyperämiebelastung ...	554		**30,21 €**	**30,21 €**	**56,16 €**
643	**643**	Periphere Arterien- bzw. Venendruck- und/oder Strömungsmessung	120		**6,61 €**	**6,61 €**	**12,16 €**
644	**644**	Untersuchung der Strömungsverhältnisse in den Extremitätenarterien bzw. -venen mit direktionaler Ultraschall-Doppler-Technik – einschließlich graphischer Registrierung –	180		**9,91 €**	**9,91 €**	**18,25 €**
645	**645**	Untersuchung der Strömungsverhältnisse in den hirnversorgenden Arterien und den Periorbitalarterien mit direktionaler Ultraschall-Doppler-Technik – einschließlich graphischer Registrierung –	650		**35,86 €**	**35,86 €**	**65,89 €**
646	**646**	Hypoxietest (Simultanregistrierung des Atemvolumens und des Gasaustausches, der Arterialisation sowie der peripheren Vasomotorik mit gasanalytischen und photoelektrischen Verfahren)	605		**33,04 €**	**33,04 €**	**61,33 €**
647	**647**	Kardiologische und/oder hepatologische Kreislaufzeitmessung(en) mittels Indikatorverdünnungsmethoden – einschließlich Kurvenschreibung an verschiedenen Körperstellen mit Auswertung und einschließlich Applikation der Testsubstanz –	220		**11,93 €**	**11,93 €**	**22,30 €**
648	**648**	Messung(en) des zentralen Venen- oder Arteriendrucks, auch unter Belastung, – einschl. Venen- oder Arterienpunktion, Kathetereinführung(en) und gegebenenfalls Röntgenkontrolle –	605		**33,04 €**	**33,04 €**	**61,33 €**
649	**649**	Transkranielle, Doppler-sonographische Untersuchung – einschließlich graphischer Registrierung	650		**35,29 €**	**35,29 €**	**65,89 €**
650	**650**	Elektrokardiographische Untersuchung zur Feststellung einer Rhythmusstörung und/oder zur Verlaufskontrolle, gegebenenfalls als Notfall-EKG	152		**8,26 €**	**8,26 €**	**15,41 €**

BGT Tarif-Nr.	DKG-NT Tarif-Nr.	Leistung	Punkte (nur DKG-NT I)	Besondere Kosten	Allgemeine Kosten	Sach-kosten	Vollkosten (nur DKG-NT I)
1a	1b	2	3	4	5	6	7
651	651	Elektrokardiographische Untersuchung in Ruhe auch gegebenenfalls nach Belastung – mit Extremitäten- und Brustwandableitungen (mindestens neun Ableitungen) –	253		13,81 €	13,81 €	25,65 €
652	652	Elektrokardiographische Untersuchung unter fortschreibender Registrierung (mindestens neun Ableitungen) in Ruhe und bei physikalisch definerter und reproduzierbarer Belastung (Ergometrie) gegebenenfalls auch Belastungsänderung –	445		24,32 €	24,32 €	45,11 €
653	653	Elektrokardiographische Untersuchung auf telemetrischem Wege	253		13,81 €	13,81 €	25,65 €
		Die Leistungen nach den Nummern 650 bis 653 sind nicht nebeneinander berechnungsfähig.					
654	654	Langzeitblutdruckmessung von mindestens 18 Stunden Dauer – einschließlich Aufzeichnung und Auswertung –	150		8,14 €	8,14 €	15,21 €
655	655	Elektrokardiographische Untersuchung mittels Ösophagusableitung – einschließlich Einführen der Elektrode – zusätzlich zu den Nummern 651 oder 652	152		8,26 €	8,26 €	15,41 €
656	656	Elektrokardiographische Untersuchung mittels intrakavitärer Ableitung am Hisschen Bündel einschließlich Röntgenkontrolle	1.820		99,25 €	99,25 €	184,50 €
657	657	Vektorkardiographische Untersuchung	253		13,81 €	13,81 €	25,65 €
659	659	Elektrokardiographische Untersuchung über mindestens 18 Stunden (Langzeit-EKG) – gegebenenfalls einschließlich gleichzeitiger Registrierung von Puls und Atmung –, mit Auswertung	400		21,71 €	21,71 €	40,55 €
660	660	Phonokardiographische Untersuchung mit mindestens zwei verschiedenen Ableitpunkten in mehreren Frequenzbereichen – einschließlich einer elektrokardiographischen Kontrollableitung sowie gegebenenfalls mit Karotispulskurve und/oder apexkardiographischer Untersuchung	303		16,52 €	16,52 €	30,72 €

F   Innere Medizin, Kinderheilkunde, Dermatologie

Nummern 661–680

BGT Tarif-Nr.	DKG-NT Tarif-Nr.	Leistung	Punkte (nur DKG-NT I)	Besondere Kosten	Allgemeine Kosten	Sach-kosten	Vollkosten (nur DKG-NT I)
1a	1b	2	3	4	5	6	7
661	661	Impulsanalyse und EKG zur Überwachung eines implantierten Schrittmachers – gegebenenfalls mit Magnettest –	530		28,91 €	28,91 €	53,73 €
665	665	Grundumsatzbestimmung mittels Stoffwechselapparatur ohne Kohlensäurebestimmung ..	121		6,61 €	6,61 €	12,27 €
666	666	Grundumsatzbestimmung mittels Stoffwechselapparatur mit Kohlensäurebestimmung	227		12,39 €	12,39 €	23,01 €
669	669	Ultraschallechographie des Gehirns (Echoenzephalographie)	212		11,57 €	11,57 €	21,49 €
670	670	Einführung einer Magenverweilsonde zur enteralen Ernährung oder zur Druckentlastung	120		6,49 €	6,49 €	12,16 €
671	671	Fraktionierte Ausheberung des Magensaftes – auch nach Probefrühstück oder Probemahlzeit –	120		6,49 €	6,49 €	12,16 €
672	672	Ausheberung des Duodenalsaftes – auch mit Gallenreflex oder Duodenalspülung, gegebenenfalls fraktioniert –	120		6,49 €	6,49 €	12,16 €
674	674	Anlage eines Pneumothorax – gegebenenfalls einschließlich Röntgendurchleuchtungen vor und nach der Füllung –	370		20,18 €	20,18 €	37,51 €
675	675	Pneumothoraxfüllung – gegebenenfalls einschließlich Röntgendurchleuchtungen vor und nach der Füllung –	275		14,99 €	14,99 €	27,88 €
676	676	Magenuntersuchung unter Sichtkontrolle (Gastroskopie) mittels endogastral anzuwendender Kamera einschließlich Aufnahmen .... *Mit der Gebühr sind die Kosten abgegolten.*	800		54,40 €	54,40 €	81,10 €
677	677	Bronchoskopie oder Thorakoskopie	600		16,17 €	16,17 €	60,82 €
678	678	Bronchoskopie mit zusätzlichem operativem Eingriff (wie Probeexzision, Katheterbiopsie, periphere Lungenbiopsie, Segmentsondierungen) – gegebenenfalls einschließlich Lavage –	900		20,53 €	20,53 €	91,23 €
679	679	Mediastinoskopie – gegebenenfalls einschließlich Skalenoskopie und/oder Probeexzision und/oder Probepunktion –	1.100	5,47 €	30,92 €	36,39 €	116,98 €
680	680	Ösophagoskopie – gegebenenfalls einschließlich Probeexzision und/oder Probepunktion – .	550		20,53 €	20,53 €	55,75 €

BGT Tarif-Nr.	DKG-NT Tarif-Nr.	Leistung	Punkte (nur DKG-NT I)	Besondere Kosten	Allgemeine Kosten	Sach-kosten	Vollkosten (nur DKG-NT I)
1a	1b	2	3	4	5	6	7
681	681	Ösophagoskopie mit zusätzlichem operativem Eingriff (z.B. Fremdkörperentfernung) – gegebenenfalls einschließlich Probeexzision und/oder Probepunktion –	825		39,77 €	39,77 €	83,63 €
682	682	Gastroskopie unter Einsatz vollflexibler optischer Instrumente – gegebenenfalls einschließlich Probeexzision und/oder Probepunktion – .	850		16,28 €	16,28 €	86,17 €
683	683	Gastroskopie einschließlich Ösophagoskopie unter Einsatz vollflexibler optischer Instrumente – gegebenenfalls einschließlich Probeexzision und/oder Probepunktion –	1.000		38,12 €	38,12 €	101,37 €
684	684	Bulboskopie – gegebenenfalls einschließlich Ösophago- und Gastroskopie, Probeexzision und/oder Probepunktion –	1.200		38,12 €	38,12 €	121,65 €
685	685	Duodeno-/Jejunoskopie – gegebenenfalls einschließlich einer vorausgegangenen Ösophago-/ Gastro-/ Bulboskopie, Probeexzision und/oder Probepunktion –	1.350		38,12 €	38,12 €	136,85 €
686	686	Duodenoskopie mit Sondierung der Papilla Vateri zwecks Einbringung von Kontrastmittel und/oder Entnahme von Sekret – gegebenenfalls einschließlich Probeexzision und/oder Probepunktion –	1.500		38,12 €	38,12 €	152,06 €
687	687	Hohe Koloskopie bis zum Coecum – gegebenenfalls einschließlich Probeexzision und/oder Probepunktion –	1.500		38,12 €	38,12 €	152,06 €
688	688	Partielle Koloskopie – gegebenenfalls einschließlich Rektoskopie, Probeexzision und/oder Probepunktion –	900		38,12 €	38,12 €	91,23 €
689	689	Sigmoidoskopie unter Einsatz voll flexibler optischer Instrumente – einschließlich Rektoskopie, sowie gegebenenfalls einschließlich Probeexzision und/oder Probepunktion –	700		9,68 €	9,68 €	70,96 €
690	690	Rektoskopie – gegebenenfalls einschließlich Probeexzision und/oder Probepunktion –	350		9,68 €	9,68 €	35,48 €
691	691	Ösophago-/ Gastro-/ Bulboskopie mit nachfolgender Sklerosierung von Ösophagusvarizen – gegebenenfalls einschließlich Probeexzision und/oder Probepunktion	1.400		38,12 €	38,12 €	141,92 €

BGT Tarif-Nr.	DKG-NT Tarif-Nr.	Leistung	Punkte (nur DKG-NT I)	Besondere Kosten	Allgemeine Kosten	Sach-kosten	Vollkosten (nur DKG-NT I)
1a	1b	2	3	4	5	6	7
692	692	Duodenoskopie mit Sondierung der Papilla Vateri zwecks Einbringung von Kontrastmittel und/oder Entnahme von Sekret – gegebenenfalls einschließlich Probeexzision und/oder Probepunktion – mit Papillotomie (Hochfrequenzelektroschlinge) und Steinentfernung	1.900		44,85 €	44,85 €	192,60 €
692a	692a	Plazierung einer Drainage in den Gallen- oder Pankreasgang – zusätzlich zu einer Leistung nach den Nummern 685, 686 oder 692 –	400		6,61 €	6,61 €	40,55 €
693	693	Langzeit-pH-metrie des Ösophagus – einschließlich Sondeneinführung –	300		4,72 €	4,72 €	30,41 €
694	694	Manometrische Untersuchung des Ösophagus	500		7,08 €	7,08 €	50,69 €
695	695	Entfernung eines oder mehrerer Polypen oder Schlingenbiopsie mittels Hochfrequenzelektroschlinge – gegebenenfalls einschließlich Probeexzision und/oder Probepunktion – zusätzlich zu den Nummern 682 bis 685 und 687 bis 689 –	400		6,84 €	6,84 €	40,55 €
696	696	Entfernung eines oder mehrerer Polypen oder Schlingenbiopsie mittels Hochfrequenzelektroschlinge – gegebenenfalls einschließlich Probeexzision und/oder Probepunktion – zusätzlich zu Nummer 690	200		6,84 €	6,84 €	20,27 €
697	697	Saugbiopsie des Dünndarms – gegebenenfalls einschließlich Röntgenkontrolle, Probeexzision und/oder Probepunktion –	400		7,32 €	7,32 €	40,55 €
698	698	Kryochirurgischer Eingriff im Enddarmbereich	200		11,44 €	11,44 €	20,27 €
699	699	Infrarotkoagulation im Enddarmbereich, je Sitzung	120		6,84 €	6,84 €	12,16 €
700	700	Laparoskopie (mit Anlegen eines Pneumoperitoneums) oder Nephroskopie – gegebenenfalls einschließlich Probeexzision und/oder Probepunktion –	800	2,73 €	13,34 €	16,07 €	83,83 €
701	701	Laparoskopie (mit Anlegen eines Pneumoperitoneums) mit intraabdominalem Eingriff – gegebenenfalls einschließlich Probeexzision und/oder Probepunktion –	1.050	4,21 €	16,17 €	20,38 €	110,65 €

F Innere Medizin, Kinderheilkunde, Dermatologie — Nummern 703–719

BGT Tarif-Nr.	DKG-NT Tarif-Nr.	Leistung	Punkte (nur DKG-NT I)	Besondere Kosten	Allgemeine Kosten	Sach-kosten	Vollkosten (nur DKG-NT I)
1a	1b	2	3	4	5	6	7
703	703	Ballonsondentamponade bei blutenden Ösophagus- und/oder Fundusvarizen	500		18,64 €	18,64 €	50,69 €
705	705	Proktoskopie	152		4,25 €	4,25 €	15,41 €
706	706	Licht- oder Laserkoagulation(en) zur Beseitigung von Stenosen oder zur Blutstillung bei endoskopischen Eingriffen, je Sitzung	600		10,38 €	10,38 €	60,82 €
714	714	Neurokinesiologische Diagnostik nach Vojta (Lagereflexe) sowie Prüfung des zerebellaren Gleichgewichtes und der Statomotorik	180		7,32 €	7,32 €	18,25 €
715	715	Prüfung der kindlichen Entwicklung bezüglich der Grobmotorik, der Feinmotorik, der Sprache und des sozialen Verhaltens nach standardisierten Skalen mit Dokumentation des entsprechenden Entwicklungsstandes	220		1,52 €	1,52 €	22,30 €
		Neben der Leistung nach Nr. 715 sind die Leistungen nach den Nummern 8 und 26 nicht berechnungsfähig.					
716	716	Prüfung der funktionellen Entwicklung bei einem Säugling oder Kleinkind (z.B. Bewegungs- und Wahrnehmungsvermögen) nach standardisierten Methoden mit Dokumentation des entsprechenden Entwicklungsstandes, je Untersuchungsgang	69		1,52 €	1,52 €	6,99 €
717	717	Prüfung der funktionellen Entwicklung bei einem Kleinkind (z.B. Sprechvermögen, Sprachverständnis, Sozialverhalten) nach standardisierten Methoden mit Dokumentation des entsprechenden Entwicklungsstandes, je Untersuchungsgang	110		1,52 €	1,52 €	11,15 €
718	718	Höchstwert bei den Untersuchungen nach den Nrn. 716 und 717, auch bei deren Nebeneinanderberechnung	251		6,96 €	6,96 €	25,44 €
		Bei der Berechnung des Höchstwertes sind die Arten der Untersuchungen anzugeben.					
719	719	Funktionelle Entwicklungstherapie bei Ausfallerscheinungen in der Motorik, im Sprachbereich und/oder Sozialverhalten, als Einzelbehandlung, Dauer mindestens 45 Minuten	251		6,96 €	6,96 €	25,44 €

BGT Tarif-Nr.	DKG-NT Tarif-Nr.	Leistung	Punkte (nur DKG-NT I)	Besondere Kosten	Allgemeine Kosten	Sach-kosten	Vollkosten (nur DKG-NT I)
1a	1b	2	3	4	5	6	7
725	725	Systematische sensomotorische Entwicklungs- und Übungsbehandlung von Ausfallerscheinungen am Zentralnervensystem als zeitaufwendige Einzelbehandlung – gegebenenfalls einschließlich individueller Beratung der Betreuungsperson – Dauer mindestens 45 Minuten	300		16,40 €	16,40 €	30,41 €
		Neben der Leistung nach Nummer 725 sind die Leistungen nach den Nummern 505 bis 527, 535 bis 555, 719, 806, 846, 847, 849, 1559 und 1560 nicht berechnungsfähig.					
726	726	Systematische sensomotorische Behandlung von zentralbedingten Sprachstörungen – einschließlich aller dazugehörender psychotherapeutischer, atemgymnastischer, physikalischer und sedierender Maßnahmen sowie gegebenenfalls auch Dämmerschlaf – als zeitaufwendige Einzelbehandlung, Dauer mindestens 45 Minuten	300		16,40 €	16,40 €	30,41 €
		Neben der Leistung nach Nummer 726 sind die Leistungen nach den Nummern 719, 849, 1559 und 1560 nicht berechnungsfähig.					
		Die Leistung nach Nummer 726 ist neben der Leistung nach Nummer 725 an demselben Tage nur berechnungsfähig, wenn beide Behandlungen zeitlich getrennt voneinander mit einer Dauer von jeweils mindestens 45 Minuten erbracht werden.					
740	740	Kryotherapie der Haut	71		1,77 €	1,77 €	7,20 €
	740a	Kryochirurgische Therapie aktinischer Keratosen			3,23 €	3,23 €	
		Die Leistung kann einmal pro Behandlungsfall abgerechnet werden.					
741	741	Verschorfung mit heißer Luft oder heißen Dämpfen, je Sitzung	76		1,77 €	1,77 €	7,70 €
742	742	Epilation von Haaren im Gesicht durch Elektrokoagulation bei generalisiertem krankhaftem Haarwuchs infolge Endokrinopathie (z.B. Hirsutismus), je Sitzung	165		2,36 €	2,36 €	16,73 €

F Innere Medizin, Kinderheilkunde, Dermatologie — Nummern 743–754

BGT Tarif-Nr.	DKG-NT Tarif-Nr.	Leistung	Punkte (nur DKG-NT I)	Besondere Kosten	Allgemeine Kosten	Sach-kosten	Vollkosten (nur DKG-NT I)
1a	1b	2	3	4	5	6	7
743	743	Schleifen und Schmirgeln und/oder Fräsen von Bezirken der Haut oder der Nägel, je Sitzung	75		1,52 €	1,52 €	7,60 €
744	744	Stanzen der Haut, je Sitzung	80		2,02 €	2,02 €	8,11 €
745	745	Auskratzen von Wundgranulationen oder Entfernung von jeweils bis zu drei Warzen mit dem scharfen Löffel	46		3,19 €	3,19 €	4,66 €
746	746	Elektrolyse oder Kauterisation, als selbständige Leistung	46		2,24 €	2,24 €	4,66 €
747	747	Setzen von Schröpfköpfen, Blutegeln oder Anwendung von Saugapparaten, je Sitzung	44		2,02 €	2,02 €	4,46 €
748	748	Hautdrainage	76		3,07 €	3,07 €	7,70 €
750	750	Auflichtmikroskopie der Haut (Dermatoskopie), je Sitzung	120		5,78 €	5,78 €	12,16 €
752	752	Bestimmung des Elektrolytgehalts im Schweiß durch Widerstandsmessung – einschließlich Stimulation der Schweißsekretion –	150		2,71 €	2,71 €	15,21 €
753		Medikamentöse Behandlung aktinischer Keratosen inklusive Aufklärung und Beratung; Erstellung eines Behandlungsplans, Rezeptur eines für die Behandlung aktinischer Keratosen zugelassenen selbstapplizierbaren Flächentherapeutikums und Dokumentation, ggf. vorbereitende Maßnahmen			6,25 €	6,25 €	
		Das Auftragen von Fertigarzneimitteln kann nicht abgerechnet werden.					
		Abrechnung einmalig pro rezeptiertem Therapiezyklus					
		Leistung nach Nrn. 1 und 6 sind enthalten und nicht gesondert abrechenbar.					
		Die Leistung ist nicht kombinierbar mit den Leistungen nach Nrn. 575 bis 577.					
754		Vorbereitende Maßnahmen bei AK Grad 3 nach Olsen (z.B. Kürretage/Debridement)			6,00 €	6,00 €	
		Die Leistung kann nur in Kombination mit der Leistung nach der Nr. 753 abgerechnet werden.					

F Innere Medizin, Kinderheilkunde, Dermatologie — Nummern 755–781

BGT Tarif-Nr.	DKG-NT Tarif-Nr.	Leistung	Punkte (nur DKG-NT I)	Besondere Kosten	Allgemeine Kosten	Sachkosten	Vollkosten (nur DKG-NT I)
1a	1b	2	3	4	5	6	7
755	755	Hochtouriges Schleifen von Bezirken der Haut bei schweren Entstellungen durch Naevi, narbigen Restzuständen nach Akne vulgaris und ähnlichen Indikationen, je Sitzung	240		5,19 €	5,19 €	24,33 €
756	756	Chemochirurgische Behandlung spitzer Kondylome, auch in mehreren Sitzungen	121		5,78 €	5,78 €	12,27 €
	757	Chemochirurgische Behandlung einer Präkanzerose – gegebenenfalls in mehreren Sitzungen	150		5,20 €	5,20 €	12,88 €
758	758	Sticheln, bzw. Öffnen und Ausquetschen von Aknepusteln, je Sitzung	75		2,24 €	2,24 €	7,60 €
759	759	Bestimmung der Alkalineutralisationszeit	76		4,13 €	4,13 €	7,70 €
760	760	Alkaliresistenzbestimmung (Tropfmethode)	121		6,61 €	6,61 €	12,27 €
761	761	UV-Erythemschwellenwertbestimmung (einschließlich Nachschau)	76		1,88 €	1,88 €	7,70 €
762	762	Entleerung des Lymphödems an Arm oder Bein durch Abwicklung mit Gummischlauch	130		6,84 €	6,84 €	13,18 €
763	763	Spaltung oberflächlich gelegener Venen an einer Extremität oder von Hämorrhoidalknoten mit Thrombus-Expressionen – gegebenenfalls einschließlich Naht –	148	5,47 €	5,78 €	11,25 €	20,47 €
764	764	Verödung (Sklerosierung) von Krampfadern oder Hämorrhoidalknoten, je Sitzung	190		7,08 €	7,08 €	19,26 €
765	765	Operative Entfernung hypotropher zircumanaler Hautfalten (Marisquen)	280	5,47 €	6,84 €	12,31 €	33,85 €
766	766	Ligaturbehandlung von Hämorrhoiden einschließlich Proktoskopie, je Sitzung	225		9,20 €	9,20 €	22,81 €
768	768	Ätzung im Enddarmbereich als selbständige Leistung	50		2,24 €	2,24 €	5,07 €
770	770	Ausräumung des Mastdarms mit der Hand	140		4,60 €	4,60 €	14,19 €
780	780	Apparative Dehnung (Sprengung) eines Kardiospasmus	242		6,84 €	6,84 €	24,53 €
781	781	Bougierung der Speiseröhre, je Sitzung	76		2,83 €	2,83 €	7,70 €

F Innere Medizin, Kinderheilkunde, Dermatologie

BGT Tarif-Nr.	DKG-NT Tarif-Nr.	Leistung	Punkte (nur DKG-NT I)	Besondere Kosten	Allgemeine Kosten	Sach-kosten	Vollkosten (nur DKG-NT I)
1a	1b	2	3	4	5	6	7
784	784	Erstanlegen einer externen Medikamentenpumpe – einschließlich Einstellung sowie Beratung und Schulung des Patienten – gegebenenfalls in mehreren Sitzungen –	275		11,33 €	11,33 €	27,88 €
785	785	Anlage und Überwachung einer Peritonealdialyse, einschließlich der ersten Spülung	330		13,70 €	13,70 €	33,45 €
786	786	Peritonealdialyse bei liegendem Katheter einschließlich Überwachung, jede (weitere) Spülung	55		3,07 €	3,07 €	5,58 €
790	790	Ärztliche Betreuung bei Hämodialyse als Training des Patienten und gegebenenfalls seines Dialysepartners zur Vorbereitung auf Heim- oder Limited-Care-Dialysen, auch als Hämofiltration, je Dialyse	500		11,44 €	11,44 €	50,69 €
791	791	Ärztliche Betreuung eines Patienten bei Hämodialyse oder Limited-Care-Dialyse, auch als Hämofiltration, je Dialyse	320		7,43 €	7,43 €	32,44 €
792	792	Ärztliche Betreuung eines Patienten bei Hämodialyse als Zentrums- oder Praxisdialyse (auch als Feriendialyse) – auch als Hämofiltration oder bei Plasmapharese –, je Dialyse bzw. Sitzung	440		10,16 €	10,16 €	44,60 €
793	793	Ärztliche Betreuung eines Patienten bei kontinuierlicher ambulanter Peritonealdialyse (CAPD), je Tag	115		2,83 €	2,83 €	11,66 €
		Der Leistungsinhalt der Nummern 790 bis 793 umfaßt insbesondere die ständige Bereitschaft von Arzt und ggf. Dialysehilfspersonal, die regelmäßigen Beratungen und Untersuchungen des Patienten, die Anfertigung und Auswertung der Dialyseprotokolle sowie die regelmäßigen Besuche bei Heimdialyse-Patienten mit Gerätekontrollen im Abstand von mindestens drei Monaten.					
		Bei der Zentrums- und Praxisdialyse ist darüber hinaus die ständige Anwesenheit des Arztes während der Dialyse erforderlich.					
		Leistungen nach den Abschnitten B und C (mit Ausnahme der Leistung nach Nummer 50 in Verbindung mit einem Zuschlag nach den Buchstaben E, F, G und/oder H) sowie die Leistungen					

BGT Tarif-Nr.	DKG-NT Tarif-Nr.	Leistung	Punkte (nur DKG-NT I)	Besondere Kosten	Allgemeine Kosten	Sach-kosten	Vollkosten (nur DKG-NT I)
1a	1b	2	3	4	5	6	7
796		nach den Nummern 3550, 3555, 3557, 3558, 3562.H1, 3565.H1, 3574, 3580.H1, 3584.H1, 3585.H1, 3587.H1, 3592.H1, 3594.H1, 3595.H1, 3620, 3680, 3761 und 4381, die in ursächlichem Zusammenhang mit der Dialysebehandlung erbracht werden, sind nicht gesondert berechnungsfähig. Dies gilt auch für Auftragsleistungen. Ergometrische Funktionsprüfung mittels Fahrrad- oder Laufbandergometer (physikalische definierte und reproduzierbare Belastungsstufen), einschließlich Dokumentation			8,26 €	8,26 €	

Teil G

Neurologie, Psychiatrie und Psychotherapie

G Neurologie, Psychiatrie und Psychotherapie

Nummern 800–807

BGT Tarif-Nr.	DKG-NT Tarif-Nr.	Leistung	Punkte (nur DKG-NT I)	Besondere Kosten	Allgemeine Kosten	Sach-kosten	Vollkosten (nur DKG-NT I)
1a	1b	2	3	4	5	6	7
	800	Eingehende neurologische Untersuchung, gegebenenfalls einschließlich der Untersuchung des Augenhintergrundes	195		4,57 €	4,57 €	19,77 €
		Neben der Leistung nach Nummer 800 sind die Leistungen nach den Nummern 8, 26, 825, 826, 830 und 1400 nicht berechnungsfähig.					
800		Eingehende neurologische Untersuchung, gegebenenfalls einschließlich der Untersuchung des Augenhintergrundes			4,57 €	4,57 €	
		Die Leistung ist nur für Nervenärzte, Neurologen, Neurochirurgen und Neuropädiater berechnungsfähig und im Behandlungsfall nicht mehr als dreimal berechenbar.					
		Neben der Leistung nach Nummer 800 sind die Leistungen nach den Nummern 6 bis 9, 26, 825, 826, 830 und 1400 nicht berechnungsfähig.					
801	801	Eingehende psychiatrische Untersuchung – gegebenenfalls unter Einschaltung der Bezugs- und/oder Kontaktperson –	250		4,25 €	4,25 €	25,34 €
		Neben der Leistung nach Nummer 801 sind die Leistungen nach den Nummern 6 bis 9, 715 bis 718, 825, 830 und 1400 nicht berechnungsfähig.					
804	804	Psychiatrische Behandlung durch eingehendes therapeutisches Gespräch – auch mit gezielter Exploration –	150		3,07 €	3,07 €	15,21 €
806	806	Psychiatrische Behandlung durch gezielte Exploration und eingehendes therapeutisches Gespräch, auch in akuter Konfliktsituation – gegebenenfalls unter Einschluß eines eingehenden situationsregulierenden Kontaktgesprächs mit Dritten – Mindestdauer 20 Minuten	250		4,25 €	4,25 €	25,34 €
807	807	Erhebung einer biographischen psychiatrischen Anamnese bei Kindern oder Jugendlichen unter Einschaltung der Bezugs- und Kontaktpersonen mit schriftlicher Aufzeichnung, auch in mehreren Sitzungen	400		4,25 €	4,25 €	40,55 €
		Die Leistung nach Nummer 807 ist im Krankheitsfall nur einmal berechnungsfähig.					

G Neurologie, Psychiatrie und Psychotherapie Nummern 808–827

BGT Tarif-Nr.	DKG-NT Tarif-Nr.	Leistung	Punkte (nur DKG-NT I)	Besondere Kosten	Allgemeine Kosten	Sach-kosten	Vollkosten (nur DKG-NT I)
1a	1b	2	3	4	5	6	7
808	808	Einleitung oder Verlängerung der tiefenpsychologisch fundierten oder der analytischen Psychotherapie – einschließlich Antrag auf Feststellung der Leistungspflicht im Rahmen des Gutachterverfahrens, gegebenenfalls einschließlich Besprechung mit dem nichtärztlichen Psychotherapeuten	400		1,66 €	1,66 €	40,55 €
812	812	Psychiatrische Notfallbehandlung bei Suizidversuch und anderer psychischer Dekompensation durch sofortige Intervention und eingehendes therapeutisches Gespräch	500		4,25 €	4,25 €	50,69 €
816	816	Neuropsychiatrische Behandlung eines Anfallkranken mit Kontrolle der Anfallaufzeichnung – gegebenenfalls mit medikamentöser Ein- und Umstellung und auch mit Einschaltung der Kontaktperson –	180		3,07 €	3,07 €	18,25 €
817	817	Eingehende psychiatrische Beratung der Bezugsperson psychisch gestörter Kinder oder Jugendlicher anhand erhobener Befunde und Erläuterung geplanter therapeutischer Maßnahmen	180		3,07 €	3,07 €	18,25 €
825	825	Genaue Geruchs- und/oder Geschmacksprüfung zur Differenzierung von Störungen der Hirnnerven, als selbständige Leistung	83		1,52 €	1,52 €	8,41 €
	826	Gezielte neurologische Gleichgewichts- und Koordinationsprüfung – gegebenenfalls einschließlich kalorisch-otologischer Prüfung – ..	99		1,52 €	1,52 €	10,04 €
		Neben der Leistung nach Nummer 826 ist die Leistung nach Nummer 1412 nicht berechnungsfähig.					
826		Gezielte neurologische Gleichgewichts- und Koordinationsprüfung – gegebenenfalls einschließlich kalorisch-otologischer Prüfung – ..			1,52 €	1,52 €	
		Neben der Leistung nach Nummer 826 sind die Leistungen nach den Nummern 6, 800 und nach Nummer 1412 nicht berechnungsfähig.					
827	827	Elektroenzephalographische Untersuchung – auch mit Standardprovokationen –	605		33,04 €	33,04 €	61,33 €

G Neurologie, Psychiatrie und Psychotherapie

BGT Tarif-Nr.	DKG-NT Tarif-Nr.	Leistung	Punkte (nur DKG-NT I)	Besondere Kosten	Allgemeine Kosten	Sach-kosten	Vollkosten (nur DKG-NT I)
1a	1b	2	3	4	5	6	7
827a	827a	Langzeit-elektroenzephalographische Untersuchung von mindestens 18 Stunden Dauer – einschließlich Aufzeichnung und Auswertung –	950		51,58 €	51,58 €	96,30 €
	828	Messung visuell, akustisch oder somatosensorisch evozierter Hirnpotentiale (VEP, AEP, SSP)	605		33,04 €	33,04 €	61,33 €
828		Messung visuell, akustisch, somatosensorisch oder magnetisch evozierter Hirnpotentiale (VEP, AEP, SSP, MEP)			33,04 €	33,04 €	
829	829	Sensible Elektroneurographie mit Oberflächenelektroden – gegebenenfalls einschließlich Bestimmung der Rheobase und der Chronaxie –	160		8,73 €	8,73 €	16,22 €
830	830	Eingehende Prüfung auf Aphasie, Apraxie, Alexie, Agraphie, Agnosie und Körperschemastörungen	80		1,52 €	1,52 €	8,11 €
831	831	Vegetative Funktionsdiagnostik – auch unter Anwendung pharmakologischer Testmethoden (z.B. Minor) einschließlich Wärmeanwendung und/oder Injektionen –	80		3,07 €	3,07 €	8,11 €
832	832	Befunderhebung am Nervensystem durch Faradisation und/oder Galvanisation	158		6,96 €	6,96 €	16,02 €
833	833	Begleitung eines psychisch Kranken bei Überführung in die Klinik – einschließlich Ausstellung der notwendigen Bescheinigungen –	285		6,96 €	6,96 €	28,89 €
		Verweilgebühren sind nach Ablauf einer halben Stunde zusätzlich berechnungsfähig.					
835	835	Einmalige, nicht im zeitlichen Zusammenhang mit einer eingehenden Untersuchung durchgeführte Erhebung der Fremdanamnese über einen psychisch Kranken oder über ein verhaltensgestörtes Kind	64		1,52 €	1,52 €	6,49 €
836	836	Intravenöse Konvulsionstherapie	190		6,96 €	6,96 €	19,26 €
837	837	Elektrische Konvulsionstherapie	273		7,55 €	7,55 €	27,67 €
838	838	Elektromyographische Untersuchung zur Feststellung peripherer Funktionsstörungen der Nerven und Muskeln	550		29,97 €	29,97 €	55,75 €

G Neurologie, Psychiatrie und Psychotherapie

BGT Tarif-Nr.	DKG-NT Tarif-Nr.	Leistung	Punkte (nur DKG-NT I)	Besondere Kosten	Allgemeine Kosten	Sach-kosten	Vollkosten (nur DKG-NT I)
1a	1b	2	3	4	5	6	7
839	839	Elektromyographische Untersuchung zur Feststellung peripherer Funktionsstörungen der Nerven und Muskeln mit Untersuchung der Nervenleitgeschwindigkeit	700		38,23 €	38,23 €	70,96 €
840	840	Sensible Elektroneurographie mit Nadelelektroden – gegebenenfalls einschließlich Bestimmung der Rheobase und der Chronaxie –	700		38,23 €	38,23 €	70,96 €
842	842	Apparative isokinetische Muskelfunktionsdiagnostik	500		27,15 €	27,15 €	50,69 €
		Die Leistung nach Nummer 842 ist im Behandlungsfall nur einmal berechnungsfähig.					
845	845	Behandlung einer Einzelperson durch Hypnose	150		3,07 €	3,07 €	15,21 €
846	846	Übende Verfahren (z.B. autogenes Training) in Einzelbehandlung, Dauer mindestens 20 Minuten	150		3,07 €	3,07 €	15,21 €
847	847	Übende Verfahren (z.B. autogenes Training) in Gruppenbehandlung mit höchstens zwölf Teilnehmern, Dauer mindestens 20 Minuten, je Teilnehmer	45		1,31 €	1,31 €	4,56 €
849	849	Psychotherapeutische Behandlung bei psychoreaktiven, psychosomatischen oder neurotischen Störungen, Dauer mindestens 20 Minuten	230		4,25 €	4,25 €	23,32 €
	855	Anwendung und Auswertung projektiver Testverfahren (wie Rohrschach-Test, TAT) mit schriftlicher Aufzeichnung, insgesamt	722		26,55 €	26,55 €	73,19 €
855		Projektive Testverfahren (Anwendung und Auswertung mit schriftlicher Aufzeichnung), Anzahl abhängig von Fragestellung (z.B. Rorschach-Test, TAT, ...) je Test			12,21 €	12,21 €	
	856	Anwendung und Auswertung standardisierter Intelligenz- und Entwicklungstests (Staffeltests oder HAWIE(K), IST/Amthauer, Bühler-Hetzer, Binet-Simon, Kramer) mit schriftlicher Aufzeichnung, insgesamt	361		13,34 €	13,34 €	36,59 €
		Neben der Leistung nach Nummer 856 sind die Leistungen nach den Nummern 715 bis 718 nicht berechnungsfähig.					

G Neurologie, Psychiatrie und Psychotherapie

Nummern 856–860

BGT Tarif-Nr.	DKG-NT Tarif-Nr.	Leistung	Punkte (nur DKG-NT I)	Besondere Kosten	Allgemeine Kosten	Sach-kosten	Vollkosten (nur DKG-NT I)
1a	1b	2	3	4	5	6	7
856		Standardisierte Testverfahren zur Entwicklungs- und Intelligenzdiagnostik einschließlich neuropsychologischer Verfahren (Anwendung und Auswertung mit schriftlicher Aufzeichnung) – leitliniengerechte Eingangs- und Verlaufsdiagnostik, Anzahl abhängig von der Fragestellung, einschließlich Verfahren zur Beschwerdevalidierung (z.B. K-ABC, WIE, TAP, WMS, ...) je Test			18,40 €	18,40 €	
		Neben der Leistung nach der Nummer 856 sind die Leistungen nach den Nummern 715 bis 718 nicht berechnungsfähig.					
	857	Anwendung und Auswertung orientierender Testuntersuchungen (z.B. Fragebogentest nach Eysenck, MPQ oder MPI, Raven-Test, Sceno-Test, Wartegg-Zeichentest, Haus-Baum-Mensch, mit Ausnahme des sog. Lüscher-Tests), insgesamt	116		4,25 €	4,25 €	11,76 €
		Neben der Leistung nach Nr. 857 sind die Leistungen nach den Nrn. 716 und 717 nicht berechnungsfähig.					
857		Orientierende Testverfahren zur Diagnostik psychischer Beschwerden (Anwendung und Auswertung mit schriftlicher Aufzeichnung) – leitliniengerechte Eingangs- und Abschlussdiagnostik sowie Verlaufsmessung, Anzahl abhängig von der Fragestellung (z.B. BDI-II, BSCL, FPI, PSSI, HADS, IES-R, ETI, ...) je Test			6,08 €	6,08 €	
		Neben der Leistung nach Nummer 857 sind die Leistungen nach den Nummern 716 und 717 nicht berechnungsfähig.					
860	860	Erhebung einer biographischen Anamnese unter neurosenpsychologischen Gesichtspunkten mit schriftlicher Aufzeichnung zur Einleitung und Indikationsstellung bei tiefenpsychologisch fundierter und analytischer Psychotherapie, auch in mehreren Sitzungen	920		24,18 €	24,18 €	93,26 €
		Die Leistung nach Nr. 860 ist im Behandlungsfall nur einmal berechnungsfähig.					

G Neurologie, Psychiatrie und Psychotherapie

BGT Tarif-Nr.	DKG-NT Tarif-Nr.	Leistung	Punkte (nur DKG-NT I)	Besondere Kosten	Allgemeine Kosten	Sach-kosten	Vollkosten (nur DKG-NT I)
1a	1b	2	3	4	5	6	7
		Neben der Leistung nach Nr. 860 sind die Leistungen nach den Nummern 807 und 835 nicht berechnungsfähig.					
861	861	Tiefenpsychologisch fundierte Psychotherapie, Einzelbehandlung, Dauer mindestens 50 Minuten	690		10,38 €	10,38 €	69,95 €
862	862	Tiefenpsychologisch fundierte Psychotherapie, Gruppenbehandlung mit einer Teilnehmerzahl von höchstens acht Personen, Dauer mindestens 100 Minuten, je Teilnehmer	345		5,43 €	5,43 €	34,97 €
863	863	Analytische Psychotherapie, Einzelbehandlung, Dauer mindestens 50 Minuten	690		10,38 €	10,38 €	69,95 €
864	864	Analytische Psychotherapie, Gruppenbehandlung mit einer Teilnehmerzahl von höchstens acht Personen, Dauer mindestens 100 Minuten, je Teilnehmer	345		5,43 €	5,43 €	34,97 €
865	865	Besprechung mit einem nichtärztlichen Psychotherapeuten über die Fortsetzung der Behandlung	345		3,07 €	3,07 €	34,97 €
870	870	Verhaltenstherapie, Einzelbehandlung, Dauer mindestens 50 Minuten – gegebenenfalls Unterteilung in zwei Einheiten von jeweils mindestens 25 Minuten –	750		11,33 €	11,33 €	76,03 €
871	871	Verhaltenstherapie, Gruppenbehandlung mit einer Teilnehmerzahl von höchstens acht Personen, Dauer mindestens 50 Minuten, je Teilnehmer	150		2,36 €	2,36 €	15,21 €
		Bei einer Sitzungsdauer von mindestens 100 Minuten kann die Leistung nach Nummer 871 zweimal berechnet werden.					
885	885	Eingehende psychiatrische Untersuchung bei Kindern oder Jugendlichen unter auch mehrfacher Einschaltung der Bezugs- und/oder Kontaktperson(en) unter Berücksichtigung familienmedizinischer und entwicklungspsychologischer Bezüge	500		7,32 €	7,32 €	50,69 €

G Neurologie, Psychiatrie und Psychotherapie

BGT Tarif-Nr.	DKG-NT Tarif-Nr.	Leistung	Punkte (nur DKG-NT I)	Besondere Kosten	Allgemeine Kosten	Sach-kosten	Vollkosten (nur DKG-NT I)
1a	1b	2	3	4	5	6	7
886	**886**	Psychiatrische Behandlung bei Kindern und/oder Jugendlichen unter Einschaltung der Bezugs- und/oder Kontaktperson(en) unter Berücksichtigung familienmedizinischer und entwicklungspsychologischer Bezüge, Dauer mindestens 40 Minuten	700		10,38 €	10,38 €	70,96 €
887	**887**	Psychiatrische Behandlung in Gruppen bei Kindern und/oder Jugendlichen, Dauer mindestens 60 Minuten, bei einer Teilnehmerzahl von höchstens zehn Personen, je Teilnehmer	200		2,83 €	2,83 €	20,27 €

Teil H

Geburtshilfe und Gynäkologie

H Geburtshilfe und Gynäkologie

BGT Tarif-Nr.	DKG-NT Tarif-Nr.	Leistung	Punkte (nur DKG-NT I)	Besondere Kosten	Allgemeine Kosten	Sach-kosten	Vollkosten (nur DKG-NT I)
1a	1b	2	3	4	5	6	7
		Allgemeine Bestimmungen					
		Werden mehrere Eingriffe in der Bauchhöhle in zeitlichem Zusammenhang durchgeführt, die jeweils in der Leistung auch die Eröffnung der Bauchhöhle enthalten, so darf diese nur einmal berechnet werden; die Vergütungssätze der weiteren Eingriffe sind deshalb um den Vergütungssatz nach Nummer 3135 zu kürzen.					
1001	1001	Tokographische Untersuchung	120		6,61 €	6,61 €	12,16 €
1002	1002	Externe kardiotokographische Untersuchung ..	200		10,97 €	10,97 €	20,27 €
1003	1003	Interne kardiotokographische Untersuchung – gegebenenfalls einschließlich einer im zeitlichen Zusammenhang des Geburtsvorganges vorausgegangenen externen Kardiotokographie –	379		20,65 €	20,65 €	38,42 €
		Neben den Leistungen nach den Nummern 1002 und 1003 ist die Leistung nach Nummer 1001 nicht berechnungsfähig.					
1010	1010	Amnioskopie	148		4,25 €	4,25 €	15,00 €
1011	1011	Amniozentese – einschließlich Fruchtwasserentnahme –	266		6,37 €	6,37 €	26,96 €
1012	1012	Blutentnahme beim Fetus	74		3,07 €	3,07 €	7,50 €
1013	1013	Blutentnahme beim Fetus – einschließlich pH-Messung(en) im Blut –	178		8,97 €	8,97 €	18,04 €
1014	1014	Blutentnahme beim Fetus mittels Amnioskopie – einschließlich pH-Messung(en) im Blut –	296		9,45 €	9,45 €	30,01 €
1020	1020	Erweiterung des Gebärmutterhalses durch Dehnung im Zusammenhang mit einer Geburt – gegebenenfalls einschließlich Eipollösung – ...	148		6,37 €	6,37 €	15,00 €
1021	1021	Beistand von mindestens zwei Stunden Dauer bei einer Geburt, die auf natürlichem Wege nicht beendet werden kann, ausschließlich Kunsthilfe	266		3,07 €	3,07 €	26,96 €
1022	1022	Beistand bei einer Geburt, auch Risikogeburt, regelwidriger Kindslage, Mehrlingsgeburt, ausschließlich Kunsthilfe, sofern der Arzt die Geburt auf natürlichem Wege bis zur Beendigung geleitet hat	1.300		4,25 €	4,25 €	131,78 €

BGT Tarif-Nr.	DKG-NT Tarif-Nr.	Leistung	Punkte (nur DKG-NT I)	Besondere Kosten	Allgemeine Kosten	Sach-kosten	Vollkosten (nur DKG-NT I)
1a	1b	2	3	4	5	6	7
1025	1025	Entbindung durch Manualextraktion am Beckenende	554		23,36 €	23,36 €	56,16 €
1026	1026	Entbindung durch Vakuumextraktion	832		30,45 €	30,45 €	84,34 €
1027	1027	Entbindung durch Zange	832		28,56 €	28,56 €	84,34 €
1028	1028	Äußere Wendung	370		5,78 €	5,78 €	37,51 €
1029	1029	Innere oder kombinierte Wendung – auch mit Extraktion –	1.110		29,62 €	29,62 €	112,52 €
1030	1030	Entbindung bei vorliegendem Mutterkuchen, zusätzlich	370		6,96 €	6,96 €	37,51 €
		Neben den Leistungen nach den Nummern 1025 bis 1030 kann jeweils eine Leistung nach der Nummer 1021 oder 1022 zusätzlich berechnet werden.					
1031	1031	Entbindung durch Perforation oder Embryotomie, mit Extraktion	1.950		56,89 €	56,89 €	197,67 €
1032	1032	Schnittentbindung von der Scheide oder von den Bauchdecken aus	2.310	46,78 €	39,89 €	86,67 €	280,95 €
1035	1035	Operation der Uterusruptur ohne Uterusexstirpation	2.030	46,78 €	45,09 €	91,87 €	252,56 €
1036	1036	Operation der Uterusruptur mit Uterusexstirpation	2.770	46,78 €	45,09 €	91,87 €	327,58 €
1040	1040	Reanimation eines asphyktischen Neugeborenen durch apparative Beatmung – auch mit Intubation und gegebenenfalls einschließlich extrathorakaler indirekter Herzmassage –	350		6,49 €	6,49 €	35,48 €
1041	1041	Entfernung der Nachgeburt oder von Resten durch inneren Eingriff mit oder ohne Kürettement	824		21,95 €	21,95 €	83,53 €
1042	1042	Behandlung einer Blutung nach der Geburt durch innere Eingriffe	554		21,95 €	21,95 €	56,16 €
1043	1043	Naht des Gebährmutterhalses – einschließlich der vorangegangenen Erweiterung durch Schnitt oder Naht eines frischen Mutterhalsrisses	620	15,66 €	17,36 €	33,02 €	78,51 €

H Geburtshilfe und Gynäkologie

BGT Tarif-Nr.	DKG-NT Tarif-Nr.	Leistung	Punkte (nur DKG-NT I)	Besondere Kosten	Allgemeine Kosten	Sach-kosten	Vollkosten (nur DKG-NT I)
1a	1b	2	3	4	5	6	7
1044	1044	Naht der weichen Geburtswege – auch nach vorangegangener künstlicher Erweiterung – und/oder Naht eines Dammrisses I. oder II. Grades und/oder Naht eines Scheidenrisses	420	15,66 €	16,76 €	32,42 €	58,24 €
		Neben der Leistung nach Nummer 1044 ist die Leistung nach Nummer 1096 nicht berechnungsfähig.					
1045	1045	Naht eines vollkommenen Dammrisses (III. Grades)	924	23,33 €	22,66 €	45,99 €	117,00 €
		Neben der Leistung nach Nummer 1045 ist die Leistung nach Nummer 1044 nicht berechnungsfähig.					
1048	1048	Operation einer Extrauterinschwangerschaft	2.310	31,11 €	50,16 €	81,27 €	265,28 €
1049	1049	Aufrichtung der eingeklemmten Gebärmutter einer Schwangeren – auch mit Einlage eines Ringes –	296		4,13 €	4,13 €	30,01 €
1050	1050	Instrumentale Einleitung einer Geburt oder Fehlgeburt, als selbständige Leistung	296		18,64 €	18,64 €	30,01 €
1051	1051	Beistand bei einer Fehlgeburt ohne operative Hilfe	185		3,19 €	3,19 €	18,75 €
1052	1052	Beistand bei einer Fehlgeburt und deren Beendigung durch inneren Eingriff	739		16,17 €	16,17 €	74,91 €
1055	1055	Abbruch einer Schwangerschaft bis einschließlich 12. Schwangerschaftswoche – gegebenenfalls einschließlich Erweiterung des Gebärmutterhalskanals	800		18,64 €	18,64 €	81,10 €
1056	1056	Abbruch einer Schwangerschaft ab der 13. Schwangerschaftswoche – gegebenenfalls einschließlich Erweiterung des Gebärmutterhalskanals –	1.200		45,09 €	45,09 €	121,65 €
		Neben den Leistungen nach den Nummern 1055 und 1056 ist die intravaginale oder intrazervikale Applikation von Prostaglandin-Gel nicht gesondert berechnungsfähig.					
1060	1060	Ausräumung einer Blasenmole oder einer missed abortion	924		18,64 €	18,64 €	93,67 €
1061	1061	Abtragung eines Hymens oder Eröffnung eines Hämatokolpos	185		7,55 €	7,55 €	18,75 €

H Geburtshilfe und Gynäkologie

BGT Tarif-Nr.	DKG-NT Tarif-Nr.	Leistung	Punkte (nur DKG-NT I)	Besondere Kosten	Allgemeine Kosten	Sachkosten	Vollkosten (nur DKG-NT I)
1a	1b	2	3	4	5	6	7
1062	1062	Vaginoskopie bei einer Virgo	178		5,07 €	5,07 €	18,04 €
1063	1063	Vaginoskopie bei einem Kind bis zum vollendeten 10. Lebensjahr	240		5,07 €	5,07 €	24,33 €
1070	1070	Kolposkopie	73		2,71 €	2,71 €	7,40 €
1075	1075	Vaginale Behandlung – auch einschließlich Einbringung von Arzneimitteln in die Gebärmutter, Ätzung des Gebärmutterhalses und/oder Behandlung von Portioerosionen	45		2,24 €	2,24 €	4,56 €
1080	1080	Entfernung eines Fremdkörpers aus der Scheide eines Kindes	106		5,07 €	5,07 €	10,75 €
1081	1081	Ausstopfung der Scheide zur Blutstillung, als selbständige Leistung	59		5,43 €	5,43 €	5,98 €
1082	1082	Ausstopfung der Gebärmutter – gegebenenfalls einschließlich Scheide – zur Blutstillung, als selbständige Leistung	178		8,14 €	8,14 €	18,04 €
1083	1083	Kauterisation an der Portio und/oder der Zervix, als selbständige Leistung	70		2,83 €	2,83 €	7,10 €
1084	1084	Thermokoagulation an der Portio und/oder der Zervix, als selbständige Leistung	118		7,32 €	7,32 €	11,96 €
1085	1085	Kyrochirurgischer Eingriff im Vaginalbereich, als selbständige Leistung	296		7,32 €	7,32 €	30,01 €
1086	1086	Konisation der Portio	296		14,63 €	14,63 €	30,01 €
1087	1087	Einlegen und Wechseln eines Ringes oder Anlegen eines Portio-Adapters	55		2,24 €	2,24 €	5,58 €
1088	1088	Lageverbesserung der Gebärmutter mit Einlegen eines Ringes	93		5,43 €	5,43 €	9,43 €
1089	1089	Operative Entfernung eines eingewachsenen Ringes aus der Scheide	463		13,34 €	13,34 €	46,93 €
1090	1090	Einlegen oder Wechseln eines Okklusivpessars	52		2,24 €	2,24 €	5,27 €
1091	1091	Einlegen oder Wechseln eines Intrauterinpessars	106		2,24 €	2,24 €	10,75 €
1092	1092	Entfernung eines Intrauterinpessars	52		2,24 €	2,24 €	5,27 €
1095	1095	Operative Reposition der umgestülpten Gebärmutter	2.310	31,11 €	45,09 €	76,20 €	265,28 €

H Geburtshilfe und Gynäkologie

BGT Tarif-Nr.	DKG-NT Tarif-Nr.	Leistung	Punkte (nur DKG-NT I)	Besondere Kosten	Allgemeine Kosten	Sach-kosten	Vollkosten (nur DKG-NT I)
1a	1b	2	3	4	5	6	7
1096	1096	Erweiterung des Gebärmutterhalses durch Dehnung	148		6,37 €	6,37 €	15,00 €
1097	1097	Erweiterung des Gebärmutterhalses durch Schnitt – gegebenenfalls einschließlich Naht –	296	7,78 €	10,87 €	18,65 €	37,79 €
1098	1098	Durchtrennung oder Sprengung eines stenosierenden Narbenstranges der Scheide	296	7,78 €	10,87 €	18,65 €	37,79 €
1099	1099	Operative Behandlung der Hämato- oder Pyometra	647	7,78 €	10,87 €	18,65 €	73,37 €
1102	1102	Entfernung eines oder mehrerer Polypen und/oder Abrasio aus dem Gebärmutterhals oder dem Muttermund	148		10,03 €	10,03 €	15,00 €
1103	1103	Probeexzision aus dem Gebärmutterhals und/oder dem Muttermund und/oder der Vaginalwand – gegebenenfalls einschließlich Abrasio und auch einschließlich Entfernung eines oder mehrerer Polypen –	185		10,03 €	10,03 €	18,75 €
1104	1104	Ausschabung und/oder Absaugung der Gebärmutterhöhle, einschließlich Ausschabung des Gebärmutterhalses – gegebenenfalls auch mit Probeexzision aus Gebärmutterhals und/oder Muttermund und/oder Vaginalwand sowie gegebenenfalls einschließlich Entfernung eines oder mehrerer Polypen	647	7,46 €	10,87 €	18,33 €	73,05 €
1105	1105	Gewinnung von Zellmaterial aus der Gebärmutterhöhle und Aufbereitung zur zytologischen Untersuchung – einschließlich Kosten –	180		9,80 €	9,80 €	18,25 €
1110	1110	Hysteroskopie	444		5,07 €	5,07 €	45,01 €
1111	1111	Hysteroskopie mit zusätzlichem(n) operativem(n) Eingriff(en)	739	7,78 €	6,84 €	14,62 €	82,69 €
1112	1112	Tubendurchblasung	296		8,38 €	8,38 €	30,01 €
1113	1113	Tubendurchblasung mit Druckschreibung	420		9,80 €	9,80 €	42,58 €
1114	1114	Insemination – auch einschließlich Konservierung und Aufbereitung des Samens –	370		14,28 €	14,28 €	37,51 €
1120	1120	Operation eines alten unvollkommenen Dammrisses – auch einschließlich Naht von Einrissen der Vulva und/oder Vagina –	647	11,77 €	27,85 €	39,62 €	77,36 €

H Geburtshilfe und Gynäkologie

Nummern 1121–1138

BGT Tarif-Nr.	DKG-NT Tarif-Nr.	Leistung	Punkte (nur DKG-NT I)	Besondere Kosten	Allgemeine Kosten	Sach-kosten	Vollkosten (nur DKG-NT I)
1a	1b	2	3	4	5	6	7
1121	1121	Operation eines alten vollkommenen Dammrisses	1.660	23,33 €	38,59 €	61,92 €	191,61 €
		Neben der Leistung nach Nummer 1121 ist die Leistung nach Nummer 1126 nicht berechnungsfähig.					
1122	1122	Operation eines alten Gebärmutterhalsrisses ..	739	7,78 €	25,96 €	33,74 €	82,69 €
1123	1123	Plastische Operation bei teilweisem Verschluß der Scheide	2.770	23,33 €	42,01 €	65,34 €	304,13 €
1123a	1123a	Plastische Operation zur Öffnung der Scheide bei anogenitaler Fehlbildung im Kindesalter ..	2.270	23,33 €	42,01 €	65,34 €	253,44 €
1124	1124	Plastische Operation bei gänzlichem Fehlen der Scheide	3.700	23,33 €	54,40 €	77,73 €	398,40 €
1125	1125	Vordere Scheidenplastik	924	15,66 €	39,89 €	55,55 €	109,33 €
1126	1126	Hintere Scheidenplastik mit Beckenbodenplastik	1.290	15,66 €	46,37 €	62,03 €	146,43 €
1127	1127	Vordere und hintere Scheidenplastik mit Beckenbodenplastik	1.660	23,33 €	52,98 €	76,31 €	191,61 €
1128	1128	Scheiden- und Portioplastik – gegebenenfalls auch mit Zervixamputation mit Elevation des Uterus auf vaginalem Wege (z.B. Manchester-Fothergill, Interposition), auch mit Beckenbodenplastik	2.220	31,11 €	56,99 €	88,10 €	256,15 €
1129	1129	Plastische Operation am Gebärmutterhals (I) und/oder operative Korrektur einer Isthmusinsuffizienz des Uterus (z.B. nach Shirodkar) (II)	739	15,66 €	29,26 €	44,92 €	90,57 €
1131	1131	Operative Entfernung eines Stützbandes oder einer Metallnaht nach Isthmusinsuffizienzoperation	379	3,68 €	10,87 €	14,55 €	42,10 €
1135	1135	Zervixamputation	554	7,78 €	20,18 €	27,96 €	63,94 €
1136	1136	Vordere und/oder hintere Kolpozöliotomie (I) – auch Eröffnung eines Douglas-Abszesses (II) – als selbständige Leistung	379	3,68 €	5,78 €	9,46 €	42,10 €
1137	1137	Vaginale Myomenukleation	1.290	31,11 €	34,34 €	65,45 €	161,88 €
1138	1138	Vaginale oder abdominale Totalexstirpation des Uterus ohne Adnexentfernung	2.770	38,89 €	58,41 €	97,30 €	319,69 €

H Geburtshilfe und Gynäkologie

BGT Tarif-Nr.	DKG-NT Tarif-Nr.	Leistung	Punkte (nur DKG-NT I)	Besondere Kosten	Allgemeine Kosten	Sach-kosten	Vollkosten (nur DKG-NT I)
1a	1b	2	3	4	5	6	7
1139	1139	Vaginale oder abdominale Totalexstirpation des Uterus mit Adnexentfernung	3.330	46,78 €	85,91 €	132,69 €	384,35 €
1140	1140	Operative Behandlung einer konservativ unstillbaren Nachblutung nach vaginaler Uterusoperation	333	3,68 €	10,87 €	14,55 €	37,44 €
1141	1141	Operation im Vaginal- oder Vulvabereich (z.B. Exstirpation von Vaginalzysten oder Bartholinischen Zysten oder eines Scheidenseptums) ..	554	11,77 €	23,96 €	35,73 €	67,93 €
1145	1145	Ovarektomie, Ovariotomie, Salpingektomie, Salpingotomie, Salpingolyse und/oder Neoostomie durch vaginale oder abdominale Eröffnung der Bauchhöhle, einseitig	1.660	38,89 €	41,07 €	79,96 €	207,17 €
1146	1146	Ovarektomie, Ovariotomie, Salpingektomie, Salpingotomie, Salpingolyse und/oder Neoostomie durch vaginale oder abdominale Eröffnung der Bauchhöhle, beidseitig	2.220	46,78 €	45,09 €	91,87 €	271,82 €
1147	1147	Antefixierende Operation des Uterus mit Eröffnung der Bauchhöhle	1.480	38,89 €	43,79 €	82,68 €	188,92 €
1148	1148	Plastische Operation bei Tubensterilität (z.B. Implantation, Anastomose), einseitig	2.500	54,34 €	56,99 €	111,33 €	307,77 €
1149	1149	Plastische Operation bei Tubensterilität (z.B. Implantation, Anastomose), beidseitig	3.500	54,34 €	86,16 €	140,50 €	409,14 €
1155	1155	Pelviskopie mit Anlegen eines druckkontrollierten Pneumoperitoneums und Anlegen eines Portioadapters – gegebenenfalls einschließlich Probeexzision und/oder Probepunktion –	800	3,68 €	16,17 €	19,85 €	84,78 €
1156	1156	Pelviskopie mit Anlegen eines druckkontrollierten Pneumoperitoneums und Anlegen eines Portioadapters einschließlich Durchführung intraabdominaler Eingriffe – gegebenenfalls einschließlich Probeexzision und/oder Probepunktion –	1.050	31,11 €	33,39 €	64,50 €	137,55 €
1158	1158	Kuldoskopie – auch mit operativen Eingriffen –	739	7,78 €	23,96 €	31,74 €	82,69 €
1159	1159	Abtragung großer Geschwülste der äußeren Geschlechtsteile – auch Vulvektomie –	1.660	23,33 €	33,39 €	56,72 €	191,61 €
1160	1160	Operative Beseitigung von Uterusmißbildungen (z.B. Uterus bicornis, Uterus subseptus)	2.770	23,33 €	88,98 €	112,31 €	304,13 €
1161	1161	Uterusamputation, supravaginal	1.480	31,11 €	58,41 €	89,52 €	181,14 €

H Geburtshilfe und Gynäkologie

BGT Tarif-Nr.	DKG-NT Tarif-Nr.	Leistung	Punkte (nur DKG-NT I)	Besondere Kosten	Allgemeine Kosten	Sachkosten	Vollkosten (nur DKG-NT I)
1a	1b	2	3	4	5	6	7
1162	1162	Abdominale Myomenukleation	1.850	31,11 €	59,01 €	90,12 €	218,65 €
1163	1163	Fisteloperation an den Geschlechtsteilen – gegebenenfalls einschließlich der Harnblase und/oder Operation einer Darmscheiden- oder Darmharnröhrenfistel auch mit hinterer Scheidenplastik und Beckenbodenplastik –	2.770	46,78 €	45,09 €	91,87 €	327,58 €
1165	1165	Radikaloperation des Scheiden- und Vulva-Krebses	3.140	46,78 €	59,47 €	106,25 €	365,08 €
1166	1166	Radikaloperation des Zervixkrebses, vaginal oder abdominal, mit Entfernung der regionären Lymphknoten	4.620	62,22 €	76,59 €	138,81 €	530,55 €
1167	1167	Radikaloperation des Zervixkrebses, abdominal, mit Entfernung der Lymphstromgebiete, auch paraaortal	4.900	62,22 €	88,98 €	151,20 €	558,94 €
1168	1168	Exenteration des kleinen Beckens	5.900	62,22 €	88,98 €	151,20 €	660,31 €

Teil I

Augenheilkunde

Augenheilkunde

BGT Tarif-Nr.	DKG-NT Tarif-Nr.	Leistung	Punkte (nur DKG-NT I)	Besondere Kosten	Allgemeine Kosten	Sach-kosten	Vollkosten (nur DKG-NT I)
1a	1b	2	3	4	5	6	7
1200	1200	Subjektive Refraktionsbestimmung mit sphärischen Gläsern	59		3,07 €	3,07 €	5,98 €
1201	1201	Subjektive Refraktionsbestimmung mit sphärisch-zylindrischen Gläsern	89		3,07 €	3,07 €	9,02 €
1202	1202	Objektive Refraktionsbestimmung mittels Skiaskopie oder Anwendung eines Refraktometers	74		4,25 €	4,25 €	7,50 €
1203	1203	Messung der Maximal- oder Gebrauchsakkomodation mittels Akkommodometer oder Optometer	60		4,25 €	4,25 €	6,08 €
1204	1204	Messung der Hornhautkrümmungsradien	45		3,07 €	3,07 €	4,56 €
1207	1207	Prüfung von Mehrstärken- oder Prismenbrillen mit Bestimmung der Fern- und Nahpunkte bei subjektiver Brillenunverträglichkeit	70		3,78 €	3,78 €	7,10 €
1209	1209	Nachweis der Tränensekretionsmenge (z.B. Schirmer-Test) .... *Mit der Gebühr sind die Kosten abgegolten.*	20		1,17 €	1,17 €	2,03 €
1210	1210	Erstanpassung und Auswahl der Kontaktlinse (Haftschale) für ein Auge zum Zwecke der Verordnung – einschließlich objektiver Refraktionsbestimmung, Messung der Hornhautradien und der Spaltlampenmikroskopie –	228		10,38 €	10,38 €	23,11 €
1211	1211	Erstanpassung und Auswahl der Kontaktlinsen (Haftschalen) für beide Augen zum Zwecke der Verordnung – einschließlich objektiver Refraktionsbestimmung, Messung der Hornhautradien und der Spaltlampenmikroskopie –	300		14,41 €	14,41 €	30,41 €
1212	1212	Prüfung auf Sitz der verordneten Kontaktlinse (Haftschale) für ein Auge und gegebenenfalls Anpassung einer anderen Kontaktlinse (Haftschale) einschließlich objektiver Refraktionsbestimmung, Messung der Hornhautradien und der Spaltlampenmikroskopie –	132		7,91 €	7,91 €	13,38 €
1213	1213	Prüfung auf Sitz und Funktion der verordneten Kontaktlinsen (Haftschalen) für beide Augen und gegebenfalls Anpassung anderer Kontaktlinsen (Haftschalen) einschließlich objektiver Refraktionsbestimmung, Messung der Hornhautradien und der Spaltlampenmikroskopie ..	198		11,33 €	11,33 €	20,07 €

I Augenheilkunde

BGT Tarif-Nr.	DKG-NT Tarif-Nr.	Leistung	Punkte (nur DKG-NT I)	Besondere Kosten	Allgemeine Kosten	Sach-kosten	Vollkosten (nur DKG-NT I)
1a	1b	2	3	4	5	6	7
		Neben den Leistungen nach den Nummern 1210 bis 1213 sind die Leistungen nach den Nummern 6 bis 9 nicht berechnungsfähig.					
		Wurden harte Kontaktlinsen (Haftschalen) nicht vertragen und müssen deshalb weiche Kontaktlinsen angepaßt werden, sind die Leistungen nach den Nummern 1210 bis 1211 nicht erneut, sondern lediglich die Leistungen nach der Nummer 1212 oder 1213 berechnungsfähig.					
1215	1215	Bestimmung von Fernrohrbrillen oder Lupenbrillen, je Sitzung	121		5,78 €	5,78 €	12,27 €
1216	1216	Untersuchung auf Heterophorie bzw. Strabismus – gegebenenfalls einschließlich qualitativer Untersuchung des binokularen Sehaktes	91		4,25 €	4,25 €	9,22 €
1217	1217	Qualitative und quantitative Untersuchung des binokularen Sehaktes	242		8,14 €	8,14 €	24,53 €
		Neben der Leistung nach Nummer 1217 sind die Leistungen nach den Nummern 6 bis 9 nicht berechnungsfähig.					
1218	1218	Differenzierende Analyse und graphische Darstellung des Bewegungsablaufs beider Augen bei Augenmuskelstörungen, mindestens 36 Blickrichtungen pro Auge	700		16,17 €	16,17 €	70,96 €
1225	1225	Kampimetrie (z.B. Bjerrum) – auch Perimetrie nach Förster –	121		4,84 €	4,84 €	12,27 €
1226	1226	Projektionsperimetrie mit Marken verschiedener Reizwerte	182		4,25 €	4,25 €	18,45 €
1227	1227	Quantitativ abgestufte (statische) Profilperimetrie	248		7,79 €	7,79 €	25,14 €
1228	1228	Farbsinnprüfung mit Pigmentproben (z.B. Farbtafeln)	61		1,52 €	1,52 €	6,18 €
1229	1229	Farbsinnprüfung mit Anomaloskop	182		4,25 €	4,25 €	18,45 €
1233	1233	Vollständige Untersuchung des zeitlichen Ablaufs der Adaption	484		13,34 €	13,34 €	49,06 €
		Neben der Leistung nach Nr. 1233 ist die Leistung nach Nr. 1234 nicht berechnungsfähig.					
1234	1234	Untersuchung des Dämmerungssehens ohne Blendung	91		2,83 €	2,83 €	9,22 €

I Augenheilkunde

BGT Tarif-Nr.	DKG-NT Tarif-Nr.	Leistung	Punkte (nur DKG-NT I)	Besondere Kosten	Allgemeine Kosten	Sach-kosten	Vollkosten (nur DKG-NT I)
1a	1b	2	3	4	5	6	7
1235	1235	Untersuchung des Dämmerungssehens während der Blendung	91		2,83 €	2,83 €	9,22 €
1236	1236	Untersuchung des Dämmerungssehens nach der Blendung (Readaption)	91		2,83 €	2,83 €	9,22 €
1237	1237	Elektroretinographische Untersuchung (ERG) und/oder elektrookulographische Untersuchung (EOG)	600		32,69 €	32,69 €	60,82 €
1240	1240	Spaltlampenmikroskopie der vorderen und mittleren Augenabschnitte – gegebenenfalls einschließlich der binokularen Untersuchung des hinteren Poles (z.B. Hruby-Linse) –	74		3,07 €	3,07 €	7,50 €
1241	1241	Gonioskopie	152		5,78 €	5,78 €	15,41 €
1242	1242	Binokulare Untersuchung des Augenhintergrundes einschließlich der äußeren Peripherie (z.B. Dreispiegelkontaktglas, Schaepens) – gegebenenfalls einschließlich der Spaltlampenmikroskopie der vorderen und mittleren Augenabschnitte und/oder diasklerale Durchleuchtung?	152		5,78 €	5,78 €	15,41 €
1243	1243	Diasklerale Durchleuchtung	61		3,07 €	3,07 €	6,18 €
1244	1244	Exophtalmometrie	50		4,25 €	4,25 €	5,07 €
1248	1248	Fluoreszenzuntersuchung der terminalen Strombahn am Augenhintergrund – einschließlich Applikation des Teststoffes –	242		11,44 €	11,44 €	24,53 €
1249	1249	Fluoreszenzangiographische Untersuchung der terminalen Strombahn am Augenhintergrund – einschließlich Aufnahmen und Applikation des Teststoffes –	484		26,31 €	26,31 €	49,06 €
		Mit den Gebühren für die Leistungen nach den Nummern 1248 und 1249 sind die Kosten abgegolten.					
1250	1250	Lokalisation eines Fremdkörpers nach Comberg oder Vogt	273		8,14 €	8,14 €	27,67 €
1251	1251	Lokalisation einer Netzhautveränderung als Voraussetzung für einen gezielten intraokularen Eingriff	273		8,14 €	8,14 €	27,67 €

Augenheilkunde

BGT Tarif-Nr.	DKG-NT Tarif-Nr.	Leistung	Punkte (nur DKG-NT I)	Besondere Kosten	Allgemeine Kosten	Sach-kosten	Vollkosten (nur DKG-NT I)
1a	1b	2	3	4	5	6	7
1252	1252	Fotographische Verlaufskontrolle intraokularer Veränderungen mittels Spaltlampenfotographie	100		4,13 €	4,13 €	10,14 €
1253	1253	Fotographische Verlaufskontrolle von Veränderungen des Augenhintergrunds mittels Fundusfotographie	150		6,14 €	6,14 €	15,21 €
1255	1255	Tonometrische Untersuchung mit Anwendung des Impressionstonometers	70		1,52 €	1,52 €	7,10 €
1256	1256	Tonometrische Untersuchung mit Anwendung des Applanationstonometers	100		3,07 €	3,07 €	10,14 €
1257	1257	Tonometrische Untersuchung (mehrfach in zeitlichem Zusammenhang zur Anfertigung tonometrischer Kurven, mindestens vier Messungen) – auch fortlaufende Tonometrie zur Ermittlung des Abflußwiderstandes –	242		8,97 €	8,97 €	24,53 €
1259	1259	Pupillographie	242		13,21 €	13,21 €	24,53 €
1260	1260	Elektromyographie der äußeren Augenmuskeln	560		30,56 €	30,56 €	56,77 €
1262	1262	Ophtalmodynamometrie – gegebenenfalls einschließlich Tonometrie –, erste Messung	242		8,97 €	8,97 €	24,53 €
1263	1263	Ophtalmodynamometrie – gegebenenfalls einschließlich Tonometrie –, jede weitere Messung	152		7,55 €	7,55 €	15,41 €
1268	1268	Aktive Behandlung der Schwachsichtigkeit (Pleoptik) mittels Spezial-Ophtalmoskop, Mindestdauer 20 Minuten	152		12,28 €	12,28 €	15,41 €
1269	1269	Behandlung der gestörten Binokularfunktion (Orthoptik) mit Geräten nach dem Prinzip des Haploskops (z.B. Synoptophor, Amblyoskop), Mindestdauer 20 Minuten	152		12,28 €	12,28 €	15,41 €
1270	1270	Unterstützende oder ergänzende pleoptische oder orthoptische Behandlung an optischen Zusatz- oder Übungsgeräten, Mindestdauer 20 Minuten	54		4,25 €	4,25 €	5,47 €
1271	1271	Auswahl und Einprobieren eines künstlichen Auges	46		1,52 €	1,52 €	4,66 €
1275	1275	Entfernung von oberflächlichen Fremdkörpern von der Bindehaut und/oder der Hornhaut	37		1,52 €	1,52 €	3,75 €

Augenheilkunde

BGT Tarif-Nr.	DKG-NT Tarif-Nr.	Leistung	Punkte (nur DKG-NT I)	Besondere Kosten	Allgemeine Kosten	Sach-kosten	Vollkosten (nur DKG-NT I)
1a	1b	2	3	4	5	6	7
1276	1276	Instrumentelle Entfernung von Fremdkörpern von der Hornhautoberfläche, aus der Lederhaut und/oder von eingebrannten Fremdkörpern aus der Bindehaut und/oder der Hornhaut	74		2,24 €	2,24 €	7,50 €
1277	1277	Entfernung von eisenhaltigen eingebrannten Fremdkörpern aus der Hornhaut mit Ausfräsen des Rostringes	152	2,50 €	4,25 €	6,75 €	17,91 €
1278	1278	Entfernung von eingespießten Fremdkörpern aus der Hornhaut mittels Präparation	278	2,50 €	6,37 €	8,87 €	30,68 €
1279	1279	Entfernung von Korneoskleralfäden	100		4,72 €	4,72 €	10,14 €
1280	1280	Entfernung von eisenhaltigen Fremdkörpern aus dem Augeninnern mit Hilfe des Magneten – einschließlich Eröffnung des Augapfels –	1.290	5,47 €	26,55 €	32,02 €	136,24 €
1281	1281	Entfernung von nichtmagnetischen Fremdkörpern oder einer Geschwulst aus dem Augeninnern	2.220	7,46 €	48,97 €	56,43 €	232,50 €
1282	1282	Entfernung einer Geschwulst oder von Kalkinfarkten aus den Lidern eines Auges oder aus der Augapfelbindehaut	152		7,08 €	7,08 €	15,41 €
1283	1283	Entfernung von Fremdkörpern oder einer Geschwulst aus der Augenhöhle ohne Resektion der Orbitalwand und ohne Muskelablösung ..	554	5,47 €	10,87 €	16,34 €	61,63 €
1284	1284	Entfernung von Fremdkörpern oder einer Geschwulst aus der Augenhöhle ohne Resektion der Orbitalwand mit Muskelablösung	924	7,46 €	13,34 €	20,80 €	101,13 €
1285	1285	Entfernung von Fremdkörpern oder einer Geschwulst aus der Augenhöhle mit Resektion der Orbitalwand	1.480	7,78 €	20,18 €	27,96 €	157,81 €
1290	1290	Vorbereitende operative Maßnahmen zur Rekonstruktion einer Orbita unter Verwendung örtlichen Materials, ausgenommen das knöcherne Gerüst	1.500	7,78 €	20,18 €	27,96 €	159,84 €
1291	1291	Wiederherstellung an der knöchernen Augenhöhle (z.B. nach Fraktur)	1.850	7,78 €	20,18 €	27,96 €	195,32 €
1292	1292	Operation der Augenhöhlen- oder Tränensackphlegmone	278	5,47 €	5,78 €	11,25 €	33,65 €

Augenheilkunde

BGT Tarif-Nr.	DKG-NT Tarif-Nr.	Leistung	Punkte (nur DKG-NT I)	Besondere Kosten	Allgemeine Kosten	Sach-kosten	Vollkosten (nur DKG-NT I)
1a	1b	2	3	4	5	6	7
1293	1293	Dehnung, Durchspülung, Sondierung, Salbenfüllung oder Kaustik der Tränenwege, auch beidseitig	74		2,12 €	2,12 €	7,50 €
1294	1294	Sondierung des Tränennasengangs bei Säuglingen und Kleinkindern, auch beidseitig	130		2,12 €	2,12 €	13,18 €
1297	1297	Operation des evertierten Tränenpünktchens ..	152	5,47 €	1,52 €	6,99 €	20,88 €
1298	1298	Spaltung von Strikturen des Tränennasenkanals	132		2,02 €	2,02 €	13,38 €
1299	1299	Tränensackexstirpation	554	5,47 €	13,34 €	18,81 €	61,63 €
1300	1300	Tränensackexstirpation zur Wiederherstellung des Tränenabflusses zur Nase mit Knochenfestsetzung	1.220	5,47 €	20,18 €	25,65 €	129,14 €
1301	1301	Exstirpation oder Verödung der Tränendrüse ..	463	5,47 €	9,45 €	14,92 €	52,40 €
1302	1302	Plastische Korrektur der verengten oder erweiterten Lidspalte oder des Epikanthus	924	5,47 €	6,84 €	12,31 €	99,14 €
1303	1303	Vorübergehende Spaltung der verengten Lidspalte	230		1,52 €	1,52 €	23,32 €
1304	1304	Plastische Korrektur des Ektropiums oder Entropiums, der Trichiasis oder Distichiasis	924	7,46 €	8,14 €	15,60 €	101,13 €
1305	1305	Operation der Lidsenkung (Ptosis)	739	5,47 €	17,36 €	22,83 €	80,38 €
1306	1306	Operation der Lidsenkung (Ptosis) mit direkter Lidheberverkürzung	1.110	7,46 €	17,36 €	24,82 €	119,98 €
1310	1310	Augenlidplastik mittels freien Hauttransplantates	1.480	7,78 €	17,36 €	25,14 €	157,81 €
1311	1311	Augenlidplastik mittels Hautlappenverschiebung aus der Umgebung	1.110	7,46 €	23,96 €	31,42 €	119,98 €
1312	1312	Augenlidplastik mittels Hautlappenverschiebung aus der Umgebung und freier Transplantation	1.850	7,78 €	23,96 €	31,74 €	195,32 €
	1313	Abreiben, Skarifizieren oder chemische Ätzung der Bindehaut, auch beidseitig	30		1,52 €	1,52 €	3,04 €
	1318	Ausrollen und Ausquetschen der Übergangsfalte	74		3,07 €	3,07 €	7,50 €

Augenheilkunde

BGT Tarif-Nr.	DKG-NT Tarif-Nr.	Leistung	Punkte (nur DKG-NT I)	Besondere Kosten	Allgemeine Kosten	Sach-kosten	Vollkosten (nur DKG-NT I)
1a	1b	2	3	4	5	6	7
1319	1319	Plastische Wiederherstellung des Bindehautsackes durch Transplantation von Lippenschleimhaut und/oder Bindehaut bei erhaltenem Augapfel – einschließlich Entnahme des Transplantates, auch Maßnahmen am Lidknorpel –	1.850	15,66 €	23,96 €	39,62 €	203,20 €
1320	1320	Einspritzung unter die Bindehaut	52		1,52 €	1,52 €	5,27 €
1321	1321	Operation des Flügelfells	296	5,47 €	8,14 €	13,61 €	35,48 €
1322	1322	Operation des Flügelfells mit lamellierender Keratoplastik	1.660	7,46 €	43,79 €	51,25 €	175,74 €
1323	1323	Elektrolytische Epilation von Wimpernhaaren, je Sitzung	67		2,24 €	2,24 €	6,79 €
1325	1325	Naht einer Bindehaut- oder nicht perforierenden Hornhaut- oder nicht perforierenden Lederhautwunde	230	5,47 €	9,68 €	15,15 €	28,79 €
1326	1326	Direkte Naht einer perforierenden Hornhaut- oder Lederhautwunde – auch mit Reposition oder Abtragung der Regenbogenhaut und gegebenenfalls mit Bindehautdeckung –	1.110	7,46 €	26,55 €	34,01 €	119,98 €
1327	1327	Wiederherstellungsoperation bei perforierender Hornhaut- oder Lederhautverletzung mit Versorgung von Regenbogenhaut und Linse	1.850	7,46 €	23,96 €	31,42 €	195,00 €
1328	1328	Wiederherstellungsoperation bei schwerverletztem Augapfel, Zerschneidung von Hornhaut und Lederhaut, Beteiligung der Iris, der Linse, des Glaskörpers und der Netzhaut	3.230	14,82 €	59,47 €	74,29 €	342,25 €
1330	1330	Korrektur einer Schielstellung durch Eingriff an einem geraden Augenmuskel	739	7,46 €	39,89 €	47,35 €	82,37 €
1331	1331	Korrektur einer Schielstellung durch Eingriff an jedem weiteren geraden Augenmuskel zusätzlich zu Nummer 1330	554	4,21 €	13,34 €	17,55 €	60,37 €
1332	1332	Korrektur einer Schielstellung durch Eingriff an einem schrägen Augenmuskel	1.110	7,46 €	39,89 €	47,35 €	119,98 €
1333	1333	Korrektur einer Schielstellung durch Eingriff an jedem weiteren schrägen Augenmuskel zusätzlich zu Nummer 1332	739	4,10 €	13,34 €	17,44 €	79,01 €
1338	1338	Chemische Ätzung der Hornhaut	56		1,52 €	1,52 €	5,68 €

Augenheilkunde

Nummern 1339–1360

BGT Tarif-Nr.	DKG-NT Tarif-Nr.	Leistung	Punkte (nur DKG-NT I)	Besondere Kosten	Allgemeine Kosten	Sach-kosten	Vollkosten (nur DKG-NT I)
1a	1b	2	3	4	5	6	7
1339	1339	Abschabung der Hornhaut	148		3,07 €	3,07 €	15,00 €
1340	1340	Thermo- oder Kryotherapie von Hornhauterkrankungen (z.B. Herpes ulcus) mit Epithelentfernung	185		4,25 €	4,25 €	18,75 €
1341	1341	Tätowierung der Hornhaut	333		5,07 €	5,07 €	33,76 €
1345	1345	Hornhautplastik	1.660	7,46 €	43,79 €	51,25 €	175,74 €
1346	1346	Hornhauttransplantation	2.770	7,46 €	63,38 €	70,84 €	288,26 €
1347	1347	Einpflanzung einer optischen Kunststoffprothese in die Hornhaut (Keratoprothesis)	3.030	7,46 €	63,38 €	70,84 €	314,61 €
1348	1348	Diszission der klaren oder getrübten Linse oder des Nachstars	832	5,47 €	16,17 €	21,64 €	89,81 €
1349	1349	Operation des weichen Stars (Saug-Spül-Vorgang) – gegebenenfalls mit Extraktion zurückgebliebener Linsenteile –	1.850	6,10 €	39,89 €	45,99 €	193,64 €
1350	1350	Staroperation – gegebenenfalls mit Iridektomie – einschließlich Nahttechnik	2.370	5,47 €	39,89 €	45,36 €	245,72 €
1351	1351	Staroperation mit Iridektomie und Einpflanzung einer intraokularen Kunststofflinse	2.770	7,78 €	65,50 €	73,28 €	288,58 €
1352	1352	Einpflanzung einer intraokularen Linse als selbständige Leistung	1.800	7,78 €	43,79 €	51,57 €	190,25 €
1353	1353	Extraktion einer eingepflanzten Linse	832	7,78 €	23,96 €	31,74 €	92,12 €
1354	1354	Extraktion der luxierten Linse	2.220	7,78 €	48,97 €	56,75 €	232,82 €
1355	1355	Partielle oder totale Extraktion des Nachstars	1.110	7,78 €	23,96 €	31,74 €	120,30 €
1356	1356	Eröffnung (Parazentese), Spülung oder Wiederherstellung der Augenvorderkammer, als selbständige Leistung	370	5,47 €	9,45 €	14,92 €	42,98 €
1357	1357	Hintere Sklerotomie	370	5,47 €	9,45 €	14,92 €	42,98 €
1358	1358	Zyklodialyse, Iridektomie	1.000	5,47 €	33,39 €	38,86 €	106,84 €
1359	1359	Zyklodiathermie-Operation oder Kryo-Zyklothermie-Operation	500	5,47 €	17,71 €	23,18 €	56,16 €
1360	1360	Laseroperation am Trabekelwerk des Auges bei Glaukom (Lasertrabekuloplastik)	1.000		38,94 €	38,94 €	101,37 €

Augenheilkunde

BGT Tarif-Nr.	DKG-NT Tarif-Nr.	Leistung	Punkte (nur DKG-NT I)	Besondere Kosten	Allgemeine Kosten	Sach-kosten	Vollkosten (nur DKG-NT I)
1a	1b	2	3	4	5	6	7
1361	1361	Fistelbildende Operation und Eingriff an den kammerwasserabführenden Wegen bei Glaukom	1.850	5,47 €	39,89 €	45,36 €	193,01 €
1362	1362	Kombinierte Operation des Grauen Stars und bei Glaukom	3.030	7,46 €	63,38 €	70,84 €	314,61 €
1365	1365	Lichtkoagulation zur Verhinderung einer Netzhautablösung und/oder Netzhautblutung, je Sitzung	924		46,62 €	46,62 €	93,67 €
1366	1366	Vorbeugende Operation zur Verhinderung einer Netzhautablösung oder operativer Eingriff bei vaskulären Netzhauterkrankungen	1.110	5,47 €	21,24 €	26,71 €	117,99 €
1367	1367	Operation einer Netzhautablösung mit eindellenden Maßnahmen	2.220	5,47 €	46,62 €	52,09 €	230,51 €
1368	1368	Operation einer Netzhautablösung mit eindellenden Maßnahmen und Glaskörperchirurgie	3.030	5,47 €	46,62 €	52,09 €	312,62 €
1369	1369	Koagulation oder Lichtkaustik eines Netz- oder Aderhauttumors	1.850		46,62 €	46,62 €	187,54 €
1370	1370	Operative Entfernung des Augapfels	924	7,46 €	20,18 €	27,64 €	101,13 €
1371	1371	Operative Entfernung des Augapfels mit Einsetzung einer Plombe	1.290	7,78 €	26,55 €	34,33 €	138,55 €
1372	1372	Widerherstellung eines prothesenfähigen Bindehautsackes mittels Transplantation	1.850	7,78 €	46,62 €	54,40 €	195,32 €
1373	1373	Operative Ausräumung der Augenhöhle	1.110	7,46 €	22,77 €	30,23 €	119,98 €
1374	1374	Extrakapsuläre Operation des Grauen Stars mittels gesteuertem Saug-Spül-Verfahrens oder Linsenkernverflüssigung (Phakoemulsifikation) – gegebenenfalls einschließlich Iridektomie –	3.050	5,47 €	12,39 €	17,86 €	314,65 €
1375	1375	Extrakapsuläre Operation des Grauen Stars mittels gesteuertem Saug-Spül-Verfahrens oder Linsenkernverflüssigung (Phakoemulsifikation) – gegebenenfalls einschließlich Iridektomie – mit Implantation einer intraokulären Linse	3.500	7,78 €	14,16 €	21,94 €	362,58 €
1376	1376	Rekonstruktion eines abgerissenen Tränenröhrchens	1.480	7,78 €	32,81 €	40,59 €	157,81 €
1377	1377	Entfernung einer Silikon-/Silastik-/Rutheniumplombe	280	5,47 €	5,78 €	11,25 €	33,85 €
1380	1380	Operative Entfernung eines Iristumors	2.000	7,46 €	48,97 €	56,43 €	210,20 €

I Augenheilkunde

BGT Tarif-Nr.	DKG-NT Tarif-Nr.	Leistung	Punkte (nur DKG-NT I)	Besondere Kosten	Allgemeine Kosten	Sach-kosten	Vollkosten (nur DKG-NT I)
1a	1b	2	3	4	5	6	7
1381	**1381**	Operative Entfernung eines Iris-Ziliar-Aderhauttumors (Zyklektomie)	2.770	7,46 €	48,97 €	56,43 €	288,26 €
1382	**1382**	Goniotrepanation oder Trabekulektomie oder Trabekulotomie bei Glaukom	2.500	7,46 €	48,97 €	56,43 €	260,89 €
1383	**1383**	Vitrektomie, Glaskörperstrangdurchtrennung, als selbständige Leistung	2.500	7,46 €	48,97 €	56,43 €	260,89 €
1384	**1384**	Vordere Vitrektomie (Glaskörperentfernung aus der Augenvorderkammer), als selbständige Leistung	830	7,78 €	23,96 €	31,74 €	91,92 €
1386	**1386**	Aufnähen einer Rutheniumplombe auf die Lederhaut	1.290	7,78 €	26,55 €	34,33 €	138,55 €

Teil J

Hals-, Nasen-, Ohrenheilkunde

J Hals-, Nasen-, Ohrenheilkunde

BGT Tarif-Nr.	DKG-NT Tarif-Nr.	Leistung	Punkte (nur DKG-NT I)	Besondere Kosten	Allgemeine Kosten	Sach-kosten	Vollkosten (nur DKG-NT I)
1a	1b	2	3	4	5	6	7
1400	1400	Genaue Hörprüfung mit Einschluß des Tongehörs (Umgangs-Flüstersprache, Luft- und Knochenleitung)	76		1,52 €	1,52 €	7,70 €
1401	1401	Hörprüfung mittels einfacher audiologischer Testverfahren (mindestens fünf Frequenzen) ...	60		1,52 €	1,52 €	6,08 €
1403	1403	Tonschwellenaudiometrische Untersuchung – auch beidseitig – (Bestimmung der Hörschwelle mit 8–12 Prüffrequenzen oder mittels kontinuierlicher Frequenzänderung im Hauptfrequenzbereich des menschlichen Gehörs, in Luft- und Knochenleitung, auch mit Vertäubung) – auch mit Bestimmung der Intensitätsbreite und gegebenenfalls einschließlich überschwelliger audiometrischer Untersuchung –	158		8,61 €	8,61 €	16,02 €
1404	1404	Sprachaudiometrische Untersuchung, auch beidseitig, (Ermittlung des Hörverlustes für Sprache und des Diskriminationsverlustes nach DIN-Norm, getrennt für das rechte und das linke Ohr über Kopfhörer, erforderlichenfalls auch über Knochenleitung, gegebenenfalls einschließlich Prüfung des beidohrigen Satzverständnisses über Lautsprecher)	158		8,61 €	8,61 €	16,02 €
		Neben den Leistungen nach den Nummer 1403 und 1404 sind die Leistungen nach den Nummern 1400 und 1401 nicht berechnungsfähig.					
1405	1405	Sprachaudiometrische Untersuchung zur Kontrolle angepaßter Hörgeräte im freien Schallfeld	63		3,42 €	3,42 €	6,39 €
1406	1406	Kinderaudiometrie (in der Regel bis zur Vollendung des 7. Lebensjahres) zur Ermittlung des Schwellengehörs (Knochen- und Luftleitung) mit Hilfe von bedingten und/oder Orientierungsreflexen – gegebenenfalls einschließlich überschwelliger audiometrischer Untersuchung, auch Messungen zur Hörgeräteanpassung –	182		9,91 €	9,91 €	18,45 €
		Neben der Leistung nach Nummer 1406 sind die Leistungen nach den Nummern 1400, 1401, 1403 und 1404 nicht berechnungsfähig.					

J Hals-, Nasen-, Ohrenheilkunde

BGT Tarif-Nr.	DKG-NT Tarif-Nr.	Leistung	Punkte (nur DKG-NT I)	Besondere Kosten	Allgemeine Kosten	Sach-kosten	Vollkosten (nur DKG-NT I)
1a	1b	2	3	4	5	6	7
1407	1407	Impedanzmessung am Trommelfell und/oder an den Binnenohrmuskeln (z.B. Stapedius-Lautheitstest u.ä.), auch beidseitig	182		9,91 €	9,91 €	18,45 €
1408	1408	Audioelektroenzephalographische Untersuchung	888		48,39 €	48,39 €	90,02 €
1409	1409	Messung otoakustischer Emissionen	400		21,71 €	21,71 €	40,55 €
		Die Leistung nach Nummer 1409 ist neben den Leistungen nach den Nummern 827 bis 829 nicht berechnungsfähig.					
1412	1412	Experimentelle Prüfung des statischen Gleichgewichts (Drehversuch, kalorische Prüfung und Lagenystagmus)	91		1,52 €	1,52 €	9,22 €
1413	1413	Elektronystagmographische Untersuchung ...	265		14,51 €	14,51 €	26,86 €
1414	1414	Diaphanoskopie der Nebenhöhlen der Nase ..	42		1,52 €	1,52 €	4,26 €
1415	1415	Binokularmikroskopische Untersuchung des Trommelfells und/oder der Paukenhöhle zwecks diagnostischer Abklärung, als selbständige Leistung	91		1,52 €	1,52 €	9,22 €
1416	1416	Stroboskopische Untersuchung der Stimmbänder	121		3,42 €	3,42 €	12,27 €
1417	1417	Rhinomanometrische Untersuchung	100		2,24 €	2,24 €	10,14 €
1418	1418	Endoskopische Untersuchung der Nasenhaupthöhlen und/oder des Nasenrachenraums – gegebenenfalls einschließlich der Stimmbänder –	180		4,37 €	4,37 €	18,25 €
		Neben der Leistung nach Nummer 1418 ist die Leistung nach Nummer 1466 nicht berechnungsfähig.					
1425	1425	Ausstopfung der Nase von vorn, als selbständige Leistung	50		2,24 €	2,24 €	5,07 €
1426	1426	Ausstopfung der Nase von vorn und hinten, als selbständige Leistung	100		4,01 €	4,01 €	10,14 €
1427	1427	Entfernung von Fremdkörpern aus dem Naseninnern, als selbständige Leistung	95		2,83 €	2,83 €	9,63 €
1428	1428	Operativer Eingriff zur Entfernung festsitzender Fremdkörper aus der Nase	370	7,78 €	2,83 €	10,61 €	45,29 €
1429	1429	Kauterisation im Naseninnern, je Sitzung	76		3,07 €	3,07 €	7,70 €

J Hals-, Nasen-, Ohrenheilkunde

BGT Tarif-Nr.	DKG-NT Tarif-Nr.	Leistung	Punkte (nur DKG-NT I)	Besondere Kosten	Allgemeine Kosten	Sach-kosten	Vollkosten (nur DKG-NT I)
1a	1b	2	3	4	5	6	7
1430	1430	Operativer Eingriff in der Nase, wie Muschelquetschung, Kaltkaustik der Muscheln, Synechielösung und/oder Probeexzision	119	7,78 €	4,48 €	12,26 €	19,84 €
1435	1435	Stillung von Nasenbluten mittels Ätzung und/oder Tamponade und/oder Kauterisation, auch beidseitig	91		4,72 €	4,72 €	9,22 €
1436	1436	Gezielte Anbringung von Ätzmitteln im hinteren Nasenraum unter Spiegelbeleuchtung oder Ätzung des Seitenstranges, auch beidseitig ..	36		2,24 €	2,24 €	3,65 €
1438	1438	Teilweise oder vollständige Abtragung einer Nasenmuschel	370		9,80 €	9,80 €	37,51 €
1439	1439	Teilweise oder vollständige Abtragung von Auswüchsen der Nasenscheidewand einer Seite	370		9,80 €	9,80 €	37,51 €
1440	1440	Operative Entfernung einzelner Nasenpolypen oder anderer Neubildungen einer Nasenseite ..	130		7,08 €	7,08 €	13,18 €
1441	1441	Operative Entfernung mehrerer Nasenpolypen oder schwieriger zu operierender Neubildungen einer Nasenseite, auch in mehreren Sitzungen	296	7,78 €	8,14 €	15,92 €	37,79 €
1445	1445	Submuköse Resektion an der Nasenscheidewand	463		12,28 €	12,28 €	46,93 €
1446	1446	Submuköse Resektion an der Nasenscheidewand mit Resektion der ausgedehnten knöchernen Leiste	739	7,78 €	16,17 €	23,95 €	82,69 €
1447	1447	Plastische Korrektur am Nasenseptum und an den Weichteilen zur funktionellen Wiederherstellung der Nasenatmung – gegebenenfalls einschließlich der Leistungen nach den Nummern 1439, 1445, 1446 und 1456 –, auch in mehreren Sitzungen	1.660	15,66 €	83,54 €	99,20 €	183,94 €
1448	1448	Plastische Korrektur am Nasenseptum und an den Weichteilen und am knöchernen Nasengerüst zur funktionellen Wiederherstellung der Nasenatmung – gegebenenfalls einschließlich der Leistungen nach den Nummern 1439, 1445, 1446 und 1456 –, auch in mehreren Sitzungen	2.370	15,66 €	115,06 €	130,72 €	255,91 €

BGT Tarif-Nr.	DKG-NT Tarif-Nr.	Leistung	Punkte (nur DKG-NT I)	Besondere Kosten	Allgemeine Kosten	Sach-kosten	Vollkosten (nur DKG-NT I)
1a	1b	2	3	4	5	6	7
1449	1449	Plastische Operation bei rekonstruierender Teilplastik der äußeren Nase, auch in mehreren Sitzungen	3.700	23,33 €	166,87 €	190,20 €	398,40 €
1450	1450	Rekonstruierende Totalplastik der äußeren Nase, auch in mehreren Sitzungen	7.400	31,11 €	313,33 €	344,44 €	781,26 €
1452	1452	Unfangreiche Teilentfernung der äußeren Nase	800	11,77 €	16,17 €	27,94 €	92,87 €
1453	1453	Operative Entfernung der gesamten Nase	1.110	23,33 €	26,67 €	50,00 €	135,85 €
1455	1455	Plastische Operation zum Verschluß einer Nasenscheidewandperforation	550	7,78 €	17,71 €	25,49 €	63,53 €
1456	1456	Operative Verschmälerung des Nasensteges ..	232		9,80 €	9,80 €	23,52 €
1457	1457	Operative Korrektur eines Nasenflügels	370		16,52 €	16,52 €	37,51 €
1458	1458	Beseitigung eines knöchernen Choanenverschlusses	1.290	15,66 €	26,55 €	42,21 €	146,43 €
1459	1459	Eröffnung eines Abszesses der Nasenscheidewand	74		4,72 €	4,72 €	7,50 €
1465	1465	Punktion einer Kieferhöhle – gegebenenfalls einschließlich Spülung und/oder Instillation von Medikamenten –	119		4,25 €	4,25 €	12,06 €
1466	1466	Endoskopische Untersuchung der Kieferhöhle (Antroskopie) – gegebenenfalls einschließlich der Leistung nach Nummer 1465	178		6,37 €	6,37 €	18,04 €
1467	1467	Operative Eröffnung einer Kieferhöhle vom Mundvorhof aus – einschließlich Fensterung –	407		11,93 €	11,93 €	41,26 €
1468	1468	Operative Eröffnung einer Kieferhöhle von der Nase aus	296		10,62 €	10,62 €	30,01 €
1469	1469	Keilbeinhöhlenoperation oder Ausräumung der Siebbeinzellen von der Nase aus	554		17,36 €	17,36 €	56,16 €
1470	1470	Keilbeinhöhlenoperation oder Ausräumung der Siebbeinzellen von der Nase aus – einschließlich teilweiser oder vollständiger Abtragung einer Nasenmuschel oder von Auswüchsen aus der Nasenscheidewand –	739	7,78 €	20,18 €	27,96 €	82,69 €
1471	1471	Operative Eröffnung der Stirnhöhle – gegebenenfalls auch der Siebbeinzellen – vom Naseninnern aus	1.480	11,77 €	33,39 €	45,16 €	161,80 €

J Hals-, Nasen-, Ohrenheilkunde

BGT Tarif-Nr.	DKG-NT Tarif-Nr.	Leistung	Punkte (nur DKG-NT I)	Besondere Kosten	Allgemeine Kosten	Sach-kosten	Vollkosten (nur DKG-NT I)
1a	1b	2	3	4	5	6	7
1472	1472	Anbohrung der Stirnhöhle von außen	222		9,80 €	9,80 €	22,50 €
1473	1473	Plastische Rekonstruktion der Stirnhöhlenvorderwand, auch in mehreren Sitzungen	2.220	15,66 €	52,98 €	68,64 €	240,70 €
		Neben der Leistung nach Nummer 1473 ist die Leistung nach Nummer 1485 nicht berechnungsfähig.					
1478	1478	Sondierung und/oder Bougierung der Stirnhöhle vom Naseninnern aus – gegebenenfalls einschließlich Spülung und/oder Instillation von Arzneimitteln –	178		6,37 €	6,37 €	18,04 €
1479	1479	Ausspülung der Kiefer-, Keilbein-, Stirnhöhle von der natürlichen oder künstlichen Öffnung aus, auch einschließlich Instillation von Arzneimitteln –	59		2,24 €	2,24 €	5,98 €
1480	1480	Absaugen der Nebenhöhlen	45		2,24 €	2,24 €	4,56 €
1485	1485	Operative Eröffnung und Ausräumung der Stirnhöhle oder der Kieferhöhle oder der Siebbeinzellen von außen	924	15,66 €	26,55 €	42,21 €	109,33 €
1486	1486	Radikaloperation der Kieferhöhle	1.110	15,66 €	33,39 €	49,05 €	128,18 €
1487	1487	Radikaloperation einer Stirnhöhle einschließlich der Siebbeinzellen von außen	1.480	15,66 €	39,89 €	55,55 €	165,69 €
1488	1488	Radikaloperation sämtlicher Nebenhöhlen einer Seite	1.850	15,66 €	52,98 €	68,64 €	203,20 €
1492	1492	Osteoplastische Operation zur Verengung der Nase bei Ozaena	1.290	15,66 €	33,39 €	49,05 €	146,43 €
1493	1493	Entfernung der vergrößerten Rachenmandel (Adenotomie)	296		12,39 €	12,39 €	30,01 €
1495	1495	Entfernung eines Nasenrachenfibroms	1.110	7,78 €	37,06 €	44,84 €	120,30 €
1496	1496	Eröffnung des Türkensattels vom Naseninnern aus	2.220	15,66 €	52,98 €	68,64 €	240,70 €
1497	1497	Tränensackoperation vom Naseninnern aus	1.110	7,78 €	33,39 €	41,17 €	120,30 €
1498	1498	Konservative Behandlung der Gaumenmandeln (z.B. Schlitzung, Saugung)	44		2,24 €	2,24 €	4,46 €
1499	1499	Ausschälung und Resektion einer Gaumenmandel mit der Kapsel (Tonsillektomie)	463		14,87 €	14,87 €	46,93 €

J Hals-, Nasen-, Ohrenheilkunde

BGT Tarif-Nr.	DKG-NT Tarif-Nr.	Leistung	Punkte (nur DKG-NT I)	Besondere Kosten	Allgemeine Kosten	Sach-kosten	Vollkosten (nur DKG-NT I)
1a	1b	2	3	4	5	6	7
1500	1500	Ausschälung und Resektion beider Gaumenmandeln mit den Kapseln (Tonsillektomie)	739		21,84 €	21,84 €	74,91 €
1501	1501	Operative Behandlung einer konservativ unstillbaren Nachblutung nach Tonsillektomie ...	333	7,78 €	8,14 €	15,92 €	41,54 €
1505	1505	Eröffnung eines peritonsillären Abszesses	148		6,37 €	6,37 €	15,00 €
1506	1506	Eröffnung eines retropharyngealen Abszesses	185		6,37 €	6,37 €	18,75 €
1507	1507	Wiedereröffnung eines peritonsillären Abszesses	56		3,19 €	3,19 €	5,68 €
1508	1508	Entfernung von eingespießten Fremdkörpern aus dem Rachen oder Mund	93		3,54 €	3,54 €	9,43 €
1509	1509	Operative Behandlung einer Mundbodenphlegmone	463		20,27 €	20,27 €	46,93 €
1510	1510	Schlitzung des Parotis- oder Submandibularis-Ausführungsganges – gegebenenfalls einschließlich Entfernung von Stenosen	190		6,37 €	6,37 €	19,26 €
1511	1511	Eröffnung eines Zungenabszesses	185		5,90 €	5,90 €	18,75 €
1512	1512	Teilweise Entfernung der Zunge – gegebenenfalls einschließlich Unterbindung der Arteria lingualis –	1.110	15,66 €	23,96 €	39,62 €	128,18 €
1513	1513	Keilexzision aus der Zunge	370	7,78 €	10,87 €	18,65 €	45,29 €
1514	1514	Entfernung der Zunge mit Unterbindung der Arteriae linguales	2.220	23,33 €	55,59 €	78,92 €	248,37 €
1518	1518	Operation einer Speichelfistel	739	7,78 €	14,76 €	22,54 €	82,69 €
1519	1519	Operative Entfernung von Speichelstein(en) ..	554	7,78 €	14,76 €	22,54 €	63,94 €
1520	1520	Exstirpation der Unterkiefer- und/oder Unterzungenspeicheldrüse(n)	900	7,78 €	26,55 €	34,33 €	99,01 €
1521	1521	Speicheldrüsentumorexstirpation einschließlich Ausräumung des regionären Lymphstromgebietes	1.850	15,66 €	34,34 €	50,00 €	203,20 €
1522	1522	Parotisexstirpation mit Präparation des Nervus facialis – gegebenenfalls einschließlich Ausräumung des regionären Lymphstromgebietes –	2.000	23,33 €	39,89 €	63,22 €	226,07 €
1525	1525	Einbringung von Ätzmitteln unter Spiegelbeleuchtung	46		2,02 €	2,02 €	4,66 €

BGT Tarif-Nr.	DKG-NT Tarif-Nr.	Leistung	Punkte (nur DKG-NT I)	Besondere Kosten	Allgemeine Kosten	Sach-kosten	Vollkosten (nur DKG-NT I)
1a	1b	2	3	4	5	6	7
1526	1526	Chemische Ätzung im Kehlkopf	76		3,66 €	3,66 €	7,70 €
1527	1527	Galvanokaustik oder Elektrolyse oder Kürettement im Kehlkopf	370		3,42 €	3,42 €	37,51 €
1528	1528	Fremdkörperentfernung aus dem Kehlkopf	554		11,22 €	11,22 €	56,16 €
1529	1529	Intubation oder Einführung von Dehnungsinstrumenten in den Kehlkopf, als selbständige Leistung	152		6,14 €	6,14 €	15,41 €
1530	1530	Untersuchung des Kehlkopfes mit dem Laryngoskop	182		7,08 €	7,08 €	18,45 €
1532	1532	Endobronchiale Behandlung mit weichem Rohr	182		7,08 €	7,08 €	18,45 €
1533	1533	Schwebe- oder Stützlaryngoskopie, jeweils als selbständige Leistung	500		23,47 €	23,47 €	50,69 €
1534	1534	Probeexzision aus dem Kehlkopf	463		10,27 €	10,27 €	46,93 €
1535	1535	Entfernung von Polypen oder anderen Geschwülsten aus dem Kehlkopf	647		14,16 €	14,16 €	65,59 €
1540	1540	Endolaryngeale Resektion oder frontolaterale Teilresektion eines Stimmbandes	1.850	15,66 €	42,36 €	58,02 €	203,20 €
1541	1541	Operative Beseitigung einer Stenose im Glottisbereich	1.390	7,78 €	25,84 €	33,62 €	148,69 €
1542	1542	Kehlkopfplastik mit Stimmbandverlagerung	1.850	15,66 €	42,36 €	58,02 €	203,20 €
1543	1543	Teilweise Entfernung des Kehlkopfes	1.650	23,33 €	39,89 €	63,22 €	190,59 €
1544	1544	Teilweise Entfernung des Kehlkopfes – einschließlich Zungenbeinresektion und Pharynxplastik –	1.850	23,33 €	42,36 €	65,69 €	210,87 €
1545	1545	Totalexstirpation des Kehlkopfes	2.220	23,33 €	51,80 €	75,13 €	248,37 €
1546	1546	Totalexstirpation des Kehlkopfes – einschließlich Ausräumung des regionären Lymphstromgebietes und gegebenenfalls von benachbarten Organen –	3.700	38,89 €	92,99 €	131,88 €	413,96 €
1547	1547	Kehlkopfstenosenoperation mit Thyreochondrotomie – einschließlich plastischer Versorgung und gegebenenfalls Verlagerung eines Aryknorpels –	2.770	31,11 €	88,98 €	120,09 €	311,91 €
1548	1548	Einführung einer Silastikendoprothese im Larynxbereich	2.060	31,11 €	51,80 €	82,91 €	239,93 €

BGT Tarif-Nr.	DKG-NT Tarif-Nr.	Leistung	Punkte (nur DKG-NT I)	Besondere Kosten	Allgemeine Kosten	Sach-kosten	Vollkosten (nur DKG-NT I)
1a	1b	2	3	4	5	6	7
1549	1549	Fensterung des Schildknorpels zur Spickung mit Radionukliden	1.200	23,33 €	53,46 €	76,79 €	144,98 €
1550	1550	Spickung des Kehlkopfes mit Radionukliden bei vorhandener Fensterung des Schildknorpels	300		12,39 €	12,39 €	30,41 €
1551	1551	Operative Versorgung einer Trümmerverletzung des Kehlkopfes und/oder der Trachea – gegebenenfalls mit Haut- und/oder Schleimhautplastik, auch mit Sternotomie –	3.000	46,78 €	88,98 €	135,76 €	350,89 €
1555	1555	Untersuchung der Sprache nach standardisierten Verfahren (Prüfung der Sprachentwicklung, der Artikulation, der Satzstruktur, des Sprachverständnisses, der zentralen Sprachverarbeitung und des Redeflusses)	119		3,42 €	3,42 €	12,06 €
		Neben der Leistung nach Nummer 1555 sind die Leistungen nach den Nummern 715 und 717 nicht berechnungsfähig.					
1556	1556	Untersuchung der Stimme nach standardisierten Verfahren (Prüfung der Atmung, des Stimmklanges, des Stimmeinsatzes, der Tonhaltedauer, des Stimmumfanges und der Sprachstimmlage, gegebenenfalls auch mit Prüfung der Stimme nach Belastung)	119		3,42 €	3,42 €	12,06 €
1557	1557	Elektroglottographische Untersuchung	106		6,25 €	6,25 €	10,75 €
1558	1558	Stimmtherapie bei Kehlkopflosen (Speiseröhrenersatzstimme oder elektronische Ersatzstimme), je Sitzung	148		3,78 €	3,78 €	15,00 €
1559	1559	Sprachübungsbehandlung – einschließlich aller dazu gehörender Maßnahmen (z.B. Artikulationsübung, Ausbildung fehlender Laute, Satzstrukturübung, Redeflußübung, gegebenenfalls auch mit Atemtherapie und physikalischen Maßnahmen) –, als Einzelbehandlung, Dauer mindestens 30 Minuten	207		4,25 €	4,25 €	20,98 €
1560	1560	Stimmübungsbehandlung – einschließlich aller dazu gehörender Maßnahmen (z.B. Stimmeinsatz, Stimmhalteübungen und -entspannungsübungen, gegebenenfalls auch mit Atemtherapie und physikalischen Maßnahmen) –, als Einzelbehandlung, Dauer mindestens 30 Minuten	207		4,25 €	4,25 €	20,98 €

J Hals-, Nasen-, Ohrenheilkunde

BGT Tarif-Nr.	DKG-NT Tarif-Nr.	Leistung	Punkte (nur DKG-NT I)	Besondere Kosten	Allgemeine Kosten	Sach-kosten	Vollkosten (nur DKG-NT I)
1a	1b	2	3	4	5	6	7
1565	1565	Entfernung von obturierenden Ohrenschmalzpfröpfen, auch beidseitig	45		1,52 €	1,52 €	4,56 €
1566	1566	Ausspülung des Kuppelraumes	45		1,52 €	1,52 €	4,56 €
1567	1567	Spaltung von Furunkeln im äußeren Gehörgang	74		3,78 €	3,78 €	7,50 €
1568	1568	Operation im äußeren Gehörgang (z.B. Entfernung gutartiger Hautneubildungen)	185		5,07 €	5,07 €	18,75 €
1569	1569	Entfernung eines nichtfestsitzenden Fremdkörpers aus dem Gehörgang oder der Paukenhöhle	74		3,07 €	3,07 €	7,50 €
1570	1570	Entfernung eines festsitzenden Fremdkörpers aus dem Gehörgang oder der Paukenhöhle	148		4,25 €	4,25 €	15,00 €
1575	1575	Inzision des Trommelfells (Parazentese)	130		4,25 €	4,25 €	13,18 €
1576	1576	Anlage einer Paukenhöhlendauerdrainage (Inzision des Trommelfells mit Entleerung der Paukenhöhle und Einlegen eines Verweilröhrchens)	320		13,34 €	13,34 €	32,44 €
1577	1577	Einsetzen oder Auswechseln einer Trommelfellprothese oder Wiedereinlegen eines Verweilröhrchens	45		2,02 €	2,02 €	4,56 €
1578	1578	Gezielte chemische Ätzung im Gehörgang unter Spiegelbeleuchtung, auch beidseitig	40		2,02 €	2,02 €	4,05 €
1579	1579	Chemische Ätzung in der Paukenhöhle – gegebenenfalls einschließlich der Ätzung im Gehörgang –	70		3,66 €	3,66 €	7,10 €
1580	1580	Galvanokaustik im Gehörgang oder in der Paukenhöhle	89		3,42 €	3,42 €	9,02 €
1585	1585	Entfernung einzelner Granulationen vom Trommelfell und/oder aus der Paukenhöhle unter Anwendung des scharfen Löffels oder ähnliche kleinere Eingriffe	130		5,07 €	5,07 €	13,18 €
1586	1586	Entfernung eines oder mehrerer größerer Polypen oder ähnlicher Gebilde aus dem Gehörgang oder der Paukenhöhle, auch in mehreren Sitzungen	296		9,80 €	9,80 €	30,01 €

J Hals-, Nasen-, Ohrenheilkunde

BGT Tarif-Nr.	DKG-NT Tarif-Nr.	Leistung	Punkte (nur DKG-NT I)	Besondere Kosten	Allgemeine Kosten	Sach-kosten	Vollkosten (nur DKG-NT I)
1a	1b	2	3	4	5	6	7
1588	1588	Hammer-Amboß-Extraktion oder ähnliche schwierige Eingriffe am Mittelohr vom Gehörgang aus (z.B. operative Deckung eines Trommelfelldefektes)	554	7,78 €	16,17 €	23,95 €	63,94 €
1589	1589	Dosierte luftdruck-kontrollierte Insufflation der Eustachischen Röhre unter Verwendung eines manometerbestückten Druckkompressors	30		1,52 €	1,52 €	3,04 €
1590	1590	Katheterismus der Ohrtrompete – auch mit Bougierung und/oder Einbringung von Arzneimitteln und gegebenenfalls einschließlich Luftdusche –, auch beidseitig	74		3,30 €	3,30 €	7,50 €
1591	1591	Vibrationsmassage des Trommelfells oder Anwendung der Drucksonde, auch beidseitig	40		1,52 €	1,52 €	4,05 €
1595	1595	Operative Beseitigung einer Stenose im äußeren Gehörgang	1.850	7,78 €	42,36 €	50,14 €	195,32 €
1596	1596	Plastische Herstellung des äußeren Gehörganges bei Atresie	1.480	7,78 €	36,23 €	44,01 €	157,81 €
1597	1597	Operative Eröffnung des Warzenfortsatzes	1.110		37,52 €	37,52 €	112,52 €
1598	1598	Aufmeißelung des Warzenfortsatzes mit Freilegung sämtlicher Mittelohrräume (Radikaloperation)	1.660	7,78 €	39,89 €	47,67 €	176,06 €
1600	1600	Eröffnung der Schädelhöhle mit Operation einer Sinus- oder Bulbusthrombose, des Labyrinthes oder eines Hirnabszesses – gegebenenfalls mit Aufmeißelung des Warzenfortsatzes und Freilegung sämtlicher Mittelohrräume	2.770	15,66 €	66,21 €	81,87 €	296,46 €
1601	1601	Operation eines gutartigen Mittelohrtumors, auch Cholesteatom – gegebenenfalls einschließlich der Leistung nach Nummer 1597 oder 1598 –	1.660	15,66 €	39,89 €	55,55 €	183,94 €
1602	1602	Operation eines destruktiv wachsenden Mittelohrtumors – gegebenenfalls einschließlich der Leistungen nach Nummer 1597, Nummer 1598 oder Nummer 1600	2.770	15,66 €	66,21 €	81,87 €	296,46 €
1610	1610	Tympanoplastik mit Interposition, zusätzlich zu den Leistungen nach den Nummern 1598, 1600 bis 1602	1.480	7,78 €	26,55 €	34,33 €	157,81 €
1611	1611	Myringoplastik vom Gehörgang aus	1.480	7,78 €	26,55 €	34,33 €	157,81 €

J Hals-, Nasen-, Ohrenheilkunde

BGT Tarif-Nr.	DKG-NT Tarif-Nr.	Leistung	Punkte (nur DKG-NT I)	Besondere Kosten	Allgemeine Kosten	Sachkosten	Vollkosten (nur DKG-NT I)
1a	1b	2	3	4	5	6	7
1612	1612	Eröffnung der Paukenhöhle durch temporäre Trommelfellaufklappung, als selbständige Leistung	1.110		30,68 €	30,68 €	112,52 €
1613	1613	Tympanoplastik mit Interposition, als selbständige Leistung	2.350	7,78 €	52,17 €	59,95 €	246,00 €
1614	1614	Tympanoplastik – einschließlich Interposition und Aufbau der Gehörknöchelchenkette –	3.140	7,78 €	66,21 €	73,99 €	326,08 €
1620	1620	Fensterungsoperation – einschließlich Eröffnung des Warzenfortsatzes –	2.350	7,78 €	63,38 €	71,16 €	246,00 €
1621	1621	Plastische Rekonstruktion der hinteren Gehörgangswand, als selbständige Leistung	1.110	7,78 €	26,55 €	34,33 €	120,30 €
1622	1622	Plastische Rekonstruktion der hinteren Gehörgangswand im Zusammenhang mit anderen Operationen	700	7,78 €	22,07 €	29,85 €	78,74 €
1623	1623	Otoskleroseoperation vom Gehörgang aus (Fußplattenresektion) – gegebenenfalls einschließlich Interposition –	2.350	7,78 €	52,17 €	59,95 €	246,00 €
1624	1624	Dekompression des Saccus endolymphaticus oder des Innenohres mit Eröffnung des Sacculus	2.350	7,78 €	52,17 €	59,95 €	246,00 €
1625	1625	Fazialisdekompression, als selbständige Leistung	2.220	7,78 €	52,17 €	59,95 €	232,82 €
1626	1626	Fazialisdekompression, im Zusammenhang mit anderen operativen Leistungen	1.330	7,78 €	22,07 €	29,85 €	142,60 €
1628	1628	Plastischer Verschluß einer retroaurikulären Öffnung oder einer Kieferhöhlenfistel	739	7,78 €	13,34 €	21,12 €	82,69 €
1629	1629	Extraduraler oder transtympanaler operativer Eingriff im Bereich des inneren Gehörganges	3.700	7,78 €	92,99 €	100,77 €	382,85 €
1635	1635	Operative Korrektur eines abstehenden Ohres (z.B. durch einfache Ohrmuschelanlegeplastik mit Knorpelexzision)	739	7,78 €	20,18 €	27,96 €	82,69 €
1636	1636	Plastische Operation zur Korrektur der Ohrmuschelform	887	7,78 €	38,83 €	46,61 €	97,70 €
1637	1637	Plastische Operation zur Korrektur von Form, Größe und Stellung der Ohrmuschel	1.400	7,78 €	52,17 €	59,95 €	149,70 €

BGT Tarif-Nr.	DKG-NT Tarif-Nr.	Leistung	Punkte (nur DKG-NT I)	Besondere Kosten	Allgemeine Kosten	Sach-kosten	Vollkosten (nur DKG-NT I)
1a	1b	2	3	4	5	6	7
1638	**1638**	Plastische Operation zum Aufbau einer Ohrmuschel bei Aplasie oder Ohrmuschelverlust, auch in mehreren Sitzungen	4.500	**31,11 €**	**166,87 €**	**197,98 €**	**487,28 €**
1639	**1639**	Unterbindung der Vena jugularis	554	**7,78 €**	**13,34 €**	**21,12 €**	**63,94 €**

Teil K

Urologie

K Urologie

BGT Tarif-Nr.	DKG-NT Tarif-Nr.	Leistung	Punkte (nur DKG-NT I)	Besondere Kosten	Allgemeine Kosten	Sach-kosten	Vollkosten (nur DKG-NT I)
1a	1b	2	3	4	5	6	7
		Allgemeine Bestimmungen					
		Werden mehrere Eingriffe in der Brust- oder Bauchhöhle in zeitlichem Zusammenhang durchgeführt, die jeweils in der Leistung die Eröffnung dieser Körperhöhlen enthalten, so darf diese nur einmal berechnet werden; die Vergütungssätze der weiteren Eingriffe sind deshalb um den Vergütungssatz nach Nummer 2990 oder 3135 zu kürzen.					
1700	1700	Spülung der männlichen Harnröhre und/oder Instillation von Arzneimitteln	45		1,88 €	1,88 €	4,56 €
1701	1701	Dehnung der männlichen Harnröhre – auch einschließlich Spülung und/oder Instillation von Arzneimitteln –, je Sitzung	74		3,42 €	3,42 €	7,50 €
1702	1702	Dehnung der männlichen Harnröhre mit filiformen Bougies und/oder Bougies mit Leitsonde – auch einschließlich Spülung und/oder Instillation von Arzneimitteln –, erste Sitzung	178		7,67 €	7,67 €	18,04 €
1703	1703	Unblutige Fremdkörperentfernung aus der männlichen Harnröhre	148		7,67 €	7,67 €	15,00 €
1704	1704	Operative Fremdkörperentfernung aus der männlichen Harnröhre	554	11,77 €	18,77 €	30,54 €	67,93 €
1708	1708	Kalibrierung der männlichen Harnröhre	75		3,42 €	3,42 €	7,60 €
1709	1709	Kalibrierung der weiblichen Harnröhre	60		2,36 €	2,36 €	6,08 €
1710	1710	Dehnung der weiblichen Harnröhre – auch einschließlich Spülung und/oder Instillation von Arzneimitteln –, je Sitzung	59		2,36 €	2,36 €	5,98 €
1711	1711	Unblutige Fremdkörperentfernung aus der weiblichen Harnröhre	74		3,42 €	3,42 €	7,50 €
1712	1712	Endoskopie der Harnröhre (Urethroskopie) ...	119		7,67 €	7,67 €	12,06 €
1713	1713	Endoskopie der Harnröhre (Urethroskopie) mit operativem Eingriff (z.B. Papillomkoagulation, Erstbougierung und/oder Spaltung einer Striktur)	296		17,23 €	17,23 €	30,01 €
1714	1714	Entfernung einer oder mehrerer Geschwülste an der Harnröhrenmündung	230	7,78 €	12,39 €	20,17 €	31,10 €
1715	1715	Spaltung einer Harnröhrenstriktur nach Otis ..	300		12,14 €	12,14 €	30,41 €

K Urologie

Nummern 1720–1739

BGT Tarif-Nr.	DKG-NT Tarif-Nr.	Leistung	Punkte (nur DKG-NT I)	Besondere Kosten	Allgemeine Kosten	Sach-kosten	Vollkosten (nur DKG-NT I)
1a	1b	2	3	4	5	6	7
1720	1720	Anlegen einer Harnröhrenfistel am Damm	554	15,66 €	23,96 €	39,62 €	71,82 €
1721	1721	Verschluß einer Harnröhrenfistel durch Naht ..	554	19,66 €	27,02 €	46,68 €	75,82 €
1722	1722	Verschluß einer Harnröhrenfistel durch plastische Operation	1.110	19,66 €	47,93 €	67,59 €	132,18 €
1723	1723	Operative Versorgung einer Harnröhren- und/oder Harnblasenverletzung	1.660	31,11 €	47,93 €	79,04 €	199,39 €
1724	1724	Plastische Operation zur Beseitigung einer Striktur der Harnröhre oder eines Harnröhrendivertikels, je Sitzung	1.660	31,11 €	47,93 €	79,04 €	199,39 €
1728	1728	Katheterisierung der Harnblase beim Mann ...	59		3,54 €	3,54 €	5,98 €
1729	1729	Spülung der Harnblase beim Mann und/oder Instillation von Arzneimitteln – einschließlich Katheterisierung und gegebenenfalls auch Ausspülung von Blutkoagula –	104		5,43 €	5,43 €	10,54 €
1730	1730	Katheterisierung der Harnblase bei der Frau ..	37		1,52 €	1,52 €	3,75 €
		Wird eine Harnblasenkatherisierung lediglich ausgeführt, um eine gynäkologische Untersuchung nach Nummer 7 zu erleichtern, so ist sie neben der Leistung nach Nummer 7 nicht berechnungsfähig.					
1731	1731	Spülung der Harnblase bei der Frau und/oder Instillation von Arzneimitteln – einschließlich Katheterisierung und gegebenenfalls auch Ausspülung von Blutkoagula –	74		4,72 €	4,72 €	7,50 €
1732	1732	Einlegung eines Verweilkatheters – gegebenenfalls einschließlich der Leistungen nach Nummer 1728 oder Nummer 1730 –	74		3,54 €	3,54 €	7,50 €
		Neben der Leistung nach Nummer 1732 ist die Leistung nach Nummer 1733 nicht berechnungsfähig.					
1733	1733	Spülung der Harnblase und/oder Instillation bei liegendem Verweilkatheter	40		2,24 €	2,24 €	4,05 €
1737	1737	Meatomie	74	5,78 €	3,42 €	9,20 €	13,28 €
1738	1738	Plastische Versorgung einer Meatusstriktur ...	554	23,33 €	18,77 €	42,10 €	79,49 €
1739	1739	Unblutige Beseitigung einer Paraphimose und/oder Lösung einer Vorhautverklebung	60		2,02 €	2,02 €	6,08 €

K Urologie

BGT Tarif-Nr.	DKG-NT Tarif-Nr.	Leistung	Punkte (nur DKG-NT I)	Besondere Kosten	Allgemeine Kosten	Sachkosten	Vollkosten (nur DKG-NT I)
1a	1b	2	3	4	5	6	7
1740	1740	Operative Beseitigung einer Paraphimose	296	11,77 €	8,14 €	19,91 €	41,78 €
1741	1741	Phimoseoperation	370	11,77 €	8,14 €	19,91 €	49,28 €
1742	1742	Operative Durchtrennung des Frenulum praeputii	85	5,78 €	1,52 €	7,30 €	14,40 €
1745	1745	Operative Aufrichtung des Penis als Voroperation zur Nummer 1746	554	31,11 €	18,77 €	49,88 €	87,27 €
1746	1746	Operation einer Epispadie oder Hypospadie ..	1.110	54,34 €	23,36 €	77,70 €	166,86 €
1747	1747	Penisamputation	554	38,89 €	14,76 €	53,65 €	95,05 €
1748	1748	Penisamputation mit Skrotumentfernung und Ausräumung der Leistendrüsen – einschließlich Verlagerung der Harnröhre –	2.220	62,22 €	46,62 €	108,84 €	287,26 €
1749	1749	Anlage einer einseitigen Gefäßanastomose bei Priapismus	2.500	38,89 €	49,45 €	88,34 €	292,32 €
1750	1750	Anlage einer beidseitigen Gefäßanastomose bei Priapismus	3.200	46,78 €	72,00 €	118,78 €	371,17 €
1751	1751	Transkutane Fistelbildung durch Punktionen und Stanzungen der Glans penis und Corpora cavernosa bei Priapismus	924	31,11 €	27,85 €	58,96 €	124,78 €
1752	1752	Operative Implantation einer hydraulisch regulierbaren Penis-Stützprothese	2.500	38,89 €	65,37 €	104,26 €	292,32 €
1753	1753	Entfernen einer Penisprothese	550	7,78 €	14,76 €	22,54 €	63,53 €
1754	1754	Direktionale doppler-sonographische Untersuchung der Strömungsverhältnisse in den Penisgefäßen und/oder Skrotalfächern – einschließlich graphischer Registrierung	180		9,20 €	9,20 €	18,25 €
1755	1755	Unterbindung eines Samenleiters – auch mit Teilresektion –, als selbständige Leistung	463	11,77 €	10,38 €	22,15 €	58,70 €
1756	1756	Unterbindung beider Samenleiter – auch mit Teilresektion(en) –, als selbständige Leistung	832	11,77 €	14,76 €	26,53 €	96,11 €
1757	1757	Unterbindung beider Samenleiter in Verbindung mit einer anderen Operation	554	7,78 €	12,28 €	20,06 €	63,94 €
1758	1758	Operative Wiederherstellung der Durchgängigkeit eines Samenleiters	1.110	31,11 €	23,36 €	54,47 €	143,63 €
1759	1759	Transpenile oder transskrotale Venenembolisation	2.800	7,78 €	117,54 €	125,32 €	291,62 €

K Urologie

BGT Tarif-Nr.	DKG-NT Tarif-Nr.	Leistung	Punkte (nur DKG-NT I)	Besondere Kosten	Allgemeine Kosten	Sach-kosten	Vollkosten (nur DKG-NT I)
1a	1b	2	3	4	5	6	7
1760	1760	Varikozelenoperation mit hoher Unterbindung der Vena spermatica (Bauchschnitt)	1.480	23,33 €	46,62 €	69,95 €	173,36 €
1761	1761	Operation eines Wasserbruches	739	23,33 €	14,76 €	38,09 €	98,24 €
1762	1762	Inguinale Lymphknotenausräumung, als selbständige Leistung	1.200	23,33 €	33,63 €	56,96 €	144,98 €
1763	1763	Einlegen einer Hodenprothese	740	15,66 €	14,76 €	30,42 €	90,67 €
1764	1764	Entfernen einer Hodenprothese	460	7,78 €	12,28 €	20,06 €	54,41 €
1765	1765	Hodenentfernung, gegebenenfalls einschließlich Nebenhodenentfernung derselben Seite – einseitig –	739	54,34 €	14,76 €	69,10 €	129,25 €
1766	1766	Hodenentfernung, gegebenenfalls einschließlich Nebenhodenentfernung(en) –, beidseitig ...	1.200	77,79 €	27,85 €	105,64 €	199,44 €
1767	1767	Operative Freilegung eines Hodens mit Entnahme von Gewebematerial	463	23,33 €	12,28 €	35,61 €	70,26 €
1768	1768	Operation eines Leistenhodens, einseitig	1.200	31,11 €	27,85 €	58,96 €	152,76 €
1769	1769	Operation eines Leistenhodens, beidseitig	1.480	54,34 €	36,46 €	90,80 €	204,37 €
1771	1771	Entfernung eines Nebenhodens, als selbständige Leistung	924	23,33 €	27,85 €	51,18 €	117,00 €
1772	1772	Entfernung beider Nebenhoden, als selbständige Leistung	1.480	31,11 €	36,46 €	67,57 €	181,14 €
1775	1775	Behandlung der Prostata mittels physikalischer Heilmethoden (auch Massage) gegebenenfalls mit Gewinnung von Prostata-Exprimat –	45		2,24 €	2,24 €	4,56 €
1776	1776	Eröffnung eines Prostataabszesses vom Damm aus	370	7,78 €	10,03 €	17,81 €	45,29 €
1777	1777	Elektro- oder Kryo-(Teil-)Resektion der Prostata	924	31,11 €	39,89 €	71,00 €	124,78 €
1778	1778	Operative Entfernung eines Prostataadenoms, auch transurethral	1.850	70,01 €	55,59 €	125,60 €	257,55 €
1779	1779	Totale Entfernung der Prostata einschließlich der Samenblasen	2.590	70,01 €	65,37 €	135,38 €	332,56 €
1780	1780	Plastische Operation zur Behebung der Harninkontinenz	1.850	77,79 €	39,89 €	117,68 €	265,33 €

K Urologie

BGT Tarif-Nr.	DKG-NT Tarif-Nr.	Leistung	Punkte (nur DKG-NT I)	Besondere Kosten	Allgemeine Kosten	Sach-kosten	Vollkosten (nur DKG-NT I)
1a	1b	2	3	4	5	6	7
1781	1781	Operative Behandlung der Harninkontinenz mittels Implantation eines künstlichen Schließmuskels	2.770	77,79 €	65,37 €	143,16 €	358,59 €
1782	1782	Transurethrale Resektion des Harnblasenhalses bei der Frau	1.110	15,66 €	23,36 €	39,02 €	128,18 €
1783	1783	Pelvine Lymphknotenausräumung, als selbständige Leistung	1.850	70,01 €	47,68 €	117,69 €	257,55 €
1784	1784	Totale Entfernung der Prostata und der Samenblasen, einschließlich pelviner Lymphknotenentfernung	3.500	77,79 €	78,48 €	156,27 €	432,59 €
1785	1785	Zystoskopie	207		9,45 €	9,45 €	20,98 €
1786	1786	Zystoskopie einschl. Entnahme von Gewebematerial	355		14,87 €	14,87 €	35,99 €
1787	1787	Kombinierte Zystourethroskopie	252		10,87 €	10,87 €	25,55 €
1788	1788	Zystoskopie mit Harnleitersondierung	296		12,39 €	12,39 €	30,01 €
1789	1789	Chromozystoskopie – einschließlich intravenöser Injektion	325	2,31 €	14,87 €	17,18 €	35,26 €
1790	1790	Zystoskopie mit Harnleitersondierung(en) – einschließlich Einbringung von Medikamenten und/oder Kontrastmitteln in das Nierenbecken –	370		16,40 €	16,40 €	37,51 €
1791	1791	Tonographische Untersuchung der Harnblase und/oder Funktionsprüfung des Schließmuskels einschließlich Katheterisierung	148		7,08 €	7,08 €	15,00 €
1792	1792	Uroflowmetrie, einschl. Registrierung	212		10,51 €	10,51 €	21,49 €
1793	1793	Manometrische Untersuchung der Harnblase mit fortlaufender Registrierung – einschließlich physikalischer Provokationstests – .... *Die Injektion von pharmakodynamisch wirksamen Substanzen ist gesondert berechnungsfähig.*	400		21,84 €	21,84 €	40,55 €
1794	1794	Simultane, elektromanometrische Blasen- und Abdominaldruckmessung mit fortlaufender Registrierung – einschließlich physikalischer Provokationstests –	680		37,06 €	37,06 €	68,93 €

K Urologie

BGT Tarif-Nr.	DKG-NT Tarif-Nr.	Leistung	Punkte (nur DKG-NT I)	Besondere Kosten	Allgemeine Kosten	Sach-kosten	Vollkosten (nur DKG-NT I)
1a	1b	2	3	4	5	6	7
		Die Injektion von pharmakodynamisch wirksamen Substanzen ist gesondert berechnungsfähig.					
		Neben der Leistung nach Nummer 1794 ist die Leistung nach Nummer 1793 nicht berechnungsfähig.					
1795	1795	Anlegung einer perkutanen Harnblasenfistel durch Punktion einschließlich Kathetereinlegung	273		14,87 €	14,87 €	27,67 €
1796	1796	Anlegung einer Harnblasenfistel durch Operation	739	15,66 €	14,76 €	30,42 €	90,57 €
1797	1797	Ausräumung einer Bluttamponade der Harnblase, als selbständige Leistung	355		14,41 €	14,41 €	35,99 €
1798	1798	Urethradruckprofilmessung mit fortlaufender Registrierung – einschließlich physikalischer Provokationstests –	550		29,97 €	29,97 €	55,75 €
		Neben den Leistungen nach den Nummern 1793, 1794 und 1798 sind die Leistungen nach den Nummern 1700, 1701, 1710, 1728, 1729, 1730, 1731, 1732 und 1733 nicht berechnungsfähig.					
1799	1799	Nierenbeckendruckmessung	150		7,20 €	7,20 €	15,21 €
1800	1800	Zertrümmerung und Entfernung von Blasensteinen unter endoskopischer Kontrolle, je Sitzung	1.480		33,04 €	33,04 €	150,03 €
1801	1801	Operative Eröffnung der Harnblase zur Entfernung von Steinen und/oder Fremdkörpern und/oder Koagulation von Geschwülsten – gegebenenfalls einschließlich Anlegung eines Fistelkatheters –	1.480	38,89 €	37,06 €	75,95 €	188,92 €
1802	1802	Transurethrale Eingriffe in der Harnblase (z.B. Koagulation kleiner Geschwülste und/oder Blutungsherde und/oder Fremdkörperentfernung) unter endoskopischer Kontrolle – auch einschließlich Probeexzision –	739	7,78 €	20,18 €	27,96 €	82,69 €
1803	1803	Transurethrale Resektion von großen Harnblasengeschwülsten unter endoskopischer Kontrolle, je Sitzung	1.110	7,78 €	26,55 €	34,33 €	120,30 €

K Urologie

BGT Tarif-Nr.	DKG-NT Tarif-Nr.	Leistung	Punkte (nur DKG-NT I)	Besondere Kosten	Allgemeine Kosten	Sach-kosten	Vollkosten (nur DKG-NT I)
1a	1b	2	3	4	5	6	7
		Neben der Leistung nach Nummer 1803 ist die Leistung nach Nummer 1802 nicht berechnungsfähig.					
1804	1804	Operation von Harnblasendivertikel(n) als selbständige Leistung	1.850	38,89 €	39,89 €	78,78 €	226,43 €
1805	1805	Operation einer Harnblasengeschwulst mit Teilresektion	1.850	38,89 €	47,68 €	86,57 €	226,43 €
1806	1806	Operation einer Harnblasengeschwulst mit Teilresektion und Verpflanzung eines Harnleiters	2.220	54,34 €	92,52 €	146,86 €	279,38 €
1807	1807	Operative Bildung einer Harnblase aus Ileum oder Kolon	4.070	54,34 €	92,52 €	146,86 €	466,92 €
1808	1808	Totale Exstirpation der Harnblase mit Verpflanzung der Harnleiter – gegebenenfalls einschließlich Prostata-, Harnröhren- und/oder Samenblasenentfernung –	4.800	62,22 €	92,52 €	154,74 €	548,80 €
1809	1809	Totale retroperitoneale Lymphadenektomie ...	4.610	62,22 €	92,52 €	154,74 €	529,54 €
1812	1812	Anlegen einer Ureterverweilschiene bzw. eines Ureterkatheters	340		16,40 €	16,40 €	34,47 €
		Die Kosten für die Schiene bzw. den Katheter sind gesondert berechnungsfähig.					
1814	1814	Harnleiterbougierung	900		33,52 €	33,52 €	91,23 €
1815	1815	Schlingenextraktion oder Versuch der Extraktion von Harnleitersteinen – gegebenenfalls einschließlich Schlitzung des Harnleiterostiums –	1.110		33,52 €	33,52 €	112,52 €
		Die Kosten für die Schlinge sind nicht gesondert berechnungsfähig.					
1816	1816	Schlitzung des Harnleiterostiums, als selbständige Leistung	481		18,42 €	18,42 €	48,76 €
1817	1817	Operative Entfernung eines oder mehrerer Harnleitersteine(s)	2.220	31,11 €	55,59 €	86,70 €	256,15 €
1818	1818	Ureterektomie – gegebenenfalls einschließlich Blasenmanschette	2.770	54,34 €	65,37 €	119,71 €	335,14 €
1819	1819	Resektion eines Harnleitersegments mit End-zu-End-Anastomose	3.750	38,89 €	138,42 €	177,31 €	419,03 €

K   Urologie   Nummern 1823–1835

BGT Tarif-Nr.	DKG-NT Tarif-Nr.	Leistung	Punkte (nur DKG-NT I)	Besondere Kosten	Allgemeine Kosten	Sach-kosten	Vollkosten (nur DKG-NT I)
1a	1b	2	3	4	5	6	7
1823	1823	Verpflanzung eines Harnleiters in Harnblase oder Darm oder Haut einschließlich Antirefluxplastik, einseitig	2.590	31,11 €	65,37 €	96,48 €	293,66 €
1824	1824	Verpflanzung eines Harnleiters in Harnblase oder Darm oder Haut einschließlich Antirefluxplastik, beidseitig	3.330	54,34 €	92,52 €	146,86 €	391,91 €
1825	1825	Harnleiterplastik (z.B. durch Harnblasenlappen) einschließlich Antirefluxplastik	2.770	54,34 €	65,37 €	119,71 €	335,14 €
1826	1826	Eröffnung eines paranephritischen Abszesses	463	7,78 €	14,76 €	22,54 €	54,71 €
1827	1827	Ureterorenoskopie mit Harnleiterbougierung – gegebenenfalls einschließlich Stein- und/oder Tumorentfernung –, zusätzlich zu den Leistungen nach den Nummern 1785, 1786 oder 1787	1.500		33,75 €	33,75 €	152,06 €
1828	1828	Ureteropyeloskopie – gegebenenfalls einschließlich Gewebeentnahme/Steinentfernung –	1.500		33,75 €	33,75 €	152,06 €
1829	1829	Harnleiterfreilegung (Ureterolyse bei retroperitonealer Fibrose und gegebenenfalls intraperitonealen Verwachsungen des Harnleiters)	2.590	38,89 €	65,37 €	104,26 €	301,44 €
1829a	1829a	Ureterolyse, als selbständige Leistung	1.110	31,11 €	39,89 €	71,00 €	143,63 €
		Die Leistungen nach den Nummern 1829 und 1829a sind nicht nebeneinander berechnungsfähig.					
1830	1830	Operative Freilegung einer Niere – gegebenenfalls mit Gewebeentnahme, Punktion und/oder Eröffnung eines paranephritischen Abszesses –	1.110	31,11 €	39,89 €	71,00 €	143,63 €
1831	1831	Dekapsulation der Niere und/oder Senknierenoperation (Nephropexie), als selbständige Leistung	1.480	38,89 €	39,89 €	78,78 €	188,92 €
1832	1832	Anlage einer Nierenfistel, als selbständige Leistung	1.660	7,78 €	48,14 €	55,92 €	176,06 €
1833	1833	Wechsel eines Nierenfistelkatheters einschließlich Spülung und Verband	237		11,08 €	11,08 €	24,02 €
1834	1834	Operation eines aberrierenden Nierengefäßes – ohne Eröffnung des Nierenbeckens –, als selbständige Leistung	1.480	62,22 €	39,89 €	102,11 €	212,25 €
1835	1835	Trennung der Hufeisenniere	3.230	77,79 €	71,51 €	149,30 €	405,22 €

K Urologie

BGT Tarif-Nr.	DKG-NT Tarif-Nr.	Leistung	Punkte (nur DKG-NT I)	Besondere Kosten	Allgemeine Kosten	Sachkosten	Vollkosten (nur DKG-NT I)
1a	1b	2	3	4	5	6	7
1836	1836	Nierenpolresektion, als selbständige Leistung	2.770	62,22 €	71,51 €	133,73 €	343,02 €
1837	1837	Nierenpolresektion in Verbindung mit einer anderen Operation	1.660	62,22 €	39,89 €	102,11 €	230,50 €
1838	1838	Nierensteinentfernung durch Pyelotomie	2.220	38,89 €	51,80 €	90,69 €	263,93 €
1839	1839	Nierenausgußsteinentfernung durch Nephrektomie	2.770	46,78 €	51,80 €	98,58 €	327,58 €
1840	1840	Nierenbeckenplastik	2.770	46,78 €	51,80 €	98,58 €	327,58 €
1841	1841	Nephrektomie	2.220	54,34 €	51,80 €	106,14 €	279,38 €
1842	1842	Nephrektomie – einschließlich Entfernung eines infiltrativ wachsenden Tumors (auch transabdominal oder transthorakal) –	3.230	62,22 €	85,91 €	148,13 €	389,65 €
1843	1843	Nephrektomie – einschließlich Entfernung eines infiltrativ wachsenden Tumors mit Entfernung des regionären Lymphstromgebietes (auch transabdominal oder transthorakal) –	4.160	77,79 €	167,93 €	245,72 €	499,49 €
1845	1845	Implantation einer Niere	4.990	116,57 €	201,46 €	318,03 €	622,41 €
1846	1846	Doppelseitige Nephrektomie bei einem Lebenden	4.160	116,57 €	167,93 €	284,50 €	538,27 €
1847	1847	Explantation einer Niere bei einem Lebenden zur Transplantation	3.230	77,79 €	130,41 €	208,20 €	405,22 €
1848	1848	Explantation einer Niere bei einem Toten zur Transplantation	2.220		89,69 €	89,69 €	225,04 €
1849	1849	Explantation beider Nieren bei einem Toten zur Transplantation	3.500		141,26 €	141,26 €	354,80 €
1850	1850	Explantation, plastische Versorgung und Replantation einer Niere	6.500	116,57 €	262,46 €	379,03 €	775,48 €
1851	1851	Perkutane Anlage einer Nierenfistel – gegebenenfalls einschließlich, Spülung, Katheterfixation und Verband –	1.250	7,78 €	50,40 €	58,18 €	134,49 €
1852	1852	Transkutane Pyeloskopie einschließlich Bougierung der Nierenfistel	700	7,78 €	33,88 €	41,66 €	78,74 €
1853	1853	Transkutane pyeloskopische Stein- bzw. Tumorentfernung	1.200	15,66 €	48,39 €	64,05 €	137,31 €
		Neben der Leistung nach Nummer 1853 ist die Leistung nach Nummer 1852 nicht berechnungsfähig.					

K Urologie

BGT Tarif-Nr.	DKG-NT Tarif-Nr.	Leistung	Punkte (nur DKG-NT I)	Besondere Kosten	Allgemeine Kosten	Sach-kosten	Vollkosten (nur DKG-NT I)
1a	1b	2	3	4	5	6	7
1858	1858	Operative Entfernung einer Nebenniere	3.230	77,79 €	130,41 €	208,20 €	405,22 €
1859	1859	Operative Entfernung beider Nebennieren	4.160	116,57 €	167,93 €	284,50 €	538,27 €
1860	1860	Extrakorporale Stoßwellenlithotripsie – einschließlich Probeortung, Grob- und/oder Feineinstellung, Dokumentation und Röntgenkontrolle –, je Sitzung	6.000		523,15 €	523,15 €	608,23 €

Teil L

Chirurgie, Orthopädie

L Chirurgie, Orthopädie

BGT Tarif-Nr.	DKG-NT Tarif-Nr.	Leistung	Punkte (nur DKG-NT I)	Besondere Kosten	Allgemeine Kosten	Sach-kosten	Vollkosten (nur DKG-NT I)
1a	1b	2	3	4	5	6	7
		Allgemeine Bestimmungen					
		Zur Erbringung der in Abschnitt L aufgeführten typischen operativen Leistungen sind in der Regel mehrere operative Einzelschritte erforderlich. Sind diese Einzelschritte methodisch notwendige Bestandteile der in der jeweiligen Leistungsbeschreibung genannten Zielleistung, so können sie nicht gesondert berechnet werden.					
		Werden mehrere Eingriffe in der Brust- oder Bauchhöhle in zeitlichem Zusammenhang durchgeführt, die jeweils in der Leistung die Eröffnung dieser Körperhöhlen enthalten, so darf diese nur einmal berechnet werden; die Vergütungssätze der weiteren Eingriffe sind deshalb um den Vergütungssatz nach Nummer 2990 oder Nummer 3135 zu kürzen.					
		NUR BG-T:					
		Für die Abgrenzung der Begriffe „klein"/„groß" bzw. „ausgedehnt" bei operativen Eingriffen gilt:					
		Länge: kleiner/größer 3 cm *Fläche: kleiner/größer 4 cm²* *Volumen: kleiner/größer 1 cm³* *ausgedehnt: größer 4 cm² oder größer 1 cm³*					
		Nicht anzuwenden ist der Begriff „klein" bei Eingriffen am Kopf und an den Händen sowie bei Kindern bis zum 6. Geburtstag, soweit zu der jeweiligen Leistung nichts anderes bestimmt ist.					

L I Wundversorgung, Fremdkörperentfernung — Nummern 2000–2009

BGT Tarif-Nr.	DKG-NT Tarif-Nr.	Leistung	Punkte (nur DKG-NT I)	Besondere Kosten	Allgemeine Kosten	Sach-kosten	Vollkosten (nur DKG-NT I)
1a	1b	2	3	4	5	6	7
2000	2000	Erstversorgung einer kleinen Wunde	70		2,83 €	2,83 €	7,10 €
	2001	Versorgung einer kleinen Wunde einschließlich Naht	130	5,41 €	3,69 €	9,10 €	18,59 €
2001		Versorgung einer kleinen Wunde einschließlich Naht und/oder Gewebekleber. Die Leistung ist bei Verwendung von Gewebekleber auch für die Versorgung von Wunden am Kopf und an den Händen sowie bei Kindern bis zum 6. Geburtstag abzurechnen.		5,41 €/8,50 €*	3,42 €	8,83 €/11,92 €*	
2002	2002	Versorgung einer kleinen Wunde einschließlich Umschneidung und Naht	160	5,47 €	5,19 €	10,66 €	21,69 €
2003	2003	Erstversorgung einer großen und/oder stark verunreinigten Wunde	130		6,03 €	6,03 €	13,18 €
2004	2004	Versorgung einer großen Wunde einschließlich Naht	240	9,40 €	9,45 €	18,85 €	33,73 €
	2005	Versorgung einer großen und/oder stark verunreinigten Wunde einschließlich Umschneidung und Naht	400	9,46 €	8,00 €	17,46 €	43,82 €
2005		Versorgung einer großen und/oder stark verunreinigten Wunde einschließlich Wunddebridement und Naht, welche einen Zeitaufwand in der Regel von 15 Minuten (Schnitt-Naht-Zeit) erfordert.		9,46 €	8,00 €	17,46 €	
		Der Operationsbericht ist dem UV-Träger auf Anforderung vorzulegen.					
2006	2006	Behandlung einer Wunde, die nicht primär heilt oder Entzündungserscheinungen oder Eiterungen aufweist – auch Abtragung von Nekrosen an einer Wunde –	63		3,30 €	3,30 €	6,39 €
2007	2007	Entfernung von Fäden oder Klammern	40		1,52 €	1,52 €	4,05 €
2008	2008	Wund- oder Fistelspaltung	90		4,96 €	4,96 €	9,12 €
2009	2009	Entfernung eines unter der Oberfläche der Haut oder der Schleimhaut gelegenen fühlbaren Fremdkörpers	100		4,72 €	4,72 €	10,14 €

*) bei Verwendung von Gewebekleber

L I Wundversorgung, Fremdkörperentfernung

Nummern 2010–2016

BGT Tarif-Nr.	DKG-NT Tarif-Nr.	Leistung	Punkte (nur DKG-NT I)	Besondere Kosten	Allgemeine Kosten	Sach-kosten	Vollkosten (nur DKG-NT I)
1a	1b	2	3	4	5	6	7
2010	2010	Entfernung eines tiefsitzenden Fremdkörpers auf operativem Wege aus Weichteilen und/oder Knochen	379	7,78 €	9,20 €	16,98 €	40,33 €
		Entfernung eines tiefsitzenden Fremdkörpers auf operativem Wege aus Weichteilen und/oder Knochen		7,78 €	9,20 €	16,98 €	
		Der tiefsitzende Fremdkörper ist im Operationsbericht oder durch Röntgenbild bzw. Foto zu dokumentieren und dem UV-Träger auf Anforderung nachzuweisen.					
2015	2015	Anlegen einer oder mehrerer Redondrainage(n) in Gelenke, Weichteile oder Knochen über einen gesonderten Zugang – gegebenenfalls einschließlich Spülung –	60		2,71 €	2,71 €	6,08 €
2016		Wundreinigungsbad – mit und ohne Zusatz – ..			1,77 €	1,77 €	

BGT Tarif-Nr.	DKG-NT Tarif-Nr.	Leistung	Punkte (nur DKG-NT I)	Besondere Kosten	Allgemeine Kosten	Sach-kosten	Vollkosten (nur DKG-NT I)
1a	1b	2	3	4	5	6	7
2029	2029	Anlegen einer pneumatischen Blutleere oder Blutsperre an einer Extremität	50		1,42 €	1,42 €	5,07 €
2030	2030	Eröffnung eines subkutanen Panaritiums oder der Paronychie – gegebenenfalls einschließlich Extraktion eines Finger- oder Zehennagels –	130		6,14 €	6,14 €	13,18 €
2031	2031	Eröffnung eines ossalen oder Sehnenscheidenpanaritiums einschließlich örtlicher Drainage	189		7,30 €	7,30 €	16,23 €
2032	2032	Anlage einer proximal gelegenen Spül- und/oder Saugdrainage	250		8,61 €	8,61 €	25,34 €
2033	2033	Extraktion eines Finger- oder Zehennagels ...	57		3,07 €	3,07 €	5,78 €
2034	2034	Ausrottung eines Finger- oder Zehennagels mit Exzision der Nagelwurzel	114	5,78 €	3,42 €	9,20 €	17,34 €
2035	2035	Plastische Operation am Nagelwall eines Fingers oder einer Zehe – auch mit Defektdeckung –	180	5,78 €	5,78 €	11,56 €	24,03 €
2036	2036	Anlegen einer Finger- oder Zehennagelspange	45		1,52 €	1,52 €	4,56 €
2040	2040	Exstirpation eines Tumors der Fingerweichteile (z.B. Hämangiom)	554	5,78 €	15,10 €	20,88 €	61,94 €
2041	2041	Operative Beseitigung einer Schnürfurche an einem Finger mit Z-Plastik	700	5,78 €	26,80 €	32,58 €	76,74 €
2042	2042	Kreuzlappenplastik an einem Finger einschließlich Trennung	1.100	7,78 €	36,23 €	44,01 €	119,29 €
2043	2043	Operation der Syndaktylie mit Vollhautdeckung ohne Osteotomie	1.450	7,78 €	40,95 €	48,73 €	154,77 €
2044	2044	Operation der Syndaktylie mit Vollhautdeckung einschließlich Osteotomie	1.700	11,77 €	50,74 €	62,51 €	184,10 €
2045	2045	Operation einer Doppelbildung an einem Fingergelenk	600	7,78 €	15,10 €	22,88 €	68,60 €
2050	2050	Fingerverlängerung mittels Knochentransplantation einschließlich Fernlappenplastik	1.800	15,66 €	50,74 €	66,40 €	198,13 €
2051	2051	Operation eines Ganglions (Hygroms) an einem Hand- oder Fußgelenk	600	7,78 €	15,10 €	22,88 €	68,60 €
2052	2052	Operation eines Ganglions an einem Fingergelenk	554	7,78 €	15,10 €	22,88 €	63,94 €

L II Extremitätenchirurgie — Nummern 2053–2073

BGT Tarif-Nr.	DKG-NT Tarif-Nr.	Leistung	Punkte (nur DKG-NT I)	Besondere Kosten	Allgemeine Kosten	Sach-kosten	Vollkosten (nur DKG-NT I)
1a	1b	2	3	4	5	6	7
2053	2053	Replantation eines Fingers einschließlich Gefäß-, Muskel-, Sehnen- und Knochenversorgung	2.400	31,11 €	65,73 €	96,84 €	274,40 €
2054	2054	Plastischer Daumenersatz durch Fingertransplantation einsclhießlich aller Maßnahmen oder Daumen-Zeigefingerbildung bei Daumenhypoplasie	2.400	38,89 €	65,73 €	104,62 €	282,18 €
2055	2055	Replantation einer Hand im Mittelhandbereich, Handwurzelbereich oder Unterarmbereich	7.000	116,57 €	282,53 €	399,10 €	826,17 €
2056	2056	Replantation eines Armes oder Beines	8.000	116,57 €	323,01 €	439,58 €	927,54 €
2060	2060	Drahtstiftung zur Fixierung eines kleinen Gelenks (Finger-, Zehengelenk)	230	4,94 €	4,70 €	9,64 €	24,70 €
2061	2061	Entfernung einer Drahtstiftung nach Nummer 2060	74		3,78 €	3,78 €	7,50 €
2062	2062	Drahtstiftung zur Fixierung von mehreren kleinen Gelenken, Drahtstiftung an der Daumenbasis oder an der Mittelhand oder am Mittelfuß mittels gekreuzter Drähte	370	7,35 €	7,55 €	14,90 €	44,86 €
2063	2063	Entfernung einer Drahtstiftung nach Nummer 2062	126		3,78 €	3,78 €	12,77 €
2064	2064	Sehen-, Faszien- oder Muskelverlängerung oder plastische Ausschneidung	924	23,33 €	21,24 €	44,57 €	117,00 €
2065	2065	Abtragung ausgedehnter Nekrosen im Hand- oder Fußbereich, je Sitzung	250		10,27 €	10,27 €	25,34 €
2066	2066	Eröffnung der Hohlhandphlegmone	450		18,17 €	18,17 €	45,62 €
2067	2067	Operation einer Hand- oder Fußmißbildung (gleichzeitig an Knochen, Sehnen und/oder Bändern)	1.660	15,03 €	39,89 €	54,92 €	183,31 €
2070	2070	Muskelkanalbildung(en) oder Operation des Karpal- oder Tarsaltunnelsyndroms mit Dekompression von Nerven	1.660	7,78 €	39,77 €	47,55 €	176,06 €
2071	2071	Umbildung eines Unterarmstumpfes zum Greifapparat	1.850	22,60 €	45,09 €	67,69 €	210,14 €
2072	2072	Offene Sehnen- oder Muskeldurchschneidung	463	7,78 €	13,34 €	21,12 €	54,71 €
2073	2073	Sehnen-, Muskel- und/oder Fasziennaht – gegebenenfalls einschließlich Versorgung einer frischen Wunde –	650	15,66 €	20,30 €	35,96 €	71,49 €

L II Extremitätenchirurgie

BGT Tarif-Nr.	DKG-NT Tarif-Nr.	Leistung	Punkte (nur DKG-NT I)	Besondere Kosten	Allgemeine Kosten	Sach-kosten	Vollkosten (nur DKG-NT I)
1a	1b	2	3	4	5	6	7
2074	2074	Verpflanzung einer Sehne oder eines Muskels	1.100	15,66 €	16,17 €	31,83 €	127,17 €
2075	2075	Sehnenverkürzung oder -raffung	924	7,78 €	21,24 €	29,02 €	101,45 €
2076	2076	Operative Lösung von Verwachsungen um eine Sehne, als selbständige Leistung	950	7,78 €	21,24 €	29,02 €	104,08 €
2080	2080	Stellungskorrektur der Hammerzehe mittels Sehnendurchschneidung	463	7,78 €	13,34 €	21,12 €	54,71 €
2081	2081	Stellungskorrektur der Hammerzehe mit Sehnenverpflanzung und/oder plastischer Sehnenoperation – gegebenenfalls mit Osteotomie und/oder Resektion eines Knochenteils –	924	15,66 €	20,18 €	35,84 €	109,33 €
2082	2082	Operative Herstellung eines Sehnenbettes – einschließlich einer alloplastischen Einlage an der Hand –	1.650	15,66 €	39,89 €	55,55 €	182,92 €
2083	2083	Freie Sehnentransplantation	1.650	23,33 €	39,89 €	63,22 €	190,59 €
2084	2084	Sehenenscheidenstenosenoperation – gegebenenfalls einschließlich Probeexzision –	407	7,78 €	13,45 €	21,23 €	49,04 €
2087	2087	Operation einer Dupuytre'schen Kontraktur mit teilweiser Entfernung der Palmaraponeurose ..	924	15,66 €	20,18 €	35,84 €	109,33 €
2088	2088	Operation einer Dupuytren'schen Kontraktur mit vollständiger Entfernung der Palmaraponeurose	1.100	15,66 €	23,96 €	39,62 €	127,17 €
2089	2089	Operation einer Dupuytren'schen Kontraktur mit vollständiger Entfernung der Palmaraponeurose und mit Strangresektion an einzelnen Fingern – gegebenenfalls einschließlich Z- und/oder Zickzackplastiken –	1.800	23,33 €	50,74 €	74,07 €	205,80 €
2090	2090	Spülung bei eröffnetem Sehnenscheidenpanaritium, je Sitzung	63		3,30 €	3,30 €	6,39 €
2091	2091	Sehnenscheidenradikaloperation (Tendosynovektomie) – gegebenenfalls mit Entfernung von vorspringenden Knochenteilen und Sehnenverlagerung –	924	15,66 €	21,24 €	36,90 €	109,33 €
2092	2092	Operation der Tenodsynovitis im Bereich eines Handgelenks und der Anularsegmente eines Fingers	750	7,78 €	18,06 €	25,84 €	83,81 €
2093	2093	Spülung bei liegender Drainage	50		2,60 €	2,60 €	5,07 €

L III Gelenkchirurgie

BGT Tarif-Nr.	DKG-NT Tarif-Nr.	Leistung	Punkte (nur DKG-NT I)	Besondere Kosten	Allgemeine Kosten	Sach-kosten	Vollkosten (nur DKG-NT I)
1a	1b	2	3	4	5	6	7
		Allgemeine Bestimmungen					
		Werden Leistungen nach den Nummern 2102, 2104, 2112, 2113, 2117, 2119, 2136, 2189, 2190, 2191 und/oder 2193 an demselben Gelenk im Rahmen derselben Sitzung erbracht, so sind diese Leistungen nicht nebeneinander berechnungsfähig.					
		Neben den Leistungen nach den Nummern 2189 bis 2196 sind die Leistungen nach den Nummern 300 bis 302 sowie 3300 nicht berechnungsfähig.					
		Die Leistungen nach den Nummern 2192, 2195 und/oder 2196 sind für operative Eingriffe an demselben Gelenk im Rahmen derselben Sitzung jeweils nur einmal berechnungsfähig.					
2100	2100	Naht der Gelenkkapsel eines Finger- oder Zehengelenks	278	7,78 €	5,78 €	13,56 €	35,96 €
2101	2101	Naht der Gelenkkapsel eines Kiefer-, Hand- oder Fußgelenks	554	15,66 €	10,87 €	26,53 €	71,82 €
2102	2102	Naht der Gelenkkapsel eines Schulter-, Ellenbogen-, Hüft- oder Kniegelenks oder eines Wirbelgelenks	1.110	31,11 €	20,18 €	51,29 €	143,63 €
2103	2103	Muskelentspannungsoperation am Hüftgelenk – gegebenenfalls einschließlich Abtragung oder Verpflanzung von Sehnenansatzstellen am Knochen –	1.850	46,78 €	45,09 €	91,87 €	234,32 €
2104	2104	Bandplastik des Kniegelenks (plastischer Ersatz von Kreuz- und/oder Seitenbändern)	2.310	46,78 €	60,07 €	106,85 €	280,95 €
2105	2105	Primäre Naht eines Bandes oder Bandplastik eines Finger- oder Zehengelenks	550	7,78 €	9,20 €	16,98 €	55,02 €
2106	2106	Primäre Naht eines Bandes oder Bandplastik eines Sprunggelenks oder Syndesmose	1.110	15,66 €	20,18 €	35,84 €	128,18 €
2110	2110	Synovektomie in einem Finger- oder Zehengelenk	750	7,78 €	16,17 €	23,95 €	83,81 €
2111	2111	Synovektomie in einem Hand- oder Fußgelenk	1.110	15,66 €	20,18 €	35,84 €	128,18 €
2112	2112	Synovektomie in einem Schulter-, Ellenbogen- oder Kniegelenk	1.480	23,33 €	30,10 €	53,43 €	173,36 €

L III Gelenkchirurgie

BGT Tarif-Nr.	DKG-NT Tarif-Nr.	Leistung	Punkte (nur DKG-NT I)	Besondere Kosten	Allgemeine Kosten	Sachkosten	Vollkosten (nur DKG-NT I)
1a	1b	2	3	4	5	6	7
2113	2113	Synovektomie in einem Hüftgelenk	1.850	23,33 €	33,39 €	56,72 €	210,87 €
2117	2117	Meniskusoperation	1.480	23,33 €	33,39 €	56,72 €	173,36 €
2118	2118	Operative Fremdkörperentfernung aus einem Kiefer-, Finger-, Hand-, Zehen- oder Fußgelenk	463	7,78 €	17,23 €	25,01 €	54,71 €
2119	2119	Operative Entfernung freier Gelenkkörper oder Fremdkörperentfernung aus dem Schulter-, Ellenbogen- oder Kniegelenk	1.480	15,66 €	33,39 €	49,05 €	165,69 €
2120	2120	Denervation eines Finger- oder Zehengelenks	650	7,78 €	16,17 €	23,95 €	73,67 €
2121	2121	Denervation eines Hand-, Ellenbogen-, Fuß- oder Kniegelenks	1.300	15,66 €	23,96 €	39,62 €	147,44 €
2122	2122	Resektion eines Finger- oder Zehengelenks ..	407	7,78 €	14,16 €	21,94 €	49,04 €
2123	2123	Resektion eines Kiefer-, Hand- oder Fußgelenks	1.110	15,66 €	29,39 €	45,05 €	128,18 €
2124	2124	Resektion eines Ellenbogen-, Schulter-, Hüft- oder Kniegelenks	1.850	38,89 €	34,34 €	73,23 €	226,43 €
2125	2125	Kopf-Halsresektion am Hüftgelenk	2.220	46,78 €	52,98 €	99,76 €	271,82 €
2126	2126	Kopf-Halsresektion am Hüftgelenk mit Osteotomie am koxalen Femurende – gegebenenfalls mit Osteosynthese –	2.770	46,78 €	66,21 €	112,99 €	327,58 €
2130	2130	Operative Versteifung eines Finger- oder Zehengelenks	650	7,78 €	16,17 €	23,95 €	73,67 €
2131	2131	Operative Versteifung eines Hand- oder Fußgelenks	1.300	15,66 €	23,96 €	39,62 €	147,44 €
2132	2132	Operative Versteifung eines Hüftgelenks – auch einschließlich Fixation durch Knorpelspäne oder alloplastisches Material –	2.770	38,89 €	66,21 €	105,10 €	319,69 €
2133	2133	Operative Versteifung eines Kniegelenks	2.100	38,89 €	52,98 €	91,87 €	251,77 €
2134	2134	Arthroplastik eines Finger- oder Zehengelenks	924	15,66 €	20,18 €	35,84 €	109,33 €
2135	2135	Arthroplastik eines Kiefer-, Hand- oder Fußgelenks	1.400	38,89 €	23,96 €	62,85 €	180,81 €
2136	2136	Arthroplastik eines Ellenbogen- oder Kniegelenks	1.660	38,89 €	29,04 €	67,93 €	207,17 €
2137	2137	Arthroplastik eines Schultergelenks	2.100	38,89 €	34,34 €	73,23 €	251,77 €

L III Gelenkchirurgie

Nummern 2140–2154

BGT Tarif-Nr.	DKG-NT Tarif-Nr.	Leistung	Punkte (nur DKG-NT I)	Besondere Kosten	Allgemeine Kosten	Sach-kosten	Vollkosten (nur DKG-NT I)
1a	1b	2	3	4	5	6	7
2140	2140	Operativer Einbau eines künstlichen Finger- oder Zehengelenks oder einer Fingerprothese	1.000	15,66 €	29,39 €	45,05 €	117,03 €
2141	2141	Entfernung und erneuter operativer Einbau eines künstlichen Finger- oder Zehengelenks oder einer Fingerprothese	1.800	15,66 €	66,21 €	81,87 €	198,13 €
2142	2142	Operativer Einbau eines künstlichen Hand- oder Fußgelenks	2.700	38,89 €	89,93 €	128,82 €	312,59 €
2143	2143	Entfernung und erneuter operativer Einbau eines künstlichen Hand- oder Fußgelenks	4.860	46,78 €	179,86 €	226,64 €	539,44 €
2144	2144	Operativer Einbau eines künstlichen Ellenbogen- oder Kniegelenks	3.600	54,34 €	66,21 €	120,55 €	419,28 €
2145	2145	Entfernung und erneuter operativer Einbau eines künstlichen Ellenbogen- oder Kniegelenks	6.480	54,34 €	207,70 €	262,04 €	711,22 €
2146	2146	Operativer Einbau eines künstlichen Schultergelenks	1.800	54,34 €	66,21 €	120,55 €	236,81 €
2147	2147	Entfernung und erneuter operativer Einbau eines künstlichen Schultergelenks	3.240	54,34 €	89,93 €	144,27 €	382,78 €
2148	2148	Neubildung eines Hüftpfannendaches durch Beckenosteotomie – auch Pfannendachplastik –	2.100	62,22 €	66,21 €	128,43 €	275,10 €
2149	2149	Ersatz eines Hüftkopfes oder einer Hüftpfanne durch biologische oder alloplastische Transplantate	2.770	62,22 €	89,93 €	152,15 €	343,02 €
2150	2150	Entfernung und erneuter operativer Einbau eines künsltichen Hüftkopfes oder einer künstlichen Hüftpfanne	4.980	62,22 €	179,86 €	242,08 €	567,05 €
2151	2151	Endoprothetischer Totalersatz von Hüftpfanne und Hüftkopf (Alloarthroplastik)	3.700	62,22 €	89,93 €	152,15 €	437,29 €
2152	2152	Entfernung und erneuter operativer Einbau eines endoprothetischen Totalersatzes von Hüftpfanne und Hüftkopf (Alloarthroplastik)	6.660	62,22 €	207,70 €	269,92 €	737,35 €
2153	2153	Endoprothetischer Totalersatz eines Kniegelenks (Alloarthroplastik)	3.700	62,22 €	89,93 €	152,15 €	437,29 €
2154	2154	Entfernung und erneuter operativer Einbau eines endoprothetischen Totalersatzes eines Kniegelenks (Alloarthroplastik)	6.660	62,22 €	207,70 €	269,92 €	737,35 €

L III Gelenkchirurgie

BGT Tarif-Nr.	DKG-NT Tarif-Nr.	Leistung	Punkte (nur DKG-NT I)	Besondere Kosten	Allgemeine Kosten	Sach-kosten	Vollkosten (nur DKG-NT I)
1a	1b	2	3	4	5	6	7
2155	2155	Eröffnung eines vereiterten Finger- oder Zehengelenks	148		7,91 €	7,91 €	15,00 €
2156	2156	Eröffnung eines vereiterten Kiefer-, Hand- oder Fußgelenks	463		16,40 €	16,40 €	46,93 €
2157	2157	Eröffnung eines vereiterten Schulter- oder Ellenbogen- oder Hüft- oder Kniegelenks oder von Gelenken benachbarter Wirbel	924		30,10 €	30,10 €	93,67 €
2158	2158	Exartikulation eines Fingers oder einer Zehe ...	370	7,78 €	11,33 €	19,11 €	45,29 €
2159	2159	Exartikulation einer Hand oder eines Fußes ...	924	23,33 €	26,55 €	49,88 €	117,00 €
2160	2160	Exartikulation in einem Ellenbogen- oder Kniegelenk	1.110	31,11 €	29,39 €	60,50 €	143,63 €
2161	2161	Exartikulation in einem Schultergelenk	1.290	31,11 €	34,34 €	65,45 €	161,88 €
2162	2162	Exartikulation in einem Hüftgelenk	1.480	62,22 €	37,06 €	99,28 €	212,25 €
2163	2163	Operative Entfernung einer Schultergürtelhälfte	1.850	77,79 €	46,62 €	124,41 €	265,33 €
2164	2164	Operative Entfernung einer Beckenhälfte einschließlich plastischer Deckung, auch in mehreren Sitzungen	3.700	77,79 €	89,93 €	167,72 €	452,86 €
2165	2165	Beckenosteotomie einschließlich Osteosynthese und/oder Spanverpflanzung einschließlich Entnahme des Spanmaterials – gegebenenfalls auch mit Reposition einer Hüftluxation –	6.000	38,89 €	207,70 €	246,59 €	647,12 €
2167	2167	Ersatzlose Entfernung eines künstlichen Hüftgelenks mit Ausräumung von nekrotischem Gewebe und Knochenzement	3.200	62,22 €	89,93 €	152,15 €	386,61 €
2168	2168	Operative Entfernung einer Kniegelenksendoprothese – einschließlich operativer Versteifung des Gelenks –	3.200	62,22 €	89,93 €	152,15 €	386,61 €
2170	2170	Amputation eines Fingers oder einer Zehe oder eines Finger- oder Zehengliedteils – einschließlich plastischer Deckung –	463	7,78 €	8,97 €	16,75 €	54,71 €
2171	2171	Amputation eines Fingerstrahles in der Mittelhand oder eines Zehenstrahles im Mittelfuß oder Amputation nach Pirogow oder Gritti – einschließlich plastischer Deckung	1.110	15,66 €	33,39 €	49,05 €	128,18 €

L III Gelenkchirurgie

BGT Tarif-Nr.	DKG-NT Tarif-Nr.	Leistung	Punkte (nur DKG-NT I)	Besondere Kosten	Allgemeine Kosten	Sach-kosten	Vollkosten (nur DKG-NT I)
1a	1b	2	3	4	5	6	7
2172	2172	Amputation eines Mittelhand- oder Mittelfußknochens – einschließlich plastischer Deckung	924	23,33 €	26,90 €	50,23 €	117,00 €
2173	2173	Amputation im Unterarm-, Unterschenkel- oder Oberarmbereich – einschließlich plastischer Deckung –	1.110	46,78 €	33,39 €	80,17 €	159,30 €
2174	2174	Amputation im Oberschenkelbereich – einschließlich plastischer Deckung –	1.290	46,78 €	39,19 €	85,97 €	177,55 €
2181	2181	Gewaltsame Lockerung oder Streckung eines Kiefer-, Hand- oder Fußgelenks	277		4,25 €	4,25 €	28,08 €
2182	2182	Gewaltsame Lockerung oder Streckung eines Schulter-, Ellenbogen-, Hüft- oder Kniegelenks	379		6,84 €	6,84 €	38,42 €
2183	2183	Operatives Anlegen einer Extension am Schädel bei Behandlung von Halswirbelverletzungen/-instabilitäten (z.B. Crutchfieldzange)	740	7,78 €	16,17 €	23,95 €	82,79 €
2184	2184	Anlegen von Hals-Extensionen zur Vorbereitung der operativen Behandlung von Skoliosen oder Kyphosen	1.000	7,78 €	29,85 €	37,63 €	109,15 €
	2189	Arthroskopische Operation mit Entfernung oder Teilresektion eines Meniskus im Kniegelenk – gegebenenfalls einschließlich Plicateilresektion, Teilresektion des Hoffa'schen Fettkörpers und/oder Entfernung freier Gelenkkörper – [1)2)3)4)8)]	1.500	136,22 €	81,78 €	218,00 €	288,28 €
2189		Resezierende arthroskopische Operation eines Gelenkes mit z.B. Entfernung oder Teilresektion eines Meniskus – gegebenenfalls einschließlich Plicateilresektion, Teilresektion des Hoffa'schen Fettkörpers und/oder Entfernung freier Gelenkkörper – [1)2)3)4)8)]		136,22 €	81,78 €	218,00 €	136,22 €
	2190	Arthroskopische erhaltende Operation an einem Meniskus (Z.B. Meniskusnaht, Refixation) in einem Kniegelenk – [1)2)3)4)5)6)7)8)]	1.800	150,72 €	98,07 €	248,79 €	333,19 €
2190		Arthroskopische erhaltende Operation in einem Gelenk (z. B. Meniskusnaht, Refixation) – [1)2)3)4)5)6)7)8)]		150,72 €	98,07 €	248,79 €	150,72 €

L III Gelenkchirurgie

Nummern 2191–2196

BGT Tarif-Nr.	DKG-NT Tarif-Nr.	Leistung	Punkte (nur DKG-NT I)	Besondere Kosten	Allgemeine Kosten	Sach-kosten	Vollkosten (nur DKG-NT I)
1a	1b	2	3	4	5	6	7
2191	2191	Arthroskopische Operation mit primärer Naht, Reinsertion, Rekonstruktion oder plastischem Ersatz eines Kreuz- oder Seitenbands an einem Kniegelenk – einschließlich Kapselnaht – [1)2)3)4)5)6)7)8)]	2.000	150,72 €	108,92 €	259,64 €	353,46 €
2192	2192	Zuschlag zu der Leistung nach Nummer 2191 für die primäre Naht, die Reinsertion, Rekonstruktion oder den plastischen Ersatz eines weiteren Bands in demselben Kniegelenk im Rahmen derselben Sitzung	500		27,15 €	27,15 €	50,69 €
	2193	Arthroskopische Operation mit Synovektomie an einem Knie- oder Hüftgelenk bei chronischer Gelenkentzündung – gegebenenfalls einschließlich Abtragung von Osteophyten – [1)2)3)4)5)6)8)]	1.800	150,72 €	98,07 €	248,79 €	333,19 €
2193		Arthroskopische Operation mit Synovektomie an einem großen Gelenk bei chronischer Gelenkentzündung – gegebenenfalls einschließlich Abtragung von Osteophyten – [1)2)3)4)5)6)8)]		150,72 €	98,07 €	248,79 €	150,72 €
2195	2195	Zuschlag für weitere arthroskopische Eingriffe an demselben Gelenk – zusätzlich zu den Leistungen nach den Nummern 2102, 2104, 2112, 2117, 2119, 2136, 2189 bis 2191 oder 2193 –	300		16,40 €	16,40 €	30,41 €
2196	2196	Diagnostische Arthroskopie im direkten zeitlichen Zusammenhang mit arthroskopischen Operationen nach den Nummern 2189 bis 2191 sowie 2193	250		13,70 €	13,70 €	25,34 €

Bei Berechnung der besonderen Kosten zu beachten:

[1)] Soweit im Einzelfall Videoaufzeichnungen vom Kostenträger angefordert werden, sind diese als Selbstkosten gesondert berechenbar.
[2)] Bei Notwendigkeit eines Shavereinsatzes sind unter Berücksichtigung einer Wiederverwendbarkeit die anteiligen Kosten als Selbstkosten gesondert berechenbar.
[3)] Bei Notwendigkeit eines auswechselbaren Mikro-Skalpells sind die Kosten als Selbstkosten gesondert berechenbar.
[4)] Die Kosten für selbstauflösende PINS/Fibrinkleber/Osteosynthesematerial sind als Selbstkosten gesondert berechenbar (bei Fixierung von Knorpeldissekaten).

L III Gelenkchirurgie

BGT Tarif-Nr.	DKG-NT Tarif-Nr.	Leistung	Punkte (nur DKG-NT I)	Besondere Kosten	Allgemeine Kosten	Sach-kosten	Vollkosten (nur DKG-NT I)
1a	1b	2	3	4	5	6	7
		5) Die Kosten für zusätzliches Spezialmaterial sind als Selbstkosten gesondert berechenbar (bei Meniskusnaht, -refixation, Bandnaht, -raffung).					
		6) Die Kosten für Osteosynthesematerial oder spezielles Fadenmaterial und Spezialbohrer (Einmalverwendung) sind als Selbstkosten gesondert berechenbar.					
		7) Bei Einsatz von Meniskusfixationssystemen (z.B. Anker o.ä.) sind diese Kosten als Selbstkosten gesondert berechenbar. Nachweis durch eindeutige Darstellung in Bilddokumentation über die Anzahl der verwendeten Anker ist die Grundvoraussetzung für die Kostenerstattung.					
		8) Bei Notwendigkeit der Verwendung einer Einmal-Elektrosonde sind die Kosten als Selbstkosten gesondert berechenbar.					

L IV Gelenkluxationen

BGT Tarif-Nr.	DKG-NT Tarif-Nr.	Leistung	Punkte (nur DKG-NT I)	Besondere Kosten	Allgemeine Kosten	Sach-kosten	Vollkosten (nur DKG-NT I)
1a	1b	2	3	4	5	6	7
		Allgemeine Bestimmungen					
		Bei Einrenkung von Luxationen sind Verbände Bestandteil der Leistung.					
2203	2203	Einrenkung der Luxationen von Wirbelgelenken im Durchhang	739		16,17 €	16,17 €	74,91 €
2204	2204	Einrenkung alter Luxationen von Wirbelgelenken im Durchhang	1.110		31,98 €	31,98 €	112,52 €
2205	2205	Einrenkung der Luxation eines Finger- oder Zehengelenks	93		1,88 €	1,88 €	9,43 €
2206	2206	Einrenkung der alten Luxation eines Finger- oder Zehengelenks	140		3,30 €	3,30 €	14,19 €
2207	2207	Einrenkung der Luxation eines Daumengelenks	148		3,42 €	3,42 €	15,00 €
2208	2208	Einrenkung der alten Luxation eines Daumengelenks	220		6,84 €	6,84 €	22,30 €
2209	2209	Einrenkung der Luxation eines Daumengelenks mit Anlegen eines Drahtzuges	370		11,93 €	11,93 €	37,51 €
2210	2210	Operative Einrenkung der Luxation eines Finger- oder Zehengelenks	407	7,78 €	19,71 €	27,49 €	49,04 €
2211	2211	Einrenkung der Luxation eines Hand- oder Fußgelenks	278		6,84 €	6,84 €	28,18 €
2212	2212	Einrenkung der alten Luxation eines Hand- oder Fußgelenks	420		13,34 €	13,34 €	42,58 €
2213	2213	Operative Einrenkung der Luxation eines Hand- oder Fußgelenks	1.110	11,77 €	31,98 €	43,75 €	124,29 €
2214	2214	Einrenkung der Luxation eines Ellenbogen- oder Kniegelenks	370		10,87 €	10,87 €	37,51 €
2215	2215	Einrenkung der alten Luxation eines Ellenbogen- oder Kniegelenks	540		13,34 €	13,34 €	54,74 €
2216	2216	Operative Einrenkung der Luxation eines Ellenbogen- oder Kniegelenks	1.850	15,66 €	36,23 €	51,89 €	203,20 €
2217	2217	Einrenkung der Luxation eines Schultergelenks	370		6,73 €	6,73 €	37,51 €
2218	2218	Einrenkung der alten Luxation eines Schultergelenks	540		13,34 €	13,34 €	54,74 €

L IV Gelenkluxationen

BGT Tarif-Nr.	DKG-NT Tarif-Nr.	Leistung	Punkte (nur DKG-NT I)	Besondere Kosten	Allgemeine Kosten	Sach-kosten	Vollkosten (nur DKG-NT I)
1a	1b	2	3	4	5	6	7
2219	2219	Operative Einrenkung der Luxation eines Schultergelenks	1.850	38,89 €	36,23 €	75,12 €	226,43 €
2220	2220	Operation der habituellen Luxation eines Schultergelenks mit Spanübertragung	2.250	54,34 €	39,89 €	94,23 €	282,42 €
2221	2221	Einrenkung der Luxation eines Schlüsselbeingelenks oder einer Kniescheibe	111		6,84 €	6,84 €	11,25 €
2222	2222	Einrenkung der alten Luxation eines Schlüsselbeingelenks (I) oder einer Kniescheibe	170		10,87 €	10,87 €	17,23 €
2223	2223	Operative Einrenkung eines luxierten Schlüsselbeingelenks	400	23,33 €	10,87 €	34,20 €	63,88 €
2224	2224	Operative Einrenkung eines luxierten Schlüsselbeingelenks mit Osteosynthese	800	23,33 €	19,13 €	42,46 €	104,43 €
2225	2225	Operative Einrenkung eines luxierten Schlüsselbeingelenks mit Osteosynthese und Rekonstruktion des Bandapparates	1.000	23,33 €	31,98 €	55,31 €	124,70 €
2226	2226	Einrenkung eines eingeklemmten Meniskus, der Subluxation des Radiusköpfchens (Chaissaignac) oder der Luxation eines Sternoklavikulargelenks	120		6,49 €	6,49 €	12,16 €
2230	2230	Operation der Luxation einer Kniescheibe	900	15,66 €	26,90 €	42,56 €	106,89 €
2231	2231	Einrenkung der Luxation eines Hüftgelenks ...	739		13,34 €	13,34 €	74,91 €
2232	2232	Einrenkung der alten Luxation eines Hüftgelenks	1.110		26,55 €	26,55 €	112,52 €
2233	2233	Einrenkung der angeborenen Luxation eines Hüftgelenks	550		13,34 €	13,34 €	55,75 €
2234	2234	Stellungsänderung oder zweite und folgende einrenkende Behandlung im Verlauf der Therapie nach Nummer 2233	473		9,45 €	9,45 €	47,95 €
2235	2235	Operation der habituellen Luxation eines Kniegelenks	1.660	38,89 €	39,89 €	78,78 €	207,17 €
2236	2236	Operative Einrichtung einer traumatischen Hüftgelenksluxation – einschließlich Rekonstruktion des Kapselbandapparates –	1.850	38,89 €	36,23 €	75,12 €	226,43 €
2237	2237	Operative Einrichtung einer traumatischen Hüftgelenksluxation mit Rekonstruktion des Kopfes und/oder der Hüftpfanne – einschließlich Rekonstruktion des Kapselbandapparates –	2.770	54,34 €	89,93 €	144,27 €	335,14 €

L IV Gelenkluxationen

BGT Tarif-Nr.	DKG-NT Tarif-Nr.	Leistung	Punkte (nur DKG-NT I)	Besondere Kosten	Allgemeine Kosten	Sach-kosten	Vollkosten (nur DKG-NT I)
1a	1b	2	3	4	5	6	7
2238	2238	Operative Einrichtung einer traumatischen Hüftgelenksluxation nach Nummer 2237 – einschließlich Revision des Nervus ischiadicus und gegebenenfalls Naht desselben	3.230	62,22 €	89,93 €	152,15 €	389,65 €
2239	2239	Operative Einrichtung einer angeborenen Hüftgelenksluxation	1.480	38,89 €	37,06 €	75,95 €	188,92 €
2240	2240	Operative Einrichtung einer angeborenen Hüftgelenksluxation mit Pfannendachplastik – auch mit Knocheneinpflanzung oder Beckenosteotomie –	2.770	46,78 €	89,93 €	136,71 €	327,58 €
2241	2241	Operative Einrichtung einer angeborenen Hüftgelenksluxation mit Pfannendachplastik oder Beckenosteotomie und/oder Umstellungsosteotomie einschließlich Osteosynthese	4.500	62,22 €	106,92 €	169,14 €	518,39 €

L V Knochenchirurgie

BGT Tarif-Nr.	DKG-NT Tarif-Nr.	Leistung	Punkte (nur DKG-NT I)	Besondere Kosten	Allgemeine Kosten	Sach-kosten	Vollkosten (nur DKG-NT I)
1a	1b	2	3	4	5	6	7
2250	2250	Keilförmige oder lineare Osteotomie eines kleinen Knochens (Finger-, Zehen-, Mittelhand-, Mittelfußknochen) oder Probeausmeißelung aus einem Knochen	463	7,78 €	18,77 €	26,55 €	54,71 €
2251	2251	Umstellungsosteotomie eines großen Knochens (Röhrenknochen des Oberarms, Unterarms, Oberschenkels, Unterschenkels) ohne Osteosynthese	1.290	23,33 €	30,10 €	53,43 €	154,10 €
2252	2252	Umstellungsosteotomie eines großen Knochens mit Osteosynthese	1.850	23,33 €	40,47 €	63,80 €	210,87 €
2253	2253	Knochenspanentnahme	647	7,78 €	20,18 €	27,96 €	73,37 €
2254	2254	Implantation von Knochen	739	7,78 €	14,76 €	22,54 €	82,69 €
2255	2255	Freie Verpflanzung eines Knochens oder von Knochenteilen (Knochenspäne)	1.480	15,66 €	33,39 €	49,05 €	165,69 €
2256	2256	Knochenaufmeißelung oder Nekrotomie bei kleinen Knochen	463	7,78 €	16,76 €	24,54 €	54,71 €
2257	2257	Knochenaufmeißelung oder Nekrotomie an einem großen Röhrenknochen	800	15,66 €	21,24 €	36,90 €	96,76 €
2258	2258	Knochenaufmeißelung oder Nekrotomie am Becken	1.200	15,66 €	30,10 €	45,76 €	137,31 €
2259	2259	Knochenaufmeißelung oder Nekrotomie am Schädeldach	1.500	7,78 €	33,39 €	41,17 €	159,84 €
2260	2260	Osteotomie eines kleinen Röhrenknochens – einschließlich Osteosynthese –	1.850	15,66 €	40,47 €	56,13 €	203,20 €
2263	2263	Resektion eines kleinen Knochens – auch einschließlich eines benachbarten Gelenkanteils – mit Knochen- oder Spanverpflanzung (z.B. bei Tumorexstirpation)	1.660	31,11 €	51,80 €	82,91 €	199,39 €
2265	2265	Resektion eines großen Knochens – auch einschließlich eines benachbarten Gelenks mit Knochen- oder Spanverpflanzung (z.B. bei Tumorexstirpation)	2.770	54,34 €	71,51 €	125,85 €	335,14 €
2266	2266	Resektion eines Darmbeinknochens	1.850	54,34 €	40,47 €	94,81 €	241,88 €
2267	2267	Knochenzerbrechung	463		6,84 €	6,84 €	46,93 €
2268	2268	Operativer Ersatz des Os lunateum durch Implantat	1.800	15,66 €	40,47 €	56,13 €	198,13 €

L V Knochenchirurgie

BGT Tarif-Nr.	DKG-NT Tarif-Nr.	Leistung	Punkte (nur DKG-NT I)	Besondere Kosten	Allgemeine Kosten	Sach-kosten	Vollkosten (nur DKG-NT I)
1a	1b	2	3	4	5	6	7
2269	2269	Operation der Pseudoarthrose des Os naviculare mit Spanentnahme vom Beckenkamm oder Verschraubung	1.800	23,33 €	40,47 €	63,80 €	205,80 €
2273	2273	Osteotomie eines kleinen Röhrenknochens – einschließlich Anbringen eines Distraktors – ..	924	7,78 €	26,55 €	34,33 €	101,45 €
2274	2274	Osteotomie eines großen Röhrenknochens – einschließlich Anbringen eines Distraktors – ..	1.850	23,33 €	40,47 €	63,80 €	210,87 €
2275	2275	Inter- oder subtrochantere Umstellungsosteotomie	2.310	38,89 €	60,07 €	98,96 €	273,06 €
2276	2276	Inter- oder subtrochantere Umstellungsosteotomie mit Osteosynthese	2.770	46,78 €	66,21 €	112,99 €	327,58 €
2277	2277	Redressement einer Beinverkrümmung	567		8,14 €	8,14 €	57,48 €
2278	2278	Autologe Tabula-externa-Osteoplastik mit Deckung eines Schädel- oder Stirnbeindefektes (Kranioplastik)	3.500	54,34 €	78,01 €	132,35 €	409,14 €
2279	2279	Chemonukleolyse	600		12,39 €	12,39 €	60,82 €
2280	2280	Redressement des Rumpfes bei schweren Wirbelsäulenverkrümmungen	1.135		26,55 €	26,55 €	115,06 €
2281	2281	Perkutane Nukleotomie (z.B. Absaugen des Bandscheibengewebes im Hochdruckverfahren)	1.400	38,89 €	31,62 €	70,51 €	180,81 €
2282	2282	Operative Behandlung des Bandscheibenvorfalles mit einseitiger Wirbelbogenresektion oder -fensterung in einem Segment, Nervenwurzellösung, Prolapsabtragung und Bandscheibenausräumung	1.480	38,89 €	33,39 €	72,28 €	188,92 €
2283	2283	Operative Behandlung des Bandscheibenvorfalles in zwei bis drei Segmenten, ein- oder beidseitig, auch mit Resektion des ganzen Bogens (totale Laminektomie)	1.850	38,89 €	40,47 €	79,36 €	226,43 €
2284	2284	Stabilisierende operative Maßnahmen (z.B. Knocheneinpflanzung, Einpflanzung alloplastischen Materials) zusätzlich zu Nummer 2282 oder Nummer 2283	554	7,78 €	8,14 €	15,92 €	63,94 €
2285	2285	Operative Versteifung eines Wirbelsäulenabschnittes – einschließlich Einpflanzung von Knochen oder alloplastischem Material, als alleinige Leistung –	1.480	23,33 €	33,39 €	56,72 €	173,36 €

BGT Tarif-Nr.	DKG-NT Tarif-Nr.	Leistung	Punkte (nur DKG-NT I)	Besondere Kosten	Allgemeine Kosten	Sach-kosten	Vollkosten (nur DKG-NT I)
1a	1b	2	3	4	5	6	7
2286	2286	Operative Behandlung von Wirbelsäulenverkrümmungen durch Spondylodese – einschließlich Implantation von autologem oder alloplastischem Material –	2.500	38,89 €	66,21 €	105,10 €	292,32 €
2287	2287	Operative Behandlung von Wirbelsäulenverkrümmungen nach Nummer 2286 mit zusätzlicher Implantation einer Aufspreiz- oder Abstützvorrichtung	3.700	46,78 €	79,90 €	126,68 €	421,85 €
2288	2288	Osteotomien am Rippenbuckel, zusätzlich zu Nummer 2286 oder Nummer 2287	550	7,78 €	8,14 €	15,92 €	63,53 €
2289	2289	Neueinpflanzung einer Aufspreiz- oder Abstützvorrichtung an der Wirbelsäule – einschließlich Entfernung der alten Vorrichtung –	4.000	46,78 €	95,36 €	142,14 €	452,26 €
2290	2290	Stellungskorrektur und Fusion eines oder mehrerer Wirbelsegmente an Brustwirbelsäule und/oder Lendenwirbelsäule bei ventralem Zugang – auch mit Knocheneinpflanzung –	2.770	46,78 €	89,93 €	136,71 €	327,58 €
2291	2291	Implantation eines Elektrostimulators zur Behandlung der Skoliose oder einer Pseudoarthrose	920	15,66 €	21,24 €	36,90 €	108,92 €
2292	2292	Eröffnung von Brust- oder Bauchhöhle bei vorderem Zugang nur im Zusammenhang mit Leistungen nach den Nummern 2285, 2286, 2287, 2332 und 2333	1.110	31,11 €	37,06 €	68,17 €	143,63 €
2293	2293	Operation einer Steißbeinfistel	370	7,78 €	10,87 €	18,65 €	45,29 €
2294	2294	Steißbeinresektion	554	15,66 €	14,76 €	30,42 €	71,82 €
2295	2295	Exostosenabmeißelung bei Hallux-Valgus	463	7,78 €	18,77 €	26,55 €	54,71 €
2296	2296	Exostosenabmeißelung bei Hallux-Valgus einschließlich Sehnenverpflanzung	924	11,77 €	26,55 €	38,32 €	105,44 €
2297	2297	Operation des Hallux-Valgus mit Gelenkkopfresektion und anschließender Gelenkplastik und/oder Mittelfußosteotomie einschließlich der Leistungen nach den Nummern 2295 und 2296	1.180	15,66 €	71,51 €	87,17 €	135,28 €

L VI Frakturbehandlung

BGT Tarif-Nr.	DKG-NT Tarif-Nr.	Leistung	Punkte (nur DKG-NT I)	Besondere Kosten	Allgemeine Kosten	Sach-kosten	Vollkosten (nur DKG-NT I)
1a	1b	2	3	4	5	6	7
2320	2320	Einrichtung der gebrochenen knöchernen Nase einschl. Tamponade – gegebenenfalls einschließlich Wundverband –	189		6,49 €	6,49 €	19,16 €
2321	2321	Einrichtung eines gebrochenen Gesichtsknochens – gegebenenfalls einschließlich Wundverband –	227		7,91 €	7,91 €	23,01 €
2322	2322	Aufrichtung gebrochener Wirbel im Durchhang	757		16,17 €	16,17 €	76,74 €
2323	2323	Halswirbelbruchbehandlung durch Zugverband mit Klammer	757	Selbst-kosten €	18,77 €	18,77 €	
2324	2324	Einrichtung des gebrochenen Schlüsselbeins	152		4,84 €	4,84 €	15,41 €
2325	2325	Einrichtung des gebrochenen Schlüsselbeins – einschließlich Nagelung und/oder Drahtung –	567	23,33 €	14,76 €	38,09 €	80,81 €
2326	2326	Einrichtung des gebrochenen Schulterblattes oder des Brustbeins	227		5,78 €	5,78 €	23,01 €
2327	2327	Einrichtung des gebrochenen Oberarmknochens	473		6,84 €	6,84 €	47,95 €
2328	2328	Einrichtung gebrochener Unterarmknochen ...	341		5,78 €	5,78 €	34,57 €
2329	2329	Einrichtung des gebrochenen Beckens	473		8,97 €	8,97 €	47,95 €
2330	2330	Einrichtung eines gebrochenen Oberschenkelknochens	757		10,87 €	10,87 €	76,74 €
2331	2331	Einrichtung gebrochener Knochen der Handwurzel oder der Mittelhand, der Fußwurzel oder des Mittelfußes	227		4,25 €	4,25 €	23,01 €
2332	2332	Operative Aufrichtung eines gebrochenen Wirbelkörpers und/oder operative Einrenkung einer Luxation eines Wirbelgelenkes mit stabilisierenden Maßnahmen	2.500	38,89 €	66,21 €	105,10 €	292,32 €
2333	2333	Operative Aufrichtung von zwei oder mehr gebrochenen Wirbelkörpern und/oder operative Einrenkung von zwei oder mehr Luxationen von Wirbelgelenken mit stabilisierenden Maßnahmen	3.700	46,78 €	79,90 €	126,68 €	421,85 €
2334	2334	Operative Stabilisierung einer Brustwandseite	2.800	38,89 €	112,94 €	151,83 €	322,73 €
2335	2335	Einrichtung einer gebrochenen Kniescheibe (I) oder gebrochener Unterschenkelknochen (II) ..	473		4,84 €	4,84 €	47,95 €

L VI Frakturbehandlung

BGT Tarif-Nr.	DKG-NT Tarif-Nr.	Leistung	Punkte (nur DKG-NT I)	Besondere Kosten	Allgemeine Kosten	Sach-kosten	Vollkosten (nur DKG-NT I)
1a	1b	2	3	4	5	6	7
2336	2336	Operative Einrichtung der gebrochenen Kniescheibe – auch mit Fremdmaterial –	650	23,33 €	8,14 €	31,47 €	89,22 €
2337	2337	Einrichtung von gebrochenen Endgliedknochen von Fingern oder von gebrochenen Zehenknochen	76		3,07 €	3,07 €	7,70 €
2338	2338	Einrichtung des gebrochenen Großzehenknochens (I) oder von Frakturen an Grund- oder Mittelgliedern der Fingerknochen (II)	152		5,78 €	5,78 €	15,41 €
2338a	2338a	Operative Einrichtung des gebrochenen Endgliedknochens eines Fingers – einschließlich Fixation durch Osteosynthese –	185	7,78 €	3,42 €	11,20 €	26,53 €
	2339	Einrichtung des gebrochenen Großzehenknochens (I) oder von Frakturen an Grund- oder Mittelgliedknochen der Finger mit Osteosynthese (II)	379	7,78 €	22,40 €	30,18 €	40,33 €
2339		Einrichtung des gebrochenen Großzehenknochens (I) oder von Frakturen an Grund- oder Mittelgliedknochen oder des knöchernen Strecksehnenausrisses am Endglied der Finger mit Osteosynthese (II)		7,78 €	22,40 €	30,18 €	
2340	2340	Olekranonverschraubung oder Verschraubung des Innen- oder Außenknöchelbruches	554	15,66 €	10,87 €	26,53 €	71,82 €
2344	2344	Osteosynthese der gebrochenen Kniescheibe bzw- Exstirpation der Kniescheibe oder Teilexstirpation	1.110	23,33 €	24,67 €	48,00 €	135,85 €
2345	2345	Tibiakopfverschraubung oder Verschraubung des Fersenbeinbruchs	924	31,11 €	21,95 €	53,06 €	124,78 €
2346	2346	Beck'sche Bohrung	278	5,47 €	6,84 €	12,31 €	33,65 €
2347	2347	Nagelung und/oder Drahtung eines gebrochenen kleinen Röhrenknochens (z.B. Mittelhand, Mittelfuß)	370	11,77 €	5,80 €	17,57 €	43,55 €
2348	2348	Nagelung und/oder Drahtung eines kleinen Röhrenknochens (z.B. Mittelhand, Mittelfuß) bei offenem Knochenbruch	555	11,77 €	12,50 €	24,27 €	59,44 €
2349	2349	Nagelung und/oder Drahtung und/oder Verschraubung (mit Metallplatten) eines gebrochenen großen Röhrenknochens	1.110	31,11 €	24,67 €	55,78 €	143,63 €

L VI Frakturbehandlung

BGT Tarif-Nr.	DKG-NT Tarif-Nr.	Leistung	Punkte (nur DKG-NT I)	Besondere Kosten	Allgemeine Kosten	Sach-kosten	Vollkosten (nur DKG-NT I)
1a	1b	2	3	4	5	6	7
2350	2350	Nagelung und/oder Drahtung und/oder Verschraubung (mit Metallplatten) eines großen Röhrenknochens bei offenem Knochenbruch ..	1.660	31,11 €	51,80 €	82,91 €	199,39 €
2351	2351	Nagelung und/oder Verschraubung (mit Metallplatten) eines gebrochenen Schenkelhalses	1.480	31,11 €	45,09 €	76,20 €	181,14 €
2352	2352	Nagelung und/oder Verschraubung (mit Metallplatten) eines Schenkelhalses bei offenem Knochenbruch	2.220	31,11 €	71,51 €	102,62 €	256,15 €
2353	2353	Entfernung einer Nagelung und/oder Drahtung und/oder Verschraubung aus kleinen Röhrenknochen	185	7,78 €	2,90 €	10,68 €	23,67 €
2354	2354	Entfernung einer Nagelung und/oder Drahtung und/oder Verschraubung (mit Metallplatten) aus großen Röhrenknochen	370	23,33 €	22,42 €	45,75 €	60,84 €
2355	2355	Operative Stabilisierung einer Pseudoarthrose oder operative Korrektur eines in Fehlstellung verheilten Knochenbruchs	1.110	23,33 €	23,96 €	47,29 €	135,85 €
2356	2356	Operative Stabilisierung einer Pseudoarthrose oder operative Korrektur eines in Fehlstellung verheilten Knochenbruchs nach Osteotomie mittels Nagelung, Verschraubung und/oder Metallplatten und/oder äußerem Spanner – auch zusätzliches Einpflanzen von Knochenspan –	1.480	31,11 €	37,52 €	68,63 €	181,14 €
2357	2357	Operative Wiederherstellung einer gebrochenen Hüftpfanne einschließlich Fragmentfixation	2.770	54,34 €	66,21 €	120,55 €	335,14 €
2358	2358	Osteosynthese gebrochener Beckenringknochen, der gesprengten Symphyse oder einer gesprengten Kreuzdarmbeinfuge	2.100	38,89 €	66,21 €	105,10 €	251,77 €

L VII Chirurgie der Körperoberfläche

BGT Tarif-Nr.	DKG-NT Tarif-Nr.	Leistung	Punkte (nur DKG-NT I)	Besondere Kosten	Allgemeine Kosten	Sach-kosten	Vollkosten (nur DKG-NT I)
1a	1b	2	3	4	5	6	7
2380	2380	Überpflanzung von Epidermisstücken	310	5,47 €	7,55 €	13,02 €	36,90 €
2381	2381	Einfache Hautlappenplastik	370	5,47 €	6,40 €	11,87 €	37,25 €
2382	2382	Schwierige Hautlappenplastik (I) oder Spalthauttransplantation (II)	739	15,66 €	12,50 €	28,16 €	79,14 €
2383	2383	Vollhauttransplantation – auch einschließlich plastischer Versorgung der Entnahmestelle – ..	1.000	15,66 €	31,98 €	47,64 €	117,03 €
2384	2384	Knorpeltransplantation, z.B. aus einem Ohr oder aus einer Rippe	739	11,77 €	14,76 €	26,53 €	86,68 €
2385	2385	Transplantation eines haartragenden Hautimplantates oder eines Dermafett-Transplantates – auch einschließlich plastischer Versorgung der Entnahmestelle –	1.200	15,66 €	31,98 €	47,64 €	137,31 €
2386	2386	Schleimhauttransplantation – einschließlich operativer Unterminierung der Entnahmestelle und plastischer Deckung –	688	7,78 €	14,76 €	22,54 €	77,52 €
2390	2390	Deckung eines überhandflächengroßen, zusammenhängenden Hautdefektes mit speziell aufbereiteten freien Hauttransplantaten	1.330	15,66 €	31,98 €	47,64 €	150,48 €
2391	2391	Freie Verpflanzung eines Hautlappens, auch mittels zwischenzeitlicher Stielbildung, in mehreren Sitzungen	1.500	15,66 €	38,59 €	54,25 €	167,72 €
2392	2392	Anlage eines Rundstiellappens	900	7,78 €	21,95 €	29,73 €	99,01 €
2392a	2392a	Exzision einer großen kontrakten und funktionsbehindernden Narbe – einschließlich plastischer Deckung –	1.000	23,33 €	31,98 €	55,31 €	124,70 €
2393	2393	Interimistische Implantation eines Rundstiellappens (Zwischentransport)	739	7,78 €	14,76 €	22,54 €	82,69 €
2394	2394	Implantation eines Rundstiellappens – einschließlich Modellierung am Ort –	2.200	15,66 €	71,51 €	87,17 €	238,68 €
2395	2395	Gekreuzte Beinlappenplastik	2.500	23,33 €	71,51 €	94,84 €	276,76 €
2396	2396	Implantation eines Hautexpanders	900	15,66 €	36,46 €	52,12 €	106,89 €
2397	2397	Operative Ausräumung eines ausgedehnten Hämatoms, als selbständige Leistung	600	15,66 €	24,18 €	39,84 €	76,48 €
2400	2400	Öffnung eines Körperkanalverschlusses an der Körperoberfläche	111	5,47 €	3,07 €	8,54 €	16,72 €

L VII Chirurgie der Körperoberfläche

BGT Tarif-Nr.	DKG-NT Tarif-Nr.	Leistung	Punkte (nur DKG-NT I)	Besondere Kosten	Allgemeine Kosten	Sach-kosten	Vollkosten (nur DKG-NT I)
1a	1b	2	3	4	5	6	7
2401	2401	Probeexzision aus oberflächlich gelegenem Körpergewebe (z.B. Haut, Schleimhaut, Lippe)	133	5,47 €	4,25 €	9,72 €	18,95 €
2402	2402	Probeexzision aus tiefliegendem Körpergewebe (z.B. Fettgewebe, Faszie, Muskulatur) oder aus einem Organ ohne Eröffnung einer Körperhöhle (wie Zunge)	370	7,78 €	10,87 €	18,65 €	45,29 €
	2403	Exzision einer in oder unter der Haut oder Schleimhaut liegenden kleinen Geschwulst ...	133	5,47 €	3,60 €	9,07 €	16,89 €
2403		Exzision einer in oder unter der Haut oder Schleimhaut liegenden kleinen Geschwulst, auch am Kopf und an den Händen		5,47 €	3,60 €	9,07 €	
	2404	Exzision einer größeren Geschwulst (z.B. Ganglion, Fasziengeschwulst, Fettgeschwulst, Lymphdrüse, Neurom)	554	7,78 €	9,20 €	16,98 €	55,37 €
2404		Exzision einer größeren Geschwulst (z.B. Ganglion, Fasziengeschwulst, Fettgeschwulst, Lymphdrüse, Neurom)		7,78 €	9,20 €	16,98 €	
		Operationsbericht und histologischer Befund sind dem UV-Träger auf Anforderung vorzulegen.					
2405	2405	Entfernung eines Schleimbeutels	370	7,78 €	9,20 €	16,98 €	39,56 €
2407	2407	Exzision einer ausgedehnten, auch blutreichen Geschwulst – gegebenenfalls einschließlich ganzer Muskeln – und Ausräumung des regionären Lymphstromgebietes	2.310	38,89 €	59,47 €	98,36 €	273,06 €
2408	2408	Ausräumung des Lymphstromgebietes einer Axilla	1.100	23,33 €	30,81 €	54,14 €	134,84 €
2410	2410	Operation eines Mammatumors	739	7,78 €	11,33 €	19,11 €	82,69 €
2411	2411	Absetzen einer Brustdrüse	924	23,33 €	11,33 €	34,66 €	117,00 €
2412	2412	Absetzen einer Brustdrüse einschließlich Brustmuskulatur	1.400	31,11 €	38,59 €	69,70 €	173,03 €
2413	2413	Absetzen einer Brustdrüse mit Ausräumen der regionären Lymphstromgebiete (Radikaloperation)	2.310	31,11 €	59,47 €	90,58 €	265,28 €
2414	2414	Reduktionsplastik der Mamma	2.800	31,11 €	76,36 €	107,47 €	314,95 €

L VII Chirurgie der Körperoberfläche

BGT Tarif-Nr.	DKG-NT Tarif-Nr.	Leistung	Punkte (nur DKG-NT I)	Besondere Kosten	Allgemeine Kosten	Sachkosten	Vollkosten (nur DKG-NT I)
1a	1b	2	3	4	5	6	7
2415	2415	Aufbauplastik der Mamma einschließlich Verschiebeplastik – gegebenenfalls einschließlich Inkorporation einer Mammaprothese –	2.000	31,11 €	63,61 €	94,72 €	233,85 €
2416	2416	Aufbauplastik nach Mammaamputation – gegebenenfalls einschließlich Inkorporation einer Mammaprothese –	3.000	31,11 €	76,36 €	107,47 €	335,22 €
2417	2417	Operative Entnahme einer Mamille und interimistische Implantation an anderer Körperstelle	800	15,66 €	21,24 €	36,90 €	96,76 €
2418	2418	Replantation einer verpflanzten Mamille	800	15,66 €	21,24 €	36,90 €	96,76 €
2419	2419	Rekonstruktion einer Mamille aus einer großen Labie oder aus der Mamma der gesunden Seite, auch zusätzlich zur Aufbauplastik	1.200	15,66 €	31,98 €	47,64 €	137,31 €
2420	2420	Implantation (I) oder operativer Austausch einer Mammaprothese (II), als selbständige Leistung	1.100	15,66 €	31,98 €	47,64 €	127,17 €
2421	2421	Implantation eines subkutanen, auffüllbaren Medikamentenreservoirs	600	7,78 €	24,18 €	31,96 €	68,60 €
2427	2427	Tiefreichende, die Faszie und die darunterliegenden Körperschichten durchtrennende Entlastungsinzision(en) – auch mit Drainage	400	5,47 €	11,57 €	17,04 €	46,02 €
2428	2428	Eröffnung eines oberflächlich unter der Haut oder der Schleimhaut liegenden Abszesses oder eines Furunkels	80		3,07 €	3,07 €	8,11 €
2429	2429	Eröffnung diesseminierter Absezessbildungen der Haut (z.B. bei einem Säugling)	220		7,67 €	7,67 €	22,30 €
2430	2430	Eröffnung eines tiefliegenden Abszesses	303		9,80 €	9,80 €	30,72 €
2431	2431	Eröffnung eines Karbunkels – auch mit Exzision –	379		10,87 €	10,87 €	38,42 €
2432	2432	Eröffnung einer Phlegmone	473		10,87 €	10,87 €	47,95 €
2440	2440	Operative Entfernung eines Naevus flammeus, je Sitzung	800	7,78 €	21,24 €	29,02 €	88,88 €
2441	2441	Operative Korrektur einer entstellenden Gesichtsnarbe	400	7,78 €	11,57 €	19,35 €	48,33 €
2442	2442	Implantation alloplastischen Materials zur Weichteilunterfütterung, als selbständige Leistung	900	15,66 €	26,55 €	42,21 €	106,89 €

L VII Chirurgie der Körperoberfläche

BGT Tarif-Nr.	DKG-NT Tarif-Nr.	Leistung	Punkte (nur DKG-NT I)	Besondere Kosten	Allgemeine Kosten	Sach-kosten	Vollkosten (nur DKG-NT I)
1a	1b	2	3	4	5	6	7
2443	2443	Totale Entfernung des Narbengewebes im ehemaligen Augenlidgebiet als vorbereitende operative Maßnahme zur Rekonstruktion eines Augenlides	800	15,66 €	21,24 €	36,90 €	96,76 €
2444	2444	Implantation eines Magnetkörpers in ein Augenlid	300	5,47 €	8,97 €	14,44 €	35,88 €
2450	2450	Operation des Rhinophyms	600	7,78 €	20,78 €	28,56 €	68,60 €
2451	2451	Wiederherstellungsoperation bei Fazialähmung – einschließlich Muskelplastiken und/ oder Aufhängung mittels Faszie –	2.500	23,33 €	66,21 €	89,54 €	276,76 €
2452	2452	Exstirpation einer Fettschürze – einschließlich plastischer Deckung des Grundes –	1.400	23,33 €	38,59 €	61,92 €	165,25 €
2453	2453	Operation des Lymphödems einer Extremität	2.000	31,11 €	63,61 €	94,72 €	233,85 €
2454	2454	Operative Entfernung von überstehendem Fettgewebe an einer Extremität	924	15,66 €	11,33 €	26,99 €	109,33 €

L VIII Neurochirurgie — Nummern 2500–2525

BGT Tarif-Nr.	DKG-NT Tarif-Nr.	Leistung	Punkte (nur DKG-NT I)	Besondere Kosten	Allgemeine Kosten	Sach-kosten	Vollkosten (nur DKG-NT I)
1a	1b	2	3	4	5	6	7
2500	2500	Hebung einer gedeckten Impressionsfraktur des Schädels	1.850	22,60 €	63,61 €	86,21 €	210,14 €
2501	2501	Operation einer offenen Impressions- oder Splitterfraktur des Schädels – einschließlich Reimplantation von Knochenstücken –	3.100	22,60 €	76,36 €	98,96 €	336,85 €
2502	2502	Operation eines epiduralen Hämatoms	2.750	15,03 €	66,21 €	81,24 €	293,80 €
2503	2503	Operation einer frischen Hirnverletzung mit akutem subduralem und/oder intrazerebralem Hämatom	5.250	15,03 €	191,07 €	206,10 €	547,23 €
2504	2504	Operation einer offenen Hirnverletzung mit Dura- und/oder Kopfschwartenplastik	4.500	22,60 €	179,86 €	202,46 €	478,77 €
2505	2505	Operation des akuten subduralen Hygroms oder Hämatoms beim Säugling oder Kleinkind	3.000	15,03 €	76,36 €	91,39 €	319,14 €
2506	2506	Exstirpation eines chronischen subduralen Hämatoms einschließlich Kapselentfernung	3.750	15,03 €	78,95 €	93,98 €	395,17 €
2507	2507	Entleerung eines chronischen subduralen Hämatoms mittels Bohrlochtrepanation(en) – gegebenenfalls einschließlich Drainage –	1.800	15,03 €	63,61 €	78,64 €	197,50 €
2508	2508	Operative Versorgung einer frischen frontobasalen Schädel-Hirnverletzung	4.500	22,60 €	179,86 €	202,46 €	478,77 €
2509	2509	Totalexstirpation eines Hirnabszesses	3.750	22,60 €	79,90 €	102,50 €	402,74 €
2510	2510	Operation eines intrazerebralen, nicht traumatisch bedingten Hämatoms	4.000	15,03 €	138,42 €	153,45 €	420,51 €
2515	2515	Bohrlochtrepanation des Schädels	1.000	15,03 €	37,06 €	52,09 €	116,40 €
2516	2516	Osteoklastische Trepanation des Schädels über dem Großhirn	1.500	15,03 €	45,43 €	60,46 €	167,09 €
2517	2517	Osteoklastische Trepanation des Schädels über dem Großhirn – einschließlich Wiederanpassung des Knochendeckels –	2.250	22,60 €	71,51 €	94,11 €	250,68 €
2518	2518	Eröffnung der hinteren Schädelgrube	2.700	22,60 €	71,51 €	94,11 €	296,30 €
2519	2519	Trepanation bei Kraniostenose	2.250	15,03 €	71,51 €	86,54 €	243,11 €
2525	2525	Operation der prämaturen Schädelnahtsynostose (Kraniostenose) mit Einfassung der Knochenränder oder mit Duraschichtresektion beim Säugling oder Kleinkind	4.000	15,03 €	138,42 €	153,45 €	420,51 €

L VIII Neurochirurgie

BGT Tarif-Nr.	DKG-NT Tarif-Nr.	Leistung	Punkte (nur DKG-NT I)	Besondere Kosten	Allgemeine Kosten	Sachkosten	Vollkosten (nur DKG-NT I)
1a	1b	2	3	4	5	6	7
2526	2526	Exstirpation eines Konvexitätstumors des Großhirns	3.750	22,60 €	138,42 €	161,02 €	402,74 €
2527	2527	Exstirpation eines Großhirntumors mit Hirnlappenresektion	5.250	22,60 €	191,07 €	213,67 €	554,80 €
2528	2528	Exstirpation eines Tumors der Mittellinie (Kraniopharyngeom, intraventrikulärer Tumor, Hypophysentumor) oder eines Schädelbasistumors	7.500	22,60 €	137,72 €	160,32 €	782,88 €
2529	2529	Operation einer intrakraniellen Gefäßmißbildung (Aneurysma oder arteriovenöses Angiom)	8.000	22,60 €	137,72 €	160,32 €	833,57 €
2530	2530	Intrakranielle Embolektomie	7.500	22,60 €	137,72 €	160,32 €	782,88 €
2531	2531	Intrakranielle Gefäßanastomose oder Gefäßtransplantation	7.500	22,60 €	137,72 €	160,32 €	782,88 €
2535	2535	Resektion einer Gehirngemisphäre	6.000	22,60 €	207,70 €	230,30 €	630,83 €
2536	2536	Resektion eines Gehirnlappens	4.500	22,60 €	179,86 €	202,46 €	478,77 €
2537	2537	Durchschneidung von Nervenbahnen im Gehirn oder in der Medulla oblongata	6.250	22,60 €	207,70 €	230,30 €	656,17 €
2538	2538	Operation einer Enzephalozele der Konvexität	3.750	15,03 €	138,42 €	153,45 €	395,17 €
2539	2539	Operation einer frontobasal gelegenen Enzephalozele	6.250	22,60 €	207,70 €	230,30 €	656,17 €
2540	2540	Ventrikuläre intrakorporale Liquorableitung mittels Ventilsystem	4.500	22,60 €	179,86 €	202,46 €	478,77 €
2541	2541	Ventrikulozisternostomie	4.500	22,60 €	179,86 €	202,46 €	478,77 €
2542	2542	Ventrikuläre extrakorporale Liquorableitung	1.800	15,03 €	63,61 €	78,64 €	197,50 €
2550	2550	Exstirpation eines Kleinhirntumors	5.000	45,30 €	179,86 €	225,16 €	552,15 €
2551	2551	Exstirpation eines Kleinhirnbrückenwinkel- oder Stammhirntumors	7.500	45,30 €	234,14 €	279,44 €	805,58 €
2552	2552	Exstirpation eines retrobulbären Tumors auf transfrontal-transorbitalem Zugangsweg	6.250	45,30 €	207,70 €	253,00 €	678,87 €
2553	2553	Intrakraniale Operation einer basalen Liquorfistel mit plastischem Verschluß	6.000	45,30 €	207,70 €	253,00 €	653,53 €
2554	2554	Plastischer Verschluß eines Knochendefekts im Bereich des Hirnschädels, als selbständige Leistung	1.800	15,03 €	63,61 €	78,64 €	197,50 €

L VIII Neurochirurgie

BGT Tarif-Nr.	DKG-NT Tarif-Nr.	Leistung	Punkte (nur DKG-NT I)	Besondere Kosten	Allgemeine Kosten	Sach-kosten	Vollkosten (nur DKG-NT I)
1a	1b	2	3	4	5	6	7
2555	2555	Eröffnung des Spinalkanals durch einseitige Hemilaminektomie eines Wirbels/mehrerer Wirbel	1.480	38,89 €	33,39 €	72,28 €	188,92 €
2556	2556	Eröffnung des Spinalkanals durch Laminektomie eines Wirbels/mehrerer Wirbel	1.850	38,89 €	40,47 €	79,36 €	226,43 €
2557	2557	Eröffnung des Spinalkanals durch Laminektomie eines Wirbels/mehrerer Wirbel – einschließlich Wiedereinpflanzung von Knochenteilen –	2.400	46,78 €	48,50 €	95,28 €	290,07 €
2560	2560	Stereotaktische Ausschaltung(en) am Zentralnervensystem	3.750	30,27 €	138,42 €	168,69 €	410,41 €
2561	2561	Stereotaktische Ausschaltung(en) am Zentralnervensystem oder Implantation von Reizelektroden zur Dauerstimulation im Zentralnervensystem mit Trepanation	4.620	30,27 €	179,86 €	210,13 €	498,60 €
2562	2562	Anatomische Vorausberechnungen (Zielpunktbestimmungen) zu den Leistungen nach den Nummern 2560 und 2561 – gegebenenfalls einschließlich etwa erforderlicher Ultraschallmessungen im Schädelinnern –	2.250		36,58 €	36,58 €	228,08 €
2563	2563	Durchschneidung und/oder Zerstörung eines Nerven an der Schädelbasis	2.310	22,60 €	71,51 €	94,11 €	256,77 €
2564	2564	Offene Durchtrennung eines oder mehrerer Nerven am Rückenmark	4.800	22,60 €	179,86 €	202,46 €	509,18 €
2565	2565	Operativer Eingriff zur Dekompression einer oder mehrerer Nervenwurzel(n) im Zervikalbereich – einschließlich Foraminotomie – gegebenenfalls einschließlich der Leistungen nach Nummer 2282 oder 2283	4.100	22,60 €	138,42 €	161,02 €	438,22 €
2566	2566	Operativer Eingriff zur Dekompression einer oder mehrerer Nervenwurzel(n) im thorakalen oder lumbalen Bereich – gegebenenfalls einschließlich Foraminotomie und/oder der Leistungen nach Nummer 2282 oder 2283	3.000	22,60 €	86,39 €	108,99 €	326,71 €
2570	2570	Implantation von Reizelektroden zur Dauerstimulation des Rückenmarks – gegebenenfalls einschließlich Implantation des Empfangsgerätes –	4.500	15,03 €	179,86 €	194,89 €	471,20 €

L VIII Neurochirurgie

Nummern 2571–2587

BGT Tarif-Nr.	DKG-NT Tarif-Nr.	Leistung	Punkte (nur DKG-NT I)	Besondere Kosten	Allgemeine Kosten	Sach-kosten	Vollkosten (nur DKG-NT I)
1a	1b	2	3	4	5	6	7
2571	2571	Operation einer Mißbildung am Rückenmark oder an der Cauda equina oder Verschluß einer Myelomingozele beim Neugeborenen oder Operation einer Meningozele	2.650	15,03 €	66,21 €	81,24 €	283,66 €
2572	2572	Operation einer Mißbildung am Rückenmark oder an der Cauda equina mit plastischer Rekonstruktion des Wirbelkanals und/oder Faszienplastik	3.230	22,60 €	86,39 €	108,99 €	350,03 €
2573	2573	Verschiebeplastik, zusätzlich zu den Leistungen nach den Nummern 2571, 2572 und 2584	500	15,03 €	10,73 €	25,76 €	65,72 €
2574	2574	Entfernung eines raumbeengenden extraduralen Prozesses im Wirbelkanal	2.750	30,27 €	72,71 €	102,98 €	309,04 €
2575	2575	Entfernung eines raumbeengenden intraduralen Prozesses im Wirbelkanal	3.500	30,27 €	78,01 €	108,28 €	385,07 €
2576	2576	Mikrochirurgische Entfernung einer spinalen Gefäßmißbildung oder eines Tumors	4.500	30,27 €	179,86 €	210,13 €	486,44 €
2577	2577	Entfernung eines raumbeengenden intra- oder extraduralen Prozesses	4.000	30,27 €	138,42 €	168,69 €	435,75 €
2580	2580	Freilegung und Durchtrennung oder Exhairese eines Nerven	554	7,67 €	12,28 €	19,95 €	63,83 €
2581	2581	Freilegung und Exhairese eines peripheren Trigeminusastes	924	15,03 €	26,55 €	41,58 €	108,70 €
2582	2582	Freilegung und Entnahme eines autologen peripheren Nerven zwecks Transplantation einschließlich Aufbereitung	1.800	22,60 €	63,61 €	86,21 €	205,07 €
2583	2583	Neurolyse, als selbständige Leistung	924	15,03 €	26,55 €	41,58 €	108,70 €
2584	2584	Neurolyse mit Nervenverlagerung und Neueinbettung	1.480	22,60 €	38,59 €	61,19 €	172,63 €
2585	2585	Nervenersatzplastik durch Implantation eines peripheren Nerven im Hand-/Armbereich	2.600	15,03 €	71,51 €	86,54 €	278,59 €
2586	2586	End-zu-End-Naht eines Nerven im Zusammenhang mit einer frischen Verletzung – einschließlich Wundversorgung –	1.350	15,03 €	33,63 €	48,66 €	151,88 €
2587	2587	Frühe Sekundärnaht eines peripheren Nerven?	1.850	15,03 €	63,61 €	78,64 €	202,57 €

L VIII Neurochirurgie

BGT Tarif-Nr.	DKG-NT Tarif-Nr.	Leistung	Punkte (nur DKG-NT I)	Besondere Kosten	Allgemeine Kosten	Sach-kosten	Vollkosten (nur DKG-NT I)
1a	1b	2	3	4	5	6	7
2588	2588	Interfaszikuläre mikrochirurgische Nervennaht ohne Verwendung eines autologen Transplantats	2.100	15,03 €	66,21 €	81,24 €	227,91 €
2589	2589	Interfaszikuläre mikrochirurgische Nervennaht mit Defektüberbrückung durch autologes Transplantat (ohne die Leistung nach Nummer 2582)	2.400	22,60 €	71,51 €	94,11 €	265,89 €
2590	2590	Naht eines Nervenplexus nach vollständiger Präparation und Neurolyse – auch einschließlich der etwa erforderlichen Foraminotomie oder Hemilaminektomie –	3.000	22,60 €	86,39 €	108,99 €	326,71 €
2591	2591	Interfaszikuläre Defektüberbrückung eines Nervenplexus nach vollständiger Präparation desselben mit autologen Transplantaten und perineuraler mikrochirurgischer Naht	6.000	30,27 €	207,70 €	237,97 €	638,50 €
2592	2592	Mikrochirurgische interfaszikuläre Neurolyse, als selbständige Leistung	1.800	15,03 €	63,97 €	79,00 €	197,50 €
2593	2593	Mikrochirurgische interfaszikuläre Neurolyse mit Nervenverlagerung und Neueinbettung, als selbständige Leistung	2.770	22,60 €	72,71 €	95,31 €	303,40 €
2594	2594	Transposition eines Nerven mit interfaszikulärer mikrochirurgischer Nervennaht	3.000	15,03 €	86,39 €	101,42 €	319,14 €
2595	2595	Nervenpfropfung	1.600	15,03 €	38,59 €	53,62 €	177,22 €
2596	2596	Hirnnervenersatzplastik durch Implantation eines autologen peripheren Nerven	2.400	22,60 €	71,51 €	94,11 €	265,89 €
2597	2597	Verödung oder Verknochung des Ganglion Gasseri	700	7,67 €	20,18 €	27,85 €	78,63 €
2598	2598	Stereotaktische Thermokoagulation des Ganglion Gasseri	1.400	7,67 €	38,59 €	46,26 €	149,59 €
2599	2599	Blockade eines Nerven im Bereich der Schädelbasis	225	7,67 €	7,55 €	15,22 €	30,48 €
2600	2600	Exstirpation eines Ganglions im Bereich der Schädelbasis	1.500	15,03 €	45,43 €	60,46 €	167,09 €
2601	2601	Grenzstrangresektion im zervikalen Bereich ..	1.000	15,03 €	26,55 €	41,58 €	116,40 €
2602	2602	Abdomino-retroperitoneale lumbale Grenzstrangresektion	1.480	15,03 €	45,43 €	60,46 €	165,06 €
2603	2603	Kombinierte thorako-lumbale Grenzstrangresektion	3.000	15,03 €	86,39 €	101,42 €	319,14 €

L VIII Neurochirurgie   Nummer 2604

BGT Tarif-Nr.	DKG-NT Tarif-Nr.	Leistung	Punkte (nur DKG-NT I)	Besondere Kosten	Allgemeine Kosten	Sach-kosten	Vollkosten (nur DKG-NT I)
1a	1b	2	3	4	5	6	7
2604	**2604**	Splanchnikusdurchtrennung, peritoneal oder retroperitoneal	1.480	**15,03 €**	**45,43 €**	**60,46 €**	**165,06 €**

L IX Mund-, Kiefer- und Gesichtschirurgie — Nummern 2620–2656

BGT Tarif-Nr.	DKG-NT Tarif-Nr.	Leistung	Punkte (nur DKG-NT I)	Besondere Kosten	Allgemeine Kosten	Sach-kosten	Vollkosten (nur DKG-NT I)
1a	1b	2	3	4	5	6	7
2620	2620	Operation der isolierten Lippenspalte	750	15,66 €	30,21 €	45,87 €	91,69 €
2621	2621	Operation der breiten Lippen-Kieferspalte mit Naseneingangsplastik	1.500	75,46 €	60,53 €	135,99 €	227,52 €
2622	2622	Plastisch-chirurgische Behandlung einer kompletten Gesichtsspalte – einschließlich Osteotomien und Osteoplastiken –	9.000	77,79 €	363,37 €	441,16 €	990,13 €
2625	2625	Verschluß des weichen oder harten Gaumens oder Verschluß von perforierenden Defekten im Bereich von Gaumen oder Vestibulum	1.250	23,33 €	50,40 €	73,73 €	150,04 €
2626	2626	Velopharyngoplastik	2.500	7,78 €	100,90 €	108,68 €	261,21 €
2627	2627	Verschluß des harten und weichen Gaumens	2.000	31,11 €	80,84 €	111,95 €	233,85 €
2630	2630	Operative Rekonstruktion des Mittelgesichts – einschließlich Osteotomie und/oder Osteoplastik –	6.000	46,78 €	242,28 €	289,06 €	655,01 €
2640	2640	Operative Verlagerung des Oberkiefers bei Dysgnathie, je Kieferhälfte	1.200	15,66 €	48,39 €	64,05 €	137,31 €
2642	2642	Operative Verlagerung des Unterkiefers bei Dysgnathie, je Kieferhälfte	1.850	15,66 €	74,70 €	90,36 €	203,20 €
2650	2650	Entfernung eines extrem verlagerten oder retinierten Zahnes durch umfangreiche Osteotomie gei gefährdeten anatomischen Nachbarstrukturen	740	7,78 €	29,85 €	37,63 €	82,79 €
2651	2651	Entfernung tiefliegender Fremdkörper oder Sequestrotomie durch Osteotomie aus dem Kiefer	550	7,78 €	22,19 €	29,97 €	63,53 €
2655	2655	Operation einer ausgedehnten Kieferzyste – über mehr als drei Zähne oder vergleichbarer Größe im unbezahnten Bereich – durch Zystektomie	950	7,78 €	38,48 €	46,26 €	104,08 €
2656	2656	Operation einer ausgedehnten Kieferzyste – über mehr als drei Zähne oder vergleichbarer Größe im unbezahnten Bereich – durch Zystektomie in Verbindung mit der Entfernung retinierter oder verlagerter Zähne und/oder Wurzelspitzenresektion	620	7,78 €	25,13 €	32,91 €	70,63 €

L IX Mund-, Kiefer- und Gesichtschirurgie

BGT Tarif-Nr.	DKG-NT Tarif-Nr.	Leistung	Punkte (nur DKG-NT I)	Besondere Kosten	Allgemeine Kosten	Sach-kosten	Vollkosten (nur DKG-NT I)
1a	1b	2	3	4	5	6	7
2657	2657	Operation einer ausgedehnten Kieferzyste – über mehr als drei Zähne oder vergleichbarer Größe im unbezahnten Bereich – durch Zystostomie	760	7,78 €	30,68 €	38,46 €	84,82 €
2658	2658	Operation einer ausgedehnten Kieferzyste – über mehr als drei Zähne oder vergleichbarer Größe im unbezahnten Bereich – durch Zystostomie in Verbindung mit der Entfernung retinierter oder verlagerter Zähne und/oder Wurzelspitzenresektion	500	7,78 €	20,18 €	27,96 €	58,47 €
2660	2660	Operative Behandlung einer konservativ unstillbaren Blutung im Mund-Kieferbereich durch Freilegung und Abbinden oder Umstechung des Gefäßes oder durch Knochenbolzung, als selbständige Leistung	400	7,78 €	16,17 €	23,95 €	48,33 €
2670	2670	Operative Entfernung eines Schlotterkammes oder einer Fibromatose, je Kieferhälfte oder Frontzahnbereich, als selbständige Leistung ..	500	11,77 €	20,18 €	31,95 €	62,46 €
2671	2671	Operative Entfernung eines Schlotterkammes oder einer Fibromatose, je Kieferhälfte oder Frontzahnbereich, in Verbindung mit den Leistungen nach den Nummern 2575 oder 2576 ..	300	11,77 €	12,14 €	23,91 €	42,18 €
2675	2675	Partielle Vestibulum- oder Mundbodenplastik oder große Tuberplastik, je Kieferhälfte oder Frontzahnbereich	850	11,77 €	34,34 €	46,11 €	97,94 €
2676	2676	Totale Mundboden- oder Vestibulumplastik zur Formung des Prothesenlagers mit pariteller Ablösung der Mundbodenmuskulatur, je Kiefer ...	2.200	11,77 €	88,86 €	100,63 €	234,79 €
2677	2677	Submuköse Vestibulumplastik, je Kieferhälfte oder Frontzahnbereich, als selbständige Leistung.................................	700	11,77 €	28,33 €	40,10 €	82,73 €
2680	2680	Einrenkung der Luxation des Unterkiefers	100		4,13 €	4,13 €	10,14 €
2681	2681	Einrenkung der alten Luxation des Unterkiefers	400		16,17 €	16,17 €	40,55 €
2682	2682	Operative Einrenkung der Luxation eines Kiefergelenks	1.400	11,77 €	56,41 €	68,18 €	153,69 €
2685	2685	Reposition eines Zahnes	200	5,47 €	8,02 €	13,49 €	25,74 €
2686	2686	Reposition eines zahntragenden Bruchstücks des Alveolarfortsatzes	300	7,78 €	12,14 €	19,92 €	38,19 €

L IX Mund-, Kiefer- und Gesichtschirurgie

BGT Tarif-Nr.	DKG-NT Tarif-Nr.	Leistung	Punkte (nur DKG-NT I)	Besondere Kosten	Allgemeine Kosten	Sach-kosten	Vollkosten (nur DKG-NT I)
1a	1b	2	3	4	5	6	7
2687	2687	Allmähliche Reposition des gebrochenen Ober- oder Unterkiefers oder eines schwer einstellbaren oder verkeilten Bruchstücks des Alveolarfortsatzes	1.300		52,52 €	52,52 €	131,78 €
2688	2688	Fixation bei nicht disloziertem Kieferfraktur durch Osteosynthese oder Aufhängung	750	7,78 €	30,21 €	37,99 €	83,81 €
2690	2690	Operative Reposition und Fixation durch Osteosynthese bei Unterkieferbruch, je Kieferhälfte	1.000	15,66 €	40,37 €	56,03 €	117,03 €
2691	2691	Operative Reposition und Fixation durch Osteosynthese bei Aussprengung des Oberkiefers an der Schädelbasis	3.600	23,33 €	145,28 €	168,61 €	388,27 €
2692	2692	Operative Reposition und Fixation durch Osteosynthese bei Kieferbruch im Mittelgesichtsbereich – gegebenenfalls einschließlich Jochbeinbruch und/oder Nasenbeinbruch –, je Kieferhälfte	1.500	15,66 €	60,53 €	76,19 €	167,72 €
2693	2693	Operative Reposition und Fixation einer isolierten Orbitaboden-, Jochbein- oder Jochbogenfraktur	1.200	7,78 €	48,39 €	56,17 €	129,43 €
2694	2694	Operative Entfernung von Osteosynthesematerial aus einem Kiefer- oder Gesichtsknochen, je Fraktur	450	7,78 €	18,17 €	25,95 €	53,40 €
2695	2695	Einrichtung und Fixation eines gebrochenen Kiefers außerhalb der Zahnreihen durch intra- und extraorale Schienenverbände und Stützapparate	2.700	7,78 €	109,04 €	116,82 €	281,48 €
2696	2696	Drahtumschlingung des Unterkiefers oder orofaziale Drahtaufhängung, auch beidseitig	500	5,47 €	20,18 €	25,65 €	56,16 €
2697	2697	Anlegen von Drahtligaturen, Drahthäkchen oder dergleichen, je Kieferhälfte oder Frontzahnbereich, als selbständige Leistung	350		14,16 €	14,16 €	35,48 €
2698	2698	Anlegen und Fixation einer Schiene am unverletzten Ober- oder Unterkiefer	1.500		60,53 €	60,53 €	152,06 €
2699	2699	Anlegen und Fixation einer Schiene am gebrochenen Ober- oder Unterkiefer	2.200		88,86 €	88,86 €	223,02 €
2700	2700	Anlegen von Stütz-, Halte- oder Hilfsvorrichtungen (z.B. Verbandsplatte, Pelotte) am Ober- oder Unterkiefer oder bei Kieferklemme	350		14,16 €	14,16 €	35,48 €

L IX Mund-, Kiefer- und Gesichtschirurgie — Nummern 2701–2730

BGT Tarif-Nr.	DKG-NT Tarif-Nr.	Leistung	Punkte (nur DKG-NT I)	Besondere Kosten	Allgemeine Kosten	Sach-kosten	Vollkosten (nur DKG-NT I)
1a	1b	2	3	4	5	6	7
2701	2701	Anlegen von extraoralen Stütz-, Halte- oder Hilfsvorrichtungen, einer Verbands- oder Verschlußplatte, Pelotte oder dergleichen – im Zusammenhang mit plastischen Operationen oder zur Verhütung oder Behandlung von Narbenkontrakturen –	1.800		72,71 €	72,71 €	182,47 €
2702	2702	Wiederanbringen einer gelösten Apparatur oder kleine Änderungen, teilweise Erneuerung von Schienen oder Stützapparaten – auch Entfernung von Schienen oder Stützapparaten –, je Kiefer	300		12,14 €	12,14 €	30,41 €
2705	2705	Osteotomie nach disloziert verheilter Fraktur im Mittelgesicht – einschließlich Osteosynthese –	1.700	7,78 €	68,57 €	76,35 €	180,11 €
2706	2706	Osteotomie nach disloziert verheilter Fraktur im Unterkiefer – einschließlich Osteosynthese – ..	1.300	11,77 €	52,52 €	64,29 €	143,55 €
2710	2710	Partielle Resektion des Ober- oder Unterkiefers – auch Segmentosteotomie –, als selbständige Leistung	1.100	11,77 €	44,37 €	56,14 €	123,28 €
2711	2711	Partielle Resektion des Ober- oder Unterkiefers – auch Segmentosteotomie –, in Verbindung mit den Leistungen nach den Nummern 2640 oder 2642	750	7,78 €	30,21 €	37,99 €	83,81 €
2712	2712	Halbseitenresektion des Ober- oder Unterkiefers	3.000	38,89 €	121,08 €	159,97 €	343,00 €
2715	2715	Suprahyodiale Lymphknotenausräumung einer Seite – einschließlich Darstellung und gegebenenfalls Entfernung von Muskeln, Nerven und Gefäßen –	2.000	15,66 €	80,84 €	96,50 €	218,40 €
2716	2716	Radikale Halslymphknotenausräumung einer Seite – einschließlich Darstellung und gegebenenfalls Entfernung von Muskeln, Nerven und Gefäßen –	5.000	38,89 €	201,92 €	240,81 €	545,74 €
2720	2720	Osteotomie im Zusammenhang mit operativen Eingriffen am Mundboden – einschließlich Osteosynthese –	800	11,77 €	32,33 €	44,10 €	92,87 €
2730	2730	Operative Maßnahmen zur Lagerbildung beim Aufbau des Alveolarfortsatzes, je Kieferhälfte oder Frontzahnbereich	500	11,77 €	20,18 €	31,95 €	62,46 €

L IX Mund-, Kiefer- und Gesichtschirurgie

Nummer 2732

BGT Tarif-Nr.	DKG-NT Tarif-Nr.	Leistung	Punkte (nur DKG-NT I)	Besondere Kosten	Allgemeine Kosten	Sach-kosten	Vollkosten (nur DKG-NT I)
1a	1b	2	3	4	5	6	7
2732	**2732**	Operation zur Lagerbildung für Knochen oder Knorpel bei ausgedehnten Kieferdefekten	2.000	**15,66 €**	**80,84 €**	**96,50 €**	**218,40 €**

L X Halschirurgie

BGT Tarif-Nr.	DKG-NT Tarif-Nr.	Leistung	Punkte (nur DKG-NT I)	Besondere Kosten	Allgemeine Kosten	Sach-kosten	Vollkosten (nur DKG-NT I)
1a	1b	2	3	4	5	6	7
2750	2750	Eröffnung des Schlundes durch Schnitt	1.110	15,03 €	39,89 €	54,92 €	127,55 €
2751	2751	Tracheotomie	554	15,03 €	10,38 €	25,41 €	71,19 €
2752	2752	Exstirpation eines Ductus thyreoglossus oder einer medialen Halszyste – gegebenenfalls einschließlich Teilresektion des Zungenbeins –	1.350	22,60 €	33,63 €	56,23 €	159,45 €
2753	2753	Divertikelresektion im Halsbereich	1.660	22,60 €	39,89 €	62,49 €	190,88 €
2754	2754	Operation einer Kiemengangfistel	1.660	22,60 €	33,39 €	55,99 €	190,88 €
2755	2755	Entfernung der Kropfgeschwulst (I) oder Teilresektion (II) der Schilddrüse	1.850	22,60 €	42,36 €	64,96 €	210,14 €
2756	2756	Ausschälung der Nebenschilddrüse (Parathyreoktomie)	2.220	22,60 €	55,59 €	78,19 €	247,64 €
2757	2757	Radikaloperation der bösartigen Schilddrüsengeschwulst – einschließlich Ausräumung der regionären Lymphstromgebiete und gegebenenfalls der Nachbarorgane –	3.700	30,27 €	74,11 €	104,38 €	405,34 €
2760	2760	Ausräumung des regionären Lymphstromgebietes einer Halsseite, als selbständige Leistung	1.200	22,60 €	33,63 €	56,23 €	144,25 €

L XI Gefäßchirurgie

BGT Tarif-Nr.	DKG-NT Tarif-Nr.	Leistung	Punkte (nur DKG-NT I)	Besondere Kosten	Allgemeine Kosten	Sach-kosten	Vollkosten (nur DKG-NT I)
1a	1b	2	3	4	5	6	7
		1. Allgemeine Vorrichtungen					
2800	2800	Venaesectio	275	7,67 €	8,50 €	16,17 €	35,55 €
2801	2801	Freilegung und/oder Unterbindung eines Blutgefäßes an den Gliedmaßen, als selbständige Leistung	463	7,67 €	12,40 €	20,07 €	47,44 €
2802	2802	Freilegung und/oder Unterbindung eines Blutgefäßes in der Brust- oder Bauchhöhle, als selbständige Leistung	2.220	22,60 €	55,59 €	78,19 €	247,64 €
2803	2803	Freilegung und/oder Unterbindung eines Blutgefäßes am Hals, als selbständige Leistung	1.480	15,03 €	45,43 €	60,46 €	165,06 €
2804	2804	Druckmessung(en) am freigelegten Blutgefäß	253		8,50 €	8,50 €	25,65 €
2805	2805	Flußmessung(en) am freigelegten Blutgefäß	350		10,38 €	10,38 €	35,48 €
2807	2807	Operative Entnahme einer Arterie zum Gefäßersatz	739	15,03 €	18,77 €	33,80 €	89,94 €
2808	2808	Operative Entnahme einer Vene zum Gefäßersatz	400	15,03 €	10,38 €	25,41 €	55,58 €
2809	2809	Naht eines verletzten Blutgefäßes (traumatisch) an den Gliedmaßen – einschließlich Wundversorgung –	740	15,66 €	18,77 €	34,43 €	90,67 €
2810	2810	Rekonstruktiver Eingriff an der Vena cava superior oder inferior (z.B. bei erweiterter Tumorchirurgie mit Cavaresektion und Ersatz durch eine Venenprothese) – gegebenenfalls einschließlich Anlegen einer temporären arteriovenösen Fistel –	5.000	116,57 €	201,92 €	318,49 €	623,42 €
		2. Arterienchirurgie					
2820	2820	Rekonstruktive Operation einer extrakranialen Hirnarterie	3.140	15,03 €	86,39 €	101,42 €	333,33 €
2821	2821	Rekonstruktive Operation einer extrakranialen Hirnarterie mit Einlegen eines Shunts	4.200	15,03 €	139,13 €	154,16 €	440,79 €
2822	2822	Rekonstruktive Operation einer Armarterie	2.300	15,03 €	55,71 €	70,74 €	248,18 €
2823	2823	Rekonstruktive Operation einer Finger- oder Zehenarterie	1.850	15,03 €	39,89 €	54,92 €	202,57 €

BGT Tarif-Nr.	DKG-NT Tarif-Nr.	Leistung	Punkte (nur DKG-NT I)	Besondere Kosten	Allgemeine Kosten	Sach-kosten	Vollkosten (nur DKG-NT I)
1a	1b	2	3	4	5	6	7
2824	2824	Operation des offenen Ductus Botalli oder einer anderen abnormen Gefäßmißbildung im Thorax durch Verschluß	3.000	45,30 €	76,36 €	121,66 €	349,41 €
2825	2825	Operation einer abnormen Gefäßmißbildung im Thorax durch Rekonstruktion	6.500	45,30 €	207,70 €	253,00 €	704,21 €
2826	2826	Operative Beseitigung einer erworbenen Stenose oder eines Verschlusses an den großen Gefäßen im Thorax durch Rekonstruktion	6.500	45,30 €	207,70 €	253,00 €	704,21 €
2827	2827	Operation eines Aneurysmas an einem großen Gefäß im Thorax	7.500	45,30 €	234,14 €	279,44 €	805,58 €
2828	2828	Operative Versorgung einer intrathorakalen Gefäßverletzung durch direkte Naht	3.000	22,60 €	76,36 €	98,96 €	326,71 €
2829	2829	Operative Versorgung einer intrathorakalen Gefäßverletzung durch Gefäßersatz	5.200	30,27 €	191,07 €	221,34 €	557,40 €
2834	2834	Operative(r) Eingriff(e) an einem oder mehreren Gefäß(en) der Nieren, als selbständige Leistung	1.480	15,03 €	45,43 €	60,46 €	165,06 €
2835	2835	Rekonstruktive Operation an der Aorta abdominalis bei Stenose oder Verschluß	4.500	45,30 €	179,86 €	225,16 €	501,47 €
2836	2836	Rekonstruktive Operation an der Aorta abdominalis bei Aneurysma	5.000	45,30 €	191,07 €	236,37 €	552,15 €
2837	2837	Rekonstruktive Operation an einem Viszeralgefäß	5.000	45,30 €	191,07 €	236,37 €	552,15 €
2838	2838	Rekonstruktive Operation einer Nierenarterie ..	4.300	45,30 €	179,86 €	225,16 €	481,20 €
2839	2839	Rekonstruktive Operation an den Beckenarterien, einseitig	3.000	45,30 €	76,36 €	121,66 €	349,41 €
2840	2840	Rekonstruktive Operation an den Arterien eines Oberschenkels – auch Anlegen einer Gefäßprothese oder axillo-femorale Umleitung oder femoro-femorale Umleitung –	3.000	22,60 €	76,36 €	98,96 €	326,71 €
2841	2841	Rekonstruktive Operation einer Kniekehlenarterie	2.000	22,60 €	66,21 €	88,81 €	225,34 €
2842	2842	Rekonstruktive Operation der Arterien des Unterschenkels	3.700	15,03 €	138,42 €	153,45 €	390,10 €
2843	2843	Rekonstruktive Operation einer arteriovenösen Fistel an den Extremitäten oder im Halsbereich	3.700	15,03 €	138,42 €	153,45 €	390,10 €

BGT Tarif-Nr.	DKG-NT Tarif-Nr.	Leistung	Punkte (nur DKG-NT I)	Besondere Kosten	Allgemeine Kosten	Sach-kosten	Vollkosten (nur DKG-NT I)
1a	1b	2	3	4	5	6	7
2844	2844	Rekonstruktive Operation einer arteriovenösen Fistel im Brust- oder Bauchraum	5.500	22,60 €	191,07 €	213,67 €	580,14 €
		3. Venenchirurgie					
2880	2880	Inzision eines Varixknotens	148		8,50 €	8,50 €	15,00 €
2881	2881	Varizenexhairese, einseitig	1.110	15,03 €	32,81 €	47,84 €	127,55 €
2882	2882	Varizenexhairese mit Unterbrechung der Venae perforantes, einseitig	1.850	15,03 €	55,59 €	70,62 €	202,57 €
2883	2883	Crossektomie der Vena saphena magna oder parva und Exstirpation mehrerer Seitenäste ..	1.200	15,66 €	32,81 €	48,47 €	137,31 €
2885	2885	Entfernung einer kleinen Blutadergeschwulst ..	1.110	15,03 €	32,81 €	47,84 €	127,55 €
2886	2886	Entfernung einer großen Blutadergeschwulst ..	2.770	15,03 €	66,21 €	81,24 €	295,83 €
2887	2887	Thrombektomie	2.000	15,03 €	55,59 €	70,62 €	217,77 €
2888	2888	Veno-venöse Umleitung (z.B. nach Palma) ohne Anlage eines arteriovenösen Shunts	3.140	15,03 €	86,39 €	101,42 €	333,33 €
2889	2889	Veno-venöse Umleitung (z.B. nach Palma) mit Anlage eines arteriovenösen Shunts	3.700	15,03 €	138,42 €	153,45 €	390,10 €
2890	2890	Isolierte Seitenastexstirpation und/oder Perforansdissektion und/oder Peforansligatur	350	7,78 €	10,38 €	18,16 €	43,26 €
2891	2891	Rekonstruktive Operation an den Körpervenen unter Ausschluß der Hohlvenen (Thrombektomie, Transplantatersatz, Bypassoperation) – gegebenenfalls einschließlich Anlegen einer temporären arterio-venösen Fistel –	3.000	54,34 €	76,36 €	130,70 €	358,45 €
2895	2895	Anlage eines arterio-venösen Shunts zur Hämodialyse	1.480	15,03 €	45,43 €	60,46 €	165,06 €
2896	2896	Anlage eines arterio-venösen Shunts zur Hämodialyse mit freiem Transplantat	2.100	15,03 €	55,59 €	70,62 €	227,91 €
2897	2897	Beseitigung eines arterio-venösen Shunts	1.200	15,03 €	32,81 €	47,84 €	136,68 €
2898	2898	Unterbrechung der Vena cava caudalis durch Filterimplantation	1.500	15,03 €	45,43 €	60,46 €	167,09 €
2899	2899	Unterbrechung der Vena cava caudalis nach Freilegung	2.220	15,03 €	55,59 €	70,62 €	240,07 €
2900	2900	Operation bei portalem Hochdruck durch Dissektion	3.140	30,27 €	86,39 €	116,66 €	348,57 €

BGT Tarif-Nr.	DKG-NT Tarif-Nr.	Leistung	Punkte (nur DKG-NT I)	Besondere Kosten	Allgemeine Kosten	Sach-kosten	Vollkosten (nur DKG-NT I)
1a	1b	2	3	4	5	6	7
2901	**2901**	Operation bei portalem Hochdruck durch venöse Anastomose	3.700	**45,30 €**	**92,52 €**	**137,82 €**	**420,37 €**
2902	**2902**	Operation bei portalem Hochdruck durch venöse Anastomose und Arterialisation	4.620	**45,30 €**	**179,86 €**	**225,16 €**	**513,63 €**
		4. Sympathikuschirurgie					
2920	**2920**	Thorakale Sympathektomie	2.000	**15,03 €**	**66,21 €**	**81,24 €**	**217,77 €**
2921	**2921**	Lumbale Sympathektomie	1.480	**15,03 €**	**45,43 €**	**60,46 €**	**165,06 €**

L XII Thoraxchirurgie

BGT Tarif-Nr.	DKG-NT Tarif-Nr.	Leistung	Punkte (nur DKG-NT I)	Besondere Kosten	Allgemeine Kosten	Sach-kosten	Vollkosten (nur DKG-NT I)
1a	1b	2	3	4	5	6	7
2950	**2950**	Resektion einer Rippe, als selbständige Leistung	739	15,03 €	20,18 €	35,21 €	89,94 €
2951	2951	Resektion mehrerer benachbarter Rippen, als selbständige Leistung	1.110	15,03 €	32,81 €	47,84 €	127,55 €
2952	2952	Resektion einer Halsrippe oder der ersten Rippe	1.110	15,03 €	32,81 €	47,84 €	127,55 €
2953	2953	Thorakoplastik	3.140	22,60 €	86,39 €	108,99 €	340,90 €
2954	2954	Thorakoplastik mit Höhleneröffnung – auch Jalousieplastik –	4.620	22,60 €	179,86 €	202,46 €	490,93 €
2955	2955	Thorakoplastik mit Entschwartung – gegebenenfalls einschließlich Muskelimplantation und Entnahme des Implantates –	5.000	30,27 €	191,54 €	221,81 €	537,12 €
2956	2956	Brustwandteilresektion	2.100	22,60 €	66,21 €	88,81 €	235,48 €
2957	2957	Brustwandteilresektion mit plastischer Deckung	3.000	22,60 €	76,36 €	98,96 €	326,71 €
2959	2959	Korrekturthorakoplastik mit Entschwartung – gegebenenfalls einschließlich Muskelimplantation und Entnahme des Implantates –	5.100	22,60 €	191,54 €	214,14 €	539,59 €
2960	2960	Operation einer Brustkorbdeformität (z.B. Trichterbrust)	3.000	22,60 €	76,36 €	98,96 €	326,71 €
2970	2970	Anlage einer Pleuradrainage (z.B. Bülausche Heberdrainage)	554	7,67 €	14,76 €	22,43 €	63,83 €
2971	2971	Spülung des Pleuraraumes bei liegender Drainage – gegebenenfalls einschließlich Einbringung von Arzneimitteln –	148		7,08 €	7,08 €	15,00 €
2972	2972	Entnahme von Pleuragewebe nach operativer Freilegung der Pleura, als selbständige Leistung	666	15,03 €	22,77 €	37,80 €	82,54 €
2973	2973	Pleurektomie, einseitig, als selbständige Leistung	2.220	22,60 €	66,21 €	88,81 €	247,64 €
2974	2974	Pleurektomie mit Resektion(en) am Perikard und/oder Zwerchfell	3.140	45,30 €	86,39 €	131,69 €	363,60 €
2975	2975	Dekortikation der Lunge	4.800	45,30 €	179,86 €	225,16 €	531,88 €
2976	2976	Ausräumung eines Hämothorax	2.000	22,60 €	66,21 €	88,81 €	225,34 €
2977	2977	Thorakokaustik bei Spontanpneumothorax ...	739	15,03 €	21,24 €	36,27 €	89,94 €

L XII Thoraxchirurgie

BGT Tarif-Nr.	DKG-NT Tarif-Nr.	Leistung	Punkte (nur DKG-NT I)	Besondere Kosten	Allgemeine Kosten	Sach-kosten	Vollkosten (nur DKG-NT I)
1a	1b	2	3	4	5	6	7
2979	2979	Operative Entfernung eines Pleuraempyems – gegebenenfalls einschließlich Rippenresektion(en) –	1.110	15,03 €	32,81 €	47,84 €	127,55 €
2985	2985	Thorakaler Eingriff am Zwerchfell	2.220	22,60 €	66,21 €	88,81 €	247,64 €
2990	2990	Thorakotomie zu diagnostischen Zwecken	1.110	15,03 €	32,81 €	47,84 €	127,55 €
2991	2991	Thorakotomie mit Herzmassage	1.480	15,03 €	45,43 €	60,46 €	165,06 €
2992	2992	Thorakotomie mit Entnahme von Pleura- und/oder Lungengewebe für die histologische und/oder bakteriologische Untersuchung, als selbständige Leistung	1.290	15,03 €	33,63 €	48,66 €	145,80 €
2993	2993	Thorakotomie mit Gewebsentnahme und/oder intrathorakalen Präparationen	1.480	15,03 €	45,43 €	60,46 €	165,06 €
2994	2994	Operative Eingriffe an der Lunge (z.B. Keilexzision, Herdenukleation, Ausschälung von Zysten)	2.770	22,60 €	66,21 €	88,81 €	303,40 €
2995	2995	Lob- oder Pneumonektomie	3.140	45,30 €	99,13 €	144,43 €	363,60 €
2996	2996	Lungensegmentresektion(en)	4.000	45,30 €	138,42 €	183,72 €	450,78 €
2997	2997	Lobektomie und Lungensegmentresektion(en)	5.100	45,30 €	191,54 €	236,84 €	562,29 €
2998	2998	Bilobektomie	4.800	45,30 €	179,86 €	225,16 €	531,88 €
2999	2999	Pneumonektomie mit intraperikardialer Gefäßversorgung und/oder Ausräumung mediastinaler Lymphknoten	5.600	45,30 €	207,70 €	253,00 €	612,98 €
3000	3000	Bronchotomie zur Entfernung von Fremdkörpern oder Tumoren	2.770	22,60 €	66,21 €	88,81 €	303,40 €
3001	3001	Thorakale Eingriffe am Tracheobronchialsystem wie Resektion und/oder Anastomose und/oder Versteifung und/oder plastischer Ersatz	5.800	45,30 €	207,70 €	253,00 €	633,25 €
3002	3002	Operative Kavernen- oder Lungenabszeßöffnung	4.800	45,30 €	179,86 €	225,16 €	531,88 €
3010	3010	Sternotomie, als selbständige Leistung	1.110	15,03 €	32,81 €	47,84 €	127,55 €
3011	3011	Entfernung eines Meiastinaltumors, transpleural oder transsternal	4.000	30,27 €	138,42 €	168,69 €	435,75 €
3012	3012	Drainage des Mediastinums	554	7,67 €	14,63 €	22,30 €	63,83 €
3013	3013	Intrathorakaler Eingriff am Lymphgefäßsystem	4.000	45,30 €	138,42 €	183,72 €	450,78 €

L XIII Herzchirurgie

BGT Tarif-Nr.	DKG-NT Tarif-Nr.	Leistung	Punkte (nur DKG-NT I)	Besondere Kosten	Allgemeine Kosten	Sach-kosten	Vollkosten (nur DKG-NT I)
1a	1b	2	3	4	5	6	7
3050	3050	Operative Maßnahmen in Verbindung mit der Herz-Lungen-Maschine zur Herstellung einer extrakorporalen Zirkulation	1.850	22,60 €	63,61 €	86,21 €	210,14 €
3051	3051	Perfusion der Hirnarterien, zusätzlich zur Leistung nach Nummer 3050	1.290		33,63 €	33,63 €	130,77 €
3052	3052	Perfusion der Koronararterien, zusätzlich zur Leistung nach Nummer 3050	1.110		28,68 €	28,68 €	112,52 €
3053	3053	Perfusion von Arterien eines anderen Organs, zusätzlich zur Leistung nach Nummer 3050 ..	1.110		28,68 €	28,68 €	112,52 €
3054	3054	Operative extrathorakale Anlage einer assistierenden Zirkulation	1.850	15,03 €	63,61 €	78,64 €	202,57 €
3055	3055	Überwachung einer assistierenden Zirkulation, je angefangene Stunde	554		14,76 €	14,76 €	56,16 €
		Die Leistung nach Nummer 3055 ist nur während einer Operation berechnungsfähig.					
3060	3060	Intraoperative Funktionsmessungen am und/oder im Herzen	554		14,76 €	14,76 €	56,16 €
3065	3065	Operation am Perikard, als selbständige Leistung	2.000	22,60 €	66,21 €	88,81 €	225,34 €
3066	3066	Operation der Pericarditis constrictiva	3.140	30,27 €	86,39 €	116,66 €	348,57 €
3067	3067	Myokardbiopsie unter Freilegung des Herzens, als selbständige Leistung	1.480	22,60 €	45,43 €	68,03 €	172,63 €
3068	3068	Anlage einer künstlichen Pulmonalisstammstenose	3.140	22,60 €	86,39 €	108,99 €	340,90 €
3069	3069	Shuntoperation an herznahen Gefäßen	3.000	37,73 €	76,36 €	114,09 €	341,84 €
3070	3070	Operative Anlage eines Vorhofseptumdefektes	3.000	37,73 €	76,36 €	114,09 €	341,84 €
3071	3071	Naht einer Myokardverletzung	3.000	37,73 €	76,36 €	114,09 €	341,84 €
3072	3072	Operativer Verschluß des Vorhofseptumdefektes vom Sekundum-Typ	3.000	37,73 €	76,36 €	114,09 €	341,84 €
3073	3073	Operativer Verschluß von Vorhofseptumdefekten anderen Typs (z.B. Sinus venosus) – auch Korrektur einer isolierten Lungenvenenfehlmündung –	4.000	37,73 €	138,42 €	176,15 €	443,21 €
3074	3074	Komplette intraarterielle Blutumleitung (totale Lungenvenenfehlmündung) oder unkomplizierte Transposition der großen Arterien	6.500	45,30 €	207,70 €	253,00 €	704,21 €

L XIII Herzchirurgie

BGT Tarif-Nr.	DKG-NT Tarif-Nr.	Leistung	Punkte (nur DKG-NT I)	Besondere Kosten	Allgemeine Kosten	Sachkosten	Vollkosten (nur DKG-NT I)
1a	1b	2	3	4	5	6	7
3075	3075	Entfernung eines Fremdkörpers aus dem Herzen oder aus einem herznahen Gefäß – auch Thromb- oder Embolektomie –	3.000	37,73 €	76,36 €	114,09 €	341,84 €
3076	3076	Operative Entfernung eines Herztumors oder eines Herzwandaneurysmas oder eines Herzdivertikels	4.800	45,30 €	179,86 €	225,16 €	531,88 €
3077	3077	Operativer Verschluß eines Herzkammerscheidewanddefektes mittels direkter Naht	3.000	37,73 €	76,36 €	114,09 €	341,84 €
3078	3078	Operativer Verschluß eines Herzkammerscheidewanddefektes mittels Prothese	4.000	37,73 €	138,42 €	176,15 €	443,21 €
3079	3079	Resektion intrakardial stenosierender Muskulatur	3.000	37,73 €	76,36 €	114,09 €	341,84 €
3084	3084	Valvuloplastik einer Herzklappe	3.300	7,57 €	138,42 €	145,99 €	342,09 €
3085	3085	Operative Korrektur einer Herzklappe	3.140	37,73 €	86,39 €	124,12 €	356,03 €
3086	3086	Operativer Ersatz einer Herzklappe	5.600	37,73 €	207,70 €	245,43 €	605,41 €
3087	3087	Operative Korrektur und/oder Ersatz mehrerer Herzklappen	7.500	45,30 €	234,14 €	279,44 €	805,58 €
3088	3088	Operation zur direkten myokardialen Revaskularisation eines Versorgungsabschnittes	5.600	45,30 €	207,70 €	253,00 €	612,98 €
3089	3089	Operation zur direkten myokardialen Revaskularisation mehrerer Versorgungsabschnitte	7.500	45,30 €	234,14 €	279,44 €	805,58 €
3090	3090	Operation von Anomalien der Koronararterien	4.000	30,27 €	138,42 €	168,69 €	435,75 €
3091	3091	Operation am Reizleitungssystem (Korrektur von Rhythmusstörungen – ausschließlich der Schrittmacherbehandlung –)	4.500	15,66 €	181,74 €	197,40 €	471,83 €
3095	3095	Schrittmacher-Erstimplantation	2.770	22,60 €	66,21 €	88,81 €	303,40 €
3096	3096	Schrittmacher-Aggregatwechsel	1.110	15,03 €	28,68 €	43,71 €	127,55 €
3097	3097	Schrittmacher-Korrektureingriff – auch Implantation von myokardialen Elektroden –	2.770	15,03 €	66,21 €	81,24 €	295,83 €

L XIV Ösophaguschirurgie / Abdominalchirurgie   Nummern 3120–3149

BGT Tarif-Nr.	DKG-NT Tarif-Nr.	Leistung	Punkte (nur DKG-NT I)	Besondere Kosten	Allgemeine Kosten	Sach-kosten	Vollkosten (nur DKG-NT I)
1a	1b	2	3	4	5	6	7
3120	3120	Diagnostische Peritonealspülung, als selbständige Leistung	300		10,38 €	10,38 €	30,41 €
3121	3121	Choledochoskopie während einer intraabdominalen Operation	500		10,38 €	10,38 €	50,69 €
3122	3122	Intraoperative Manometrie an den Gallenwegen (Prüfung des Papillenwiderstandes)	375		10,38 €	10,38 €	38,01 €
3125	3125	Eröffnung des Ösophagus vom Halsgebiet aus	1.110	30,27 €	28,56 €	58,83 €	142,79 €
3126	3126	Intrathorakaler Eingriff am Ösophagus	4.000	45,30 €	138,42 €	183,72 €	450,78 €
3127	3127	Extrapleurale Operation der Ösophagusatresie beim Kleinkind	5.000	45,30 €	179,86 €	225,16 €	552,15 €
3128	3128	Operative Beseitigung einer angeborenen ösophagotrachealen Fistel	3.000	45,30 €	76,36 €	121,66 €	349,41 €
3129	3129	Operativer Eingriff am terminalen Ösophagus bei abdominellem Zugang	3.000	45,30 €	76,36 €	121,66 €	349,41 €
3130	3130	Operativer Eingriff am Ösophagus bei abdominalthorakalem Zugang	5.000	45,30 €	179,86 €	225,16 €	552,15 €
3135	3135	Eröffnung der Bauchhöhle zu diagnostischen Zwecken – gegebenenfalls einschließlich Gewebeentnahme –	1.110	22,60 €	37,06 €	59,66 €	135,12 €
3136	3136	Eröffnung eines subphrenischen Abszesses	1.110	15,03 €	37,06 €	52,09 €	127,55 €
3137	3137	Eröffnung von Abszessen im Bauchraum	1.110	22,60 €	37,06 €	59,66 €	135,12 €
3138	3138	Anlage einer Magenfistel mit oder ohne Schrägkanalbildung	1.600	37,73 €	45,43 €	83,16 €	199,92 €
3139	3139	Eröffnung des Bauchraumes bei Peritonitis mit ausgedehnter Revision, Spülung und Drainage	2.770	46,78 €	85,91 €	132,69 €	327,58 €
3144	3144	Naht der Magen- und/oder Darmwand nach Perforation oder nach Verletzung – einschließlich Spülung des Bauchraumes –	1.900	38,89 €	57,70 €	96,59 €	231,49 €
3145	3145	Teilresektion des Magens	2.770	45,30 €	85,91 €	131,21 €	326,10 €
3146	3146	Kardiaresektion	4.000	45,30 €	138,42 €	183,72 €	450,78 €
3147	3147	Totale Magenentfernung	4.800	45,30 €	179,86 €	225,16 €	531,88 €
3148	3148	Resektion des Ulcus pepticum	4.000	45,30 €	138,42 €	183,72 €	450,78 €
3149	3149	Umwandlungsoperation am Magen (z.B. Billroth II in Billroth I, Interposition)	5.250	45,30 €	191,54 €	236,84 €	577,50 €

L XIV Ösophaguschirurgie / Abdominalchirurgie

BGT Tarif-Nr.	DKG-NT Tarif-Nr.	Leistung	Punkte (nur DKG-NT I)	Besondere Kosten	Allgemeine Kosten	Sach-kosten	Vollkosten (nur DKG-NT I)
1a	1b	2	3	4	5	6	7
3150	3150	Gastrotomie	1.600	22,60 €	45,43 €	68,03 €	184,79 €
3151	3151	Operative Einbringung eines Tubus in Ösophagus und/oder Magen als Notoperation	2.700	45,30 €	66,21 €	111,51 €	319,00 €
3152	3152	Spaltung des Pylorus (z.B. bei Pylorospasmus)	1.900	22,60 €	57,70 €	80,30 €	215,20 €
3153	3153	Pyloroplastik	3.000	15,03 €	76,36 €	91,39 €	319,14 €
3154	3154	Vagotomie am Magen	3.000	15,03 €	76,36 €	91,39 €	319,14 €
3155	3155	Vagotomie am Magen mit zusätzlichen Drainageverfahren (z.B. Anastomose, Pyloruserweiterung einschließlich Plastik)	4.500	15,03 €	179,86 €	194,89 €	471,20 €
3156	3156	Endoskopische Entfernung von Fäden nach Magenoperation oder von Fremdkörpern, zusätzlich zur Gastroskopie)	450		10,38 €	10,38 €	45,62 €
3157	3157	Magenteilresektion mit Dickdarmteilresektion	4.620	45,30 €	179,86 €	225,16 €	513,63 €
3158	3158	Gastroenterostomie	2.220	45,30 €	66,21 €	111,51 €	270,34 €
3165	3165	Operative Beseitigung von Atresien, Stenosen (Septen) und/oder Divertikeln des Duodenums	4.000	30,27 €	138,42 €	168,69 €	435,75 €
3166	3166	Operative Beseitigung von Atresien, Stenosen (Septen) und/oder Divertikeln des Jejunums oder des Ileums	3.000	22,60 €	76,36 €	98,96 €	326,71 €
3167	3167	Anastomose im Dünndarmbereich – auch mit Teilresektion –	2.220	22,60 €	68,69 €	91,29 €	247,64 €
3168	3168	Jejuno-Zökostomie	2.600	22,60 €	68,69 €	91,29 €	286,16 €
3169	3169	Teilresektion des Kolons – auch mit Anastomose –	3.750	22,60 €	138,42 €	161,02 €	402,74 €
3170	3170	Kolektomie, auch subtotal – mit Ileostomie –	5.250	22,60 €	191,54 €	214,14 €	554,80 €
3171	3171	Operative Beseitigung von Lageanomalien innerhalb des Magen-Darm-Traktes oder des Volvulus (auch im Säuglings- oder Kleinkindalter) oder der Darminvagination	2.500	22,60 €	71,51 €	94,11 €	276,03 €
3172	3172	Operative Darmmobilisation bei Verwachsungen, als selbständige Leistung	1.600	22,60 €	38,59 €	61,19 €	184,79 €
3173	3173	Operative Entfernung des Meckel'schen Divertikels	1.480	22,60 €	45,43 €	68,03 €	172,63 €
3174	3174	Operative Beseitigung einer Darmduplikatur	2.700	22,60 €	68,92 €	91,52 €	296,30 €

L XIV Ösophaguschirurgie / Abdominalchirurgie

BGT Tarif-Nr.	DKG-NT Tarif-Nr.	Leistung	Punkte (nur DKG-NT I)	Besondere Kosten	Allgemeine Kosten	Sach-kosten	Vollkosten (nur DKG-NT I)
1a	1b	2	3	4	5	6	7
3175	3175	Operation des Mekoniumileus	2.700	22,60 €	68,92 €	91,52 €	296,30 €
3176	3176	Transposition eines Darmteils innerhalb des Abdomens	3.500	22,60 €	86,39 €	108,99 €	377,40 €
3177	3177	Transposition eines Darmteils und/oder des Magens aus dem Abdomen heraus	5.000	22,60 €	179,97 €	202,57 €	529,45 €
3179	3179	Faltung sämtlicher Dünndarmschlingen bei rezidivierendem Ileus	4.000	22,60 €	138,42 €	161,02 €	428,08 €
3181	3181	Langstreckige Resektion, auch ganzer Konvolute, vom Dünndarm – gegebenenfalls einschließlich vom Dickdarm – mit Anastomose ..	3.500	45,30 €	84,04 €	129,34 €	400,10 €
3183	3183	Kombinierte Entfernung des gesamten Dick- und Mastdarmes mit Ileostoma	6.500	45,30 €	207,70 €	253,00 €	704,21 €
3184	3184	Lebertransplantation	7.500	116,57 €	302,71 €	419,28 €	876,85 €
3185	3185	Operation an der Leber (z.B. Teilresektion oder Exzision eines Tumors)	3.000	45,30 €	76,36 €	121,66 €	349,41 €
3186	3186	Exstirpation der Gallenblase	2.500	45,30 €	71,51 €	116,81 €	298,73 €
3187	3187	Operation an den Gallengängen – gegebenenfalls einschließlich Exstirpation der Gallenblase –	3.250	45,30 €	84,04 €	129,34 €	374,76 €
3188	3188	Biliodigestive Anastomose mit Interposition eines Darmabschnitts	4.200	45,30 €	138,42 €	183,72 €	471,06 €
3189	3189	Operative Beseitigung von Atresien und/oder Stenosen der Gallengänge beim Säugling oder Kleinkind	4.000	45,30 €	138,42 €	183,72 €	450,78 €
3190	3190	Papillenexstirpation oder -spaltung mit Eröffnung des Duodenums	2.700	22,60 €	66,21 €	88,81 €	296,30 €
3192	3192	Milzrevision, als selbständige Leistung	2.000	22,60 €	77,43 €	100,03 €	225,34 €
3194	3194	Präparation einer Pankreaszyste und Drainage derselben durch Interposition eines Darmabschnittes	3.700	45,30 €	84,04 €	129,34 €	420,37 €
3195	3195	Resektion des Kopfteils vom Pankreas	4.620	45,30 €	179,97 €	225,27 €	513,63 €
3196	3196	Resektion des Schwanzteils vom Pankreas ...	2.220	45,30 €	85,91 €	131,21 €	270,34 €
3197	3197	Resektion des ganzen Pankreas	4.620	45,30 €	179,97 €	225,27 €	513,63 €
3198	3198	Pankreoduodenektomie (z.B. nach Whipple) ..	5.000	45,30 €	179,97 €	225,27 €	552,15 €

L XIV Ösophaguschirurgie / Abdominalchirurgie

BGT Tarif-Nr.	DKG-NT Tarif-Nr.	Leistung	Punkte (nur DKG-NT I)	Besondere Kosten	Allgemeine Kosten	Sach-kosten	Vollkosten (nur DKG-NT I)
1a	1b	2	3	4	5	6	7
3199	3199	Milzexstirpation	2.220	22,60 €	85,91 €	108,51 €	247,64 €
3200	3200	Appendektomie	1.480	22,60 €	37,06 €	59,66 €	172,63 €
3202	3202	Operation einer persistierenden Fistel am Magen-Darmtrakt – gegebenenfalls einschließlich Resektion und Anastomose –	3.000	77,79 €	121,08 €	198,87 €	381,90 €
3205	3205	Anlage einer Endodrainage (z.B. Duodenum – Dünndarm – Leberpforte – Bauchhaut), zusätzlich zu anderen intraabdominalen Operationen	2.250	15,03 €	85,91 €	100,94 €	243,11 €
3206	3206	Enterostomie – auch einschließlich Katheterfistelung (Kolostomie, Transversumfistel) –	2.250	22,60 €	85,91 €	108,51 €	250,68 €
3207	3207	Anlegen eines Anus praeter	1.480	22,60 €	37,06 €	59,66 €	172,63 €
3208	3208	Verschlußoperation für einen Anus praeter mit Darmnaht	1.250	22,60 €	33,63 €	56,23 €	149,31 €
3209	3209	Verschlußoperation für einen Anus praeter mit Darmresektion	1.750	22,60 €	41,30 €	63,90 €	200,00 €
3210	3210	Anlegen eines Anus praeter duplex transversalis	2.000	22,60 €	66,21 €	88,81 €	225,34 €
3211	3211	Unterweisung eines Anus-praeter-Patienten in der Irrigator-Methode zur Darmentleerung	120		1,52 €	1,52 €	12,16 €
3215	3215	Eröffnung eines kongenitalen oberflächlichen Afterverschlusses	150		4,84 €	4,84 €	15,21 €
3216	3216	Operation eines kongenitalen tiefreichenden Mastdarmverschlusses vom Damm aus oder der Analtresie	1.200	15,03 €	33,63 €	48,66 €	136,68 €
3217	3217	Operation der Anal- und Rektumanatresie einschließlich Kolondurchzugsoperation	3.750	22,60 €	138,42 €	161,02 €	402,74 €
3218	3218	Radikaloperation eines tiefreichenden Mastdarmverschlusses mit Eröffnung der Bauchhöhle	2.700	22,60 €	66,21 €	88,81 €	296,30 €
3219	3219	Operation eines Afterrisses oder Mastdarmrisses	278	7,67 €	8,97 €	16,64 €	35,85 €
3220	3220	Operation submuköser Mastdarmfisteln	300	7,67 €	11,33 €	19,00 €	38,08 €
3221	3221	Operation intramuskulärer Mastdarmfisteln ...	370	7,67 €	11,33 €	19,00 €	45,18 €
3222	3222	Operation einer transsphinkteren Mastdarmfistel – auch ihres verzweigten Gangsystems – ..	700	15,03 €	22,30 €	37,33 €	85,99 €

L XIV Ösophaguschirurgie / Abdominalchirurgie Nummern 3223–3241

BGT Tarif-Nr.	DKG-NT Tarif-Nr.	Leistung	Punkte (nur DKG-NT I)	Besondere Kosten	Allgemeine Kosten	Sach-kosten	Vollkosten (nur DKG-NT I)
1a	1b	2	3	4	5	6	7
3223	3223	Operation einer extrasphinkteren oder Rundbogenfistel – auch jeweils ihres verzweigten Gangsystems –	850	15,03 €	23,72 €	38,75 €	101,20 €
3224	3224	Peranale operative Entfernung von Mastdarmpolypen oder Mastdarmgeschwülsten – einschließlich Schleimhautnaht –	1.150	15,66 €	36,23 €	51,89 €	132,24 €
3226	3226	Peranale operative Entfernung einer Mastdarmgeschwulst mit Durchtrennung der Schließmuskulatur (Rectostomia posterior) – einschließlich Naht –	3.500	23,33 €	86,39 €	109,72 €	378,13 €
3230	3230	Manuelles Zurückbringen des Mastdarmvorfalles	120		3,19 €	3,19 €	12,16 €
3231	3231	Operation des Mastdarmvorfalles bei Zugang vom After aus oder perineal	1.150	15,03 €	36,23 €	51,26 €	131,61 €
3232	3232	Operation des Mastdarmvorfalles mit Eröffnung der Bauchhöhle	2.220	22,60 €	66,21 €	88,81 €	247,64 €
3233	3233	Rektumexstirpation bei Zugang vom After aus – auch mit Kreuzbeinschnitt –	2.800	22,60 €	66,21 €	88,81 €	306,44 €
3234	3234	Rektale Myektomie (z.B. bei Megakolon congenitum) – auch mit Kolostomie –	3.500	22,60 €	86,39 €	108,99 €	377,40 €
3235	3235	Kombinierte Rektumexstirpation mit Laparotomie	5.000	22,60 €	179,97 €	202,57 €	529,45 €
3236	3236	Unblutige Erweiterung des Mastdarmschließmuskels	111		3,19 €	3,19 €	11,25 €
3237	3237	Blutige Erweiterung des Mastdarmschließmuskels, als selbständige Leistung	370	7,67 €	11,33 €	19,00 €	45,18 €
3238	3238	Entfernung von Fremdkörpern aus dem Mastdarm	185		5,07 €	5,07 €	18,75 €
		Eine neben der Leistung nach Nummer 3238 erforderliche Rektoskopie ist nach Nummer 690 zusätzlich berechnungsfähig.					
3239	3239	Muskelplastik bei Insuffizienz des Mastdarmschließmuskels	1.800	22,60 €	39,89 €	62,49 €	205,07 €
3240	3240	Operation der Hämorrhoidalknoten	554	7,67 €	14,76 €	22,43 €	63,83 €
3241	3241	Hohe intraanale Exzision von Hämorrhoidalknoten (z.B. nach Milligan/Morgan) – auch mit Analplastik	924	15,03 €	21,24 €	36,27 €	108,70 €

L XV Hernienchirurgie

BGT Tarif-Nr.	DKG-NT Tarif-Nr.	Leistung	Punkte (nur DKG-NT I)	Besondere Kosten	Allgemeine Kosten	Sach-kosten	Vollkosten (nur DKG-NT I)
1a	1b	2	3	4	5	6	7
3280	3280	Operation einer Diagphragmahernie	2.770	46,78 €	85,91 €	132,69 €	327,58 €
3281	3281	Operation der Zwerchfellrelaxation	2.250	46,78 €	85,91 €	132,69 €	274,86 €
3282	3282	Zurückbringen oder Versuch des Zurückbringen eines eingeklemmten Bruches	222		7,67 €	7,67 €	22,50 €
3283	3283	Operation eines Nabel- oder Mittellinien- oder Bauchnarbenbruches	1.110	23,33 €	25,49 €	48,82 €	135,85 €
3284	3284	Operation eines Nabel- oder Mitteillinien- oder Bauchnarbenbruches mit Muskel- und/oder Faszienverschiebeplastik – auch mit Darmresektion –	2.500	46,78 €	85,91 €	132,69 €	300,21 €
3285	3285	Operation eines Leisten- oder Schenkelbruches	1.290	31,11 €	27,85 €	58,96 €	161,88 €
3286	3286	Operation eines eingeklemmten Leisten- oder Schenkelbruches – gegebenenfalls mit Darmresektion –	2.000	46,78 €	66,21 €	112,99 €	249,52 €
3287	3287	Operation der Omphalozele (Nabelschnurhernie) oder der Gastroschisis beim Neugeborenen oder Kleinkind	2.500	15,66 €	85,91 €	101,57 €	269,09 €
3288	3288	Operative Beseitigung eines Ductus omphaloentericus persistens oder einer Urachusfistel ..	2.250	31,11 €	85,91 €	117,02 €	259,19 €

L XVI Orthopädisch-chirurgische konservative Leistungen   Nummern 3300–3320

BGT Tarif-Nr.	DKG-NT Tarif-Nr.	Leistung	Punkte (nur DKG-NT I)	Besondere Kosten	Allgemeine Kosten	Sachkosten	Vollkosten (nur DKG-NT I)
1a	1b	2	3	4	5	6	7
3300	3300	Arthroskopie – gegebenenfalls mit Probeexzision –	500	154,83 €	27,26 €	182,09 €	205,52 €
3301	3301	Modellierendes Redressement einer schweren Hand- oder Fußverbildung	473		6,73 €	6,73 €	47,95 €
3302	3302	Stellungsänderung oder zweites und folgendes Redressement im Verlauf der Behandlung nach Nummer 3301	227		4,25 €	4,25 €	23,01 €
3305	3305	Chiropraktische Wirbelsäulenmobilisation	37		1,52 €	1,52 €	3,75 €
3306	3306	Chirotherapeutischer Eingriff an der Wirbelsäule	148		3,07 €	3,07 €	15,00 €
3310	3310	Abdrücke oder Modellherstellung durch Gips oder andere Werkstoffe für eine Hand oder für einen Fuß mit oder ohne Positiv	76	3,89 €	2,71 €	6,60 €	11,59 €
3311	3311	Abdrücke oder Modellherstellung durch Gips oder andere Werkstoffe für einen Unterarm einschließlich Hand oder für einen Unterschenkel einschließlich Fuß oder für Ober- oder Unterarm oder Unterschenkelstumpf	152	9,46 €	5,78 €	15,24 €	24,87 €
3312	3312	Abdrücke oder Modellherstellung durch Gips oder andere Werkstoffe für einen Oberschenkelstumpf mit Tubersitzausarbeitung	189	21,65 €	6,84 €	28,49 €	40,81 €
3313	3313	Abdrücke oder Modellherstellung durch Gips oder andere Werkstoffe für den ganzen Arm (I) oder für das ganze Bein (II)	303	24,18 €	6,84 €	31,02 €	54,90 €
3314	3314	Abdrücke oder Modellherstellung durch Gips oder andere Werkstoffe für den Arm mit Schulter	379	28,70 €	8,14 €	36,84 €	67,12 €
3315	3315	Abdrücke oder Modellherstellung durch Gips oder andere Werkstoffe für das Bein mit Becken	473	42,78 €	8,14 €	50,92 €	90,73 €
3316	3316	Abdrücke oder Modellherstellung durch Gips oder andere Werkstoffe für den Rumpf	757	42,78 €	8,14 €	50,92 €	119,52 €
3317	3317	Abdrücke oder Modellherstellung durch Gips oder andere Werkstoffe für den Rumpf und Kopf oder Rumpf und Arm oder Rumpf, Kopf und Arm	946	56,97 €	13,34 €	70,31 €	152,87 €
3320	3320	Anpassen von Kunstgliedern oder eines großen orthopädischen Hilfsmittels	95		2,24 €	2,24 €	9,63 €

L XVI Orthopädisch-chirurgische konservative Leistungen   Nummer 3321

BGT Tarif-Nr.	DKG-NT Tarif-Nr.	Leistung	Punkte (nur DKG-NT I)	Besondere Kosten	Allgemeine Kosten	Sach-kosten	Vollkosten (nur DKG-NT I)
1a	1b	2	3	4	5	6	7
3321	3321	*Unter „große orthopädische Hilfsmittel" sind solche orthopädischen Hilfsmittel zu verstehen, deren Anpassen dem von Kunstgliedern vergleichbar ist. Unter „Anpassen" ist die durch den Arzt bewirkte Korrektur von bereits vorhandenen, anderweitig angefertigten Kunstgliedern oder von großen orthopädischen Hilfsmitteln zu verstehen.* Erstellen eines Konstruktionsplanes für ein großes orthopädisches Hilfsmittel (z.B. Kunstglied)..	152		**3,07 €**	**3,07 €**	**15,41 €**

Teil M

Laboratoriumsuntersuchungen

M Laboratoriumsuntersuchungen

BGT Tarif-Nr.	DKG-NT Tarif-Nr.	Leistung	Punkte (nur DKG-NT I)	Besondere Kosten	Allgemeine Kosten	Sach-kosten	Vollkosten (nur DKG-NT I)
1a	1b	2	3	4	5	6	7
		Allgemeine Bestimmungen					
		1. Die Gebühren für Laboratoriumsuntersuchungen des Abschnitts M umfassen die Eingangsbegutachtung des Probenmaterials, die Probenvorbereitung, die Durchführung der Untersuchung (einschließlich der erforderlichen Qualitätssicherungsmaßnahmen) sowie die Erstellung des daraus resultierenden ärztlichen Befunds.					
		Mit den Gebühren für die berechnungsfähigen Leistungen sind außer den Kosten – mit Ausnahme der Versand- und Portokosten sowie der Kosten für Pharmaka im Zusammenhang mit Funktionstesten – auch die Beurteilung, die obligatorische Befunddokumentation, die Befundmitteilung sowie der einfache Befundbericht abgegolten. Die Verwendung radioaktiven Materials kann nicht gesondert berechnet werden.					
		Kosten für den Versand des Untersuchungsmaterials und die Übermittlung des Untersuchungsergebnisses innerhalb einer Laborgemeinschaft sind nicht berechnungsfähig.					
		2. Stehen dem Arzt für die Erbringung bestimmter Laboratoriumsuntersuchungen mehrere in ihrer klinischen Aussagefähigkeit und analytischen Qualität gleichwertige Verfahren zur Verfügung, so kann er nur das niedriger bewertete Verfahren abrechnen.					
		3. Bei Weiterversand von Untersuchungsmaterial durch einen Arzt an einen anderen Arzt wegen der Durchführung von Laboruntersuchungen der Abschnitte M III und/oder M IV hat die Rechnungsstellung durch den Arzt zu erfolgen, der die Laborleistung selbst erbracht hat.					
		4. Mehrmalige Blutentnahmen an einem Kalendertag (z.B. im Zusammenhang mit Funktionsprüfungen) sind entsprechend mehrfach berechnungsfähig. Anstelle der Blutentnahme kann die intravenöse Einbringung von Testsubstanzen berechnet werden, wenn beide Leistungen bei liegender Kanüle nacheinander erbracht werden.					

M Laboratoriumsuntersuchungen

BGT Tarif-Nr.	DKG-NT Tarif-Nr.	Leistung	Punkte (nur DKG-NT I)	Besondere Kosten	Allgemeine Kosten	Sach-kosten	Vollkosten (nur DKG-NT I)
1a	1b	2	3	4	5	6	7
		Entnahmen aus liegender Kanüle oder liegendem Katheter sind nicht gesondert berechnungsfähig.					
		5. Die rechnerische Ermittlung von Ergebnissen aus einzelnen Meßgrößen ist nicht berechnungsfähig (z.B. Clearance-Berechnungen, mittlerer korpuskulärer Hämoglobingehalt).					
		6. Die in Abschnitt M enthaltenen Höchstwerte umfassen alle Untersuchungen aus einer Art von Körpermaterial (z.B. Blut einschließlich seiner Bestandteile Serum, Plasma und Blutzellen), das an einem Kalendertag gewonnen wurde, auch wenn dies an mehreren Tagen untersucht wurde.					
		Sind aus medizinischen Gründen an einem Kalendertag mehrere Untersuchungen einer Meßgröße aus einer Materialart zu verschiedenen Tageszeiten erforderlich, so können diese entsprechend mehrfach berechnet werden. Bestehen für diese Bestimmungen Höchstwerte, so gehen sie in den Höchstwert mit ein.					
		Die unter Höchstwerte fallenden Untersuchungen sind in der 5. und 6. Stelle der Gebührennummer durch H1 bis H4 gekennzeichnet. Diese Kennzeichnung ist Bestandteil der Gebührennummer und muß in der Rechnung angegeben werden.					
		Die erbrachten Einzelleistungen sind auch dann in der Rechnung aufzuführen, wenn für diese ein Höchstwert berechnet wird.					
		7. Werden Untersuchungen, die Bestandteil eines Leistungskomplexes sind (z.B. Spermiogramm), als selbständige Einzelleistungen durchgeführt, so darf die Summe der Vergütungen für diese Einzelleistungen die für den Leistungskomplex festgelegte Vergütung nicht überschreiten.					

M Laboratoriumsuntersuchungen

BGT Tarif-Nr.	DKG-NT Tarif-Nr.	Leistung	Punkte (nur DKG-NT I)	Besondere Kosten	Allgemeine Kosten	Sach-kosten	Vollkosten (nur DKG-NT I)
1a	1b	2	3	4	5	6	7
		8. Für die analoge Abrechnung einer nicht aufgeführten selbständigen Laboruntersuchung ist die nach Art, Kosten- und Zeitaufwand zutreffendste Gebührennummer aus den Abschnitten M II bis M IV zu verwenden. In der Rechnung ist diese Gebührennummer durch Voranstellen des Buchstabens A als Analogabrechnung zu kennzeichnen.					
		9. Sofern erforderlich sind in den Katalogen zu den Meßgrößen die zur Untersuchung vewendeten Methoden in Kurzbezeichnungen aufgeführt. In den folgenden Fällen werden verschiedene Methoden unter einem gemeinsamen Oberbegriff zusammengefaßt:					
		– Agglutination: Agglutinationsreaktionen (z.B. Hämagglutination, Hämagglutinationshemmung, Latex-Agglutination, Bakterienagglutination);					
		– Immundiffusion: Immundiffusions- (radiale), Elektroimmundiffusions-, nephelometrische oder turbidimetrische Untersuchungen;					
		– Immunfluoreszenz oder ähnliche Untersuchungsmethoden: Lichtmikroskopische Untersuchungen mit Fluoreszenz-, Enzym- oder anderer Markierung zum Nachweis von Antigenen oder Antikörpern;					
		– Ligandenassay: Enzym-, Chemolumineszenz-, Fluoreszenz-, Radioimmunoassay und ihre Varianten.					
		Die Gebühren für Untersuchungen mittels Ligandenassay beinhalten grundsätzlich eine Durchführung in Doppelbestimmung einschließlich aktueller Bezugskurve. Bei der Formulierung „– gegebenenfalls einschließlich Doppelbestimmung und aktueller Bezugskurve –" ist die Durchführung fakultativ, bei der Formulierung „– einschließlich Doppelbestimmung und aktueller Bezugskurve –" ist die Durchführung obligatorisch zur Berechnung der Gebühr. Wird eine Untersuchung mittels Ligandenassay, die obligatorisch eine Doppelbestimmung beinhaltet, als Einfachbestimmung durchgeführt, so dürfen nur zwei Drittel der Gebühr berechnet werden.					

M Laboratoriumsuntersuchungen

BGT Tarif-Nr.	DKG-NT Tarif-Nr.	Leistung	Punkte (nur DKG-NT I)	Besondere Kosten	Allgemeine Kosten	Sachkosten	Vollkosten (nur DKG-NT I)
1a	1b	2	3	4	5	6	7
		10. Sofern nicht gesondert gekennzeichnet, handelt es sich bei den aufgeführten Untersuchungen um quantitative oder semiquantitative Bestimmungen.					
		11. Laboratoriumsuntersuchungen der Abschnitte M I, M II und M III (mit Ausnahme der Leistungen nach den Nummern 3980 bis 4014) im Rahmen einer Intensivbehandlung nach Nummer 435 sind nur nach Nummer 437 berechnungsfähig.					

M I Vorhalteleistungen in der eigenen, niedergelassenen Praxis

Nummern 3500–3509

BGT Tarif-Nr.	DKG-NT Tarif-Nr.	Leistung	Punkte (nur DKG-NT I)	Besondere Kosten	Allgemeine Kosten	Sach-kosten	Vollkosten (nur DKG-NT I)
1a	1b	2	3	4	5	6	7
		Allgemeine Bestimmungen					
		Leistungen nach den Nummern 3500 bis 3532 sind nur berechnungsfähig, wenn die Laboruntersuchung direkt beim Patienten (z.B. auch bei Hausbesuch) oder in den eigenen Praxisräumen innerhalb von vier Stunden nach der Probennahme, bzw. Probenübergabe an den Arzt erfolgt.					
		Die Leistungen nach den Nummern 3500 bis 3532 sind nicht berechnungsfähig, wenn sie in einem Krankenhaus, einer krankenhausähnlichen Einrichtung, einer Laborgemeinschaft oder in einer laborärztlichen Praxis erbracht werden.					
3500	3500	Blut im Stuhl, dreimalige Untersuchung	90		2,80 €	2,80 €	6,21 €
		Die Kosten für ausgegebenes Testmaterial sind anstelle der Leistung nach Nummer 3500 berechnungsfähig, wenn die Auswertung aus Gründen unterbleibt, die der Arzt nicht zu vertreten hat.					
3501	3501	Blutkörperchensenkungsgeschwindigkeit (BKS, BSG)	60		1,80 €	1,80 €	4,14 €
3502	3502	Differenzierung des Blutausstrichs, mikroskopisch	120		3,70 €	3,70 €	8,28 €
3503	3503	Hämatokrit	70		2,20 €	2,20 €	4,83 €
3504–3506	3504–3506	Mikroskopische Einzelbestimmung, je Meßgröße	60		1,80 €	1,80 €	4,14 €
3504	3504	Erythrozyten	60		1,80 €	1,80 €	4,14 €
3505	3505	Leukozyten	60		1,80 €	1,80 €	4,14 €
3506	3506	Thrombozyten	60		1,80 €	1,80 €	4,14 €
3508	3508	Mikroskopische Untersuchung eines Nativpräparats, gegebenenfalls nach einfacher Aufbereitung (z.B. Zentrifugation) im Durchlicht- oder Phasenkontrastverfahren, je Material (z.B. Punktate, Sekrete, Stuhl)	80		2,50 €	2,50 €	5,52 €
3509	3509	Mikroskopische Untersuchung nach einfacher Färbung (z.B. Methylenblau, Lugol), je Material	100		3,10 €	3,10 €	6,90 €

M I Vorhalteleistungen in der eigenen, niedergelassenen Praxis — Nummern 3510–3523

BGT Tarif-Nr.	DKG-NT Tarif-Nr.	Leistung	Punkte (nur DKG-NT I)	Besondere Kosten	Allgemeine Kosten	Sach-kosten	Vollkosten (nur DKG-NT I)
1a	1b	2	3	4	5	6	7
3510	3510	Mikroskopische Untersuchung nach differenzierender Färbung (z.B. Gramfärbung), je Präparat	120		3,70 €	3,70 €	8,28 €
3511	3511	Untersuchung eines Körpermaterials mit vorgefertigten Reagenzträgern oder Reagenzzubereitungen und visueller Auswertung (z.B. Glukose, Harnstoff, Urinstreifen), qualitativ oder semiquantitativ, auch bei Verwendung eines Mehrfachreagenzträgers, je Untersuchung	50		1,50 €	1,50 €	3,45 €
		Können mehrere Meßgrößen durch Verwendung eines Mehrfachreagenzträgers erfaßt werden, so ist die Leistung nach Nummer 3511 auch dann nur einmal berechnungsfähig, wenn mehrere Einfachreagenzträger verwandt werden.					
		Bei mehrfacher Berechnung der Leistung nach Nummer 3511 ist die Art der Untersuchung in der Rechnung anzugeben.					
3512–3521	3512–3521	Untersuchung folgender Meßgrößen unabhängig vom Meßverfahren, je Meßgröße	70		2,20 €	2,20 €	4,83 €
3512	3512	Alpha-Amylase	70		2,20 €	2,20 €	4,83 €
3513	3513	Gamma-Glutamyltranspeptidase (Gamma-Glutamyltransferase, Gamma-GT)	70		2,20 €	2,20 €	4,83 €
3514	3514	Glukose	70		2,20 €	2,20 €	4,83 €
3515	3515	Glutamatoxalazetattransminsase (GOT, Aspartataminotransferase, ASAT, AST)	70		2,20 €	2,20 €	4,83 €
3516	3516	Glutamatpyruvattransaminase (GPT, Alaninaminotransferase, ALAT, ALT)	70		2,20 €	2,20 €	4,83 €
3517	3517	Hämoglobin	70		2,20 €	2,20 €	4,83 €
3518	3518	Harnsäure	70		2,20 €	2,20 €	4,83 €
3519	3519	Kalium	70		2,20 €	2,20 €	4,83 €
3520	3520	Kreatinin	70		2,20 €	2,20 €	4,83 €
3521	3521	Lipase	70		2,20 €	2,20 €	4,83 €
3523–3526	3523–3526	Untersuchung folgender Meßgrößen unabhängig vom Meßverfahren, je Meßgröße	100		3,10 €	3,10 €	6,90 €
3523	3523	Antistreptolysin (ASL)	100		3,10 €	3,10 €	6,90 €

BGT Tarif-Nr.	DKG-NT Tarif-Nr.	Leistung	Punkte (nur DKG-NT I)	Besondere Kosten	Allgemeine Kosten	Sach-kosten	Vollkosten (nur DKG-NT I)
1a	1b	2	3	4	5	6	7
3524	3524	C-reaktives Protein (CRP)	100		3,10 €	3,10 €	6,90 €
3525	3525	Mononukleosetest	100		3,10 €	3,10 €	6,90 €
3526	3526	Rheumafaktor (RF)	100		3,10 €	3,10 €	6,90 €
3528	3528	Schwangerschaftstest (Nachweisgrenze der Tests kleiner als 500 U/l)	130		4,00 €	4,00 €	8,97 €
3529	3529	Schwangerschaftstest (Nachweisgrenze der Tests kleiner als 50 U/l)	150		4,60 €	4,60 €	10,35 €
3530	3530	Thromboplastinzeit (TPZ, Quickwert)	120		3,70 €	3,70 €	8,28 €
3531	3531	Urinsediment	70		2,20 €	2,20 €	4,83 €
3532	3532	Phasenkontrastmikroskopische Untersuchung des Urinsediments – einschließlich morphologischer Beurteilung der Erythrozyten –	90		2,80 €	2,80 €	6,21 €

M II Basislabor

Nummer 3541.H

BGT Tarif-Nr.	DKG-NT Tarif-Nr.	Leistung	Punkte (nur DKG-NT I)	Besondere Kosten	Allgemeine Kosten	Sach-kosten	Vollkosten (nur DKG-NT I)
1a	1b	2	3	4	5	6	7
3541.H	**3541.H**	*Allgemeine Bestimmungen* *Die aufgeführten Laborleistungen dürfen auch dann als eigene Leistungen berechnet werden, wenn diese nach fachlicher Weisung unter Aufsicht eines anderen Arztes in Laborgemeinschaften oder in von Ärzten ohne eigene Liquidationsberechtigung geleiteten Krankenhauslabors erbracht werden.* *Für die mit H1 gekennzeichneten Untersuchungen ist der Höchstwert nach Nummer 3541.H1 zu beachten.* Höchstwerte Höchstwert für die mit H1 gekennzeichneten Untersuchungen des Abschnitts M II	480		**14,70 €**	**14,70 €**	**33,13 €**

M II.1 Körperzellen und deren Bestandteile, Zellfunktionsuntersuchungen

BGT Tarif-Nr.	DKG-NT Tarif-Nr.	Leistung	Punkte (nur DKG-NT I)	Besondere Kosten	Allgemeine Kosten	Sach-kosten	Vollkosten (nur DKG-NT I)
1a	1b	2	3	4	5	6	7
3550	3550	Blutbild und Blutbestandteile	60		1,80 €	1,80 €	4,14 €
		Die Leistung nach Nummer 3550 beinhaltet die Erbringung mindestens eines der folgenden Parameter, darf jedoch unabhängig von der Zahl der erbrachten Parameter aus demselben Probenmaterial nur einmal berechnet werden:					
		Erythrozytenzahl und/oder Hämatokrit und/oder Hämoglobin und/oder mittleres Zellvolumen (MCV) und die errechneten Kenngrößen (z.B. MCH, MCHC) und die Erythrozytenverteilungskurve und/oder Leukozytenzahl und/oder Thrombozytenzahl.					
3551	3551	Differenzierung der Leukozyten, elektronisch-zytometrisch, zytochemisch-zytometrisch oder mittels mechanisierter Mustererkennung (Bildanalyse), zusätzlich zu der Leistung nach Nummer 3550	20		0,60 €	0,60 €	1,38 €
3552	3552	Retikulozytenzahl	70		2,20 €	2,20 €	4,83 €

M II.2 Elektrolyte, Wasserhaushalt

BGT Tarif-Nr.	DKG-NT Tarif-Nr.	Leistung	Punkte (nur DKG-NT I)	Besondere Kosten	Allgemeine Kosten	Sach-kosten	Vollkosten (nur DKG-NT I)
1a	1b	2	3	4	5	6	7
3555	**3555**	Calcium	40		**1,20 €**	**1,20 €**	**2,76 €**
3556	**3556**	Chlorid	30		**0,90 €**	**0,90 €**	**2,07 €**
3557	**3557**	Kalium	30		**0,90 €**	**0,90 €**	**2,07 €**
3558	**3558**	Natrium	30		**0,90 €**	**0,90 €**	**2,07 €**

M II.3 Kohlehydrat- und Lipidstoffwechsel

BGT Tarif-Nr.	DKG-NT Tarif-Nr.	Leistung	Punkte (nur DKG-NT I)	Besondere Kosten	Allgemeine Kosten	Sach-kosten	Vollkosten (nur DKG-NT I)
1a	1b	2	3	4	5	6	7
		Allgemeine Bestimmung					
		Für die mit H1 gekennzeichneten Untersuchungen ist der Höchstwert nach Nummer 3541.H1 zu beachten.					
3560	3560	Glukose	40		1,20 €	1,20 €	2,76 €
3561	3561	Glykierte Hämoglobine (HbA$_1$, HbA$_{1C}$)	200		6,10 €	6,10 €	13,80 €
3562.H1	3562.H1	Cholesterin	40		1,20 €	1,20 €	2,76 €
3563.H1	3563.H1	HDL-Cholesterin	40		1,20 €	1,20 €	2,76 €
3564.H1	3564.H1	LDL-Cholesterin	40		1,20 €	1,20 €	2,76 €
3565.H1	3565.H1	Triglyzeride	40		1,20 €	1,20 €	2,76 €

M II.4 Proteine, Elektrophoreseverfahren — Nummern 3570.H1–3575

BGT Tarif-Nr.	DKG-NT Tarif-Nr.	Leistung	Punkte (nur DKG-NT I)	Besondere Kosten	Allgemeine Kosten	Sach-kosten	Vollkosten (nur DKG-NT I)
1a	1b	2	3	4	5	6	7
		Allgemeine Bestimmung					
		Für die mit H1 gekennzeichneten Untersuchungen ist der Höchstwert nach Nummer 3541.H1 zu beachten.					
3570.H1	3570.H1	Albumin, photometrisch	30		0,90 €	0,90 €	2,07 €
3571	3571	Immunglobulin (IgA, IgG, IgM), Ligandenassay – gegebenenfalls einschließlich Doppelbestimmung und aktueller Bezugskurve –, Immundiffusion oder ähnliche Untersuchungsmethoden, je Immunglobulin	150		4,60 €	4,60 €	10,35 €
3572	3572	Immunglobulin E (IgE), Ligandenassay – gegebenenfalls einschließlich Doppelbestimmung und aktueller Bezugskurve –, Immundiffusion oder ähnliche Untersuchungsmethoden	250		7,70 €	7,70 €	17,26 €
3573.H1	3573.H1	Gesamtprotein im Serum oder Plasma	30		0,90 €	0,90 €	2,07 €
3574	3574	Proteinelektrophorese im Serum	200		6,10 €	6,10 €	13,80 €
3575	3575	Transferrin, Immundiffusion oder ähnliche Untersuchungsmethoden	100		3,10 €	3,10 €	6,90 €

M II.5 Substrate, Metabolite, Enzyme — Nummern 3580.H1–3599

BGT Tarif-Nr.	DKG-NT Tarif-Nr.	Leistung	Punkte (nur DKG-NT I)	Besondere Kosten	Allgemeine Kosten	Sach-kosten	Vollkosten (nur DKG-NT I)
1a	1b	2	3	4	5	6	7
		Allgemeine Bestimmung					
		Für die mit H1 gekennzeichneten Untersuchungen ist der Höchstwert nach Nummer 3541.H1 zu beachten.					
3580.H1	3580.H1	Anorganisches Phosphat	40		1,20 €	1,20 €	2,76 €
3581.H1	3581.H1	Bilirubin, gesamt	40		1,20 €	1,20 €	2,76 €
3582	3582	Bilirubin, direkt	70		2,20 €	2,20 €	4,83 €
3583.H1	3583.H1	Harnsäure	40		1,20 €	1,20 €	2,76 €
3584.H1	3584.H1	Harnstoff (Harnstoff-N, BUN)	40		1,20 €	1,20 €	2,76 €
3585.H1	3585.H1	Kreatinin	40		1,20 €	1,20 €	2,76 €
3587.H1	3587.H1	Alkalische Phosphatase	40		1,20 €	1,20 €	2,76 €
3588.H1	3588.H1	Alpha-Amylase (auch immuninhibitorische Bestimmung der Pankreas-Amylase)	50		1,50 €	1,50 €	3,45 €
3589.H1	3589.H1	Cholinesterase (Pseudocholinesterase, CHE, PCHE)	40		1,20 €	1,20 €	2,76 €
3590.H1	3590.H1	Creatinkinase (CK)	40		1,20 €	1,20 €	2,76 €
3591.H1	3591.H1	Creatinkinase MB (CK-MB), Immuninhibitionsmethode	50		1,50 €	1,50 €	3,45 €
3592.H1	3592.H1	Gamma-Glutamyltranspeptidase (Gamma-Glutamyltransferase, Gamma-GT)	40		1,20 €	1,20 €	2,76 €
3593.H1	3593.H1	Glutamatdehydrogenase (GLDH)	50		1,50 €	1,50 €	3,45 €
3594.H1	3594.H1	Glutamatoxalazetattransaminase (GOT, Aspartataminotransferase, ASAT, AST)	40		1,20 €	1,20 €	2,76 €
3595.H1	3595.H1	Glutamatpyruvattransaminase (GPT, Alaninaminotransferase, ALAT, ALT)	40		1,20 €	1,20 €	2,76 €
3596.H1	3596.H1	Hyxdroxybutyratdehydrogenase (HBDH)	40		1,20 €	1,20 €	2,76 €
3597.H1	3597.H1	Laktatdehydrogenase	40		1,20 €	1,20 €	2,76 €
3598.H1	3598.H1	Lipase	50		1,50 €	1,50 €	3,45 €
3599	3599	Saure Phosphatase (sP), photometrisch	70		2,20 €	2,20 €	4,83 €

M II.6 Gerinnungssystem

BGT Tarif-Nr.	DKG-NT Tarif-Nr.	Leistung	Punkte (nur DKG-NT I)	Besondere Kosten	Allgemeine Kosten	Sach-kosten	Vollkosten (nur DKG-NT I)
1a	1b	2	3	4	5	6	7
3605	**3605**	Partielle Thromboplastinzeit (PTT, aPTT), Einfachbestimmung	50		**1,50 €**	**1,50 €**	**3,45 €**
3606	**3606**	Plasmathrombinzeit (PTZ, TZ), Doppelbestimmung	70		**2,20 €**	**2,20 €**	**4,83 €**
3607	**3607**	Thromboplastinzeit (Prothrombinzeit, TPZ, Quickwert), Einfachbestimmung	50		**1,50 €**	**1,50 €**	**3,45 €**

M II.7 Funktionsteste

Nummern 3610–3615

BGT Tarif-Nr.	DKG-NT Tarif-Nr.	Leistung	Punkte (nur DKG-NT I)	Besondere Kosten	Allgemeine Kosten	Sach-kosten	Vollkosten (nur DKG-NT I)
1a	1b	2	3	4	5	6	7
		Allgemeine Bestimmung					
		Wird eine vom jeweils genannten Leistungsumfang abweichende geringere Anzahl von Bestimmungen durchgeführt, so ist nur die Zahl der tatsächlich durchgeführten Einzelleistungen berechnungsfähig.					
		Sind aus medizinischen Gründen über den jeweils genannten Leistungsumfang hinaus weitere Bestimmungen einzelner Meßgrößen erforderlich, so können diese mit entsprechender Begründung als Einzelleistungen gesondert berechnet werden.					
3610	3610	Amylase-Clearance (Zweimalige Bestimmung von Amylase)	100		3,10 €	3,10 €	6,90 €
3611	3611	Blutzuckertagesprofil (Viermalige Bestimmung von Glukose)	160		4,90 €	4,90 €	11,04 €
3612	3612	Glukosetoleranztest, intravenös (Siebenmalige Bestimmung von Glukose)	280		8,60 €	8,60 €	19,33 €
3613	3613	Glukosetoleranztest, oral (Viermalige Bestimmung von Glukose)	160		4,90 €	4,90 €	11,04 €
3615	3615	Kreatinin-Clearance (Zweimalige Bestimmung von Kreatinin)	60		1,80 €	1,80 €	4,14 €

M II.8 Spurenelemente

BGT Tarif-Nr.	DKG-NT Tarif-Nr.	Leistung	Punkte (nur DKG-NT I)	Besondere Kosten	Allgemeine Kosten	Sach-kosten	Vollkosten (nur DKG-NT I)
1a	1b	2	3	4	5	6	7
3620	**3620**	Eisen im Serum oder Plasma	40		**1,20 €**	**1,20 €**	**2,76 €**
3621	**3621**	Magnesium	40		**1,20 €**	**1,20 €**	**2,76 €**

M III Untersuchungen von körpereigenen oder körperfremden Substanzen und körpereigenen Zellen — Nummern 3630.H–3633.H

BGT Tarif-Nr.	DKG-NT Tarif-Nr.	Leistung	Punkte (nur DKG-NT I)	Besondere Kosten	Allgemeine Kosten	Sach-kosten	Vollkosten (nur DKG-NT I)
1a	1b	2	3	4	5	6	7
		Allgemeine Bestimmung					
		Für die mit H2, H3 und H4 gekennzeichneten Untersuchungen sind die Höchstwerte nach den Nummern 3630.H, 3631.H und 3633.H zu beachten.					
		Höchstwerte					
3630.H	3630.H	Höchstwert für die mit H2 gekennzeichneten Untersuchungen aus Abschnitt M III.8	870		26,70 €	26,70 €	60,05 €
3631.H	3631.H	Höchstwert für die mit H3 gekennzeichneten Untersuchungen aus Abschnitt M III.10	1.400		43,00 €	43,00 €	96,63 €
3633.H	3633.H	Höchstwert für die mit H4 gekennzeichneten Untersuchungen aus Abschnitt M III.14	550		16,90 €	16,90 €	37,96 €

M III.1 Ausscheidungen (Urin, Stuhl)   Nummern 3650–3654

BGT Tarif-Nr.	DKG-NT Tarif-Nr.	Leistung	Punkte (nur DKG-NT I)	Besondere Kosten	Allgemeine Kosten	Sach-kosten	Vollkosten (nur DKG-NT I)
1a	1b	2	3	4	5	6	7
3650	3650	Blut im Stuhl, dreimalige Untersuchung	60		1,80 €	1,80 €	4,14 €
		Die Kosten für ausgegebenes Testmaterial sind anstelle der Leistung nach Nummer 3650 berechnungsfähig, wenn die Auswertung aus Gründen unterbleibt, die der Arzt nicht zu vertreten hat.					
3651	3651	Phasenkontrastmikroskopische Untersuchung des Urinsediments – einschließlich morphologischer Beurteilung der Erythrozyten –	70		2,20 €	2,20 €	4,83 €
3652	3652	Streifentest im Urin, auch bei Verwendung eines Mehrfachreagenzträgers, je Untersuchung	35		1,60 €	1,60 €	2,42 €
3653	3653	Urinsediment, mikroskopisch	50		1,50 €	1,50 €	3,45 €
3654	3654	Zellzählung im Urin (Addis-Count), mikroskopisch	80		2,50 €	2,50 €	5,52 €

M III.2 Sekrete, Liquor, Konkremente

BGT Tarif-Nr.	DKG-NT Tarif-Nr.	Leistung	Punkte (nur DKG-NT I)	Besondere Kosten	Allgemeine Kosten	Sach-kosten	Vollkosten (nur DKG-NT I)
1a	1b	2	3	4	5	6	7
3660	3660	Sekret (Magen, Duodenum, Cervix uteri), mikroskopische Beurteilung	40		1,20 €	1,20 €	2,76 €
3661	3661	Gallensediment, mikroskopisch	40		1,20 €	1,20 €	2,76 €
3662	3662	HCl, titrimetrisch	70		2,20 €	2,20 €	4,83 €
3663	3663	Morphologische Differenzierung des Spermas, mikroskopisch	160		4,90 €	4,90 €	11,04 €
3664	3664	Spermienagglutination, mikroskopisch	120		3,70 €	3,70 €	8,28 €
3665	3665	Spermien-Mucus-Penetrationstest, je Ansatz ..	150		4,60 €	4,60 €	10,35 €
3667	3667	Spermienzahl und Motilitätsbeurteilung, mikroskopisch	70		2,20 €	2,20 €	4,83 €
3668	3668	Physikalisch-morphologische Untersuchung des Spermas (Menge, Viskosität, pH-Wert, Nativpräparat(e), Differenzierung der Beweglichkeit, Bestimmung der Spermienzahl, Vitalitätsprüfung, morphologische Differenzierung nach Ausstrichfärbung)	400		12,30 €	12,30 €	27,61 €
		Neben der Leistung nach Nummer 3668 sind die Leistungen nach den Nummern 3663, 3664 und/oder 3667 nicht berechnungsfähig.					
3669	3669	Erythrozytenzahl (Liquor), mikroskopisch	60		1,80 €	1,80 €	4,14 €
3670	3670	Leukozytenzahl (Liquor), mikroskopisch	60		1,80 €	1,80 €	4,14 €
3671	3671	Morphologische Differenzierung des Liquorzellausstrichs, mikroskopisch	160		4,90 €	4,90 €	11,04 €
3672	3672	Steinanalyse (Gallensteine, Harnsteine), mittels Infrarotspektrometrie oder mikroskopisch – einschließlich chemischer Reaktionen –	250		7,70 €	7,70 €	17,26 €
3673	3673	Steinanalyse (Gallensteine, Harnsteine), Röntgendiffraktion	570		17,50 €	17,50 €	39,34 €

M III.3 Körperzellen und deren Bestandteile, Zellfunktionsuntersuchungen

BGT Tarif-Nr.	DKG-NT Tarif-Nr.	Leistung	Punkte (nur DKG-NT I)	Besondere Kosten	Allgemeine Kosten	Sach-kosten	Vollkosten (nur DKG-NT I)
1a	1b	2	3	4	5	6	7
3680	3680	Differenzierung des Blutausstrichs, mikroskopisch	90		2,80 €	2,80 €	6,21 €
3681	3681	Morphologische Differenzierung des Knochenmarkausstrichs, mikroskopisch	570		17,50 €	17,50 €	39,34 €
3682	3682	Eisenfärbung des Blut- oder Knochenmarkausstrichs	120		3,70 €	3,70 €	8,28 €
3683	3683	Färbung eines Blut- oder Knochenmarkausstrichs (z.B. Nachweis der alkalischen Leukozytenphosphatase, Leukozytenesterase, Leukozytenperoxidase oder PAS), je Färbung	250		7,70 €	7,70 €	17,26 €
3686	3686	Eosinophile, segmentkernige Granulozyten (absolute Eosinophilenzahl), mikroskopisch	70		2,20 €	2,20 €	4,83 €
3688	3688	Osmotische Resistenz der Erythrozyten	90		2,80 €	2,80 €	6,21 €
3689	3689	Fetales Hämoglobin (HbF), mikroskopisch	160		4,90 €	4,90 €	11,04 €
3690	3690	Freies Hämoglobin, spektralphotometrisch	180		5,50 €	5,50 €	12,42 €
3691	3691	Hämoglobinelektrophorese	570		17,50 €	17,50 €	39,34 €
3692	3692	Methämoglobin und/oder Carboxyhämoglobin und/oder Sauerstoffsättigung, cooxymetrisch	60		1,80 €	1,80 €	4,14 €
3693	3693	Granulozytenfunktionstest (Adhäsivität, Chemotaxis (bis zu drei Stimulatoren), Sauerstoffaufnahme (bis zu drei Stimulatoren), Lumineszenz (O_2-Radikale), Degranulierung, je Funktionstest	570		17,50 €	17,50 €	39,34 €
3694	3694	Lymphozytentransformationstest	570		17,50 €	17,50 €	39,34 €
3695	3695	Phagozytäre Funktion neutrophiler Granulozyten (Nitrotetrazolblautest, NBT-Test)	120		3,70 €	3,70 €	8,28 €
3696	3696	Phänotypisierung von Zellen oder Rezeptornachweis auf Zellen mit bis zu drei verschiedenen, primären Anitseren (Einfach- oder Mehrfachmarkierung), Durchflußzytometrie, je Antiserum	570		17,50 €	17,50 €	39,34 €
3697	3697	Phänotypisierung von Zellen oder Rezeptornachweis auf Zellen mit weiteren Antiseren (Einfach- oder Mehrfachmarkierung), Durchflußzytometrie, je Antiserum	250		7,70 €	7,70 €	17,26 €

M III.3 Körperzellen und deren Bestandteile, Zellfunktionsuntersuchungen — Nummern 3698–3700

BGT Tarif-Nr.	DKG-NT Tarif-Nr.	Leistung	Punkte (nur DKG-NT I)	Besondere Kosten	Allgemeine Kosten	Sach-kosten	Vollkosten (nur DKG-NT I)
1a	1b	2	3	4	5	6	7
		Die Leistung nach Nummer 3697 kann nur im Zusammenhang mit der Leistung nach Nummer 3696 berechnet werden.					
3698	3698	Phänotypisierung von Zellen oder Rezeptornachweis auf Zellen mit dem ersten, primären Antiserum, Immunfluoreszenz oder ähnliche Untersuchungsmethoden	450		13,80 €	13,80 €	31,06 €
3699	3699	Phänotypisierung von Zellen oder Rezeptornachweis auf Zellen mit weiteren Antiseren, Immunfluoreszenz oder ähnliche Untersuchungsmethoden, je Antiserum	360		11,00 €	11,00 €	24,85 €
		Die Leistung nach Nummer 3699 kann nur im Zusammenhang mit der Leistung nach Nummer 3698 berechnet werden.					
3700	3700	Tumorstammzellenassay – gegebenenfalls auch von Zellanteilen – zur Prüfung der Zytostatikasensibilität	2.000		61,40 €	61,40 €	138,05 €

M III.4 Elektrolyte, Wasserhaushalt, physikalische Eigenschaften von Körperflüssigkeiten — Nummern 3710–3716

BGT Tarif-Nr.	DKG-NT Tarif-Nr.	Leistung	Punkte (nur DKG-NT I)	Besondere Kosten	Allgemeine Kosten	Sach-kosten	Vollkosten (nur DKG-NT I)
1a	1b	2	3	4	5	6	7
3710	3710	Blutgasanalyse (pH und/oder PCO_2 und/oder PO_2 und/oder Hb)	90		2,80 €	2,80 €	6,21 €
3711	3711	Blutkörperchensenkungsgeschwindigkeit (BKS, BSG)	40		1,20 €	1,20 €	2,76 €
3712	3712	Viskosität (z.B. Blut, Serum, Plasma), viskosimetrisch	250		7,70 €	7,70 €	17,26 €
3714	3714	Wasserstoffionenkonzentration (pH), potentiometrisch, jedoch nicht aus Blut oder Urin	40		1,20 €	1,20 €	2,76 €
3715	3715	Bikarbonat	60		1,80 €	1,80 €	4,14 €
3716	3716	Osmolalität	50		1,50 €	1,50 €	3,45 €

M III.5 Kohlehydrat- und Lipidstoffwechsel

BGT Tarif-Nr.	DKG-NT Tarif-Nr.	Leistung	Punkte (nur DKG-NT I)	Besondere Kosten	Allgemeine Kosten	Sach-kosten	Vollkosten (nur DKG-NT I)
1a	1b	2	3	4	5	6	7
3721	3721	Glykierte Proteine	250		7,70 €	7,70 €	17,26 €
3722	3722	Fructosamin, photometrisch	70		2,20 €	2,20 €	4,83 €
3723	3723	Fruktose, photometrisch	200		6,10 €	6,10 €	13,80 €
3724	3724	D-Xylose, photometrisch	200		6,10 €	6,10 €	13,80 €
3725	3725	Apoliprotein (A1, A2, B), Ligandenassay – gegebenenfalls einschließlich Doppelbestimmung und aktueller Bezugskurve –, Immundiffusion oder ähnliche Untersuchungsmethoden, je Bestimmung	200		6,10 €	6,10 €	13,80 €
3726	3726	Fettsäuren, Gaschromatographie	410		12,60 €	12,60 €	28,30 €
3727	3727	Fraktionierung der Lipoproteine, Ultrazentrifugation	680		20,90 €	20,90 €	46,94 €
3728	3728	Lipidelektrophorese, qualitativ	180		5,50 €	5,50 €	12,42 €
3729	3729	Lipidelektrophorese, quantitativ	300		9,20 €	9,20 €	20,71 €
3730	3730	Lipoprotein (a) (Lp(a)), Ligandenassay – gegebenenfalls einschließlich Doppelbestimmung und aktueller Bezugskurve –, Elektroimmundiffusion	300		9,20 €	9,20 €	20,71 €

M III.6 Proteine, Aminosäuren, Elektrophoreseverfahren — Nummern 3733–3745

BGT Tarif-Nr.	DKG-NT Tarif-Nr.	Leistung	Punkte (nur DKG-NT I)	Besondere Kosten	Allgemeine Kosten	Sach-kosten	Vollkosten (nur DKG-NT I)
1a	1b	2	3	4	5	6	7
		Allgemeine Bestimmung					
		Für die mit H4 gekennzeichnete Untersuchung ist der Höchstwert nach Nummer 3633.H zu beachten.					
3733		Trockenchemische Bestimmung von Theopyllin			3,70 €	3,70 €	
3735	3735	Albumin, Ligandenassay – gegebenenfalls einschließlich Doppelbestimmung und aktueller Bezugskurve –, Immundiffusion oder ähnliche Untersuchungsmethoden	150		4,60 €	4,60 €	10,35 €
3736	3736	Albumin mit vorgefertigten Reagenzträgern, zur Diagnose einer Mikroalbuminurie	120		3,70 €	3,70 €	8,28 €
3737	3737	Aminosäuren, Hochdruckflüssigkeitschromatographie	570		17,50 €	17,50 €	39,34 €
3738	3738	Aminosäuren, qualitativ, Dünnschichtchromatographie	250		7,70 €	7,70 €	17,26 €
3739	3739	Alpha$_1$-Antitrypsin, Immundiffusion oder ähnliche Untersuchungsmethoden	180		5,50 €	5,50 €	12,42 €
3740	3740	Coeruloplasmin, Immundiffusion oder ähnliche Untersuchungsmethoden	180		5,50 €	5,50 €	12,42 €
3741	3741	C-reaktives Protein (CRP), Ligandenassay – gegebenenfalls einschließlich Doppelbestimmung und aktueller Bezugskurve –, Immundiffusion oder ähnliche Untersuchungsmethoden	200		6,10 €	6,10 €	13,80 €
3742	3742	Ferritin, Ligandenassay – gegebenenfalls einschließlich Doppelbestimmung und aktueller Bezugskurve –	250		7,70 €	7,70 €	17,26 €
3743	3743	Alpha-Fetoprotein (AFP), Ligandenassay – gegebenenfalls einschließlich Doppelbestimmung und aktueller Bezugskurve –	250		7,70 €	7,70 €	17,26 €
3744	3744	Fibronectin, Ligandenassay – einschließlich Doppelbestimmung und aktueller Bezugskurve –	450		13,80 €	13,80 €	31,06 €
3745	3745	Beta$_2$-Glykoprotein II (C3-Proaktivator), Immundiffusion oder ähnliche Untersuchungsmethoden	180		5,50 €	5,50 €	12,42 €

M III.6 Proteine, Aminosäuren, Elektrophoreseverfahren

BGT Tarif-Nr.	DKG-NT Tarif-Nr.	Leistung	Punkte (nur DKG-NT I)	Besondere Kosten	Allgemeine Kosten	Sach-kosten	Vollkosten (nur DKG-NT I)
1a	1b	2	3	4	5	6	7
3746	3746	Hämopexin, Immundiffusion oder ähnliche Untersuchungsmethoden	180		5,50 €	5,50 €	12,42 €
3747	3747	Haptoglobin, Immundiffusion oder ähnliche Untersuchungsmethoden	180		5,50 €	5,50 €	12,42 €
3748	3748	Immunelektrophorese, bis zu sieben Ansätze, je Ansatz	200		6,10 €	6,10 €	13,80 €
3749	3749	Immunfixation, bis zu fünf Antiseren, je Antiserum	200		6,10 €	6,10 €	13,80 €
3750	3750	Isoelektrische Fokussierung (z.B. Oligoklonale Banden)	570		17,50 €	17,50 €	39,34 €
3751	3751	Kryoglobuline, qualitativ, visuell	40		1,20 €	1,20 €	2,76 €
3752	3752	Kryoglobuline (Bestimmung von je zweimal IgA, IgG und IgM), Immundiffusion oder ähnliche Untersuchungsmethoden, je Globulinbestimmung	120		3,70 €	3,70 €	8,28 €
3753	3753	Alpha$_2$-Makroglobulin, Immundiffusion oder ähnliche Untersuchungsmethoden	180		5,50 €	5,50 €	12,42 €
3754	3754	Mikroglobuline (Alpha$_1$, Beta$_2$), Ligandenassay – gegebenenfalls einschließlich Doppelbestimmung und aktueller Bezugskurve –, Immundiffusion oder ähnliche Untersuchungsmethoden, je Mikroglobulinbestimmung	200		6,10 €	6,10 €	13,80 €
3755	3755	Myoglobin, Agglutination, qualitativ	60		1,80 €	1,80 €	4,14 €
3756	3756	Myoglobulin, Ligandenassay – gegebenenfalls einschließlich Doppelbestimmung und aktueller Bezugskurve –, Immundiffusion oder ähnliche Untersuchungsmethoden	200		6,10 €	6,10 €	13,80 €
3757		Eiweißuntersuchungen aus eiweißramen Flüssigkeiten (z.B. Liquor-, Gelenk- oder Pleurapunktat)			2,20 €	2,20 €	
3758	3758	Phenylalanin (Guthrie-Test), Bakterienwachstumstest	60		1,80 €	1,80 €	4,14 €
3759	3759	Präalbumin, Immundiffusion oder ähnliche Untersuchungsmethoden	180		5,50 €	5,50 €	12,42 €
3760	3760	Protein im Urin, photometrisch	70		2,20 €	2,20 €	4,83 €
3761	3761	Proteinelektrophorese im Urin	250		7,70 €	7,70 €	17,26 €

M III.6 Proteine, Aminosäuren, Elektrophoreseverfahren — Nummern 3762–3768

BGT Tarif-Nr.	DKG-NT Tarif-Nr.	Leistung	Punkte (nur DKG-NT I)	Besondere Kosten	Allgemeine Kosten	Sach-kosten	Vollkosten (nur DKG-NT I)
1a	1b	2	3	4	5	6	7
3762	3762	Schwefelhaltige Aminosäuren (Cystin, Cystein, Homocystin), Farbreaktion und visuell, qualitativ, je Aminosäurenbestimmung	40		1,20 €	1,20 €	2,76 €
3763	3763	SDS-Elektrophorese mit anschließender Immunreaktion (z.B. Westernblot)	570		17,50 €	17,50 €	39,34 €
3764	3764	SDS-Polyacrylamidgel-Elektrophorese	250		7,70 €	7,70 €	17,26 €
3765	3765	Sexualhormonbindendes Globulin (SHBG), Ligandenassay – einschließlich Doppelbestimmung und aktueller Bezugskurve –	450		13,80 €	13,80 €	31,06 €
3766.H4	3766.H4	Thyroxin-bindendes Globulin (TBG), Ligandenassay – gegebenenfalls einschließlich Doppelbestimmung und aktueller Bezugskurve –	250		7,70 €	7,70 €	17,26 €
3767	3767	Tumornekrosefaktor (TNF), Ligandenassay – einschließlich Doppelbestimmung und aktueller Bezugskurve –	450		13,80 €	13,80 €	31,06 €
3768	3768	Isolierung von Immunglobulin M mit chromatographischen Untersuchungsverfahren	360		11,00 €	11,00 €	24,85 €

M III.7 Substrate, Metabolite, Enzyme

BGT Tarif-Nr.	DKG-NT Tarif-Nr.	Leistung	Punkte (nur DKG-NT I)	Besondere Kosten	Allgemeine Kosten	Sach-kosten	Vollkosten (nur DKG-NT I)
1a	1b	2	3	4	5	6	7
3774	3774	Ammoniak (NH_4)	220		6,80 €	6,80 €	15,19 €
3775	3775	Bilirubin im Fruchtwasser (E450), spektralphotometrisch	180		5,50 €	5,50 €	12,42 €
3776	3776	Citrat, photometrisch	300		9,20 €	9,20 €	20,71 €
3777	3777	Gallensäuren, Ligandenassay – einschließlich Doppelbestimmung und aktueller Bezugskurve –	290		8,90 €	8,90 €	20,02 €
3778	3778	Glutamatdehydrogenase (GLDH), manuell, photometrisch	120		3,70 €	3,70 €	8,28 €
3779	3779	Homogenitinsäure, Farbreaktion und visuell, qualitativ	40		1,20 €	1,20 €	2,76 €
3780	3780	Kreatin	120		3,70 €	3,70 €	8,28 €
3781	3781	Laktat, photometrisch	220		6,80 €	6,80 €	15,19 €
3782	3782	Lecithin/Sphingomyelin-Quotient (L/S-Quotient)	200		6,10 €	6,10 €	13,80 €
3783	3783	Organisches Säurenprofil, Gaschromatographie oder Gaschromatographie-Massenspektromie	570		17,50 €	17,50 €	39,34 €
3784	3784	Isoenzyme (z.B. Alkalische Phosphatase, Alpha-Amylase), chemische oder thermische Hemmung oder Fällung, je Ansatz	150		4,60 €	4,60 €	10,35 €
3785	3785	Isoenzyme (z.B. Alkalische Phosphatase, Alpha-Amylase, Creatinkinase, LDH), Elektrophorese oder Immunpräzipitation, je Ansatz	300		9,20 €	9,20 €	20,71 €
3786	3786	Angiotensin I Converting Enzyme (Angiotensin I-Convertase, ACE)	220		6,80 €	6,80 €	15,19 €
3787	3787	Chymotrypsin	120		3,70 €	3,70 €	8,28 €
3788	3788	Creatinkinase-MB-Konzentration (CK-MB), Ligandenassay – gegebenenfalls einschließlich Doppelbestimmung und aktueller Bezugskurve –	200		6,10 €	6,10 €	13,80 €
3789	3789	Enzyme der Hämsynthese (Delta-Aminolaevulinsäure-Dehydratase, Uroporphyrinsynthase und ähnliche), je Enzym	120		3,70 €	3,70 €	8,28 €
3790	3790	Erythrozytenenzyme (Glukose-6-Phosphat-Dehydrogenase, Pyruvatkinase und ähnliche), je Enzym	120		3,70 €	3,70 €	8,28 €

M III.7 Substrate, Metabolite, Enzyme

BGT Tarif-Nr.	DKG-NT Tarif-Nr.	Leistung	Punkte (nur DKG-NT I)	Besondere Kosten	Allgemeine Kosten	Sach- kosten	Vollkosten (nur DKG-NT I)
1a	1b	2	3	4	5	6	7
3791	3791	Granulozyten-Elastase, Ligandenassay – einschließlich Doppelbestimmung und aktueller Bezugskurve –	290		8,90 €	8,90 €	20,02 €
3792	3792	Granulozyten-Elastase, Immundiffusion oder ähnliche Untersuchungsmethoden	180		5,50 €	5,50 €	12,42 €
3793	3793	Lysozym	120		3,70 €	3,70 €	8,28 €
3794	3794	Prostataspezifische saure Phosphatase (PAP), Ligandenassay – gegebenenfalls einschließlich Doppelbestimmung und aktueller Bezugskurve –	200		6,10 €	6,10 €	13,80 €
3795	3795	Tatrathemmbare saure Phosphatase (PSP) ...	110		3,40 €	3,40 €	7,59 €
3796	3796	Trypsin, Ligandenassay – gegebenenfalls einschließlich Doppelbestimmung und aktueller Bezugskurve –	200		6,10 €	6,10 €	13,80 €

M III.8 Antikörper gegen körpereigene Antigene oder Haptene — Nummern 3805–3822.H2

BGT Tarif-Nr.	DKG-NT Tarif-Nr.	Leistung	Punkte (nur DKG-NT I)	Besondere Kosten	Allgemeine Kosten	Sach-kosten	Vollkosten (nur DKG-NT I)
1a	1b	2	3	4	5	6	7
		Allgemeine Bestimmungen					
		Die Berechnung einer Gebühr für die qualitative Immunfluoreszenzuntersuchung (bis zu zwei Titerstufen) neben einer Gebühr für die quantitative Immunfluoreszenzuntersuchung (mehr als zwei Titerstufen) oder eine ähnliche Untersuchungsmethode ist nicht zulässig.					
		Für die mit H2 gekennzeichneten Untersuchungen ist der Höchstwert nach Nummer 3630.H zu beachten.					
3805–3827	3805–3827	Untersuchung auf Antikörper mittels qualitativer Immunfluoreszenzuntersuchung (bis zu zwei Titerstufen) oder ähnlicher Untersuchungsmethoden	290		8,90 €	8,90 €	20,02 €
		Antikörper gegen					
3805.H2	3805.H2	Basalmembran (GBM)	290		8,90 €	8,90 €	20,02 €
3806.H2	3806.H2	Centromerregion	290		8,90 €	8,90 €	20,02 €
3807.H2	3807.H2	Endomysium	290		8,90 €	8,90 €	20,02 €
3808.H2	3808.H2	Extrahierbare, nukleäre Antigene (ENA)	290		8,90 €	8,90 €	20,02 €
3809.H2	3809.H2	Glatte Muskulatur (SMA)	290		8,90 €	8,90 €	20,02 €
3811.H2	3811.H2	Haut (AHA, BMA und ICS)	290		8,90 €	8,90 €	20,02 €
3812.H2	3812.H2	Herzmuskulatur (HMA)	290		8,90 €	8,90 €	20,02 €
3813.H2	3813.H2	Kerne (ANA)	290		8,90 €	8,90 €	20,02 €
3814.H2	3814.H2	Kollagen	290		8,90 €	8,90 €	20,02 €
3815.H2	3815.H2	Langerhans-Inseln (ICA)	290		8,90 €	8,90 €	20,02 €
3816.H2	3816.H2	Mikrosomen (Thyroperoxidase)	290		8,90 €	8,90 €	20,02 €
3817.H2	3817.H2	Mikrosomen (Leber, Niere)	290		8,90 €	8,90 €	20,02 €
3818.H2	3818.H2	Mitochondrien (AMA)	290		8,90 €	8,90 €	20,02 €
3819.H2	3819.H2	nDNA	290		8,90 €	8,90 €	20,02 €
3820.H2	3820.H2	Nebenniere	290		8,90 €	8,90 €	20,02 €
3821.H2	3821.H2	Parietalzellen (PCA)	290		8,90 €	8,90 €	20,02 €
3822.H2	3822.H2	Skelettmuskulatur (SkMA)	290		8,90 €	8,90 €	20,02 €

M III.8 Antikörper gegen körpereigene Antigene oder Haptene — Nummern 3823.H2–3849

BGT Tarif-Nr.	DKG-NT Tarif-Nr.	Leistung	Punkte (nur DKG-NT I)	Besondere Kosten	Allgemeine Kosten	Sach-kosten	Vollkosten (nur DKG-NT I)
1a	1b	2	3	4	5	6	7
3823.H2	3823.H2	Speichelgangepithel	290		8,90 €	8,90 €	20,02 €
3824.H2	3824.H2	Spermien	290		8,90 €	8,90 €	20,02 €
3825.H2	3825.H2	Thyreoglobulin	290		8,90 €	8,90 €	20,02 €
3826.H2	3826.H2	zytoplasmatische Antigene in neutrophilen Granulozyten (P-ANCA, C-ANCA)	290		8,90 €	8,90 €	20,02 €
3827.H2	3827.H2	Untersuchungen mit ähnlichem methodischem Aufwand	290		8,90 €	8,90 €	20,02 €
		Die untersuchten Parameter sind in der Rechnung anzugeben.					
3832–3854	3832–3854	Untersuchung auf Antikörper mittels quantitativer Immunfluoreszenzuntersuchung (mehr als zwei Titerstufen) oder ähnlicher Untersuchungsmethoden	510		15,70 €	15,70 €	35,20 €
		Antikörper gegen					
3832	3832	Basalmembran (GBM)	510		15,70 €	15,70 €	35,20 €
3833	3833	Centromerregion	510		15,70 €	15,70 €	35,20 €
3834	3834	Endomysium	510		15,70 €	15,70 €	35,20 €
3835	3835	Extrahierbare, nukleäre Antigene (ENA)	510		15,70 €	15,70 €	35,20 €
3836	3836	Glatte Muskulatur (SMA)	510		15,70 €	15,70 €	35,20 €
3838	3838	Haut (AHA, BMA und ICS)	510		15,70 €	15,70 €	35,20 €
3839	3839	Herzmuskulatur (HMA)	510		15,70 €	15,70 €	35,20 €
3840	3840	Kerne (ANA)	510		15,70 €	15,70 €	35,20 €
3841	3841	Kollagen	510		15,70 €	15,70 €	35,20 €
3842	3842	Langerhans-Inseln (ICA)	510		15,70 €	15,70 €	35,20 €
3843	3843	Mikrosomen (Thyroperoxidase)	510		15,70 €	15,70 €	35,20 €
3844	3844	Mikrosomen (Leber, Niere)	510		15,70 €	15,70 €	35,20 €
3845	3845	Mitochondrien (AMA)	510		15,70 €	15,70 €	35,20 €
3846	3846	nDNA	510		15,70 €	15,70 €	35,20 €
3847	3847	Parietalzellen (PCA)	510		15,70 €	15,70 €	35,20 €
3848	3848	Skelettmuskulatur (SkMA)	510		15,70 €	15,70 €	35,20 €
3849	3849	Speichelgangepithel	510		15,70 €	15,70 €	35,20 €

M III.8 Antikörper gegen körpereigene Antigene oder Haptene — Nummern 3850–3869

BGT Tarif-Nr.	DKG-NT Tarif-Nr.	Leistung	Punkte (nur DKG-NT I)	Besondere Kosten	Allgemeine Kosten	Sach-kosten	Vollkosten (nur DKG-NT I)
1a	1b	2	3	4	5	6	7
3850	3850	Spermien	510		15,70 €	15,70 €	35,20 €
3852	3852	Thyreoglobulin	510		15,70 €	15,70 €	35,20 €
3853	3853	zytoplasmatische Antigene in neutrophilen Granulozyten (P-ANCA, C-ANCA)	510		15,70 €	15,70 €	35,20 €
3854	3854	Untersuchungen mit ähnlichem methodischem Aufwand	510		15,70 €	15,70 €	35,20 €
		Die untersuchten Parameter sind in der Rechnung anzugeben.					
3857–3864	3857–3864	Untersuchung auf Subformen antinukleärer und zytoplasmatischer Antikörper mittels Ligandenassay – gegebenenfalls einschließlich Doppelbestimmung und aktueller Bezugskurve –, Immunoblot oder Überwanderungselektrophorese	300		9,20 €	9,20 €	20,71 €
		Antikörper gegen					
3857	3857	dDNS	300		9,20 €	9,20 €	20,71 €
3858	3858	Histone	300		9,20 €	9,20 €	20,71 €
3859	3859	Ribonukleoprotein (RNP)	300		9,20 €	9,20 €	20,71 €
3860	3860	Sm-Antigen	300		9,20 €	9,20 €	20,71 €
3861	3861	SS-A-Antigen	300		9,20 €	9,20 €	20,71 €
3862	3862	SS-B-Antigen	300		9,20 €	9,20 €	20,71 €
3863	3863	Scl-70-Antigen	300		9,20 €	9,20 €	20,71 €
3864	3864	Untersuchungen mit ähnlichem methodischem Aufwand	300		9,20 €	9,20 €	20,71 €
		Die untersuchten Parameter sind in der Rechnung anzugeben.					
3868–3877	3868–3877	Untersuchung auf Antikörper mittels Ligandenassay – gegebenenfalls einschließlich Doppelbestimmung und aktueller Bezugskurve –	450		13,80 €	13,80 €	31,06 €
		Antikörper gegen					
3868	3868	Azetylcholinrezeptoren	450		13,80 €	13,80 €	31,06 €
3869	3869	Cardiolipin (IgG- oder IgM-Fraktion), je Fraktion	450		13,80 €	13,80 €	31,06 €

M III.8 Antikörper gegen körpereigene Antigene oder Haptene

Nummern 3870–3889

BGT Tarif-Nr.	DKG-NT Tarif-Nr.	Leistung	Punkte (nur DKG-NT I)	Besondere Kosten	Allgemeine Kosten	Sach-kosten	Vollkosten (nur DKG-NT I)
1a	1b	2	3	4	5	6	7
3870	3870	Interferon alpha	450		13,80 €	13,80 €	31,06 €
3871	3871	Mikrosomen (Thyroperoxydase)	450		13,80 €	13,80 €	31,06 €
3872	3872	Mitochondriale Subformen (AMA-Subformen)	450		13,80 €	13,80 €	31,06 €
3873	3873	Myeloperoxydase (P-ANCA)	450		13,80 €	13,80 €	31,06 €
3874	3874	Proteinase 3 (C-ANCA)	450		13,80 €	13,80 €	31,06 €
3875	3875	Spermien	450		13,80 €	13,80 €	31,06 €
3876	3876	Thyreoglobulin	450		13,80 €	13,80 €	31,06 €
3877	3877	Untersuchungen mit ähnlichem methodischem Aufwand	450		13,80 €	13,80 €	31,06 €
		Die untersuchten Parameter sind in der Rechnung anzugeben.					
3879	3879	Untersuchung auf Antikörper gegen TSH-Rezeptor (TRAK) mittels Ligandenassay – einschließlich Doppelbestimmung und aktueller Bezugskurve –	550		16,90 €	16,90 €	37,96 €
3881	3881	Zirkulierende Immunkomplexe, Ligandenassay – einschließlich Doppelbestimmung und aktueller Bezugskurve –	290		8,90 €	8,90 €	20,02 €
3884–3885	3884–3885	Qualitativer Nachweis von Antikörpern mittels Agglutination	90		2,80 €	2,80 €	6,21 €
		Antikörper gegen					
3884	3884	Fc von IgM (Rheumafaktor)	90		2,80 €	2,80 €	6,21 €
3885	3885	Thyreoglobulin (Boydentest)	90		2,80 €	2,80 €	6,21 €
3886–3889	3886–3889	Quantitative Bestimmung von Antikörpern mittels Immundiffusion oder ähnlicher Untersuchungsmethoden	90		2,80 €	2,80 €	6,21 €
		Antikörper gegen					
3886	3886	Fc von IgM (Rheumafaktor)	180		5,50 €	5,50 €	12,42 €
3889	3889	Mixed-Antiglobulin-Reaction (MAR-Test) zum Nachweis von Spermien-Antikörpern	200		6,10 €	6,10 €	13,80 €

M III.9 Antikörper gegen körperfremde Antigene — Nummern 3890–3895

BGT Tarif-Nr.	DKG-NT Tarif-Nr.	Leistung	Punkte (nur DKG-NT I)	Besondere Kosten	Allgemeine Kosten	Sach-kosten	Vollkosten (nur DKG-NT I)
1a	1b	2	3	4	5	6	7
		Allgemeine Bestimmung *Neben den Leistungen nach den Nummern 3892, 3893 und/oder 3894 sind die Leistungen nach den Nummern 3572, 3890 und/oder 3891 nicht berechnungsfähig.*					
3890	3890	Allergenspezifisches Immunglobulin (z.B. IgE), Mischallergentest (z.B. RAST), im Einzelansatz, Ligandenassay – gegebenenfalls einschließlich Doppelbestimmung und aktueller Bezugskurve –, qualitativ, bis zu vier Mischallergenen, je Mischallergen	250		7,70 €	7,70 €	17,26 €
3891	3891	Allergenspezifisches Immunglobulin (z.B. IgE), Einzelallergentest (z.B. RAST), im Einzelansatz, Ligandenassay – gegebenenfalls einschließlich Doppelbestimmung und aktueller Bezugskurve –, bis zu zehn Einzelallergenen, je Allergen	250		7,70 €	7,70 €	17,26 €
3892	3892	Bestimmung von allergenspezifischem Immunglobulin (z.B. IgE), Einzel- oder Mischallergentest mit mindestens vier deklarierten Allergenen oder Mischallergenen auf einem Träger, je Träger	200		6,10 €	6,10 €	13,80 €
3893	3893	Bestimmung von allergenspezifischem Immunglobulin (z.B. IgE), Einzelallergentest mit mindestens neun deklarierten Allergenen auf einem Träger und Differenzierung nach Einzelallergenen – gegebenenfalls einschließlich semiquantitativer Bestimmung des Gesamt-IgE –, insgesamt	500		15,30 €	15,30 €	34,51 €
3894	3894	Bestimmung von allergenspezifischem Immunglobulin (z.B. IgE), Einzelallergentest mit mindestens zwanzig deklarierten Allergenen auf einem Träger und Differenzierung nach Einzelallergenen – gegebenenfalls einschließlich semiquantitativer Bestimmung des Gesamt-IgE –, insgesamt	900		27,60 €	27,60 €	62,12 €
3895	3895	Heterophile Antikörper (IgG- oder IgM-Fraktion), Ligandenassay – einschließlich Doppelbestimmung und aktueller Bezugskurve –, je Fraktion	1.100		33,80 €	33,80 €	75,93 €

M III.9 Antikörper gegen körperfremde Antigene

BGT Tarif-Nr.	DKG-NT Tarif-Nr.	Leistung	Punkte (nur DKG-NT I)	Besondere Kosten	Allgemeine Kosten	Sachkosten	Vollkosten (nur DKG-NT I)
1a	1b	2	3	4	5	6	7
3896	3896	Untersuchung auf Antikörper gegen Gliadin mittels qualitativer Immunfluoreszenzuntersuchung (bis zu zwei Titerstufen) oder ähnlicher Untersuchungsmethoden	290		8,90 €	8,90 €	20,02 €
3897	3897	Untersuchung auf Antikörper gegen Gliadin mittels quantitativer Immunfluoreszenzuntersuchung (mehr als zwei Titerstufen) oder ähnlicher Untersuchungsmethoden	510		15,70 €	15,70 €	35,20 €
3898	3898	Antikörper gegen Insulin, Ligandenassay – einschließlich Doppelbestimmung und aktueller Bezugskurve –	450		13,80 €	13,80 €	31,06 €

M III.10 Tumormarker

Nummern 3900.H3–3910.H3

BGT Tarif-Nr.	DKG-NT Tarif-Nr.	Leistung	Punkte (nur DKG-NT I)	Besondere Kosten	Allgemeine Kosten	Sach-kosten	Vollkosten (nur DKG-NT I)
1a	1b	2	3	4	5	6	7
		Allgemeine Bestimmung					
		Für die mit H3 gekennzeichneten Untersuchungen ist der Höchstwert nach Nummer 3631.H zu beachten.					
3900.H3	3900.H3	CA 125, Ligandenassay – gegebenenfalls einschließlich Doppelbestimmung und aktueller Bezugskurve –	300		9,20 €	9,20 €	20,71 €
3901.H3	3901.H3	CA 15-3, Ligandenassay – gegebenenfalls einschließlich Doppelbestimmung und aktueller Bezugskurve –	450		13,80 €	13,80 €	31,06 €
3902.H3	3902.H3	CA 19-9, Ligandenassay – gegebenenfalls einschließlich Doppelbestimmung und aktueller Bezugskurve –	300		9,20 €	9,20 €	20,71 €
3903.H3	3903.H3	CA 50, Ligandenassay – gegebenenfalls einschließlich Doppelbestimmung und aktueller Bezugskurve –	450		13,80 €	13,80 €	31,06 €
3904.H3	3904.H3	CA 72-4, Ligandenassay – gegebenenfalls einschließlich Doppelbestimmung und aktueller Bezugskurve –	450		13,80 €	13,80 €	31,06 €
3905.H3	3905.H3	Carcinoembryonales Antigen (CEA), Ligandenassay – gegebenenfalls einschließlich Doppelbestimmung und aktueller Bezugskurve –	250		7,70 €	7,70 €	17,26 €
3906.H3	3906.H3	Cyfra 21-1, Ligandenassay – gegebenenfalls einschließlich Doppelbestimmung und aktueller Bezugskurve –	450		13,80 €	13,80 €	31,06 €
3907.H3	3907.H3	Neuronenspezifische Enolase (NSE), Ligandenassay – gegebenenfalls einschließlich Doppelbestimmung und aktueller Bezugskurve –	450		13,80 €	13,80 €	31,06 €
3908.H3	3908.H3	Prostataspezifisches Antigen (PSA), Ligandenassay – gegebenenfalls einschließlich Doppelbestimmung und aktueller Bezugskurve –	300		9,20 €	9,20 €	20,71 €
3909.H3	3909.H3	Squamous cell carcinoma-Antigen (SCC), Ligandenassay – gegebenenfalls einschließlich Doppelbestimmung und aktueller Bezugskurve –	450		13,80 €	13,80 €	31,06 €
3910.H3	3910.H3	Thymidinkinase, Ligandenassay – gegebenenfalls einschließlich Doppelbestimmung und aktueller Bezugskurve –	450		13,80 €	13,80 €	31,06 €

BGT Tarif-Nr.	DKG-NT Tarif-Nr.	Leistung	Punkte (nur DKG-NT I)	Besondere Kosten	Allgemeine Kosten	Sach-kosten	Vollkosten (nur DKG-NT I)
1a	1b	2	3	4	5	6	7
3911.H3	**3911.H3**	Tissue-polypeptide-Antigen (TPA), Liganden-assay – gegebenenfalls einschließlich Doppelbestimmung und aktueller Bezugskurve –	450		**13,80 €**	**13,80 €**	**31,06 €**

M III.11 Nukleinsäuren und ihre Metabolite

Nummern 3920–3926

BGT Tarif-Nr.	DKG-NT Tarif-Nr.	Leistung	Punkte (nur DKG-NT I)	Besondere Kosten	Allgemeine Kosten	Sach-kosten	Vollkosten (nur DKG-NT I)
1a	1b	2	3	4	5	6	7
3920	3920	Isolierung von humanen Nukleinsäuren aus Untersuchungsmaterial	900		27,60 €	27,60 €	62,12 €
3921	3921	Verdau (Spaltung) isolierter humaner Nukleinsäuren mit Restriktionsenzymen, je Enzym ...	150		4,60 €	4,60 €	10,35 €
3922	3922	Amplifikation von humanen Nukleinsäuren oder Nukleinsäurefragmenten mit Polymerasekettenreaktion (PCR)	500		15,30 €	15,30 €	34,51 €
3923	3923	Amplifikation von humanen Nukleinsäuren oder Nukleinsäurefragmenten mit geschachtelter Polymerasekettenreaktion (nested PCR)	1.000		30,70 €	30,70 €	69,02 €
3924	3924	Identifizierung von humanen Nukleinsäurefragmenten durch Hybridisierung mit radioaktiv oder nichtradioaktiv markierten Sonden und nachfolgender Detektion, je Sonde	300		9,20 €	9,20 €	20,71 €
3925	3925	Trennung von humanen Nukleinsäurefragmenten mittels elektrophoretischer Methoden und anschließendem Transfer auf Trägermaterialien (z.B. Dot-Blot, Slot-Blot)	600		18,40 €	18,40 €	41,41 €
3926	3926	Identifizierung von humanen Nukleinsäurefragmenten durch Sequenzermittlung	2.000		61,40 €	61,40 €	138,05 €

M III.12 Gerinnungs-, Fibrinolyse-, Komplementsystem   Nummern 3930–3950

BGT Tarif-Nr.	DKG-NT Tarif-Nr.	Leistung	Punkte (nur DKG-NT I)	Besondere Kosten	Allgemeine Kosten	Sach-kosten	Vollkosten (nur DKG-NT I)
1a	1b	2	3	4	5	6	7
3930	3930	Antithrombin III, chromogenes Substrat	110		3,40 €	3,40 €	7,59 €
3931	3931	Antithrombin III, Immundiffusion oder ähnliche Untersuchungsmethoden	180		5,50 €	5,50 €	12,42 €
3932	3932	Blutungszeit	60		1,80 €	1,80 €	4,14 €
3933	3933	Fibrinogen nach Clauss, koagulometrisch	100		3,10 €	3,10 €	6,90 €
3934	3934	Fibrinogen, Immundiffusion doer ähnliche Untersuchungsmethoden	180		5,50 €	5,50 €	12,42 €
3935	3935	Fibrinogenspaltprodukte, qualitativ	120		3,70 €	3,70 €	8,28 €
3936	3936	Fibrinogenspaltprodukte, quantitativ	250		7,70 €	7,70 €	17,26 €
3937	3937	Fibrinspaltprodukte, quervernetzt (Dimertest), qualitativ	180		5,50 €	5,50 €	12,42 €
3938	3938	Fibrinspaltprodukte, quervernetzt (Dimertest), quantitativ	360		11,00 €	11,00 €	24,85 €
3939	3939	Gerinnungsfaktor (II, V, VIII, IX, X), je Faktor	460		14,10 €	14,10 €	31,75 €
3940	3940	Gerinnungsfaktor (VII, XI, XII), je Faktor	720		22,10 €	22,10 €	49,70 €
3941	3941	Gerinnungsfaktor VIII Ag, Immundiffusion oder ähnliche Untersuchungsmethoden	250		7,70 €	7,70 €	17,26 €
3942	3942	Gerinnungsfaktor XIII, Untersuchung mittels Monochloressigsäure oder ähnliche Untersuchungsmethoden	180		5,50 €	5,50 €	12,42 €
3943	3943	Gerinnungsfaktor XIII, Immundiffusion oder ähnliche Untersuchungsmethoden	250		7,70 €	7,70 €	17,26 €
3944	3944	Gewebsplasminogenaktivator (t-PA), chromogenes Substrat	300		9,20 €	9,20 €	20,71 €
3945	3945	Heparin, chromogenes Substrat	140		4,30 €	4,30 €	9,66 €
3946	3946	Partielle Thromboplastinzeit (PTT, aPTT), Doppelbestimmung	70		2,20 €	2,20 €	4,83 €
3947	3947	Plasmatauschversuch	460		14,10 €	14,10 €	31,75 €
3948	3948	Plasminogen, chromogenes Substrat	140		4,30 €	4,30 €	9,66 €
3949	3949	Plasminogenaktivatorinhibitor (PAI), chromogenes Substrat	410		12,60 €	12,60 €	28,30 €
3950	3950	Plättchenfaktor (3, 4), Ligandenassay – einschließlich Doppelbestimmung und aktueller Bezugskurve –, je Faktor	480		14,70 €	14,70 €	33,13 €

M III.12 Gerinnungs-, Fibrinolyse-, Komplementsystem

Nummern 3951–3968

BGT Tarif-Nr.	DKG-NT Tarif-Nr.	Leistung	Punkte (nur DKG-NT I)	Besondere Kosten	Allgemeine Kosten	Sach-kosten	Vollkosten (nur DKG-NT I)
1a	1b	2	3	4	5	6	7
3951	3951	Protein C-Aktivität	450		13,80 €	13,80 €	31,06 €
3952	3952	Protein C-Konzentration, Ligandenassay – einschließlich Doppelbestimmung und aktueller Bezugskurve –	450		13,80 €	13,80 €	31,06 €
3953	3953	Protein S-Aktivität	450		13,80 €	13,80 €	31,06 €
3954	3954	Protein S-Konzentration, Ligandenassay – einschließlich Doppelbestimmung und aktueller Bezugskurve –	450		13,80 €	13,80 €	31,06 €
3955	3955	Reptilasezeit	100		3,10 €	3,10 €	6,90 €
3956	3956	Ristocetin-Cofaktor (F VIII Rcof), Agglutination	200		6,10 €	6,10 €	13,80 €
3957	3957	Thrombelastogramm oder Resonanzthrombogramm	180		5,50 €	5,50 €	12,42 €
3958	3958	Thrombin-Antithrombin-Komplex (TAT-Komplex), Ligandenassay – einschließlich Doppelbestimmung und aktueller Bezugskurve –	480		14,70 €	14,70 €	33,13 €
3959	3959	Thrombinkoagulasezeit	100		3,10 €	3,10 €	6,90 €
3960	3960	Thromboplastinzeit (Prothrombinzeit, TPZ, Quickwert), Doppelbestimmung	70		2,20 €	2,20 €	4,83 €
3961	3961	Thrombozytenaggregationstest mit mindestens drei Stimulatoren	900		27,60 €	27,60 €	62,12 €
3962	3962	Thrombozytenausbreitung, mikroskopisch	60		1,80 €	1,80 €	4,14 €
3963	3963	Von Willebrand-Faktor (vWF), Ligandenassay – einschließlich Doppelbestimmung und aktueller Bezugskurve –	480		14,70 €	14,70 €	33,13 €
3964	3964	C1-Esteraseinhibitor-Aktivität, chromogenes Substrat	360		11,00 €	11,00 €	24,85 €
3965	3965	C1-Esteraseinhibitor-Konzentration, Immundiffusion oder ähnliche Untersuchungsmethoden	260		8,00 €	8,00 €	17,95 €
3966	3966	Gesamtkomplement AH 50	600		18,40 €	18,40 €	41,41 €
3967	3967	Gesamtkomplement CH 50	500		15,30 €	15,30 €	34,51 €
		Untersuchungen von Einzelfaktoren des Komplementsystems					
3968	3968	Komplementfaktor C3-Aktivität, Lysis	250		7,70 €	7,70 €	17,26 €

M III.12 Gerinnungs-, Fibrinolyse-, Komplementsystem

BGT Tarif-Nr.	DKG-NT Tarif-Nr.	Leistung	Punkte (nur DKG-NT I)	Besondere Kosten	Allgemeine Kosten	Sach-kosten	Vollkosten (nur DKG-NT I)
1a	1b	2	3	4	5	6	7
3969	**3969**	Komplementfaktor C3, Immundiffusion oder ähnliche Untersuchungsmethoden	250		7,70 €	7,70 €	17,26 €
3970	**3970**	Komplementfaktor C4-Aktivität, Lysis	250		7,70 €	7,70 €	17,26 €
3971	**3971**	Komplementfaktor C4, Immundiffusion oder ähnliche Untersuchungsmethoden	250		7,70 €	7,70 €	17,26 €

M III.13 Blutgruppenmerkmale, HLA-System — Nummern 3980–3989

BGT Tarif-Nr.	DKG-NT Tarif-Nr.	Leistung	Punkte (nur DKG-NT I)	Besondere Kosten	Allgemeine Kosten	Sach-kosten	Vollkosten (nur DKG-NT I)
1a	1b	2	3	4	5	6	7
3980	3980	AB0-Merkmale	100		3,10 €	3,10 €	6,90 €
3981	3981	AB0-Merkmale und Isoagglutinie	180		5,50 €	5,50 €	12,42 €
3982	3982	AB0-Merkmale, Isoagglutinie und Rhesusfaktor D (D und CDE)	300		9,20 €	9,20 €	20,71 €
3983	3983	AB0-Merkmale, Isoagglutinie und Rhesusformel (C, c, D, E und e)	500		15,30 €	15,30 €	34,51 €
		Bestimmung weiterer Blutgruppenmerkmale					
3984	3984	im NaCl- oder Albumin-Milieu (z.B. P, Lewis, MNS), je Merkmal	120		3,70 €	3,70 €	8,28 €
3985	3985	im indirekten Anti-Humanglobulin-Test (indirekter Coombstest) (z.B. C^W, Kell, D^U, Duffy), je Merkmal	200		6,10 €	6,10 €	13,80 €
3986	3986	im indirekten Anti-Humanglobulin-Test (indirekter Coombstest) (z.B. Kidd, Lutheran), je Merkmal	360		11,00 €	11,00 €	24,85 €
		Bei den Leistungen nach den Nummern 3984 bis 3986 sind die jeweils untersuchten Merkmale in der Rechnung anzugeben.					
3987	3987	Antikörpersuchtest (Antikörper gegen Erythrozytenantigene) mit zwei verschiedenen Test-Erythrozyten-Präparationen im indirekten Anti-Humanglobulin-Test (indirekter Coombstest)	140		4,30 €	4,30 €	9,66 €
3988	3988	Antikörpersuchtest (Antikörper gegen Erythrozytenantigene) mit drei und mehr verschiedenen Test-Erythrozyten-Präparationen im indirekten Anti-Humanglobulin-Test (indirekter Coombstest)	200		6,10 €	6,10 €	13,80 €
3989	3989	Antikörperdifferenzierung (Antikörper gegen Erythrozytenantigene) mit mindestens acht, jedoch nicht mehr als zwölf verschiedenen Test-Erythrozyten-Präparationen im indirekten Anti-Humanglobulin-Test (indirekter Coombstest) im Anschluß an die Leistung nach Nummer 3987 oder 3988, je Test-Erythrozyten-Präparation	60		1,80 €	1,80 €	4,14 €

M III.13 Blutgruppenmerkmale, HLA-System

BGT Tarif-Nr.	DKG-NT Tarif-Nr.	Leistung	Punkte (nur DKG-NT I)	Besondere Kosten	Allgemeine Kosten	Sachkosten	Vollkosten (nur DKG-NT I)
1a	1b	2	3	4	5	6	7
3990	3990	Antikörpersuchtest (Antikörper gegen Erythrozytenantigene) mit zwei verschiedenen Test-Erythrozyten-Präparationen im NaCl- oder Enzymmilieu	70		2,20 €	2,20 €	4,83 €
3991	3991	Antikörpersuchtest (Antikörper gegen Erythrozytenantigene) mit drei und mehr verschiedenen Test-Erythrozyten-Präparationen im NaCl- oder Enzymmilieu	100		3,10 €	3,10 €	6,90 €
3992	3992	Antikörperdifferenzierung (Antikörper gegen Erythrozytenantigene) mit mindestens acht, jedoch höchstens zwölf verschiedenen Test-Erythrozyten-Präparationen im NaCL- oder Enzymmilieu im Anschluß an die Leistung nach Nummer 3990 oder 3991, je Test-Erythrozyten-Präparation	30		0,90 €	0,90 €	2,07 €
3993	3993	Bestimmung des Antikörpertiters bei positivem Ausfall eines Antikörpersuchtests (Antikörper gegen Erythrozytenantigene) im Anschluß an eine der Leistungen nach den Nummern 3989 oder 3992	400		12,30 €	12,30 €	27,61 €
3994	3994	Quantitative Bestimmung (Titration) von Antikörpern gegen Erythrozytenantigene (z.B. Kälteagglutinine, Hämolysine) mittels Agglutination, Präzipitation oder Lyse (mit jeweils mindestens vier Titerstufen)	140		4,30 €	4,30 €	9,66 €
3995	3995	Qualitativer Nachweis von Antikörpern gegen Leukozyten- oder Thrombozytenantigene mittels Fluoreszenzimmunoassay (bis zu zwei Titerstufen) oder ähnlicher Untersuchungsmethoden	350		10,70 €	10,70 €	24,16 €
3996	3996	Qualitativer Nachweis von Antikörpern gegen Leukozyten- oder Thrombozytenantigene mittels Fluoreszenzimmunoassay (mehr als zwei Titerstufen) oder ähnlicher Untersuchungsmethoden	600		18,40 €	18,40 €	41,41 €
3997	3997	Direkter Anti-Humanglobulin-Test (direkter Coombs-Test), mit mindestens zwei Antiseren	120		3,70 €	3,70 €	8,28 €
3998	3998	Anti-Humanglobulin-Test zur Ermittlung der Antikörperklasse mit monovalenten Antiseren im Anschluß an die Leistung nach Nummer 3989 oder 3997, je Antiserum	90		2,80 €	2,80 €	6,21 €

M III.13 Blutgruppenmerkmale, HLA-System

BGT Tarif-Nr.	DKG-NT Tarif-Nr.	Leistung	Punkte (nur DKG-NT I)	Besondere Kosten	Allgemeine Kosten	Sach-kosten	Vollkosten (nur DKG-NT I)
1a	1b	2	3	4	5	6	7
3999	3999	Antikörper-Elution, Antikörper-Absorption, Untersuchung auf biphasische Kältehämolysine, Säure-Serum-Test oder ähnlich aufwendige Untersuchungen, je Untersuchung	360		11,00 €	11,00 €	24,85 €
		Die Art der Untersuchung ist in der Rechnung anzugeben.					
4000	4000	Serologische Verträglichkeitsprobe (Kreuzprobe) im NaCl-Milieu und im Anti-Humanglobulintest	200		6,10 €	6,10 €	13,80 €
4001	4001	Serologische Verträglichkeitsprobe (Kreuzprobe) im NaCl-Milieu und im Anti-Humanglobulintest sowie laborinterne Identitätssicherung im AB0-System	300		9,20 €	9,20 €	20,71 €
		Die Leistung nach Nummer 4001 ist für die Identitätssicherung im AB0-System am Krankenbett (bedside-test) nicht berechnungsfähig.					
4002	4002	Serologische Verträglichkeitsprobe (Kreuzprobe) im NaCl- oder Enzym-Milieu als Kälteansatz unter Einschluß einer Eigenkontrolle ...	100		3,10 €	3,10 €	6,90 €
4003	4003	Dichtegradientenisolierung von Zellen, Organellen oder Proteinen, je Isolierung	400		12,30 €	12,30 €	27,61 €
4004	4004	Nachweis eines HLA-Antigens der Klasse I mittels Lymphozytotoxizitätstest nach Isolierung der Zellen	750		23,00 €	23,00 €	51,77 €
4005	4005	Höchstwert für die Leistung nach Nummer 4004	3.000		92,00 €	92,00 €	207,07 €
4006	4006	Gesamttypisierung der HLA-Antigene der Klasse I mittels Lymphozytotoxizitätstest mit mindestens 60 Antiseren nach Isolierung der Zellen, je Antiserum	30		0,90 €	0,90 €	2,07 €
4007	4007	Höchstwert für die Leistung nach Nummer 4006	3.600		110,40 €	110,40 €	248,49 €
4008	4008	Gesamttypisierung der HLA-Antigene der Klasse II mittels molekularbiologischer Methoden (bis zu 15 Sonden), insgesamt	2.500		76,70 €	76,70 €	172,56 €
4009	4009	Subtypisierung der HLA-Antigene der Klasse II mittels molekularbiologischer Methoden (bis zu 40 Sonden), insgesamt	2.700		82,80 €	82,80 €	186,37 €

M III.13 Blutgruppenmerkmale, HLA-System — Nummern 4010–4014

BGT Tarif-Nr.	DKG-NT Tarif-Nr.	Leistung	Punkte (nur DKG-NT I)	Besondere Kosten	Allgemeine Kosten	Sach-kosten	Vollkosten (nur DKG-NT I)
1a	1b	2	3	4	5	6	7
4010	4010	HLA-Isoantikörpernachweis	800		24,50 €	24,50 €	55,22 €
4011	4011	Spezifizierung der HLA-Isoantikörper, insgesamt	1.600		49,10 €	49,10 €	110,44 €
4012	4012	Serologische Verträglichkeitsprobe im Gewebe-HLA-System nach Isolierung von Zellen und Organellen	750		23,00 €	23,00 €	51,77 €
4013	4013	Lymphozytenmischkultur (MLC) bei Empfänger und Spender – einschließlich Kontrollen –	4.600		141,10 €	141,10 €	317,51 €
4014	4014	Lymphozytenmischkultur (MLC) für jede weitere getestete Person	2.300		70,60 €	70,60 €	158,76 €

M III.14 Hormone und ihre Metabolite, biogene Amine, Rezeptoren

Nummern 4020–4039

BGT Tarif-Nr.	DKG-NT Tarif-Nr.	Leistung	Punkte (nur DKG-NT I)	Besondere Kosten	Allgemeine Kosten	Sach-kosten	Vollkosten (nur DKG-NT I)
1a	1b	2	3	4	5	6	7
		Allgemeine Bestimmung					
		Für die mit H4 gekennzeichneten Untersuchungen ist der Höchstwert nach Nummer 3633.H zu beachten					
4020–4033	4020–4033	Hormonbestimmung mittels Ligandenassay – gegebenenfalls einschließlich Doppelbestimmung und aktueller Bezugskurve	250		7,70 €	7,70 €	17,26 €
4020	4020	Cortisol	250		7,70 €	7,70 €	17,26 €
4021	4021	Follitropin (FSH, follikelstimulierendes Hormon)	250		7,70 €	7,70 €	17,26 €
4022.H4	4022.H4	Freies Trijodthyronin (T3)	250		7,70 €	7,70 €	17,26 €
4023.H4	4023.H4	Freies Thyroxin (T4)	250		7,70 €	7,70 €	17,26 €
4024	4024	Humanes Choriongonadotropin (HCG)	250		7,70 €	7,70 €	17,26 €
4025	4025	Insulin	250		7,70 €	7,70 €	17,26 €
4026	4026	Luteotropin (LH, luteinisierendes Hormon)	250		7,70 €	7,70 €	17,26 €
4027	4027	Östriol	250		7,70 €	7,70 €	17,26 €
4028	4028	Plazentalaktogen (HPL)	250		7,70 €	7,70 €	17,26 €
4029.H4	4029.H4	T3-Uptake-Test (TBI, TBK)	250		7,70 €	7,70 €	17,26 €
4030	4030	Thyreoidea stimulierendes Hormon (TSH)	250		7,70 €	7,70 €	17,26 €
4031.H4	4031.H4	Thyroxin	250		7,70 €	7,70 €	17,26 €
4032.H4	4032.H4	Trijodthyronin	250		7,70 €	7,70 €	17,26 €
4033	4033	Untersuchungen mit ähnlichem methodischem Aufwand	250		7,70 €	7,70 €	17,26 €
		Die untersuchten Parameter sind in der Rechnung anzugeben.					
4035–4044	4035–4044	Hormonbestimmung mittels Ligandenassay – einschließlich Doppelbestimmung und aktueller Bezugskurve –	350		10,70 €	10,70 €	24,16 €
4035	4035	17-Alpha-Hydroxyprogesteron	350		10,70 €	10,70 €	24,16 €
4036	4036	Androstendion	350		10,70 €	10,70 €	24,16 €
4037	4037	Dehydroepiandrosteron (DHEA)	350		10,70 €	10,70 €	24,16 €
4038	4038	Dehydroepiandrosteronsulfat (DHEAS)	350		10,70 €	10,70 €	24,16 €
4039	4039	Östradiol	350		10,70 €	10,70 €	24,16 €

M III.14 Hormone und ihre Metabolite, biogene Amine, Rezeptoren

Nummern 4040–4062

BGT Tarif-Nr.	DKG-NT Tarif-Nr.	Leistung	Punkte (nur DKG-NT I)	Besondere Kosten	Allgemeine Kosten	Sach-kosten	Vollkosten (nur DKG-NT I)
1a	1b	2	3	4	5	6	7
4040	4040	Progesteron	350		10,70 €	10,70 €	24,16 €
4041	4041	Prolaktin	350		10,70 €	10,70 €	24,16 €
4042	4042	Testosteron	350		10,70 €	10,70 €	24,16 €
4043	4043	Wachstumshormon (HGH)	350		10,70 €	10,70 €	24,16 €
4044	4044	Untersuchungen mit ähnlichem methodischem Aufwand	350		10,70 €	10,70 €	24,16 €
		Die untersuchten Parameter sind in der Rechnung anzugeben.					
4045–4062	4045–4062	Hormonbestimmung mittels Ligandenassay – einschließlich Doppelbestimmung und aktueller Bezugskurve –	480		14,70 €	14,70 €	33,13 €
4045	4045	Aldosteron	480		14,70 €	14,70 €	33,13 €
4046	4046	C-Peptid	480		14,70 €	14,70 €	33,13 €
4047	4047	Calcitonin	480		14,70 €	14,70 €	33,13 €
4048	4048	cAMP	480		14,70 €	14,70 €	33,13 €
4049	4049	Corticotropin (ACTH)	480		14,70 €	14,70 €	33,13 €
4050	4050	Erythropoetin	480		14,70 €	14,70 €	33,13 €
4051	4051	Gastrin	480		14,70 €	14,70 €	33,13 €
4052	4052	Glukagon	480		14,70 €	14,70 €	33,13 €
4053	4053	Humanes Choriongonadotropin (HCG), zum Ausschluß einer Extrauteringravidität	480		14,70 €	14,70 €	33,13 €
4054	4054	Osteocalcin	480		14,70 €	14,70 €	33,13 €
4055	4055	Oxytocin	480		14,70 €	14,70 €	33,13 €
4056	4056	Parathormon	480		14,70 €	14,70 €	33,13 €
4057	4057	Reninaktivität (PRA), kinetische Bestimmung mit mindestens drei Meßpunkten	480		14,70 €	14,70 €	33,13 €
4058	4058	Reninkonzentration	480		14,70 €	14,70 €	33,13 €
4060	4060	Somatomedin	480		14,70 €	14,70 €	33,13 €
4061	4061	Vasopressin (Adiuretin, ADH)	480		14,70 €	14,70 €	33,13 €
4062	4062	Untersuchungen mit ähnlichem methodischem Aufwand	480		14,70 €	14,70 €	33,13 €

M III.14 Hormone und ihre Metabolite, biogene Amine, Rezeptoren

Nummern 4064–4078

BGT Tarif-Nr.	DKG-NT Tarif-Nr.	Leistung	Punkte (nur DKG-NT I)	Besondere Kosten	Allgemeine Kosten	Sach-kosten	Vollkosten (nur DKG-NT I)
1a	1b	2	3	4	5	6	7
		Die untersuchten Parameter sind in der Rechnung anzugeben.					
4064–4069	4064–4069	Hormonbestimmung mittels Ligandenassay – einschließlich Doppelbestimmung und aktueller Bezugskurve –	750		23,00 €	23,00 €	51,77 €
4064	4064	Gastric inhibitory Polypeptid (GIP)	750		23,00 €	23,00 €	51,77 €
4065	4065	Gonadotropin-releasing-Hormon (GnRH)	750		23,00 €	23,00 €	51,77 €
4066	4066	Pankreatisches Polypeptid	750		23,00 €	23,00 €	51,77 €
4067	4067	Parathyroid Hormon related peptide	750		23,00 €	23,00 €	51,77 €
4068	4068	Vasoaktives intestinales Polypeptid (VIP)	750		23,00 €	23,00 €	51,77 €
4069	4069	Untersuchungen mit ähnlichem methodischem Aufwand	750		23,00 €	23,00 €	51,77 €
		Die untersuchten Parameter sind in der Rechnung anzugeben.					
4070	4070	Thyreoglobulin, Ligandenassay – einschließlich Doppelbestimmung und aktueller Bezugskurve sowie Kontrollansatz für Anti-Thyreoglobulin-Antikörper –	900		27,60 €	27,60 €	62,12 €
4071–4078	4071–4078	Hormonbestimmung mittels Hochdruckflüssigkeitschromatographie, Gaschromatographie oder Säulenchromatographie und Photometrie	570		17,50 €	17,50 €	39,34 €
4071	4071	5-Hydroxindolessigsäure (5-HIES)	570		17,50 €	17,50 €	39,34 €
4072	4072	Adrenalin und/oder Noradrenalin und/oder Dopamin im Plasma oder Urin	570		17,50 €	17,50 €	39,34 €
4073	4073	Homovanillinsäure im Urin (HVA)	570		17,50 €	17,50 €	39,34 €
4074	4074	Metanephrine	570		17,50 €	17,50 €	39,34 €
4075	4075	Serotonin	570		17,50 €	17,50 €	39,34 €
4076	4076	Steroidprofil	570		17,50 €	17,50 €	39,34 €
4077	4077	Vanillinmandelsäure (VMA)	570		17,50 €	17,50 €	39,34 €
4078	4078	Untersuchungen mit ähnlichem methodischem Aufwand	570		17,50 €	17,50 €	39,34 €
		Die untersuchten Parameter sind in der Rechnung anzugeben.					

M III.14 Hormone und ihre Metabolite, biogene Amine, Rezeptoren — Nummern 4079–4089

BGT Tarif-Nr.	DKG-NT Tarif-Nr.	Leistung	Punkte (nur DKG-NT I)	Besondere Kosten	Allgemeine Kosten	Sach-kosten	Vollkosten (nur DKG-NT I)
1a	1b	2	3	4	5	6	7
4079	4079	Zuschlag zu den Leistungen nach den Nummern 4071 bis 4078 bei Anwendung der Gaschromatographie-Massenspektronomie	350		10,70 €	10,70 €	24,16 €
4080	4080	5-Hydroxyindolessigsäure (5-HIES), Farbreaktion und visuell, qualitativ	120		3,70 €	3,70 €	8,28 €
4081	4081	Humanes Choriongonadotropin im Urin, Schwangerschaftstest (Nachweisgrenze des Tests kleiner als 500 U/l)	120		3,70 €	3,70 €	8,28 €
4082	4082	Humanes Choriongonadotropin im Urin (HCG), Schwangerschaftstest (Nachweisgrenze des Tests kleiner als 50 U/l), Ligandenassay – gegebenenfalls einschließlich Doppelbestimmung und aktueller Bezugskurve –	140		4,30 €	4,30 €	9,66 €
4083	4083	Luteotropin (LH) im Urin, Ligandenassay – gegebenenfalls einschließlich Doppelbestimmung und aktueller Bezugskurve – oder Agglutination, im Rahmen einer künstlichen Befruchtung, je Bestimmung	570		17,50 €	17,50 €	39,34 €
4084	4084	Gesamt-Östrogene im Urin, photometrisch ...	570		17,50 €	17,50 €	39,34 €
4085	4085	Vanillinmandelsäure im Urin (VMA), Dünnschichtchromatographie, semiquantitativ	250		7,70 €	7,70 €	17,26 €
4086	4086	Östrogenrezeptoren – einschließlich Aufbereitung –	1.200		36,80 €	36,80 €	82,83 €
4087	4087	Progesteronrezeptoren – einschließlich Aufbereitung –	1.200		36,80 €	36,80 €	82,83 €
4088	4088	Andere Hormonrezeptoren (z.B. Androgenrezeptoren) – einschließlich Aufbereitung	1.200		36,80 €	36,80 €	82,83 €
4089	4089	Tumornekrosefaktorrezeptor (p55), Ligandenassay – einschließlich Doppelbestimmung und aktueller Bezugskurve –	450		13,80 €	13,80 €	31,06 €

M III.15 Funktionstests

BGT Tarif-Nr.	DKG-NT Tarif-Nr.	Leistung	Punkte (nur DKG-NT I)	Besondere Kosten	Allgemeine Kosten	Sach-kosten	Vollkosten (nur DKG-NT I)
1a	1b	2	3	4	5	6	7
		Allgemeine Bestimmungen					
		Wird eine vom jeweils genannten Leistungsumfang abweichende geringere Anzahl von Bestimmungen durchgeführt, so ist nur die Zahl der tatsächlich durchgeführten Einzelleistungen berechnungsfähig.					
		Sind aus medizinischen Gründen über den jeweils genannten Leistungsumfang hinaus weitere Bestimmungen einzelner Meßgrößen erforderlich, so können diese mit entsprechender Begründung als Einzelleistungen gesondert berechnet werden.					
4090	4090	ACTH-Infusionstest (Zweimalige Bestimmung von Cortisol)	500		15,30 €	15,30 €	34,51 €
4091	4091	ACTH-Kurztest (Zweimalige Bestimmung von Cortisol)	500		15,30 €	15,30 €	34,51 €
4092	4092	Clonidintest (Zweimalige Bestimmung von Adrenalin/Noradrenalin im Plasma)	1.140		35,00 €	35,00 €	78,69 €
4093	4093	Cortisoltagesprofil (Viermalige Bestimmung von Cortisol)	1.000		30,70 €	30,70 €	69,02 €
4094	4094	CRF-Test (Dreimalige Bestimmung von Corticotropin und Cortisol)	2.190		67,20 €	67,20 €	151,16 €
4095	4095	D-Xylosetest (Einmalige Bestimmung von Xylose)	200		6,10 €	6,10 €	13,80 €
4096	4096	Desferioxamintest (Einmalige Bestimmung von Eisen im Urin)	120		3,70 €	3,70 €	8,28 €
4097	4097	Dexamethasonhemmtest, Kurztest (Zweimalige Bestimmung von Cortisol)	500		15,30 €	15,30 €	34,51 €
4098	4098	Dexamethsasonhemmtest, Verabreichung von jeweils 3 mg Dexamethason an drei aufeinander folgenden Tagen (Zweimalige Bestimmung von Cortisol)	500		15,30 €	15,30 €	34,51 €
4099	4099	Dexamethsasonhemmtest, Verabreichung von jeweils 9 mg Dexamethason an drei aufeinander folgenden Tagen (Zweimalige Bestimmung von Cortisol)	500		15,30 €	15,30 €	34,51 €

M III.15 Funktionstests

Nummern 4100–4115

BGT Tarif-Nr.	DKG-NT Tarif-Nr.	Leistung	Punkte (nur DKG-NT I)	Besondere Kosten	Allgemeine Kosten	Sach-kosten	Vollkosten (nur DKG-NT I)
1a	1b	2	3	4	5	6	7
4100	4100	Fraktionierte Magensekretionsanalyse mit Pentagastrinstimulation (Viermalige Titration von HCl)	280		8,60 €	8,60 €	19,33 €
4101	4101	Glukosesuppressionstest (Sechsmalige Bestimmung von Glukose, Wachstumshormon und Insulin)	3.840		117,80 €	117,80 €	265,05 €
4102	4102	GHRH-Test (Sechsmalige Bestimmung von Wachstumshormon)	2.100		64,40 €	64,40 €	144,95 €
4103	4103	HCG-Test (Zweimalige Bestimmung von Testosteron)	700		21,50 €	21,50 €	48,32 €
4104	4104	Hungerversuch (Zweimalige Bestimmung von C-Peptid)	960		29,50 €	29,50 €	66,26 €
4105	4105	Hungerversuch (Zweimalige Bestimmung von Insulin)	500		15,30 €	15,30 €	34,51 €
4106	4106	Insulinhypoglykämietest (Sechsmalige Bestimmung von Glukose, Wachstumshormon und Cortisol)	3.840		117,80 €	117,80 €	265,05 €
4107	4107	Laktat-Ischämietest (Fünfmalige Bestimmung von Laktat)	900		27,60 €	27,60 €	62,12 €
4108	4108	Laktose-Toleranztest (Fünfmalige Bestimmung von Glukose)	200		6,10 €	6,10 €	13,80 €
4109	4109	LH-RH-Test (Zweimalige Bestimmung von LH und FSH)	1.000		30,70 €	30,70 €	69,02 €
4110	4110	MEGX-Test (Monoethylglycinxylidid) (Zweimalige Bestimmung von MEGX)	500		15,30 €	15,30 €	34,51 €
4111	4111	Metoclopramidtest (Zweimalige Bestimmung von Prolaktin)	700		21,50 €	21,50 €	48,32 €
4112	4112	Pentagastrintest (Sechsmalige Bestimmung von Calcitonin)	2.880		88,40 €	88,40 €	198,79 €
4113	4113	Renin-Aldosteron-Stimulationstest (Zweimalige Bestimmung von Renin und Aldosteron)	1.920		58,90 €	58,90 €	132,53 €
4114	4114	Renin-Aldosteron-Suppressionstest (Zweimalige Bestimmung von Renin und Aldosteron)	1.920		58,90 €	58,90 €	132,53 €
4115	4115	Seitengetrennte Reninbestimmung (Viermalige Bestimmung von Renin)	1.920		58,90 €	58,90 €	132,53 €

M III.15 Funktionstests

BGT Tarif-Nr.	DKG-NT Tarif-Nr.	Leistung	Punkte (nur DKG-NT I)	Besondere Kosten	Allgemeine Kosten	Sach-kosten	Vollkosten (nur DKG-NT I)
1a	1b	2	3	4	5	6	7
4116	4116	Sekretin-Pankreozymin-Evokationstest (Dreimalige Bestimmung von Amylase, Lipase, Trypsin und Bikarbonat)	1.080		**33,10 €**	**33,10 €**	**74,55 €**
4117	4117	TRH-Test (Zweimalige Bestimmung von TSH)	500		**15,30 €**	**15,30 €**	**34,51 €**
4118	4118	Vitamin A-Resorptionstest (Zweimalige Bestimmung von Vitamin A)	720		**22,10 €**	**22,10 €**	**49,70 €**

M III.16 Porphyrine und ihre Vorläufer

BGT Tarif-Nr.	DKG-NT Tarif-Nr.	Leistung	Punkte (nur DKG-NT I)	Besondere Kosten	Allgemeine Kosten	Sach-kosten	Vollkosten (nur DKG-NT I)
1a	1b	2	3	4	5	6	7
4120	4120	Delta-Aminolaevulinsäure (Delta-ALS, Delta-ALA), photometrisch und säulenchromatographisch	570		17,50 €	17,50 €	39,34 €
4121	4121	Gesamtporphyrine, photometrisch	250		7,70 €	7,70 €	17,26 €
4122	4122	Gesamtporphyrine, qualitativ	120		3,70 €	3,70 €	8,28 €
4123	4123	Porphobilinogen (PBG, Hösch-Test, Schwarz-Watson-Test) mit Rückextraktion, Farbreaktion und visuell, qualitativ	60		1,80 €	1,80 €	4,14 €
4124	4124	Porphobilinogen (PBG), photometrisch und säulenchromatographisch	570		17,50 €	17,50 €	39,34 €
4125	4125	Prophyrinprofil (Urin, Stuhl, Erythrozyten), Hochdruckflüssigkeitschromatographie, je Material	570		17,50 €	17,50 €	39,34 €
4126	4126	Prophyrinprofil (Urin, Stuhl, Erythrozyten), Dünnschichtchromatographie, je Material	460		14,10 €	14,10 €	31,75 €

M III.17 Spurenelemente, Vitamine — Nummern 4130–4147

BGT Tarif-Nr.	DKG-NT Tarif-Nr.	Leistung	Punkte (nur DKG-NT I)	Besondere Kosten	Allgemeine Kosten	Sach-kosten	Vollkosten (nur DKG-NT I)
1a	1b	2	3	4	5	6	7
4130	4130	Eisen im Urin, Atomabsorption	120		3,70 €	3,70 €	8,28 €
4131	4131	Kupfer im Serum oder Plasma	40		1,20 €	1,20 €	2,76 €
4132	4132	Kupfer im Urin, Atomabsorption	410		12,60 €	12,60 €	28,30 €
4133	4133	Mangan, Atomabsorption, flammenlos	410		12,60 €	12,60 €	28,30 €
4134	4134	Selen, Atomabsorption, flammenlos	410		12,60 €	12,60 €	28,30 €
4135	4135	Zink, Atomabsorption	90		2,80 €	2,80 €	6,21 €
4138	4138	25-Hydroxy-Vitamin D (25-OH-D, D2), Ligandenassay – einschließlich Doppelbestimmung und aktueller Bezugskurve –	480		14,70 €	14,70 €	33,13 €
4139	4139	1,25-Dihydroxy-Vitamin D (1,25-$(OH)_2D_3$, Calcitriol), Ligandenassay – gegebenenfalls einschließlich Doppelbestimmung und aktueller Bezugskurve –	750		23,00 €	23,00 €	51,77 €
4140	4140	Folsäure und/oder Vitamin B12, Ligandenassay – gegebenenfalls einschließlich Doppelbestimmung und aktueller Bezugskurve –	250		7,70 €	7,70 €	17,26 €
4141–4142	4141–4142	Untersuchung von Vitaminen mittels Hochdruckflüssigkeitschromatographie	360		11,00 €	11,00 €	24,85 €
4141	4141	Vitamin A	360		11,00 €	11,00 €	24,85 €
4142	4142	Vitamin E	360		11,00 €	11,00 €	24,85 €
4144–4147	4144–4147	Untersuchung von Vitaminen mittels Hochdruckflüssigkeitschromatographie	570		17,50 €	17,50 €	39,34 €
4144	4144	25-Hydroxy-Vitamin D (25-OH-D, D2)	570		17,50 €	17,50 €	39,34 €
4145	4145	Vitamin B1	570		17,50 €	17,50 €	39,34 €
4146	4146	Vitamin B6	570		17,50 €	17,50 €	39,34 €
4147	4147	Vitamin K	570		17,50 €	17,50 €	39,34 €

M III.18 Arzneimittelkonzentration, exogene Gifte, Drogen — Nummern 4150–4176

BGT Tarif-Nr.	DKG-NT Tarif-Nr.	Leistung	Punkte (nur DKG-NT I)	Besondere Kosten	Allgemeine Kosten	Sach-kosten	Vollkosten (nur DKG-NT I)
1a	1b	2	3	4	5	6	7
4150–4182	4150–4182	Untersuchung mittels Ligandenassay – gegebenenfalls einschließlich Doppelbestimmung und aktueller Bezugskurve –	250		7,70 €	7,70 €	17,26 €
4150	4150	Amikacin	250		7,70 €	7,70 €	17,26 €
4151	4151	Amphetamin	250		7,70 €	7,70 €	17,26 €
4152	4152	Azetaminophen	250		7,70 €	7,70 €	17,26 €
4153	4153	Barbiturate	250		7,70 €	7,70 €	17,26 €
4154	4154	Benzodiazepine	250		7,70 €	7,70 €	17,26 €
4155	4155	Cannabinoide	250		7,70 €	7,70 €	17,26 €
4156	4156	Carbamazepin	250		7,70 €	7,70 €	17,26 €
4157	4157	Chinidin	250		7,70 €	7,70 €	17,26 €
4158	4158	Cocainmetabolite	250		7,70 €	7,70 €	17,26 €
4160	4160	Desipramin	250		7,70 €	7,70 €	17,26 €
4161	4161	Digitoxin	250		7,70 €	7,70 €	17,26 €
4162	4162	Digoxin	250		7,70 €	7,70 €	17,26 €
4163	4163	Disopyramid	250		7,70 €	7,70 €	17,26 €
4164	4164	Ethosuximid	250		7,70 €	7,70 €	17,26 €
4165	4165	Flecainid	250		7,70 €	7,70 €	17,26 €
4166	4166	Gentamicin	250		7,70 €	7,70 €	17,26 €
4167	4167	Lidocain	250		7,70 €	7,70 €	17,26 €
4168	4168	Methadon	250		7,70 €	7,70 €	17,26 €
4169	4169	Methotrexat	250		7,70 €	7,70 €	17,26 €
4170	4170	N-Azetylprocainamid	250		7,70 €	7,70 €	17,26 €
4171	4171	Netilmicin	250		7,70 €	7,70 €	17,26 €
4172	4172	Opiate	250		7,70 €	7,70 €	17,26 €
4173	4173	Phenobarbital	250		7,70 €	7,70 €	17,26 €
4174	4174	Phenytoin	250		7,70 €	7,70 €	17,26 €
4175	4175	Primidon	250		7,70 €	7,70 €	17,26 €
4176	4176	Propaphenon	250		7,70 €	7,70 €	17,26 €

M III.18 Arzneimittelkonzentration, exogene Gifte, Drogen

BGT Tarif-Nr.	DKG-NT Tarif-Nr.	Leistung	Punkte (nur DKG-NT I)	Besondere Kosten	Allgemeine Kosten	Sachkosten	Vollkosten (nur DKG-NT I)
1a	1b	2	3	4	5	6	7
4177	4177	Salizylat	250		7,70 €	7,70 €	17,26 €
4178	4178	Streptomycin	250		7,70 €	7,70 €	17,26 €
4179	4179	Theophyllin	250		7,70 €	7,70 €	17,26 €
4180	4180	Tobramicin	250		7,70 €	7,70 €	17,26 €
4181	4181	Valproinsäure	250		7,70 €	7,70 €	17,26 €
4182	4182	Untersuchungen mit ähnlichem methodischem Aufwand	250		7,70 €	7,70 €	17,26 €
		Die untersuchten Parameter sind in der Rechnung anzugeben.					
4185	4185	Cyclosporin (mono- oder polyspezifisch), Ligandenassay – gegebenenfalls einschließlich Doppelbestimmung und aktueller Bezugskurve –	300		9,20 €	9,20 €	20,71 €
4186–4188	4186–4188	Untersuchung mittels Ligandenassay – einschließlich vorhergehender Säulentrennung, gegebenenfalls einschließlich Doppelbestimmung und aktueller Bezugskurve –	700		21,50 €	21,50 €	48,32 €
4186	4186	Amitryptilin	700		21,50 €	21,50 €	48,32 €
4187	4187	Imipramin	700		21,50 €	21,50 €	48,32 €
4188	4188	Nortryptilin	700		21,50 €	21,50 €	48,32 €
4190–4198	4190–4198	Untersuchung mittels Atomabsorption, flammenlos	410		12,60 €	12,60 €	28,30 €
4190	4190	Aluminium	410		12,60 €	12,60 €	28,30 €
4191	4191	Arsen	410		12,60 €	12,60 €	28,30 €
4192	4192	Blei	410		12,60 €	12,60 €	28,30 €
4193	4193	Cadmium	410		12,60 €	12,60 €	28,30 €
4194	4194	Chrom	410		12,60 €	12,60 €	28,30 €
4195	4195	Gold	410		12,60 €	12,60 €	28,30 €
4196	4196	Quecksilber	410		12,60 €	12,60 €	28,30 €
4197	4197	Thallium	410		12,60 €	12,60 €	28,30 €
4198	4198	Untersuchungen mit ähnlichem methodischem Aufwand	410		12,60 €	12,60 €	28,30 €
		Die untersuchten Parameter sind in der Rechnung anzugeben.					

M III.18 Arzneimittelkonzentration, exogene Gifte, Drogen

Nummern 4199–4212

BGT Tarif-Nr.	DKG-NT Tarif-Nr.	Leistung	Punkte (nur DKG-NT I)	Besondere Kosten	Allgemeine Kosten	Sach-kosten	Vollkosten (nur DKG-NT I)
1a	1b	2	3	4	5	6	7
4199–4202	4199–4202	Untersuchung mittels Hochdruckflüssigkeits-chromatographie, je Untersuchung	360		11,00 €	11,00 €	24,85 €
4199	4199	Amiodarone	360		11,00 €	11,00 €	24,85 €
4200	4200	Antiepileptika (Ethosuximid und/oder Phenobarbital und/oder Phenytoin und/oder Primidon)	360		11,00 €	11,00 €	24,85 €
4201	4201	Chinidin	360		11,00 €	11,00 €	24,85 €
4202	4202	Untersuchungen mit ähnlichem methodischem Aufwand	360		11,00 €	11,00 €	24,85 €
		Die untersuchten Parameter sind in der Rechnung anzugeben.					
4203–4204	4203–4204	Untersuchung mittels Hochdruckflüssigkeits-chromatographie, je Untersuchung	450		13,80 €	13,80 €	31,06 €
4203	4203	Antibiotika	450		13,80 €	13,80 €	31,06 €
4204	4204	Antimykotika	450		13,80 €	13,80 €	31,06 €
4206–4208	4206–4208	Untersuchung mittels Gaschromatographie, je Untersuchung	410		12,60 €	12,60 €	28,30 €
4206	4206	Valproinsäure	410		12,60 €	12,60 €	28,30 €
4207	4207	Ethanol	410		12,60 €	12,60 €	28,30 €
4208	4208	Untersuchungen mit ähnlichem methodischem Aufwand	410		12,60 €	12,60 €	28,30 €
		Die untersuchten Parameter sind in der Rechnung anzugeben.					
4209	4209	Untersuchung mittels Gaschromatographie nach Säulenextraktion und Derivatisierung zum Nachweis von exogenen Giften, je Untersuchung	480		14,70 €	14,70 €	33,13 €
4210	4210	Untersuchung von exogenen Giften mittels Gaschromatographie-Massenspektronomie, Bestätigungsanalyse, je Untersuchung	900		27,60 €	27,60 €	62,12 €
4211	4211	Ethanol-photometrisch	150		4,60 €	4,60 €	10,35 €
4212	4212	Exogene Gifte, dünnschichtchromatographisches Screening, qualitativ oder semiquantitativ	250		7,70 €	7,70 €	17,26 €

M III.18 Arzneimittelkonzentration, exogene Gifte, Drogen

BGT Tarif-Nr.	DKG-NT Tarif-Nr.	Leistung	Punkte (nur DKG-NT I)	Besondere Kosten	Allgemeine Kosten	Sach-kosten	Vollkosten (nur DKG-NT I)
1a	1b	2	3	4	5	6	7
4213	**4213**	Identifikation von exogenen Giften mittels aufwendiger Dünnschichtchromatographie mit standardkorrigierten Rf-Werten, je Untersuchung	360		**11,00 €**	**11,00 €**	24,85 €
4214	**4214**	Lithium	60		**1,80 €**	**1,80 €**	4,14 €

M III.19 Antikörper gegen Bakterienantigene — Nummern 4220–4234

BGT Tarif-Nr.	DKG-NT Tarif-Nr.	Leistung	Punkte (nur DKG-NT I)	Besondere Kosten	Allgemeine Kosten	Sach-kosten	Vollkosten (nur DKG-NT I)
1a	1b	2	3	4	5	6	7
		Allgemeine Bestimmung					
		Die Berechnung einer Gebühr für eine qualitative Untersuchung mittels Agglutinations- oder Fällungsreaktion bzw. Immunfluoreszenzuntersuchung (bis zu zwei Titerstufen) neben einer Gebühr für eine quantitative Untersuchung mittels Agglutinations- oder Fällungsreaktion bzw. Immunfluoreszenzuntersuchung (mehr als zwei Titerstufen) oder einer ähnlichen Untersuchungsmethode ist nicht zulässig.					
4220–4234	4220–4234	Qualitativer Nachweis von Antikörpern mittels Agglutinations- oder Fällungsreaktion (z.B. Hämagglutination, Hämagglutinationshemmung, Latex-Agglunitation)	90		2,80 €	2,80 €	6,21 €
		Antikörper gegen					
4220	4220	Borrelia Burgdorferi	90		2,80 €	2,80 €	6,21 €
4221	4221	Brucellen	90		2,80 €	2,80 €	6,21 €
4222	4222	Campylobacter	90		2,80 €	2,80 €	6,21 €
4223	4223	Francisellen	90		2,80 €	2,80 €	6,21 €
4224	4224	Legionella pneumophila bis zu fünf Typen, je Typ	90		2,80 €	2,80 €	6,21 €
4225	4225	Leptospiren	90		2,80 €	2,80 €	6,21 €
4226	4226	Listerien, je Typ	90		2,80 €	2,80 €	6,21 €
4227	4227	Rickettsien (Weil-Felix-Reaktion)	90		2,80 €	2,80 €	6,21 €
4228	4228	Salmonellen-H-Antigene	90		2,80 €	2,80 €	6,21 €
4229	4229	Salmonellen-O-Antigene	90		2,80 €	2,80 €	6,21 €
4230	4230	Staphylolysin	90		2,80 €	2,80 €	6,21 €
4231	4231	Streptolysin	90		2,80 €	2,80 €	6,21 €
4232	4232	Treponema pallidum (TPHA, Cardiolipinmikroflockungstest, VDRL-Test)	90		2,80 €	2,80 €	6,21 €
4233	4233	Yersinien bis zu zwei Typen, je Typ	90		2,80 €	2,80 €	6,21 €
4234	4234	Untersuchungen mit ähnlichem methodischem Aufwand	90		2,80 €	2,80 €	6,21 €

M III.19 Antikörper gegen Bakterienantigene — Nummern 4235–4261

BGT Tarif-Nr.	DKG-NT Tarif-Nr.	Leistung	Punkte (nur DKG-NT I)	Besondere Kosten	Allgemeine Kosten	Sach-kosten	Vollkosten (nur DKG-NT I)
1a	1b	2	3	4	5	6	7
		Die untersuchten Parameter sind in der Rechnung anzugeben.					
4235–4250	4235–4250	Quantitative Bestimmung von Antikörpern mittels Agglutinations- oder Fällungsreaktion (z.B. Hämagglutination, Hämagglutinationshemmung, Latex-Agglutination)	230		7,10 €	7,10 €	15,88 €
		Antikörper gegen					
4235	4235	Agglutinierende Antikörper (WIDAL-Reaktion)	230		7,10 €	7,10 €	15,88 €
4236	4236	Borrelia Burgdorferi	230		7,10 €	7,10 €	15,88 €
4237	4237	Brucellen	230		7,10 €	7,10 €	15,88 €
4238	4238	Campylobacter	230		7,10 €	7,10 €	15,88 €
4239	4239	Francisellen	230		7,10 €	7,10 €	15,88 €
4240	4240	Legionellen, bis zu zwei Typen, je Typ	230		7,10 €	7,10 €	15,88 €
4241	4241	Leptospiren	230		7,10 €	7,10 €	15,88 €
4242	4242	Listerien, je Typ	230		7,10 €	7,10 €	15,88 €
4243	4243	Rickettsien	230		7,10 €	7,10 €	15,88 €
4244	4244	Salmonellen-H-Antigene, bis zu zwei Antigenen, je Antigen	230		7,10 €	7,10 €	15,88 €
4245	4245	Salmonellen-O-Antigene, bis zu vier Antigenen, je Antigen	230		7,10 €	7,10 €	15,88 €
4246	4246	Staphylolysin	230		7,10 €	7,10 €	15,88 €
4247	4247	Streptolysin	230		7,10 €	7,10 €	15,88 €
4248	4248	Treponema pallidum (TPHA, Cardiolipinmikroflockungstest, VDRL-Test)	230		7,10 €	7,10 €	15,88 €
4249	4249	Yersinien, bis zu zwei Typen, je Typ	230		7,10 €	7,10 €	15,88 €
4250	4250	Untersuchungen mit ähnlichem methodischem Aufwand	230		7,10 €	7,10 €	15,88 €
		Die untersuchten Parameter sind in der Rechnung anzugeben.					
4251–4261	4251–4261	Qualitativer Nachweis von Antikörpern mittels Immunfluoreszenz oder ähnlicher Untersuchungsmethoden	290		8,90 €	8,90 €	20,02 €

M III.19 Antikörper gegen Bakterienantigene

Nummern 4251–4271

BGT Tarif-Nr.	DKG-NT Tarif-Nr.	Leistung	Punkte (nur DKG-NT I)	Besondere Kosten	Allgemeine Kosten	Sachkosten	Vollkosten (nur DKG-NT I)
1a	1b	2	3	4	5	6	7
		Antikörper gegen					
4251	4251	Bordetella pertussis	290		8,90 €	8,90 €	20,02 €
4252	4252	Borrelia burgdorferi	290		8,90 €	8,90 €	20,02 €
4253	4253	Chlamydia trachomatis	290		8,90 €	8,90 €	20,02 €
4254	4254	Coxiella burneti	290		8,90 €	8,90 €	20,02 €
4255	4255	Legionella pneumophila	290		8,90 €	8,90 €	20,02 €
4256	4256	Leptospiren (IgA, IgG oder IgM)	290		8,90 €	8,90 €	20,02 €
4257	4257	Mycoplasma pneumoniae	290		8,90 €	8,90 €	20,02 €
4258	4258	Rickesttsien	290		8,90 €	8,90 €	20,02 €
4259	4259	Treponema pallidum (IgG und IgM) (FTA-ABS-Test)	290		8,90 €	8,90 €	20,02 €
4260	4260	Treponema pallidum (IgM) (IgM-FTA-ABS-Test)	290		8,90 €	8,90 €	20,02 €
4261	4261	Untersuchungen mit ähnlichem methodischem Aufwand	290		8,90 €	8,90 €	20,02 €
		Die untersuchten Parameter sind in der Rechnung anzugeben.					
4263–4272	4263–4272	Quantitative Bestimmung von Antikörpern mittels Immunfluoreszenz oder ähnlicher Untersuchungsmethoden	510		15,70 €	15,70 €	35,20 €
		Antikörper gegen					
4263	4263	Bordetella pertussis	510		15,70 €	15,70 €	35,20 €
4264	4264	Borrelia burgdorferi	510		15,70 €	15,70 €	35,20 €
4265	4265	Chlamydia trachomatis	510		15,70 €	15,70 €	35,20 €
4266	4266	Coxiella burneti	510		15,70 €	15,70 €	35,20 €
4267	4267	Legionella pneumophila	510		15,70 €	15,70 €	35,20 €
4268	4268	Mycoplasma pneumoniae	510		15,70 €	15,70 €	35,20 €
4269	4269	Rickettsien	510		15,70 €	15,70 €	35,20 €
4270	4270	Treponema pallidum (IgG und IgM) (FTA-ABS-Test)	510		15,70 €	15,70 €	35,20 €
4271	4271	Treponema pallidum (IgM) (IgM-FTA-ABS-Test)	510		15,70 €	15,70 €	35,20 €

M III.19 Antikörper gegen Bakterienantigene — Nummern 4272–4286

BGT Tarif-Nr.	DKG-NT Tarif-Nr.	Leistung	Punkte (nur DKG-NT I)	Besondere Kosten	Allgemeine Kosten	Sach-kosten	Vollkosten (nur DKG-NT I)
1a	1b	2	3	4	5	6	7
4272	4272	Untersuchungen mit ähnlichem methodischem Aufwand	510		15,70 €	15,70 €	35,20 €
		Die untersuchten Parameter sind in der Rechnung anzugeben.					
4273	4273	Quantitative Bestimmung von Antikörpern mittels Immunfluoreszenz oder ähnlicher Untersuchungsmethoden	800		24,50 €	24,50 €	55,22 €
		Antikörper gegen					
4273	4273	Treponema pallidum (IgM) (IgM-FTA-ABS-Test)	800		24,50 €	24,50 €	55,22 €
4275–4285	4275–4285	Quantitative Bestimmung von Antikörpern mittels Komplementbindungsreaktion (KBR)	250		7,70 €	7,70 €	17,26 €
		Antikörper gegen					
4275	4275	Campylobacter	250		7,70 €	7,70 €	17,26 €
4276	4276	Chlamydia psittaci (Ornithosegruppe)	250		7,70 €	7,70 €	17,26 €
4277	4277	Chlamydia trachomatis	250		7,70 €	7,70 €	17,26 €
4278	4278	Coxiella burneti	250		7,70 €	7,70 €	17,26 €
4279	4279	Gonokokken	250		7,70 €	7,70 €	17,26 €
4280	4280	Leptospiren	250		7,70 €	7,70 €	17,26 €
4281	4281	Listerien	250		7,70 €	7,70 €	17,26 €
4282	4282	Mycoplasma pneumoniae	250		7,70 €	7,70 €	17,26 €
4283	4283	Treponema pallidum (Cardiolipinreaktion)	250		7,70 €	7,70 €	17,26 €
4284	4284	Yersinien	250		7,70 €	7,70 €	17,26 €
4285	4285	Untersuchungen mit ähnlichem methodischem Aufwand	250		7,70 €	7,70 €	17,26 €
		Die untersuchten Parameter sind in der Rechnung anzugeben.					
4286–4291	4286–4291	Bestimmung von Antikörpern mittels Ligandenassay – gegebenenfalls einschließlich Doppelbestimmung und aktueller Bezugskurve –	350		10,70 €	10,70 €	24,16 €
		Antikörper gegen					
4286	4286	Borrelia burgdorferi	350		10,70 €	10,70 €	24,16 €

M III.19 Antikörper gegen Bakterienantigene — Nummern 4287–4297

BGT Tarif-Nr.	DKG-NT Tarif-Nr.	Leistung	Punkte (nur DKG-NT I)	Besondere Kosten	Allgemeine Kosten	Sach-kosten	Vollkosten (nur DKG-NT I)
1a	1b	2	3	4	5	6	7
4287	4287	Campylobacter	350		10,70 €	10,70 €	24,16 €
4288	4288	Coxiella burneti	350		10,70 €	10,70 €	24,16 €
4289	4289	Leptospiren (IgA, IgG oder IgM)	350		10,70 €	10,70 €	24,16 €
4290	4290	Mycoplasma pneumoniae	350		10,70 €	10,70 €	24,16 €
4291	4291	Untersuchungen mit ähnlichem methodischem Aufwand	350		10,70 €	10,70 €	24,16 €
		Die untersuchten Parameter sind in der Rechnung anzugeben.					
4293	4293	Bestimmung von Antikörpern mit sonstigen Methoden	180		5,50 €	5,50 €	12,42 €
4293	4293	Streptolysin, Immundiffusion oder ähnliche Untersuchungsmethoden					
4294	4294	Streptolysin, Hämolysehemmung	230		7,10 €	7,10 €	15,88 €
4295	4295	Streptokokken-Desoxyribonuklease (Antistreptodornase, ADNAse B), Immundiffusion oder ähnliche Untersuchungsmethoden	180		5,50 €	5,50 €	12,42 €
4296	4296	Streptokokken-Desoxyribonuklease (Antistreptodornase, ADNAse B), Farbreaktion und visuell	120		3,70 €	3,70 €	8,28 €
4297	4297	Hyaluronidase, Farbreaktion und visuell, qualitativ	120		3,70 €	3,70 €	8,28 €

M III.20 Antikörper gegen Virusantigene — Nummern 4300–4307

BGT Tarif-Nr.	DKG-NT Tarif-Nr.	Leistung	Punkte (nur DKG-NT I)	Besondere Kosten	Allgemeine Kosten	Sach-kosten	Vollkosten (nur DKG-NT I)
1a	1b	2	3	4	5	6	7
		Allgemeine Bestimmung					
		Die Berechnung einer Gebühr für eine qualitative Untersuchung mittels Agglutinations- oder Fällungsreaktion bzw. Immunfluoreszenzuntersuchung (bis zu zwei Titerstufen) neben einer Gebühr für eine quantitative Untersuchung mittels Agglutinations- oder Fällungsreaktion bzw. Immunfluoreszenzuntersuchung (mehr als zwei Titerstufen) oder einer ähnlichen Untersuchungsmethode ist nicht zulässig.					
4300–4302	4300–4302	Qualitativer Nachweis von Antikörpern mittels Agglutinationsreaktion (z.B. Hämagglutination, Hämagglutinationshemmung, Latex-Agglutination)	90		2,80 €	2,80 €	6,21 €
		Antikörper gegen					
4300	4300	Epstein-Barr-Virus, heterophile Antikörper (Paul-Bunnel-Test)	90		2,80 €	2,80 €	6,21 €
4301	4301	Röteln-Virus	90		2,80 €	2,80 €	6,21 €
4302	4302	Untersuchungen mit ähnlichem methodischem Aufwand	90		2,80 €	2,80 €	6,21 €
		Die untersuchten Parameter sind in der Rechnung anzugeben.					
4305–4307	4305–4307	Quantitative Bestimmung von Antikörpern mittels Agglutinationsreaktion (z.B. Hämagglutination, Hämagglutinationshemmung, Latex-Agglutination	240		7,40 €	7,40 €	16,57 €
		Antikörper gegen					
4305	4305	Epstein-Barr-Virus, heterophile Antikörper (Paul-Bunnel-Test)	240		7,40 €	7,40 €	16,57 €
4306	4306	Röteln-Virus	240		7,40 €	7,40 €	16,57 €
4307	4307	Untersuchungen mit ähnlichem methodischem Aufwand	240		7,40 €	7,40 €	16,57 €
		Die untersuchten Parameter sind in der Rechnung anzugeben.					

M III.20 Antikörper gegen Virusantigene — Nummern 4310–4335

BGT Tarif-Nr.	DKG-NT Tarif-Nr.	Leistung	Punkte (nur DKG-NT I)	Besondere Kosten	Allgemeine Kosten	Sach-kosten	Vollkosten (nur DKG-NT I)
1a	1b	2	3	4	5	6	7
4310–4335	4310–4335	Qualitativer Nachweis von Antikörpern mittels Immunfluoreszenz oder ähnlicher Untersuchungsmethoden	290		8,90 €	8,90 €	20,02 €
		Antikörper gegen					
4310	4310	Adenoviren	290		8,90 €	8,90 €	20,02 €
4311	4311	Epstein-Barr-Virus Capsid (IgA)	290		8,90 €	8,90 €	20,02 €
4312	4312	Epstein-Barr-Virus Capsid (IgG)	290		8,90 €	8,90 €	20,02 €
4313	4313	Epstein-Barr-Virus Capsid (IgM)	290		8,90 €	8,90 €	20,02 €
4314	4314	Epstein-Barr-Virus Early Antigen diffus	290		8,90 €	8,90 €	20,02 €
4315	4315	Epstein-Barr-Virus Early Antigen restricted	290		8,90 €	8,90 €	20,02 €
4316	4316	Epstein-Barr-Virus Nukleäres Antigen (EBNA)	290		8,90 €	8,90 €	20,02 €
4317	4317	FSME-Virus	290		8,90 €	8,90 €	20,02 €
4318	4318	Herpes-Simplex-Virus 1 (IgG)	290		8,90 €	8,90 €	20,02 €
4319	4319	Herpes-Simplex-Virus 1 (IgM)	290		8,90 €	8,90 €	20,02 €
4320	4320	Herpes-Simplex-Virus 2 (IgG)	290		8,90 €	8,90 €	20,02 €
4321	4321	Herpes-Simplex-Virus 2 (IgM)	290		8,90 €	8,90 €	20,02 €
4322	4322	HIV 1	290		8,90 €	8,90 €	20,02 €
4323	4323	HIV 2	290		8,90 €	8,90 €	20,02 €
4324	4324	Influenza A-Virus	290		8,90 €	8,90 €	20,02 €
4325	4325	Influenza B-Virus	290		8,90 €	8,90 €	20,02 €
4327	4327	Masern-Virus	290		8,90 €	8,90 €	20,02 €
4328	4328	Mumps-Virus	290		8,90 €	8,90 €	20,02 €
4329	4329	Parainfluenza-Virus 1	290		8,90 €	8,90 €	20,02 €
4330	4330	Parainfluenza-Virus 2	290		8,90 €	8,90 €	20,02 €
4331	4331	Parainfluenza-Virus 3	290		8,90 €	8,90 €	20,02 €
4332	4332	Respiratory syncytial virus	290		8,90 €	8,90 €	20,02 €
4333	4333	Tollwut-Virus	290		8,90 €	8,90 €	20,02 €
4334	4334	Varizella-Zoster-Virus	290		8,90 €	8,90 €	20,02 €
4335	4335	Untersuchungen mit ähnlichem methodischem Aufwand	290		8,90 €	8,90 €	20,02 €

M III.20 Antikörper gegen Virusantigene — Nummern 4337–4360

BGT Tarif-Nr.	DKG-NT Tarif-Nr.	Leistung	Punkte (nur DKG-NT I)	Besondere Kosten	Allgemeine Kosten	Sach-kosten	Vollkosten (nur DKG-NT I)
1a	1b	2	3	4	5	6	7
4337–4363	4337–4363	*Die untersuchten Parameter sind in der Rechnung anzugeben.* Quantitative Bestimmung von Antikörpern mittels Immunfluoreszenz oder ähnlicher Untersuchungsmethoden	510		15,70 €	15,70 €	35,20 €
		Antikörper gegen					
4337	4337	Adenoviren	510		15,70 €	15,70 €	35,20 €
4338	4338	Epstein-Barr-Virus Capsid (IgA)	510		15,70 €	15,70 €	35,20 €
4339	4339	Epstein-Barr-Virus Capsid (IgG)	510		15,70 €	15,70 €	35,20 €
4340	4340	Epstein-Barr-Virus Capsid (IgM)	510		15,70 €	15,70 €	35,20 €
4341	4341	Epstein-Barr-Virus Early Antigen diffus	510		15,70 €	15,70 €	35,20 €
4342	4342	Epstein-Barr-Virus Early Antigen restricted	510		15,70 €	15,70 €	35,20 €
4343	4343	Epstein-Barr-Virus Nukleäres Antigen (EBNA)	510		15,70 €	15,70 €	35,20 €
4344	4344	FSME-Virus	510		15,70 €	15,70 €	35,20 €
4345	4345	Herpes-Simplex-Virus 1 (IgG)	510		15,70 €	15,70 €	35,20 €
4346	4346	Herpes-Simplex-Virus 1 (IgM)	510		15,70 €	15,70 €	35,20 €
4347	4347	Herpes-Simplex-Virus 2 (IgG)	510		15,70 €	15,70 €	35,20 €
4348	4348	Herpes-Simplex-Virus 2 (IgM)	510		15,70 €	15,70 €	35,20 €
4349	4349	HIV 1	510		15,70 €	15,70 €	35,20 €
4350	4350	HIV 2	510		15,70 €	15,70 €	35,20 €
4351	4351	Influenza A-Virus	510		15,70 €	15,70 €	35,20 €
4352	4352	Influenza B-Virus	510		15,70 €	15,70 €	35,20 €
4353	4353	Lymphozytäres Choriomeningitis-Virus	510		15,70 €	15,70 €	35,20 €
4354	4354	Masern-Virus	510		15,70 €	15,70 €	35,20 €
4355	4355	Mumps-Virus	510		15,70 €	15,70 €	35,20 €
4356	4356	Parainfluenza-Virus 1	510		15,70 €	15,70 €	35,20 €
4357	4357	Parainfluenza-Virus 2	510		15,70 €	15,70 €	35,20 €
4358	4358	Parainfluenza-Virus 3	510		15,70 €	15,70 €	35,20 €
4359	4359	Respiratory syncytial virus	510		15,70 €	15,70 €	35,20 €
4360	4360	Röteln-Virus	510		15,70 €	15,70 €	35,20 €

M III.20 Antikörper gegen Virusantigene — Nummern 4361–4379

BGT Tarif-Nr.	DKG-NT Tarif-Nr.	Leistung	Punkte (nur DKG-NT I)	Besondere Kosten	Allgemeine Kosten	Sach-kosten	Vollkosten (nur DKG-NT I)
1a	1b	2	3	4	5	6	7
4361	4361	Tollwut-Virus	510		15,70 €	15,70 €	35,20 €
4362	4362	Varizella-Zoster-Virus	510		15,70 €	15,70 €	35,20 €
4363	4363	Untersuchungen mit ähnlichem methodischem Aufwand	510		15,70 €	15,70 €	35,20 €
		Die untersuchten Parameter sind in der Rechnung anzugeben.					
4365–4376	4365–4376	Quantitative Bestimmung von Antikörpern mittels Komplementbindungsreaktion (KBR)	250		7,70 €	7,70 €	17,26 €
		Antikörper gegen					
4365	4365	Adenoviren	250		7,70 €	7,70 €	17,26 €
4366	4366	Coronaviren	250		7,70 €	7,70 €	17,26 €
4367	4367	Influenza A-Virus	250		7,70 €	7,70 €	17,26 €
4368	4368	Influenza B-Virus	250		7,70 €	7,70 €	17,26 €
4369	4369	Influenza C-Virus	250		7,70 €	7,70 €	17,26 €
4370	4370	Lymphozytäres Choriomeningitis-Virus	250		7,70 €	7,70 €	17,26 €
4371	4371	Parainfluenza-Virus 1	250		7,70 €	7,70 €	17,26 €
4371a	4371a	Parainfluenza-Virus 2	250		7,70 €	7,70 €	17,26 €
4372	4372	Parainfluenza-Virus 3	250		7,70 €	7,70 €	17,26 €
4373	4373	Polyomaviren	250		7,70 €	7,70 €	17,26 €
4374	4374	Reoviren	250		7,70 €	7,70 €	17,26 €
4375	4375	Respiratory syncytial virus	250		7,70 €	7,70 €	17,26 €
4376	4376	Untersuchungen mit ähnlichem methodischem Aufwand	250		7,70 €	7,70 €	17,26 €
		Die untersuchten Parameter sind in der Rechnung anzugeben.					
4378–4389	4378–4389	Bestimmung von Antikörpern mittels Ligandenassay – gegebenenfalls einschließlich Doppelbestimmung und aktueller Bezugskurve –	240		7,40 €	7,40 €	16,57 €
		Antikörper gegen					
4378	4378	Cytomegalie-Virus (IgG und IgM)	240		7,40 €	7,40 €	16,57 €
4379	4379	FSME-Virus (IgG und IgM)	240		7,40 €	7,40 €	16,57 €

M III.20 Antikörper gegen Virusantigene — Nummern 4380–4400

BGT Tarif-Nr.	DKG-NT Tarif-Nr.	Leistung	Punkte (nur DKG-NT I)	Besondere Kosten	Allgemeine Kosten	Sachkosten	Vollkosten (nur DKG-NT I)
1a	1b	2	3	4	5	6	7
4380	4380	HBe-Antigen (IgG und IgM)	240		7,40 €	7,40 €	16,57 €
4381	4381	HBs-Antigen	240		7,40 €	7,40 €	16,57 €
4382	4382	Hepatitis A-Virus (IgG und IgM)	240		7,40 €	7,40 €	16,57 €
4383	4383	Hepatitis A-Virus (IgM)	240		7,40 €	7,40 €	16,57 €
4384	4384	Herpes-Simplex-Virus (IgG und IgM)	240		7,40 €	7,40 €	16,57 €
4385	4385	Masern-Virus (IgG und IgM)	240		7,40 €	7,40 €	16,57 €
4386	4386	Mumps-Virus (IgG und IgM)	240		7,40 €	7,40 €	16,57 €
4387	4387	Röteln-Virus (IgG und IgM)	240		7,40 €	7,40 €	16,57 €
4388	4388	Varizella-Zoster-Virus (IgG und IgM)	240		7,40 €	7,40 €	16,57 €
4389	4389	Untersuchungen mit ähnlichem methodischem Aufwand	240		7,40 €	7,40 €	16,57 €
		Die untersuchten Parameter sind in der Rechnung anzugeben.					
4390–4400	4390–4400	Bestimmung von Antikörpern mittels Ligandenassay – gegebenenfalls einschließlich Doppelbestimmung und aktueller Bezugskurve –	300		9,20 €	9,20 €	20,71 €
		Antikörper gegen					
4390	4390	Cytomegalie-Virus (IgM)	300		9,20 €	9,20 €	20,71 €
4391	4391	Epstein-Barr-Virus (IgG und IgM)	300		9,20 €	9,20 €	20,71 €
4392	4392	FSME-Virus (IgM)	300		9,20 €	9,20 €	20,71 €
4393	4393	HBc-Antigen (IgG und IgM)	300		9,20 €	9,20 €	20,71 €
4394	4394	Herpes-simplex-Virus (IgM)	300		9,20 €	9,20 €	20,71 €
4395	4395	HIV	300		9,20 €	9,20 €	20,71 €
4396	4396	Masern-Virus (IgM)	300		9,20 €	9,20 €	20,71 €
4397	4397	Mumps-Virus (IgM)	300		9,20 €	9,20 €	20,71 €
4398	4398	Röteln-Virus (IgM)	300		9,20 €	9,20 €	20,71 €
4399	4399	Varizella-Zoster-Virus (IgM)	300		9,20 €	9,20 €	20,71 €
4400	4400	Untersuchungen mit ähnlichem methodischem Aufwand	300		9,20 €	9,20 €	20,71 €
		Die untersuchten Parameter sind in der Rechnung anzugeben.					

M III.20 Antikörper gegen Virusantigene

Nummern 4402–4409

BGT Tarif-Nr.	DKG-NT Tarif-Nr.	Leistung	Punkte (nur DKG-NT I)	Besondere Kosten	Allgemeine Kosten	Sach-kosten	Vollkosten (nur DKG-NT I)
1a	1b	2	3	4	5	6	7
4402–4404	4402–4404	Bestimmung von Antikörpern mittels Liganden-assay – gegebenenfalls einschließlich Doppel-bestimmung und aktueller Bezugskurve –	350		10,70 €	10,70 €	24,16 €
		Antikörper gegen					
4402	4402	HBc-Antigen (IgM)	350		10,70 €	10,70 €	24,16 €
4403	4403	HBe-Antigen (IgM)	350		10,70 €	10,70 €	24,16 €
4404	4404	Untersuchungen mit ähnlichem methodischem Aufwand	350		10,70 €	10,70 €	24,16 €
		Die untersuchten Parameter sind in der Rechnung anzugeben.					
4405–4406	4405–4406	Bestimmung von Antikörpern mittels Liganden-assay – gegebenenfalls einschließlich Doppel-bestimmung und aktueller Bezugskurve –					
		Antikörper gegen					
4405	4405	Delta-Antigen	800		24,50 €	24,50 €	55,22 €
4406	4406	Hepatitis C-Virus	400		12,30 €	12,30 €	27,61 €
4408–4409	4408–4409	Bestimmung von Antiköperpern mittels anderer Methoden	800		24,50 €	24,50 €	55,22 €
		Antikörper gegen					
4408	4408	Hepatitis C-Virus, Immunoblot	800		24,50 €	24,50 €	55,22 €
4409	4409	HIV-Immunoblot	800		24,50 €	24,50 €	55,22 €

M III.21   Antikörper gegen Pilzantigene

Nummern 4415–4422

BGT Tarif-Nr.	DKG-NT Tarif-Nr.	Leistung	Punkte (nur DKG-NT I)	Besondere Kosten	Allgemeine Kosten	Sach-kosten	Vollkosten (nur DKG-NT I)
1a	1b	2	3	4	5	6	7
		Allgemeine Bestimmung					
		Die Berechnung einer Gebühr für eine qualitative Untersuchung mittels Agglutinations- oder Fällungsreaktion bzw. Immunfluoreszenzuntersuchung (bis zu zwei Titerstufen) neben einer Gebühr für eine quantitative Untersuchung mittels Agglutinations- oder Fällungsreaktion bzw. Immunfluoreszenzuntersuchung (mehr als zwei Titerstufen) oder einer ähnlichen Untersuchungsmethode ist nicht zulässig.					
4415–4416	4415–4416	Qualitativer Nachweis von Antikörpern mittels Immunfluoreszenz oder ähnlicher Untersuchungsmethoden	290		8,90 €	8,90 €	20,02 €
		Antikörper gegen					
4415	4415	Candida albicans	290		8,90 €	8,90 €	20,02 €
4416	4416	Untersuchungen mit ähnlichem methodischem Aufwand	290		8,90 €	8,90 €	20,02 €
		Die untersuchten Parameter sind in der Rechnung anzugeben.					
4418–4419	4418–4419	Quantitative Bestimmung von Antikörpern mittels Immunfluoreszenz oder ähnlicher Untersuchungsmethoden	510		15,70 €	15,70 €	35,20 €
		Antikörper gegen					
4418	4418	Candida albicans	510		15,70 €	15,70 €	35,20 €
4419	4419	Untersuchungen mit ähnlichem methodischem Aufwand	510		15,70 €	15,70 €	35,20 €
		Die untersuchten Parameter sind in der Rechnung anzugeben.					
4421–4423	4421–4423	Qualitativer Nachweis von Antikörpern mittels Agglutinations- oder Fällungsreaktion (z.B. Hämagglutination, Hämagglutinationshemmung, Latex-Agglutination)	90		2,80 €	2,80 €	6,21 €
		Antikörper gegen					
4421	4421	Aspergillus	90		2,80 €	2,80 €	6,21 €
4422	4422	Candida albicans	90		2,80 €	2,80 €	6,21 €

M III.21 Antikörper gegen Pilzantigene — Nummern 4423–4427

BGT Tarif-Nr.	DKG-NT Tarif-Nr.	Leistung	Punkte (nur DKG-NT I)	Besondere Kosten	Allgemeine Kosten	Sach-kosten	Vollkosten (nur DKG-NT I)
1a	1b	2	3	4	5	6	7
4423	4423	Untersuchungen mit ähnlichem methodischem Aufwand	90		2,80 €	2,80 €	6,21 €
		Die untersuchten Parameter sind in der Rechnung anzugeben.					
4425–4427	4425–4427	Quantitative Bestimmung von Antikörpern mittels Agglutinations- oder Fällungsreaktion (z.B. Hämagglutination, Hämagglutinationshemmung, Latex-Agglutination)	240		7,40 €	7,40 €	16,57 €
		Antikörper gegen					
4425	4425	Aspergillus	240		7,40 €	7,40 €	16,57 €
4426	4426	Candida albicans	240		7,40 €	7,40 €	16,57 €
4427	4427	Untersuchungen mit ähnlichem methodischem Aufwand	240		7,40 €	7,40 €	16,57 €
		Die untersuchten Parameter sind in der Rechnung anzugeben.					

M III.22 Antikörper gegen Parasitenantigene

BGT Tarif-Nr.	DKG-NT Tarif-Nr.	Leistung	Punkte (nur DKG-NT I)	Besondere Kosten	Allgemeine Kosten	Sach-kosten	Vollkosten (nur DKG-NT I)
1a	1b	2	3	4	5	6	7
		Allgemeine Bestimmung					
		Die Berechnung einer Gebühr für eine qualitative Untersuchung mittels Agglutinations- oder Fällungsreaktion bzw. Immunfluoreszenzuntersuchung (bis zu zwei Titerstufen) neben einer Gebühr für eine quantitative Untersuchung mittels Agglutinations- oder Fällungsreaktion bzw. Immunfluoreszenzuntersuchung (mehr als zwei Titerstufen) oder einer ähnlichen Untersuchungsmethode ist nicht zulässig.					
4430–4432	4430–4432	Qualitativer Nachweis von Antikörpern mittels Agglutinations- oder Fällungsreaktion (z.B. Hämagglutination, Hämagglutinationshemmung, Latex-Agglutination)	90		2,80 €	2,80 €	6,21 €
		Antikörper gegen					
4430	4430	Echinokokken	90		2,80 €	2,80 €	6,21 €
4431	4431	Schistosomen	90		2,80 €	2,80 €	6,21 €
4432	4432	Untersuchungen mit ähnlichem methodischem Aufwand	90		2,80 €	2,80 €	6,21 €
		Die untersuchten Parameter sind in der Rechnung anzugeben.					
4435–4437	4435–4437	Quantitative Bestimmung von Antikörpern mittels Agglutinations- oder Fällungsreaktion (z.B. Hämagglutination, Hämagglutinationshemmung, Latex-Agglutination)	240		7,40 €	7,40 €	16,57 €
		Antikörper gegen					
4435	4435	Echinokokken	240		7,40 €	7,40 €	16,57 €
4436	4436	Schistosomen	240		7,40 €	7,40 €	16,57 €
4437	4437	Untersuchungen mit ähnlichem methodischem Aufwand	240		7,40 €	7,40 €	16,57 €
		Die untersuchten Parameter sind in der Rechnung anzugeben.					
4440–4447	4440–4447	Qualitativer Nachweis von Antikörpern mittels Immunfluoreszenz oder ähnlicher Untersuchungsmethoden	290		8,90 €	8,90 €	20,02 €

M III.22 Antikörper gegen Parasitenantigene

Nummern 4440–4460

BGT Tarif-Nr.	DKG-NT Tarif-Nr.	Leistung	Punkte (nur DKG-NT I)	Besondere Kosten	Allgemeine Kosten	Sach-kosten	Vollkosten (nur DKG-NT I)
1a	1b	2	3	4	5	6	7
		Antikörper gegen					
4440	4440	Entamoeba histolytica	290		8,90 €	8,90 €	20,02 €
4441	4441	Leishmanien	290		8,90 €	8,90 €	20,02 €
4442	4442	Plasmodien	290		8,90 €	8,90 €	20,02 €
4443	4443	Pneumocystis carinii	290		8,90 €	8,90 €	20,02 €
4444	4444	Schistosomen	290		8,90 €	8,90 €	20,02 €
4445	4445	Toxoplasma gondii	290		8,90 €	8,90 €	20,02 €
4446	4446	Trypanosoma cruzi	290		8,90 €	8,90 €	20,02 €
4447	4447	Untersuchungen mit ähnlichem methodischem Aufwand	290		8,90 €	8,90 €	20,02 €
		Die untersuchten Parameter sind in der Rechnung anzugeben.					
4448–4455	4448–4455	Quantitative Bestimmung von Antikörpern mittels Immunfluoreszenz oder ähnlicher Untersuchungsmethoden	510		15,70 €	15,70 €	35,20 €
		Antikörper gegen					
4448	4448	Entamoeba histolytica	510		15,70 €	15,70 €	35,20 €
4449	4449	Leishmanien	510		15,70 €	15,70 €	35,20 €
4450	4450	Pneumocystis carinii	510		15,70 €	15,70 €	35,20 €
4451	4451	Plasmodien	510		15,70 €	15,70 €	35,20 €
4452	4452	Schistosomen	510		15,70 €	15,70 €	35,20 €
4453	4453	Toxoplasma gondii	510		15,70 €	15,70 €	35,20 €
4454	4454	Trypanosoma cruzi	510		15,70 €	15,70 €	35,20 €
4455	4455	Untersuchungen mit ähnlichem methodischem Aufwand	510		15,70 €	15,70 €	35,20 €
		Die untersuchten Parameter sind in der Rechnung anzugeben.					
4456–4460	4456–4460	Quantitative Bestimmung von Antikörpern mittels Komplementbindungsreaktion (KBR)	250		7,70 €	7,70 €	17,26 €

M III.22 Antikörper gegen Parasitenantigene

Nummern 4456–4469

BGT Tarif-Nr.	DKG-NT Tarif-Nr.	Leistung	Punkte (nur DKG-NT I)	Besondere Kosten	Allgemeine Kosten	Sach-kosten	Vollkosten (nur DKG-NT I)
1a	1b	2	3	4	5	6	7
		Antikörper gegen					
4456	4456	Echinokokken	250		7,70 €	7,70 €	17,26 €
4457	4457	Entamoeba histolytica	250		7,70 €	7,70 €	17,26 €
4458	4458	Leishmanien	250		7,70 €	7,70 €	17,26 €
4459	4459	Toxoplasma gondii	250		7,70 €	7,70 €	17,26 €
4460	4460	Untersuchungen mit ähnlichem methodischem Aufwand	250		7,70 €	7,70 €	17,26 €
		Die untersuchten Parameter sind in der Rechnung anzugeben.					
4461–4462	4461–4462	Quantitative Bestimmung von Antikörpern mittels Ligandenassay – gegebenenfalls einschließlich Doppelbestimmung und aktueller Bezugskurve –	230		7,10 €	7,10 €	15,88 €
		Antikörper gegen					
4461	4461	Toxoplasma gondii	230		7,10 €	7,10 €	15,88 €
4462	4462	Untersuchungen mit ähnlichem methodischem Aufwand	230		7,10 €	7,10 €	15,88 €
		Die untersuchten Parameter sind in der Rechnung anzugeben.					
4465–4469	4465–4469	Quantitative Bestimmung von Antikörpern mittels Ligandenassay – gegebenenfalls einschließlich Doppelbestimmung und aktueller Bezugskurve –	350		10,70 €	10,70 €	24,16 €
		Antikörper gegen					
4465	4465	Entamoeba histolytica	350		10,70 €	10,70 €	24,16 €
4466	4466	Leishmanien	350		10,70 €	10,70 €	24,16 €
4467	4467	Schistosomen	350		10,70 €	10,70 €	24,16 €
4468	4468	Toxoplasma gondii	350		10,70 €	10,70 €	24,16 €
4469	4469	Untersuchungen mit ähnlichem methodischem Aufwand	350		10,70 €	10,70 €	24,16 €
		Die untersuchten Parameter sind in der Rechnung anzugeben.					

M IV Untersuchungen zum Nachweis und zur Charakterisierung von Krankheitserregern

BGT Tarif-Nr.	DKG-NT Tarif-Nr.	Leistung	Punkte (nur DKG-NT I)	Besondere Kosten	Allgemeine Kosten	Sach-kosten	Vollkosten (nur DKG-NT I)
1a	1b	2	3	4	5	6	7
		Allgemeine Bestimmung *Werden Untersuchungen berechnet, die im methodischen Aufwand mit im Leistungstext konkret benannten Untersuchungen vergleichbar sind, so muß die Art der berechneten Untersuchung genau bezeichnet werden.*					

M IV.1 Untersuchungen zum Nachweis und zur Charakterisierung von Bakterien — Nummern 4500–4516

BGT Tarif-Nr.	DKG-NT Tarif-Nr.	Leistung	Punkte (nur DKG-NT I)	Besondere Kosten	Allgemeine Kosten	Sach-kosten	Vollkosten (nur DKG-NT I)
1a	1b	2	3	4	5	6	7
4500–4504	4500–4504	Untersuchung zum Nachweis von Bakterien im Nativmaterial mittels Agglutination, je Antiserum	130		4,00 €	4,00 €	8,97 €
4500	4500	Betahämolysierende Streptokokken Typ B	130		4,00 €	4,00 €	8,97 €
4501	4501	Hämophilus influenzae Kapseltyp b	130		4,00 €	4,00 €	8,97 €
4502	4502	Neisseria meningitidis Typen A und B	130		4,00 €	4,00 €	8,97 €
4503	4503	Streptococcus pneumoniae	130		4,00 €	4,00 €	8,97 €
4504	4504	Untersuchungen mit ähnlichem methodischem Aufwand	130		4,00 €	4,00 €	8,97 €
		Die untersuchten Parameter sind in der Rechnung anzugeben.					
4506–4508	4506–4508	Lichtmikroskopische Untersuchung des Nativmaterials zum Nachweis von Bakterien – einschließlich einfacher Anfärbung –, qualitativ, je Untersuchung	90		2,80 €	2,80 €	6,21 €
4506	4506	Methylenblaufärbung	90		2,80 €	2,80 €	6,21 €
4508	4508	Untersuchungen mit ähnlichem methodischem Aufwand	90		2,80 €	2,80 €	6,21 €
		Die untersuchten Parameter sind in der Rechnung anzugeben.					
4510–4513	4510–4513	Lichtmikroskopische Untersuchung des Nativmaterials zum Nachweis von Bakterien – einschließlich aufwendigerer Anfärbung –, qualitativ, je Untersuchung	110		3,40 €	3,40 €	7,59 €
4510	4510	Giemsafärbung (Punktate)	110		3,40 €	3,40 €	7,59 €
4511	4511	Gramfärbung (Liquor-, Blut-, Punktat-, Sputum-, Eiter- oder Urinausstrich, Nasenabstrich)	110		3,40 €	3,40 €	7,59 €
4512	4512	Ziel-Neelsen-Färbung	110		3,40 €	3,40 €	7,59 €
4513	4513	Untersuchungen mit ähnlichem methodischem Aufwand	110		3,40 €	3,40 €	7,59 €
		Die untersuchten Parameter sind in der Rechnung anzugeben.					
4515–4516	4515–4516	Lichtmikroskopische Untersuchung des Nativmaterials zum Nachweis von Bakterien – einschließlich Anfärbung mit Fluorochromen –, qualitativ, je Untersuchung	160		4,90 €	4,90 €	11,04 €

M IV.1 Untersuchungen zum Nachweis und zur Charakterisierung von Bakterien

BGT Tarif-Nr.	DKG-NT Tarif-Nr.	Leistung	Punkte (nur DKG-NT I)	Besondere Kosten	Allgemeine Kosten	Sach-kosten	Vollkosten (nur DKG-NT I)
1a	1b	2	3	4	5	6	7
4515	4515	Auraminfärbung	160		4,90 €	4,90 €	11,04 €
4516	4516	Untersuchungen mit ähnlichem methodischem Aufwand	160		4,90 €	4,90 €	11,04 €
		Die untersuchten Parameter sind in der Rechnung anzugeben.					
4518	4518	Lichtmikroskopische, immunologische Untersuchung des Nativmaterials zum Nachweis von Bakterien – einschließlich Fluoreszenz-, Enzym- oder anderer Markierung –, je Antiserum	250		7,70 €	7,70 €	17,26 €
		Eine mehr als fünfmalige Berechnung der Leistung nach Nummer 4518 bei Untersuchungen aus demselben Untersuchungsmaterial ist nicht zulässig.					
4520–4525	4520–4525	Qualitative Untersuchung des Nativmaterials zum Nachweis von Bakterienantigenen mittels Ligandenassay (z.B. Enzym- oder Radioimmunoassay) – gegebenenfalls einschließlich Doppelbestimmung und aktueller Bezugskurve –, je Untersuchung	250		7,70 €	7,70 €	17,26 €
4520	4520	Beta-hämolysierende Streptokokken der Gruppe B	250		7,70 €	7,70 €	17,26 €
4521	4521	Enteropathogene Escherichia coli-Stämme ...	250		7,70 €	7,70 €	17,26 €
4522	4522	Legionellen	250		7,70 €	7,70 €	17,26 €
4523	4523	Neisseria meningitidis	250		7,70 €	7,70 €	17,26 €
4524	4524	Neisseria gonorrhoeae	250		7,70 €	7,70 €	17,26 €
4525	4525	Untersuchungen mit ähnlichem methodischem Aufwand	250		7,70 €	7,70 €	17,26 €
		Die untersuchten Parameter sind in der Rechnung anzugeben.					

M IV.1.b Züchtung / Gewebekultur

BGT Tarif-Nr.	DKG-NT Tarif-Nr.	Leistung	Punkte (nur DKG-NT I)	Besondere Kosten	Allgemeine Kosten	Sach-kosten	Vollkosten (nur DKG-NT I)
1a	1b	2	3	4	5	6	7
4530	4530	Untersuchung zum Nachweis von Bakterien durch einfache Anzüchtung oder Weiterzüchtung auf Nährböden, aerob (z.B. Blut-, Endo-, McConkey-Agar, Nährbouillon), je Nährmedium	80		2,50 €	2,50 €	5,52 €
		Eine mehr als viermalige Berechnung der Leistung nach Nummer 4530 bei Untersuchungen aus demselben Untersuchungsmaterial ist nicht zulässig.					
4531	4531	Untersuchung zum Nachweis von Bakterien durch Anzüchtung oder Weiterzüchtung bei besonderer Temperatur, je Nährmedium	100		3,10 €	3,10 €	6,90 €
		Eine mehr als dreimalige Berechnung der Leistung nach Nummer 4531 bei Untersuchungen aus demselben Untersuchungsmaterial ist nicht zulässig.					
4532	4532	Untersuchung zum Nachweis von Bakterien durch Anzüchtung oder Weiterzüchtung in CO_2-Atmosphäre, je Nährmedium	100		3,10 €	3,10 €	6,90 €
4533	4533	Untersuchung zum Nachweis von Bakterien durch Anzüchtung oder Weiterzüchtung in anaerober oder mikroaerophiler Atmosphäre, je Nährmedium	250		7,70 €	7,70 €	17,26 €
		Eine mehr als viermalige Berechnung der Leistung nach Nummer 4533 bei Untersuchungen aus demselben Untersuchungsmaterial ist nicht zulässig.					
4538	4538	Untersuchung zum Nachweis von Bakterien durch Anzüchtung oder Weiterzüchtung auf Selektiv- oder Anreicherungsmethoden, aerob (z.B. Blutagar mit Antibiotikazusätzen, Schokoladen-, Yersinien-, Columbia-, Kochsalz-Mannit-Agar, Thayer-Martin-Medium), je Nährmedium	120		3,70 €	3,70 €	8,28 €
		Eine mehr als viermalige Berechnung der Leistung nach Nummer 4538 bei Untersuchungen aus demselben Untersuchungsmaterial ist nicht zulässig.					

M IV.1.b Züchtung / Gewebekultur

BGT Tarif-Nr.	DKG-NT Tarif-Nr.	Leistung	Punkte (nur DKG-NT I)	Besondere Kosten	Allgemeine Kosten	Sach-kosten	Vollkosten (nur DKG-NT I)
1a	1b	2	3	4	5	6	7
4539	4539	Untersuchung zum Nachweis von Bakterien durch Anzüchtung oder Weiterzüchtung auf Selektiv- oder Anreicherungsmethoden, (z.B. Campylobacter-, Legionellen-, Mycoplasmen-, Clostridium difficile-Agar), je Nährmedium	250		7,70 €	7,70 €	17,26 €
		Eine mehr als viermalige Berechnung der Leistung nach Nummer 4539 bei Untersuchungen aus demselben Untersuchungsmaterial ist nicht zulässig.					
4540	4540	Anzüchtung von Mykobakterien mit mindestens zwei festen und einem flüssigen Nährmedium, je Untersuchungsmaterial	400		12,30 €	12,30 €	27,61 €
4541	4541	Untersuchung zum Nachweis von Chlamydien durch Anzüchtung auf Gewebekultur, je Ansatz	350		10,70 €	10,70 €	24,16 €
4542	4542	Untersuchung zum Nachweis von bakteriellen Toxinen durch Anzüchtung auf Gewebekultur, je Untersuchung	250		7,70 €	7,70 €	17,26 €
4543	4543	Untersuchung von bakteriellen Toxinen durch Anzüchtung auf Gewebekultur mit Spezifitätsprüfung durch Neutralisationstest, je Untersuchung	500		15,30 €	15,30 €	34,51 €

M IV.1.c Identifizierung / Typisierung   Nummern 4545–4556

BGT Tarif-Nr.	DKG-NT Tarif-Nr.	Leistung	Punkte (nur DKG-NT I)	Besondere Kosten	Allgemeine Kosten	Sach-kosten	Vollkosten (nur DKG-NT I)
1a	1b	2	3	4	5	6	7
4545	4545	Orientierende Identifizierung, Untersuchung von angezüchteten Bakterien mit einfachen Verfahren (z.B. Katalase-, Optochin-, Oxidase-, Galle-, Klumpungstest), je Test und Keim	60		1,80 €	1,80 €	4,14 €
4546	4546	Identifizierung, Untersuchung von angezüchteten Bakterien mit aufwendigeren Verfahren (z.B. Äskulinspaltung, Methylenblau-, Nitratreduktion, Harnstoffspaltung, Koagulase-, cAMP-, O-F-, Ammen-, DNase-Test), je Test und Keim ...	120		3,70 €	3,70 €	8,28 €
4547	4547	Identifizierung, Untersuchung von angezüchteten Bakterien mit Mehrtestverfahren (z.B. Kombination von Zitrat-, Kligler-, SIM-Agar), je Keim	120		3,70 €	3,70 €	8,28 €
4548	4548	Identifizierung, Untersuchung von aerob angezüchteten Bakterien mittels bunter Reihe (bis zu acht Reaktionen), je Keim	160		4,90 €	4,90 €	11,04 €
4549	4549	Identifizierung, Untersuchung von aerob angezüchteten Bakterien mittels erweiterter bunter Reihe – mindestens zwanzig Reaktionen –, je Keim	240		7,40 €	7,40 €	16,57 €
4550	4550	Identifizierung, Untersuchung anaerob angezüchteter Bakterien mittels erweiterter bunter Reihe in anaerober oder mikroaerophiler Atmosphäre, je Keim	330		10,10 €	10,10 €	22,78 €
4551	4551	Identifizierung, Untersuchung von Mykobakterium tuberkulosis-Komplex mittels biochemischer Reaktionen	300		9,20 €	9,20 €	20,71 €
		Eine mehr als viermalige Berechnung der Leistung nach Nummer 4551 bei Untersuchungen aus demselben Untersuchungsmaterial ist nicht zulässig.					
4553–4556	4553–4556	Lichtmikroskopische Untersuchung angezüchteter Bakterien – einschließlich Anfärbung – qualitativ, je Untersuchung	60		1,80 €	1,80 €	4,14 €
4553	4553	Gramfärbung (Bakterienkulturausstrich)	60		1,80 €	1,80 €	4,14 €
4554	4554	Neisser-Färbung (Bakterienkulturausstrich) ...	60		1,80 €	1,80 €	4,14 €
4555	4555	Ziehl-Neelsen-Färbung (Bakterienkulturausstrich)	60		1,80 €	1,80 €	4,14 €
4556	4556	Untersuchungen mit ähnlichem methodischem Aufwand	60		1,80 €	1,80 €	4,14 €

M IV.1.c   Identifizierung / Typisierung

BGT Tarif-Nr.	DKG-NT Tarif-Nr.	Leistung	Punkte (nur DKG-NT I)	Besondere Kosten	Allgemeine Kosten	Sach-kosten	Vollkosten (nur DKG-NT I)
1a	1b	2	3	4	5	6	7
		Die durchgeführten Färbungen sind in der Rechnung anzugeben.					
4560	4560	Lichtmikroskopische, immunologische Untersuchung von angezüchteten Bakterien – einschließlich Fluoreszenz-, Enzym- oder anderer Markierung –, je Antiserum	290		8,90 €	8,90 €	20,02 €
4561–4565	4561–4565	Untersuchung zum Nachweis von Bakterienantigenen mittels Ligandenassay (z.B. Enzym-, Radioimmunoassay) – gegebenenfalls einschließlich Doppelbestimmung und aktueller Bezugskurve – qualitativ, je Untersuchung	250		7,70 €	7,70 €	17,26 €
4561	4561	Beta-hämolysierende Streptokokken	250		7,70 €	7,70 €	17,26 €
4562	4562	Enteropathogene Escherichia coli-Stämme ...	250		7,70 €	7,70 €	17,26 €
4563	4563	Legionellen	250		7,70 €	7,70 €	17,26 €
4564	4564	Neisseria meningitidis	250		7,70 €	7,70 €	17,26 €
4565	4565	Untersuchungen mit ähnlichem methodischem Aufwand	250		7,70 €	7,70 €	17,26 €
		Die untersuchten Keime sind in der Rechnung anzugeben.					
4567–4568	4567–4568	Untersuchung von angezüchteten Bakterien über Metabolitprofil mittels Gaschromatographie, je Untersuchung	410		12,60 €	12,60 €	28,30 €
4567	4567	Anaerobier	410		12,60 €	12,60 €	28,30 €
4568	4568	Untersuchungen mit ähnlichem methodischem Aufwand	410		12,60 €	12,60 €	28,30 €
		Die untersuchten Keime sind in der Rechnung anzugeben.					
4570	4570	Untersuchung von angezüchteten Bakterien über Metabolitprofil (z.B Fettsäurenprofil) mittels Gaschromatographie – einschließlich aufwendiger Probenvorbereitung (z.B. Extraktion) und Derivatisierungsreaktion –, je Untersuchung	570		17,50 €	17,50 €	39,34 €
4571	4571	Untersuchung von angezüchteten Bakterien mittels chromatographischer Analyse struktureller Komponenten, je Untersuchung	570		17,50 €	17,50 €	39,34 €

M IV.1.c Identifizierung / Typisierung — Nummern 4572–4585

BGT Tarif-Nr.	DKG-NT Tarif-Nr.	Leistung	Punkte (nur DKG-NT I)	Besondere Kosten	Allgemeine Kosten	Sach-kosten	Vollkosten (nur DKG-NT I)
1a	1b	2	3	4	5	6	7
4572–4576	4572–4576	Untersuchung von angezüchteten Bakterien mittels Agglutination (bis zu höchstens 15 Antiseren je Keim), je Antiserum	120		3,70 €	3,70 €	8,28 €
4572	4572	Beta-hämolysierende Streptokokken	120		3,70 €	3,70 €	8,28 €
4573	4573	Escherichia coli	120		3,70 €	3,70 €	8,28 €
4574	4574	Salmonellen	120		3,70 €	3,70 €	8,28 €
4575	4575	Shigellen	120		3,70 €	3,70 €	8,28 €
4576	4576	Untersuchungen mit ähnlichem methodischem Aufwand	120		3,70 €	3,70 €	8,28 €
		Die untersuchten Keime sind in der Rechnung anzugeben.					
4578–4582	4578–4582	Untersuchung durch Phagentypisierung von angezüchteten Bakterien (Bacteriocine oder ähnliche Methoden), je Untersuchung	250		7,70 €	7,70 €	17,26 €
4578	4578	Brucellen	250		7,70 €	7,70 €	17,26 €
4579	4579	Pseudomonaden	250		7,70 €	7,70 €	17,26 €
4580	4580	Staphylokokken	250		7,70 €	7,70 €	17,26 €
4581	4581	Salmonellen	250		7,70 €	7,70 €	17,26 €
4582	4582	Untersuchungen mit ähnlichem methodischem Aufwand	250		7,70 €	7,70 €	17,26 €
		Die untersuchten Keime sind in der Rechnung anzugeben.					
4584	4584	Untersuchung zum Nachweis und zur Identifizierung von Bakterien durch Anzüchtung in Flüssigmedien und Nachweis von Substratverbrauch oder Reaktionsprodukten durch photometrische, spektrometrische oder elektrochemische Messung (z.B. teil- oder vollmechanisierte Geräte für Blutkulturen), je Untersuchung	250		7,70 €	7,70 €	17,26 €
4585	4585	Untersuchung zum Nachweis und zur Identifizierung von Mykobakterien durch Anzüchtung in Flüssigmedien und photometrische, elektrochemische oder radiochemische Messung (z.B. teil- oder vollmechanisierte Geräte), je Untersuchung	350		10,70 €	10,70 €	24,16 €

M IV.1.d Toxinnachweis

BGT Tarif-Nr.	DKG-NT Tarif-Nr.	Leistung	Punkte (nur DKG-NT I)	Besondere Kosten	Allgemeine Kosten	Sach-kosten	Vollkosten (nur DKG-NT I)
1a	1b	2	3	4	5	6	7
4590–4594	4590–4594	Untersuchung zum Nachweis von Bakterientoxinen mittels Ligandenassay (z.B. Enzym-, Radioimmunoassay) – gegebenenfalls einschließlich Doppelbestimmung und aktueller Bezugskurve –, je Untersuchung	250		7,70 €	7,70 €	17,26 €
4590	4590	Clostridium difficile, tetani oder botulinum	250		7,70 €	7,70 €	17,26 €
4591	4591	Enteropathogene Escherichia coli-Stämme	250		7,70 €	7,70 €	17,26 €
4592	4592	Staphylococcus aureus	250		7,70 €	7,70 €	17,26 €
4593	4593	Vibrionen	250		7,70 €	7,70 €	17,26 €
4594	4594	Untersuchungen mit ähnlichem methodischem Aufwand	250		7,70 €	7,70 €	17,26 €
		Die untersuchten Keime sind in der Rechnung anzugeben.					
4596–4599	4596–4599	Untersuchung zum Nachweis von Bakterienantigenen oder -toxinen durch Präzipitation im Agargel mittels Antitoxinen, je Untersuchung	250		7,70 €	7,70 €	17,26 €
4596	4596	Clostridium botulinum	250		7,70 €	7,70 €	17,26 €
4597	4597	Corynebakterien diphteriae	250		7,70 €	7,70 €	17,26 €
4598	4598	Staphylokokkentoxin	250		7,70 €	7,70 €	17,26 €
4599	4599	Untersuchungen mit ähnlichem methodischem Aufwand	250		7,70 €	7,70 €	17,26 €
		Die untersuchten Keime sind in der Rechnung anzugeben.					
4601	4601	Untersuchung zum Nachweis von Bakterientoxinen durch Inokulation in Versuchstiere, je Untersuchung	500		15,30 €	15,30 €	34,51 €
		Eine mehr als dreimalige Berechnung der Leistung nach Nummer 4601 im Behandlungsfall ist nicht zulässig.					
		Kosten für Versuchstiere sind nicht gesondert berechnungsfähig.					

M IV.1.e Keimzahl, Hemmstoffe

BGT Tarif-Nr.	DKG-NT Tarif-Nr.	Leistung	Punkte (nur DKG-NT I)	Besondere Kosten	Allgemeine Kosten	Sach-kosten	Vollkosten (nur DKG-NT I)
1a	1b	2	3	4	5	6	7
4605	4605	Untersuchung zur Bestimmung der Keimzahl mittels Eintauchobjektträgerkultur (z.B. Cultdip Plus^R, Dip-Slide^R, Uricount^R, Uriline^R, Urotube^R), semiquantitativ, je Urinuntersuchung ..	60		1,80 €	1,80 €	4,14 €
4606	4606	Untersuchung zur Bestimmung der Keimzahl in Flüssigkeiten mittels Oberflächenkulturen oder Plattengußverfahren nach quantitativer Aufbringung des Untersuchungsmaterials, je Untersuchungsmaterial	250		7,70 €	7,70 €	17,26 €
4607	4607	Untersuchung zum Nachweis von Hemmstoffen, je Material	60		1,80 €	1,80 €	4,14 €

M IV.1.f Empfindlichkeitstestung

BGT Tarif-Nr.	DKG-NT Tarif-Nr.	Leistung	Punkte (nur DKG-NT I)	Besondere Kosten	Allgemeine Kosten	Sach-kosten	Vollkosten (nur DKG-NT I)
1a	1b	2	3	4	5	6	7
4610	4610	Untersuchung zur Prüfung der Empfindlichkeit von Bakterien gegen Antibiotika und/oder Chemotherapeutika mittels semiquantitativem Agardiffusionstest und trägergebundenen Testsubstanzen (Plättchentest), je geprüfter Substanz	20		0,60 €	0,60 €	1,38 €
		Eine mehr als sechzehnmalige Berechnung der Leistung nach Nummer 4610 ist in der Rechnung zu begründen.					
4611	4611	Untersuchung zur Prüfung der Empfindlichkeit von Bakterien gegen Antibiotika und/oder Chemotherapeutika nach der Break-Point-Methode, bis zu acht Substanzen, je geprüfter Substanz	30		0,90 €	0,90 €	2,07 €
4612	4612	Untersuchung zur Prüfung der Empfindlichkeit von Bakterien gegen Antibiotika und/oder Chemotherapeutika mittels semiquantitativem Antibiotikadilutionstest (Agardilution oder MHK-Bestimmung), bis zu acht Substanzen, je geprüfter Substanz	50		1,50 €	1,50 €	3,45 €
4613	4613	Untersuchung zur Prüfung der Empfindlichkeit von Bakterien gegen Antibiotika und/oder Chemotherapeutika mittels semiquantitativer Bestimmung der minimalen mikrobiziden Antibiotikakonzentration (MBC), bis zu acht Substanzen, je geprüfter Substanz	75		2,30 €	2,30 €	5,18 €
4614	4614	Untersuchung zur quantitativen Prüfung der Empfindlichkeit von Bakterien gegen Antibiotika und/oder Chemotherapeutika durch Anzüchtung in entsprechenden Flüssigmedien und photometrische, turbodimetrische oder nephelometrische Messung (teil- oder vollmechanisierte Geräte), je Untersuchung	250		7,70 €	7,70 €	17,26 €

M IV.2   Untersuchungen zum Nachweis und zur Charakterisierung von Viren   Nummern 4630–4645

BGT Tarif-Nr.	DKG-NT Tarif-Nr.	Leistung	Punkte (nur DKG-NT I)	Besondere Kosten	Allgemeine Kosten	Sach-kosten	Vollkosten (nur DKG-NT I)
1a	1b	2	3	4	5	6	7
4630–4631	4630–4631	Nachweis von viralen Antigenen im Nativmaterial mittels Agglutinationsreaktion (z.B. Latex-Agglutination), je Untersuchung	60		1,80 €	1,80 €	4,14 €
4630	4630	Rota-Viren	60		1,80 €	1,80 €	4,14 €
4631	4631	Untersuchungen mit ähnlichem methodischem Aufwand	60		1,80 €	1,80 €	4,14 €
		Die untersuchten Viren sind in der Rechnung anzugeben.					
4633–4634	4633–4634	Lichtmikroskopische Untersuchung im Nativmaterial zum Nachweis von Einschluß- oder Elementarkörperchen aus Zellmaterial – einschließlich Anfärbung –, qualitativ, je Untersuchung	80		2,50 €	2,50 €	5,52 €
4633	4633	Herpes-Simplex-Viren	80		2,50 €	2,50 €	5,52 €
4634	4634	Untersuchungen mit ähnlichem methodischem Aufwand	80		2,50 €	2,50 €	5,52 €
		Die untersuchten Viren sind in der Rechnung anzugeben.					
4636	4636	Lichtmikroskopische immunologische Untersuchung im Nativmaterial zum Nachweis von Viren – einschließlich Fluoreszenz-, Enzym-, oder anderer Markierung –, je Antiserum	290		8,90 €	8,90 €	20,02 €
4637	4637	Elektronenmikroskopischer Nachweis und Identifizierung von Viren im Nativmaterial, je Untersuchung	3.180		97,60 €	97,60 €	219,50 €
4640–4648	4640–4648	Ligandenassay (z.B. Enzym- oder Radioimmunoassay) – gegebenenfalls einschließlich Doppelbestimmung und aktueller Bezugskurve –, zum Nachweis von viralen Antigenen im Nativmaterial, je Untersuchung	250		7,70 €	7,70 €	17,26 €
4640	4640	Adeno-Viren	250		7,70 €	7,70 €	17,26 €
4641	4641	Hepatitis A-Viren	250		7,70 €	7,70 €	17,26 €
4642	4642	Hepatitis B-Viren (HBe-Antigen)	250		7,70 €	7,70 €	17,26 €
4643	4643	Hepatitis B-Viren (HBs-Antigen)	250		7,70 €	7,70 €	17,26 €
4644	4644	Influenza-Viren	250		7,70 €	7,70 €	17,26 €
4645	4645	Parainfluenza-Viren	250		7,70 €	7,70 €	17,26 €

M IV.2 Untersuchungen zum Nachweis und zur Charakterisierung von Viren

BGT Tarif-Nr.	DKG-NT Tarif-Nr.	Leistung	Punkte (nur DKG-NT I)	Besondere Kosten	Allgemeine Kosten	Sachkosten	Vollkosten (nur DKG-NT I)
1a	1b	2	3	4	5	6	7
4646	**4646**	Rota-Viren	250		**7,70 €**	**7,70 €**	17,26 €
4647	**4647**	Respiratory syncytial virus	250		**7,70 €**	**7,70 €**	17,26 €
4648	**4648**	Untersuchungen mit ähnlichem methodischem Aufwand	250		**7,70 €**	**7,70 €**	17,26 €
		Die untersuchten Viren sind in der Rechnung anzugeben.					

M IV.2.b Züchtung

BGT Tarif-Nr.	DKG-NT Tarif-Nr.	Leistung	Punkte (nur DKG-NT I)	Besondere Kosten	Allgemeine Kosten	Sach-kosten	Vollkosten (nur DKG-NT I)
1a	1b	2	3	4	5	6	7
4655	**4655**	Untersuchung zum Nachweis von Viren durch Anzüchtung auf Gewebekultur oder Gewebesubkultur, je Ansatz	450		**13,80 €**	**13,80 €**	**31,06 €**

M IV.2.c Identifizierung, Charakterisierung — Nummern 4665–4679

BGT Tarif-Nr.	DKG-NT Tarif-Nr.	Leistung	Punkte (nur DKG-NT I)	Besondere Kosten	Allgemeine Kosten	Sach-kosten	Vollkosten (nur DKG-NT I)
1a	1b	2	3	4	5	6	7
		Allgemeine Bestimmungen					
		Die zur Identifizierung geeigneten Verfahren können nur dann in Ansatz gebracht werden, wenn zuvor im Rahmen der Leistung nach Nummer 4655 ein positiver Nachweis gelungen ist und die Charakterisierung nach der Leistung nach Nummer 4665 durchgeführt wurde. Es können jedoch nicht mehr als zwei Verfahren nach den Nummern 4666 bis 4671 zur Identifizierung berechnet werden.					
4665	4665	Untersuchung zur Charakterisierung von Viren mittels einfacher Verfahren (z.B. Ätherresistenz, Chloroformresistenz, pH3-Test), je Ansatz	250		7,70 €	7,70 €	17,26 €
4666	4666	Identifizierung von Viren durch aufwendigere Verfahren (Hämabsorption, Hämagglutination, Hämagglutinationshemmung), je Ansatz	250		7,70 €	7,70 €	17,26 €
4667	4667	Identifizierung von Viren durch Neutralisationstest, je Untersuchung	250		7,70 €	7,70 €	17,26 €
4668	4668	Identifizierung von Virus-Antigenen durch Immunoblotting, je Untersuchung	330		10,10 €	10,10 €	22,78 €
4670	4670	Lichtmikroskopische immunologische Untersuchung zur Identifizierung von Viren – einschließlich Fluoreszenz-, Enzym- oder anderer Markierung –, je Antiserum	290		8,90 €	8,90 €	20,02 €
4671	4671	Elektronenmikroskopischer Nachweis und Identifizierung von Viren nach Anzüchtung, je Untersuchung	3.180		97,60 €	97,60 €	219,50 €
4675–4680	4675–4680	Ligandenassay (z.B. Enzym- oder Radioimmunoassay) – gegebenenfalls einschließlich Doppelbestimmung und aktueller Bezugskurve –, zum Nachweis von viralen Antigenen angezüchteter Viren, je Untersuchungsgang	250		7,70 €	7,70 €	17,26 €
4675	4675	Adeno-Viren	250		7,70 €	7,70 €	17,26 €
4676	4676	Influenza-Viren	250		7,70 €	7,70 €	17,26 €
4677	4677	Parainfluenza-Viren	250		7,70 €	7,70 €	17,26 €
4678	4678	Rota-Viren	250		7,70 €	7,70 €	17,26 €
4679	4679	Respiratory syncytial Virus	250		7,70 €	7,70 €	17,26 €

M IV.2.c Identifizierung, Charakterisierung   Nummer 4680

BGT Tarif-Nr.	DKG-NT Tarif-Nr.	Leistung	Punkte (nur DKG-NT I)	Besondere Kosten	Allgemeine Kosten	Sach-kosten	Vollkosten (nur DKG-NT I)
1a	1b	2	3	4	5	6	7
4680	**4680**	Untersuchungen mit ähnlichem methodischem Aufwand .... *Die untersuchten Viren sind in der Rechnung anzugeben.*	250		**7,70 €**	**7,70 €**	**17,26 €**

M IV.3 Untersuchungen zum Nachweis und zur Charakterisierung von Pilzen — Nummern 4705–4713

BGT Tarif-Nr.	DKG-NT Tarif-Nr.	Leistung	Punkte (nur DKG-NT I)	Besondere Kosten	Allgemeine Kosten	Sach-kosten	Vollkosten (nur DKG-NT I)
1a	1b	2	3	4	5	6	7
4705–4708	4705–4708	Untersuchungen zum Nachweis von Pilzantigenen mittels Agglutination, je Antiserum	120		3,70 €	3,70 €	8,28 €
4705	4705	Aspergillus	120		3,70 €	3,70 €	8,28 €
4706	4706	Candida	120		3,70 €	3,70 €	8,28 €
4707	4707	Kryptokokkus neoformans	120		3,70 €	3,70 €	8,28 €
4708	4708	Untersuchungen mit ähnlichem methodischem Aufwand	120		3,70 €	3,70 €	8,28 €
		Die untersuchten Pilze sind in der Rechnung anzugeben.					
4710	4710	Lichtmikroskopische Untersuchung zum Nachweis von Pilzen ohne Anfärbung im Nativmaterial, je Material	80		2,50 €	2,50 €	5,52 €
4711	4711	Lichtmikroskopische Untersuchung zum Nachweis von Pilzen im Nativmaterial nach Präparation (z.B. Kalilauge) oder aufwendigerer Anfärbung (z.B. Färbung mit Fluorochromen, Baumwollblau-, Tuschefärbung), je Material	120		3,70 €	3,70 €	8,28 €
4712	4712	Lichtmikroskopische immunologische Untersuchung zum Nachweis von Pilzen im Nativmaterial – einschließlich Fluoreszenz-, Enzym- oder anderer Markierung –, je Antiserum	290		8,90 €	8,90 €	20,02 €
4713	4713	Untersuchung im Nativmaterial zum Nachweis von Pilzantigenen mittels Ligandenassay (z.B. Enzym- oder Radioimmunoassay) – gegebenenfalls einschließlich Doppelbestimmung und aktueller Bezugskurve –, je Untersuchung	250		7,70 €	7,70 €	17,26 €

M IV.3.b Züchtung

BGT Tarif-Nr.	DKG-NT Tarif-Nr.	Leistung	Punkte (nur DKG-NT I)	Besondere Kosten	Allgemeine Kosten	Sach-kosten	Vollkosten (nur DKG-NT I)
1a	1b	2	3	4	5	6	7
4715	**4715**	Untersuchung zum Nachweis von Pilzen durch An- oder Weiterzüchtung auf einfachen Nährmedien (z.B. Sabouraud-Agar), je Nährmedium	100		3,10 €	3,10 €	6,90 €
		Eine mehr als fünfmalige Berechnung der Leistung nach Nummer 4715 bei Untersuchungen aus demselben Untersuchungsmaterial ist nicht zulässig.					
4716	**4716**	Untersuchung zum Nachweis von Pilzen durch An- oder Weiterzüchtung auf aufwendigeren Nährmedien (z.B. Antibiotika-, Wuchsstoffzusatz), je Nährmedium	120		3,70 €	3,70 €	8,28 €
		Eine mehr als fünfmalige Berechnung der Leistung nach Nummer 4716 bei Untersuchungen aus demselben Untersuchungsmaterial ist nicht zulässig.					
4717	**4717**	Züchtung von Pilzen auf Differenzierungsmedien (z.B. Harnstoff-, Stärkeagar), je Nährmedium	120		3,70 €	3,70 €	8,28 €
		Eine mehr als dreimalige Berechnung der Leistung nach Nummer 4717 je Pilz ist nicht zulässig.					

M IV.3.c Identifizierung / Charakterisierung   Nummern 4720–4724

BGT Tarif-Nr.	DKG-NT Tarif-Nr.	Leistung	Punkte (nur DKG-NT I)	Besondere Kosten	Allgemeine Kosten	Sach-kosten	Vollkosten (nur DKG-NT I)
1a	1b	2	3	4	5	6	7
4720	4720	Identifizierung von angezüchteten Pilzen mittels Röhrchen- oder Mehrkammerverfahren bis zu fünf Reaktionen, je Pilz	120		3,70 €	3,70 €	8,28 €
4721	4721	Identifizierung von angezüchteten Pilzen mittels Röhrchen- oder Mehrkammerverfahren mit mindestens sechs Reaktionen, je Pilz	250		7,70 €	7,70 €	17,26 €
4722	4722	Lichtmikroskopische Identifizierung angezüchteter Pilze – einschließlich Anfärbung (z.B. Färbung mit Fluorochromen, Baumwollblau-, Tuschefärbung) –, je Untersuchung	120		3,70 €	3,70 €	8,28 €
4723	4723	Lichtmikroskopische immunologische Untersuchung zur Identifizierung angezüchteter Pilze – einschließlich Fluoreszenz-, Enzym- oder anderer Markierung –, je Antiserum	290		8,90 €	8,90 €	20,02 €
4724	4724	Untersuchung zur Identifizierung von Antigenen angezüchteter Pilze mittels Ligandenassay (Enzym- oder Radioimmunoassay) – gegebenenfalls einschließlich Doppelbestimmung und aktueller Bezugskurve –, je Untersuchung	250		7,70 €	7,70 €	17,26 €

M IV.3.d Empfindlichkeitstestung — Nummern 4727–4728

BGT Tarif-Nr.	DKG-NT Tarif-Nr.	Leistung	Punkte (nur DKG-NT I)	Besondere Kosten	Allgemeine Kosten	Sach-kosten	Vollkosten (nur DKG-NT I)
1a	1b	2	3	4	5	6	7
4727	**4727**	Untersuchung zur Prüfung der Empfindlichkeit von angezüchteten Pilzen gegen Antimykotika und/oder Chemotherapeutika mittels trägergebundener Testsubstanzen, je Pilz	120		**3,70 €**	**3,70 €**	**8,28 €**
4728	**4728**	Untersuchung zur Prüfung der Empfindlichkeit von angezüchteten Pilzen gegen Antimykotika und/oder Chemotherapeutika mittels Reihenverdünnungstest, je Reihenverdünnungstest ..	250		**7,70 €**	**7,70 €**	**17,26 €**

M IV.4 Untersuchungen zum Nachweis und zur Charakterisierung von Parasiten

Nummern 4740–4753

BGT Tarif-Nr.	DKG-NT Tarif-Nr.	Leistung	Punkte (nur DKG-NT I)	Besondere Kosten	Allgemeine Kosten	Sach-kosten	Vollkosten (nur DKG-NT I)
1a	1b	2	3	4	5	6	7
4740–4745	**4740–4745**	Lichtmikroskopische Untersuchung zum Nachweis von Parasiten, ohne oder mit einfacher Anfärbung (z.B. Lugol- oder Methylenblaufärbung) – gegebenenfalls einschließlich spezieller Beleuchtungsverfahren (z.B. Phasenkontrast) –, qualitativ, je Untersuchung	120		3,70 €	3,70 €	8,28 €
4740	4740	Amöben	120		3,70 €	3,70 €	8,28 €
4741	4741	Lamblien	120		3,70 €	3,70 €	8,28 €
4742	4742	Sarcoptes scabiei (Krätzmilbe)	120		3,70 €	3,70 €	8,28 €
4743	4743	Trichomonaden	120		3,70 €	3,70 €	8,28 €
4744	4744	Würmer und deren Bestandteile, Wurmeier	120		3,70 €	3,70 €	8,28 €
4745	4745	Untersuchungen mit ähnlichem methodischem Aufwand	120		3,70 €	3,70 €	8,28 €
		Die untersuchten Parasiten sind in der Rechnung anzugeben.					
4747–4751	**4747–4751**	Lichtmikroskopische Untersuchung zum Nachweis von Parasiten, ohne oder mit einfacher Anfärbung (z.B. Lugol- oder Methylenblaufärbung) – gegebenenfalls einschließlich spezieller Beleuchtungsverfahren (z.B. Phasenkontrast) –, nach einfacher Anreicherung (z.B. Sedimentation, Filtration, Kochsalzaufschwemmung), qualitativ, je Untersuchung	160		4,90 €	4,90 €	11,04 €
4747	4747	Amöben	160		4,90 €	4,90 €	11,04 €
4748	4748	Lamblien	160		4,90 €	4,90 €	11,04 €
4749	4749	Trichomonaden	160		4,90 €	4,90 €	11,04 €
4750	4750	Würmer und deren Bestandteile, Wurmeier	160		4,90 €	4,90 €	11,04 €
4751	4751	Untersuchungen mit ähnlichem methodischem Aufwand	160		4,90 €	4,90 €	11,04 €
		Die untersuchten Parasiten sind in der Rechnung anzugeben.					
4753–4754	**4753–4754**	Lichtmikroskopische Untersuchung zum Nachweis von Parasiten – einschließlich aufwendigerer Anfärbung –, qualitativ, je Untersuchung	250		7,70 €	7,70 €	17,26 €
4753	4753	Giemsafärbung (Blutausstrich) (z.B. Malariaplasmodien)	250		7,70 €	7,70 €	17,26 €

M IV.4 Untersuchungen zum Nachweis und zur Charakterisierung von Parasiten — Nummern 4754–4759

BGT Tarif-Nr.	DKG-NT Tarif-Nr.	Leistung	Punkte (nur DKG-NT I)	Besondere Kosten	Allgemeine Kosten	Sach-kosten	Vollkosten (nur DKG-NT I)
1a	1b	2	3	4	5	6	7
4754	4754	Untersuchungen mit ähnlichem methodischem Aufwand .... *Die untersuchten Parasiten sind in der Rechnung anzugeben.*	250		7,70 €	7,70 €	17,26 €
4756	4756	Lichtmikroskopische Untersuchung zum Nachweis von Parasiten, ohne oder mit einfacher Anfärbung (z.B. Lugol- oder Methylenblaufärbung) oder speziellen Beleuchtungsverfahren (z.B. Phasenkontrast), nach aufwendiger Anreicherung oder Vorbereitung (z.B. Schlüpfversuch, Formalin-Äther-Verfahren), qualitativ, je Untersuchung	200		6,10 €	6,10 €	13,80 €
4757	4757	Lichtmikroskopische Untersuchung zum Nachweis von Parasiten, ohne oder mit einfacher Anfärbung (z.B. Lugolfärbung- oder Methylenblaufärbung) oder speziellen Beleuchtungsverfahren (z.B. Phasenkontrast), nach aufwendiger Anreicherung oder Vorbereitung (z.B. Schlüpfversuch, Formalin-Äther-Verfahren), quantitativ (z.B. Filtermethode, Zählkammer), je Untersuchung	250		7,70 €	7,70 €	17,26 €
4758	4758	Lichtmikroskopische immunologische Untersuchung zum Nachweis von Parasiten im Nativmaterial – einschließlich Fluoreszenz-, Enzym- oder anderer Markierung –, je Antiserum	290		8,90 €	8,90 €	20,02 €
4759	4759	Ligandenassay (z.B. Enzym-, Radioimmunoassay) – gegebenenfalls einschließlich Doppelbestimmung und aktueller Bezugskurve –, zum Nachweis von Parasitenantigenen im Nativmaterial, je Untersuchung	250		7,70 €	7,70 €	17,26 €

M IV.4.b Züchtung

BGT Tarif-Nr.	DKG-NT Tarif-Nr.	Leistung	Punkte (nur DKG-NT I)	Besondere Kosten	Allgemeine Kosten	Sachkosten	Vollkosten (nur DKG-NT I)
1a	1b	2	3	4	5	6	7
4760–4763	4760–4763	Untersuchung zum Nachweis von Parasiten durch Züchtung auf Kulturmedien, je Untersuchung	250		7,70 €	7,70 €	17,26 €
4760	4760	Amöben	250		7,70 €	7,70 €	17,26 €
4761	4761	Lamblien	250		7,70 €	7,70 €	17,26 €
4762	4762	Trichomonaden	250		7,70 €	7,70 €	17,26 €
4763	4763	Untersuchungen mit ähnlichem methodischem Aufwand	250		7,70 €	7,70 €	17,26 €

Die untersuchten Parasiten sind in der Rechnung anzugeben.

M IV.4.c Identifizierung

Nummern 4765–4768

BGT Tarif-Nr.	DKG-NT Tarif-Nr.	Leistung	Punkte (nur DKG-NT I)	Besondere Kosten	Allgemeine Kosten	Sach-kosten	Vollkosten (nur DKG-NT I)
1a	1b	2	3	4	5	6	7
4765–4766	4765–4766	Lichtmikroskopische Untersuchung zur Identifizierung von Parasiten nach Anzüchtung, je Untersuchung	120		3,70 €	3,70 €	8,28 €
4765	4765	Trichomonaden	120		3,70 €	3,70 €	8,28 €
4766	4766	Untersuchungen mit ähnlichem methodischem Aufwand	120		3,70 €	3,70 €	8,28 €
		Die untersuchten Parasiten sind in der Rechnung anzugeben.					
4768	4768	Ligandenassay (z.B. Enzym- oder Radioimmunoassay) – gegebenenfalls einschließlich Doppelbestimmung und aktueller Bezugskurve –, zum Nachweis von Parasitenantigenen, je Untersuchung	250		7,70 €	7,70 €	17,26 €

M IV.4.d Xenodiagnostische Untersuchungen

BGT Tarif-Nr.	DKG-NT Tarif-Nr.	Leistung	Punkte (nur DKG-NT I)	Besondere Kosten	Allgemeine Kosten	Sach-kosten	Vollkosten (nur DKG-NT I)
1a	1b	2	3	4	5	6	7
4770–4771	4770–4771	Xenodiagnostische Untersuchung zum Nachweis von parasitären Krankheitserregern, je Untersuchung	250		7,70 €	7,70 €	17,26 €
4770	4770	Trypanosoma cruzi	250		7,70 €	7,70 €	17,26 €
4771	4771	Untersuchungen mit ähnlichem methodischem Aufwand	250		7,70 €	7,70 €	17,26 €
		Die untersuchten Parasiten sind in der Rechnung anzugeben.					

M IV.5 Untersuchungen zur molekularbiologischen Identifizierung von Bakterien, Viren, Pilzen und Parasiten — Nummern 4780–4787

BGT Tarif-Nr.	DKG-NT Tarif-Nr.	Leistung	Punkte (nur DKG-NT I)	Besondere Kosten	Allgemeine Kosten	Sach-kosten	Vollkosten (nur DKG-NT I)
1a	1b	2	3	4	5	6	7
		Allgemeine Bestimmung *Bei der Berechnung der Leistungen nach den Nummern 4780 bis 4787 ist die Art des untersuchten Materials (Nativmaterial oder Material nach Anzüchtung) sowie der untersuchte Mikroorganismus (Bakterium, Virus, Pilz oder Parasit) in der Rechnung anzugeben.*					
4780	4780	Isolierung von Nukleinsäuren	900		27,60 €	27,60 €	62,12 €
4781	4781	Verdau (Spaltung) isolierter Nukleinsäuren mit Restriktionsenzymen, je Enzym	150		4,60 €	4,60 €	10,35 €
4782	4782	Enzymatische Transkription von RNA mittels reverser Transkriptase	500		15,30 €	15,30 €	34,51 €
4783	4783	Amplifikation von Nukleinsäuren oder Nukleinsäurefragmenten mit Polymerasekettenreaktion (PCR)	500		15,30 €	15,30 €	34,51 €
4784	4784	Amplifikation von Nukleinsäuren oder Nukleinsäurefragmenten mit geschachtelter Polymerasekettenreaktion (nested PCR)	1.000		30,70 €	30,70 €	69,02 €
4785	4785	Identifizierung von Nukleinsäurefragmenten durch Hybridisierung mit radioaktiv oder nicht radioaktiv markierten Sonden und nachfolgender Detektion, je Sonde	300		9,20 €	9,20 €	20,71 €
4786	4786	Trennung von Nukleinsäurefragmenten mittels elektrophoretischer Methoden und anschließendem Transfer auf Trägermaterialien (z.B. Dot-Blot, Slot-Blot)	600		18,40 €	18,40 €	41,41 €
4787	4787	Identifizierung von Nukleinsäurefragmenten durch Sequenzermittlung	2.000		61,40 €	61,40 €	138,05 €

Teil N

Histologie, Zytologie und Zytogenetik

N I Histologie

BGT Tarif-Nr.	DKG-NT Tarif-Nr.	Leistung	Punkte (nur DKG-NT I)	Besondere Kosten	Allgemeine Kosten	Sach-kosten	Vollkosten (nur DKG-NT I)
1a	1b	2	3	4	5	6	7
4800	4800	Histologische Untersuchung und Begutachtung eines Materials	217		7,91 €	7,91 €	22,00 €
4801	4801	Histologische Untersuchung und Begutachtung mehrerer Zupfpräparate aus der Magen- oder Darmschleimhaut	289		10,62 €	10,62 €	29,30 €
4802	4802	Histologische Untersuchung und Begutachtung eines Materials mit besonders schwieriger Aufbereitung desselben (z.B. Knochen mit Entkalkung)	289		10,62 €	10,62 €	29,30 €
4810	4810	Histologische Untersuchung eines Materials und zytologische Untersuchung zur Krebsdiagnostik	289		10,62 €	10,62 €	29,30 €
4811	4811	Histologische Untersuchung und Begutachtung eines Materials (z.B. Portio, Cervix, Bronchus) anhand von Schnittserien bei zweifelhafter oder positiver Zytologie	289		10,62 €	10,62 €	29,30 €
	4815	Histologische Untersuchung und Begutachtung von Organbiopsien (z.B. Leber, Lunge, Niere, Milz, Knochen, Lymphknoten) unter Anwendung histochemischer oder optischer Sonderverfahren (Elektronen-, Interferenz-, Polarisationsmikroskopie)	350		12,74 €	12,74 €	35,48 €

N I Histologie

BGT Tarif-Nr.	DKG-NT Tarif-Nr.	Leistung	Punkte (nur DKG-NT I)	Besondere Kosten	Allgemeine Kosten	Sach-kosten	Vollkosten (nur DKG-NT I)
1a	1b	2	3	4	5	6	7
4815		Histologische Untersuchung und Begutachtung von Organbiopsien (z.B. Leber, Lunge, Niere, Milz, Knochen, Lymphknoten) unter Anwendung histochemischer oder optischer Sonderverfahren (Elektronen-, Interferenz-, Polarisationsmikroskopie) Elektronenmikroskopie Histochemische Verfahren Interferenzmikroskopie Polarisationsmikroskopie. Die histologische Untersuchung eines Materials unter Anwendung eines immunhistochemischen Verfahrens rechtfertigt die 2-fache Abrechnung der Nummer. 4815 je Leistungsziel. Die Art der Untersuchung ist anzugeben. Eine mehr als dreimalige Berechenbarkeit bedarf einer diagnosebezogenen Begründung. Ab der 6. Berechnung ist für jede Untersuchung nur noch die einmalige Berechnung der Nummer 4815 der UV-GOÄ anzuwenden. Für einen immunhistochemischen Nachweis von Östrogenrezeptoren oder Progesteronrezeptoren ist die Nummer 4815 zweifach abrechenbar.			12,74 €	12,74 €	
4816	4816	Histologische Sofortuntersuchung und -begutachtung während einer Operation (Schnellschnitt)	250		9,09 €	9,09 €	25,34 €

N II Zytologie

BGT Tarif-Nr.	DKG-NT Tarif-Nr.	Leistung	Punkte (nur DKG-NT I)	Besondere Kosten	Allgemeine Kosten	Sach-kosten	Vollkosten (nur DKG-NT I)
1a	1b	2	3	4	5	6	7
		Die zytologische Untersuchung eines Materials unter Anwendung eines zytochemischen Sonderverfahrens (z.B. Eisen, PAS-Reaktion) oder optischer Sonderverfahren lndifferenz- oder Polarisationsmikroskopie) ist nach Nummer 4815 der UV-GOÄ abrechenbar. Neben der o.g. Leistung sind – außer in besonders zu begründenden Einzelfällen – die Leistungen nach den Nummern 4815, 4851 oder 4852 bei Untersuchungen an demselben Material nicht berechnungsfähig. Die zytologische Untersuchung eines Materials unter Anwendung eines immunzytochemischen Verfahrens rechtfertig die Abrechnung der Nummer 4815 und 4852 der UV-GOÄ. Die Art der Untersuchung ist anzugeben. Eine mehr als dreimalige Berechnung bedarf einer diagnosebezogenen Begründung. Ab der 6. Berechnung ist die Berechnung jeder Untersuchung nur mit dem zweimaligen analogen Ansatz der Nummer 4852 vorzunehmen.					
4850	4850	Zytologische Untersuchung zur Phasenbestimmung des Zyklus – gegebenenfalls einschließlich der Beurteilung nichtzytologischer mikroskopischer Befunde an demselben Material –	87		4,72 €	4,72 €	8,82 €
		Neben der Leistung nach Nummer 4850 ist die Leistung nach Nummer 297 nicht berechnungsfähig.					
4851	4851	Zytologische Untersuchung zur Krebsdiagnostik als Durchmusterung der im zeitlichen Zusammenhang aus einem Untersuchungsgebiet gewonnenen Präparate (z.B. aus einem Genitale der Frau) – gegebenenfalls einschließlich der Beurteilung nicht zytologischer mikroskopischer Befunde an demselben Material	130		7,08 €	7,08 €	13,18 €
		Neben der Leistung nach Nummer 4851 ist die Leistung nach Nummer 4850 bei Untersuchungen aus demselben Material nicht berechnungsfähig.					

BGT Tarif-Nr.	DKG-NT Tarif-Nr.	Leistung	Punkte (nur DKG-NT I)	Besondere Kosten	Allgemeine Kosten	Sach-kosten	Vollkosten (nur DKG-NT I)
1a	1b	2	3	4	5	6	7
4852	4852	Zytologische Untersuchung von z.B. Punktaten, Sputum, Sekreten, Spülflüssigkeiten mit besonderen Aufbereitungsverfahren – gegebenenfalls einschließlich der Beurteilung nichtzytologischer mikroskopischer Befunde an demselben Material –, je Untersuchungsmaterial ..	174		9,45 €	9,45 €	17,64 €
4860	4860	Mikroskopische Differenzierung von Haaren und deren Wurzeln (Trichogramm) – einschließlich Epilation und Aufbereitung sowie gegebenenfalls einschließlich Färbung –, auch mehrere Präparate	160		8,73 €	8,73 €	16,22 €

N III Zytogenetik

BGT Tarif-Nr.	DKG-NT Tarif-Nr.	Leistung	Punkte (nur DKG-NT I)	Besondere Kosten	Allgemeine Kosten	Sachkosten	Vollkosten (nur DKG-NT I)
1a	1b	2	3	4	5	6	7
4870	4870	Kerngeschlechtsbestimmung: Untersuchung auf X-Chromosomen, auch nach mehreren Methoden – gegebenenfalls einschließlich Materialentnahme –	273		14,87 €	14,87 €	27,67 €
4871	4871	Kerngeschlechtsbestimmung: Untersuchung auf Y-Chromosomen, auch nach mehreren Methoden – gegebenenfalls einschließlich Materialentnahme –	289		15,81 €	15,81 €	29,30 €
4872	4872	Chromosomenanalyse, auch einschließlich vorangehender kurzzeitiger Kultivierung – gegebenenfalls einschließlich Materialentnahme – ..	1.950		106,21 €	106,21 €	197,67 €
4873	4873	Chromosomenanalyse an Fibroblasten oder Epithelien einschließlich vorangehender Kultivierung und langzeitiger Subkultivierung – gegebenenfalls einschließlich Materialentnahme –	3.030		165,10 €	165,10 €	307,15 €

Teil O

Strahlendiagnostik, Nuklearmedizin, Magnetresonanztomographie und Strahlentherapie

O I Strahlendiagnostik

BGT Tarif-Nr.	DKG-NT Tarif-Nr.	Leistung	Punkte (nur DKG-NT I)	Besondere Kosten	Allgemeine Kosten	Sach-kosten	Vollkosten (nur DKG-NT I)
1a	1b	2	3	4	5	6	7
		Allgemeine Bestimmungen					
		1. Mit den Gebühren sind alle Kosten (auch für Dokumentation und Aufbewahrung der Datenträger) abgegolten.					
		2. Die Leistungen für Strahlendiagnostik, mit Ausnahme der Durchleuchtung(en) (Nummer 5295) sind nur bei Bilddokumentation auf einem Röntgenfilm oder einem anderen Langzeitdatenträger berechnungsfähig.					
		3. Die Befundmitteilung oder der einfache Befundbericht mit Angaben zu Befund(en) und zur Diagnose ist Bestandteil der Leistungen und nicht gesondert berechnungsfähig.					
		NUR BG-T:					
		Der UV-Träger erhält eine Kopie; Portokosten sind zu erstatten.					
		4. Die Beurteilung von Röntgenaufnahmen (auch Fremdaufnahmen) als selbständige Leistung ist nicht berechnungsfähig.					
		NUR BG-T:					
		Die Beurteilung von Röntgenaufnahmen als selbständige Leistung ist ausschließlich nach Nummer 35 berechnungsfähig. Für die im Zusammenhang mit einer Begutachtung erforderliche Beurteilung anderweitig angefertigter Röntgenaufnahmen kann der Arzt die Leistungen nach den Nummern 5255 bis 5257 berechnen.					
		Für die Beurteilung der ILO-Klassifikation von anderweitig angefertigten Röntgenaufnahmen bzw. die Beurteilung der ICOERD-Klassifikation von anderweitig durchgeführten CT-Untersuchungen im Rahmen der Pneumokoniose-Diagnostik als selbständige Leistungen kann der Arzt die Nummern 5255, 5381, 5382 oder 5383 abrechnen.					
		5. Die nach der Strahlenschutzverordnung bzw. Röntgenverordnung notwendige ärztliche Überprüfung der Indikation und des Untersuchungsumfangs ist auch im Überweisungsfall					

O I Strahlendiagnostik

BGT Tarif-Nr.	DKG-NT Tarif-Nr.	Leistung	Punkte (nur DKG-NT I)	Besondere Kosten	Allgemeine Kosten	Sach-kosten	Vollkosten (nur DKG-NT I)
1a	1b	2	3	4	5	6	7
		Bestandteil der Leistungen des Abschnitts O und mit den Gebühren abgegolten.					
		6. Die Leistungen nach den Nummern 5011, 5021, 5031, 5101, 5106, 5121, 5201, 5267, 5295, 5302, 5305, 5308, 5311, 5318, 5331, 5339, 5376 und 5731 dürfen unabhängig von der Anzahl der Ebenen, Projektionen, Durchleuchtungen bzw. Serien insgesamt jeweils nur einmal berechnet werden.					
		7. Die Kosten für Kontrastmittel auf Bariumbasis und etwaige Zusatzmittel für die Doppelkontrastuntersuchung sind in den abrechnungsfähigen Leistungen enthalten.					
		NUR BG-T:					
		8. Bei Anforderung von Auskünften, Berichten und Gutachten durch den Träger der gesetzlichen Unfallversicherung sind von diesem für die Rücksendung Freiumschläge beizulegen. In allen anderen Fällen ist dem Arzt das Porto zu ersetzen. Für die Übersendung angeforderter Röntgenaufnahmen (einschließlich Verpackung) ist ein Pauschalbetrag nach Geb.-Nr. 195 je Sendung (zuzüglich Portokosten) zu zahlen. Dies gilt auch für die Übersendung von Röntgenaufnahmen von Arzt zu Arzt. Diese Gebühr gilt auch für auf Anforderung des Kostenträgers oder eines anderen Arztes auf CD oder DVD übersandte Aufnahmen einschließlich der Herstellung.					

O I.1 Skelett

BGT Tarif-Nr.	DKG-NT Tarif-Nr.	Leistung	Punkte (nur DKG-NT I)	Besondere Kosten	Allgemeine Kosten	Sach-kosten	Vollkosten (nur DKG-NT I)
1a	1b	2	3	4	5	6	7
		Allgemeine Bestimmung					
		Neben den Leistungen nach den Nummern 5050, 5060 und 5070 sind die Leistungen nach den Nummern 300 bis 302, 372, 373, 490, 491 und 5295 nicht berechnungsfähig.					
		Zähne					
5000	5000	Zähne, je Projektion	50		2,71 €	2,71 €	5,07 €
		Werden mehrere Zähne mittels einer Röntgenaufnahme erfasst, so darf die Leistung nach Nummer 5000 nur einmal und nicht je aufgenommenen Zahn berechnet werden.					
5002	5002	Panoramaaufnahme(n) eines Kiefers	250		13,57 €	13,57 €	25,34 €
5004	5004	Panoramaschichtaufnahme der Kiefer	400		21,71 €	21,71 €	40,55 €
		Finger oder Zehen					
5010	5010	jeweils in zwei Ebenen	180		9,80 €	9,80 €	18,25 €
5011	5011	ergänzende Ebene(n)	60		3,30 €	3,30 €	6,08 €
		Werden mehrere Finger oder Zehen mittels einer Röntgenaufnahme erfasst, so dürfen die Leistungen nach den Nummern 5010 und 5011 nur einmal und nicht je aufgenommenen Finger oder Zehen berechnet werden.					
		Handgelenk, Mittelhand, alle Finger einer Hand, Sprunggelenk, Fußwurzel und/oder Mittelfuß, Kniescheibe					
5020	5020	jeweils in zwei Ebenen	220		11,93 €	11,93 €	22,30 €
5021	5021	ergänzende Ebene(n)	80		4,37 €	4,37 €	8,11 €
5022		Gehaltene Aufnahme(n) zur Funktionsprüfung des Bandapparates eines Daumen- oder Sprunggelenks zu den Leistungen nach den Gebührenordnungsnummern 5010, 5011 bzw. 5020, 5021					

O I.1 Skelett

BGT Tarif-Nr.	DKG-NT Tarif-Nr.	Leistung	Punkte (nur DKG-NT I)	Besondere Kosten	Allgemeine Kosten	Sachkosten	Vollkosten (nur DKG-NT I)
1a	1b	2	3	4	5	6	7
		Werden mehrere der in der Leistungsbeschreibung genannten Skeletteile mittels einer Röntgenaufnahme erfasst, so dürfen die Leistungen nach den Nummern 5020 und 5021 nur einmal und nicht je aufgenommenem Skeletteil berechnet werden.					
		Oberarm, Unterarm, Ellenbogengelenk, Oberschenkel, Unterschenkel, Kniegelenk, ganze Hand oder ganzer Fuß, Gelenke der Schulter, Schlüsselbein, Beckenteilaufnahme, Kreuzbein oder Hüftgelenk					
5030	5030	jeweils in zwei Ebenen	360		**19,59 €**	**19,59 €**	**36,49 €**
5031	5031	ergänzende Ebene(n)	100		**5,43 €**	**5,43 €**	**10,14 €**
		Werden mehrere der in der Leistungsbeschreibung genannten Skeletteile mittels einer Röntgenaufnahme erfasst, so dürfen die Leistungen nach den Nummern 5030 und 5031 nur einmal und nicht je aufgenommenem Skeletteil berechnet werden.					
5032		Gehaltene Aufnahme(n) zur Funktionsprüfung des Bandapparates eines Schultereck- oder Kniegelenks zu den Leistungen nach den Gebührenordnungsnummrn 5030, 5031					
5035	5035	Teile des Skeletts in einer Ebene, je Teil	160		**8,73 €**	**8,73 €**	**16,22 €**
		Die Leistung nach Nummer 5035 ist je Skelettteil und Sitzung nur einmal berechnungsfähig. Das untersuchte Skeletteil ist in der Rechnung anzugeben.					
		Die Leistung nach Nummer 5035 ist neben den Leistungen nach den Nummern 5000 bis 5031 und 5037 bis 5121 nicht berechnungsfähig.					
5037	5037	Bestimmung des Skelettalters – gegebenenfalls einschließlich Berechnung der prospektiven Endgröße, einschließlich der zugehörigen Röntgendiagnostik und gutachterlichen Beurteilung –	300		**16,28 €**	**16,28 €**	**30,41 €**
5040	5040	Beckenübersicht	300		**16,28 €**	**16,28 €**	**30,41 €**
5041	5041	Beckenübersicht bei einem Kind bis zum vollendeten 14. Lebensjahr	200		**10,87 €**	**10,87 €**	**20,27 €**

O I.1 Skelett

BGT Tarif-Nr.	DKG-NT Tarif-Nr.	Leistung	Punkte (nur DKG-NT I)	Besondere Kosten	Allgemeine Kosten	Sach-kosten	Vollkosten (nur DKG-NT I)
1a	1b	2	3	4	5	6	7
5050	5050	Kontrastuntersuchung eines Hüftgelenks, Kniegelenks oder Schultergelenks, einschließlich Punktion, Stichkanalanästhesie und Kontrastmitteleinbringung – gegebenenfalls einschließlich Durchleuchtung(en)	950		51,58 €	51,58 €	96,30 €
5060	5060	Kontrastuntersuchung eines Kiefergelenks, einschließlich Punktion, Stichkanalanästhesie und Kontrastmitteleinbringung – gegebenenfalls einschließlich Durchleuchtung(en) –	500		27,15 €	27,15 €	50,69 €
5070	5070	Kontrastuntersuchung der übrigen Gelenke, einschließlich Punktion, Stichkanalanästhesie und Kontrastmitteleinbringung – gegebenenfalls einschließlich Durchleuchtung(en) –, je Gelenk	400		21,71 €	21,71 €	40,55 €
5090	5090	Schädel- Übersicht in zwei Ebenen	400		21,71 €	21,71 €	40,55 €
5095	5095	Schädelteile in Spezialprojektionen, je Teil	200		10,87 €	10,87 €	20,27 €
5098	5098	Nasennebenhöhlen – gegebenenfalls auch in mehreren Ebenen –	260		14,16 €	14,16 €	26,36 €
5100	5100	Halswirbelsäule, in zwei Ebenen	300		16,28 €	16,28 €	30,41 €
5101	5101	ergänzende Ebene(n)	160		8,73 €	8,73 €	16,22 €
5105	5105	Brust- oder Lendenwirbelsäule, in zwei Ebenen, je Teil	400		21,71 €	21,71 €	40,55 €
5106	5106	ergänzende Ebene(n)	180		9,80 €	9,80 €	18,25 €
5110	5110	Ganzaufnahme der Wirbelsäule oder einer Extremität	500		27,15 €	27,15 €	50,69 €
5111	5111	ergänzende Ebene(n)	200		10,87 €	10,87 €	20,27 €

Die Leistung nach Nummer 5111 ist je Sitzung nicht mehr als zweimal berechnungsfähig.

Die Leistungen nach den Nummern 5110 und 5111 sind neben den Leistungen nach den Nummern 5010, 5011, 5020, 5021, 5030 und 5031 nicht berechnungsfähig.

Die Nebeneinanderberechnung der Leistungen nach den Nummern 5100, 5105 und 5110 bedarf einer besonderen Begründung.

O I.1 Skelett

BGT Tarif-Nr.	DKG-NT Tarif-Nr.	Leistung	Punkte (nur DKG-NT I)	Besondere Kosten	Allgemeine Kosten	Sach-kosten	Vollkosten (nur DKG-NT I)
1a	1b	2	3	4	5	6	7
5115	5115	Untersuchung von Teilen der Hand oder des Fußes mittels Feinfokustechnik (Fokusgröße maximal 0,2 mm) oder Xeroradiographietechnik zur gleichzeitigen Beurteilung von Knochen und Weichteilen, je Teil	400		21,71 €	21,71 €	40,55 €
5120	5120	Rippen einer Thoraxhälfte, Schulterblatt oder Brustbein, in einer Ebene	260		14,16 €	14,16 €	26,36 €
5121	5121	ergänzende Ebene(n)	140		7,55 €	7,55 €	14,19 €

O I.2 Hals- und Brustorgane

Nummern 5130–5140

BGT Tarif-Nr.	DKG-NT Tarif-Nr.	Leistung	Punkte (nur DKG-NT I)	Besondere Kosten	Allgemeine Kosten	Sach-kosten	Vollkosten (nur DKG-NT I)
1a	1b	2	3	4	5	6	7
5130	5130	Halsorgane oder Mundboden – gegebenenfalls in mehreren Ebenen –	280		15,22 €	15,22 €	28,38 €
5135	5135	Brustorgane-Übersicht, in einer Ebene	280		15,22 €	15,22 €	28,38 €
		Die Leistung nach Nummer 5135 ist je Sitzung nur einmal berechnungsfähig.					
5137	5137	Brustorgane-Übersicht – gegebenenfalls einschließlich Breischluck und Durchleuchtung(en) –, in mehreren Ebenen	450		24,43 €	24,43 €	45,62 €
5139	5139	Teil der Brustorgane	180		9,80 €	9,80 €	18,25 €
		Die Berechnung der Leistung nach Nummer 5139 neben den Leistungen nach den Nummern 5135, 5137 und/oder 5140 ist in der Rechnung zu begründen.					
5140	5140	Brustorgane, Übersicht im Mittelformat	100		5,43 €	5,43 €	10,14 €

O I.3 Bauch- und Verdauungsorgane

Nummern 5150–5190

BGT Tarif-Nr.	DKG-NT Tarif-Nr.	Leistung	Punkte (nur DKG-NT I)	Besondere Kosten	Allgemeine Kosten	Sach-kosten	Vollkosten (nur DKG-NT I)
1a	1b	2	3	4	5	6	7
5150	5150	Speiseröhre, gegebenenfalls einschließlich ösophago-gastraler Übergang, Kontrastuntersuchung (auch Doppelkontrast) – einschließlich Durchleuchtung(en) –, als selbständige Leistung	550		29,85 €	29,85 €	55,75 €
5157	5157	Oberer Verdauungstrakt (Speiseröhre, Magen, Zwölffingerdarm und oberer Abschnitt des Dünndarms), Monokontrastuntersuchung – einschließlich Durchleuchtung(en)	700		38,00 €	38,00 €	70,96 €
5158	5158	Oberer Verdauungstrakt (Speiseröhre, Magen, Zwölffingerdarm und oberer Abschnitt des Dünndarms), Kontrastuntersuchung – einschließlich Doppelkontrastdarstellung und Durchleuchtung(en), gegebenenfalls einschließlich der Leistung nach Nummer 5150 –	1.200		65,15 €	65,15 €	121,65 €
5159	5159	Zuschlag zu den Leistungen nach den Nummern 5157 und 5158 bei Erweiterung der Untersuchung bis zum Ileozökalgebiet	300		16,28 €	16,28 €	30,41 €
5163	5163	Dünndarmkontrastuntersuchung mit im Bereich der Flexura duodeno-jejunalis endender Sonde – einschließlich Durchleuchtung(en) – ..	1.300		70,58 €	70,58 €	131,78 €
5165	5165	Monokontrastuntersuchung von Teilen des Dickdarms – einschließlich Durchleuchtung(en) –	700		38,00 €	38,00 €	70,96 €
5166	5166	Dickdarmdoppelkontrastuntersuchung – einschließlich Durchleuchtung(en) –	1.400		76,00 €	76,00 €	141,92 €
5167	5167	Defäkographie nach Markierung der benachbarten Hohlorgane – einschließlich Durchleuchtung(en) –	1.000		54,29 €	54,29 €	101,37 €
5168	5168	Pharyngographie unter Verwendung kinematographischer Techniken – einschließlich Durchleuchtung(en) –, als selbständige Leistung	800		43,42 €	43,42 €	81,10 €
5169	5169	Pharyngographie unter Verwendung kinematographischer Techniken – einschließlich Durchleuchtung(en) –, und einschließlich der Darstellung der gesamten Speiseröhre	1.100		59,72 €	59,72 €	111,51 €
5170	5170	Kontrastuntersuchung von Gallenblase und/oder Gallenwegen und/oder Pankreasgängen	400		21,71 €	21,71 €	40,55 €
5190	5190	Bauchübersicht, in einer Ebene oder Projektion	300		16,28 €	16,28 €	30,41 €

O I.3 Bauch- und Verdauungsorgane

BGT Tarif-Nr.	DKG-NT Tarif-Nr.	Leistung	Punkte (nur DKG-NT I)	Besondere Kosten	Allgemeine Kosten	Sach-kosten	Vollkosten (nur DKG-NT I)
1a	1b	2	3	4	5	6	7
		Die Leistung nach Nummer 5190 ist je Sitzung nur einmal berechnungsfähig.					
5191	5191	Bauchübersicht, in zwei oder mehr Ebenen oder Projektionen	500		27,15 €	27,15 €	50,69 €
5192	5192	Bauchteilaufnahme – gegebenenfalls in mehreren Ebenen oder Spezialprojektionen –	200		10,87 €	10,87 €	20,27 €
5200	5200	Harntraktkontrastuntersuchung – einschließlich intravenöser Verabreichung des Kontrastmittels –	600		32,57 €	32,57 €	60,82 €
5201	5201	Ergänzende Ebene(n) oder Projektion(en) im Anschluss an die Leistung nach Nummer 5200 – gegebenenfalls einschließlich Durchleuchtung(en) –	200		10,87 €	10,87 €	20,27 €
5220	5220	Harntraktkontrastuntersuchung – einschließlich retrograder Verabreichung des Kontrastmittels, gegebenenfalls einschließlich Durchleuchtung(en) –, je Seite	300		16,28 €	16,28 €	30,41 €
5230	5230	Harnröhren- und/oder Harnblasenkontrastuntersuchung (Urethrozystographie) – einschließlich retrograder Verabreichung des Kontrastmittels, gegebenenfalls einschließlich Durchleuchtung(en) –, als selbständige Leistung	300		16,28 €	16,28 €	30,41 €
5235	5235	Refluxzystographie – einschließlich retrograder Verabreichung des Kontrastmittels, einschließlich Miktionsaufnahmen und gegebenenfalls einschließlich Durchleuchtung(en) –, als selbständige Leistung	500		27,15 €	27,15 €	50,69 €
5250	5250	Gebärmutter- und/oder Eileiterkontrastuntersuchung – einschließlich Durchleuchtung(en) – ...	400		21,71 €	21,71 €	40,55 €
		Beurteilung von Fremdleistungen					
		Beurteilung anderweitig gefertigter Röntgenaufnahmen im Zusammenhang mit einer Begutachtung					
5255		bis zu 15 Aufnahmen oder von Schnittbildern des hinzugezogenen Radiologen. Daneben können die Nummern 35 und 36 nicht abgerechnet werden. Die Gebühr kann auch außerhalb von Begutachtungen für die Beurteilung					

BGT Tarif-Nr.	DKG-NT Tarif-Nr.	Leistung	Punkte (nur DKG-NT I)	Besondere Kosten	Allgemeine Kosten	Sach-kosten	Vollkosten (nur DKG-NT I)
1a	1b	2	3	4	5	6	7
		der ILO-Klassifikation im Zusammenhang mit der Pneumokoniose-Diagnostik abgerechnet werden					
5256		bis zu 40 Aufnahmen					
5257		über 40 Aufnahmen					

O I.4 Spezialuntersuchungen

BGT Tarif-Nr.	DKG-NT Tarif-Nr.	Leistung	Punkte (nur DKG-NT I)	Besondere Kosten	Allgemeine Kosten	Sach-kosten	Vollkosten (nur DKG-NT I)
1a	1b	2	3	4	5	6	7
5260	5260	Röntgenuntersuchung natürlicher, künstlicher oder krankhaft entstandener Gänge, Gangsysteme, Hohlräume oder Fisteln (z.B. Sialographie, Galaktographie, Kavernographie, Vesikulographie) – gegebenenfalls einschließlich Durchleuchtung(en) –	400		21,71 €	21,71 €	40,55 €
		Die Leistung nach Nummer 5260 ist nicht berechnungsfähig für Untersuchungen des Harntrakts, der Gebärmutter und Eileiter sowie der Gallenblase.					
5265	5265	Mammographie einer Seite, in einer Ebene ...	300		16,28 €	16,28 €	30,41 €
		Die Leistung nach Nummer 5265 ist je Seite und Sitzung nur einmal berechnungsfähig.					
5266	5266	Mammographie einer Seite, in zwei Ebenen ..	450		24,43 €	24,43 €	45,62 €
5267	5267	Ergänzende Ebene(n) oder Spezialprojektion(en) im Anschluss an die Leistung nach Nummer 5266	150		8,14 €	8,14 €	15,21 €
5280	5280	Myelographie.....................................	750		40,72 €	40,72 €	76,03 €
5285	5285	Bronchographie – einschließlich Durchleuchtung(en) –	450		24,43 €	24,43 €	45,62 €
5290	5290	Schichtaufnahme(n) (Tomographie), bis zu fünf Strahlenrichtungen oder Projektionen, je Strahlenrichtung oder Projektion	650		35,29 €	35,29 €	65,89 €
5295	5295	Durchleuchtung(en), als selbständige Leistung	240		12,99 €	12,99 €	24,33 €
5298	5298	Zuschlag zu den Leistungen nach den Nummern 5010 bis 5290 bei Anwendung digitaler Radiographie (Bildverstärker-Radiographie) ...					
		Der Zuschlag nach Nummer 5298 beträgt 25 v.H. des Gebührensatzes der betreffenden Leistung (davon sind 50 v.H. den Allgemeinen und Sachkosten zuzurechnen).					

O I.5 Angiographie

Nummern 5300–5306a

BGT Tarif-Nr.	DKG-NT Tarif-Nr.	Leistung	Punkte (nur DKG-NT I)	Besondere Kosten	Allgemeine Kosten	Sach-kosten	Vollkosten (nur DKG-NT I)
1a	1b	2	3	4	5	6	7
		Allgemeine Bestimmungen					
		Die Zahl der Serien im Sinne der Leistungsbeschreibungen der Leistungen nach den Nummern 5300 bis 5327 wird durch die Anzahl der Kontrastmittelgaben bestimmt.					
		Die Leistungen nach den Nummern 5300, 5302, 5303, 5305 bis 5313, 5315, 5316, 5318, 5324, 5325, 5327, 5329 bis 5331, 5338 und 5339 sind je Sitzung jeweils nur einmal berechnungsfähig.					
5300	5300	Serienangiographie im Bereich von Schädel, Brust- und/oder Bauchraum, eine Serie	2.000		108,57 €	108,57 €	202,74 €
5301	5301	Zweite bis dritte Serie im Anschluss an die Leistung nach Nummer 5300, je Serie	400		21,71 €	21,71 €	40,55 €
		Bei der angiographischen Darstellung von hirnversorgenden Arterien ist auch die vierte bis sechste Serie jeweils nach Nummer 5301 berechnungsfähig.					
5302	5302	Weitere Serien im Anschluss an die Leistungen nach den Nummern 5300 und 5301, insgesamt	600		32,57 €	32,57 €	60,82 €
5303	5303	Serienangiographie im Bereich von Schädel-, Brust- und Bauchraum im zeitlichen Zusammenhang mit einer oder mehreren Leistungen nach den Nummern 5315 bis 5327, eine Serie	1.000		54,29 €	54,29 €	101,37 €
5304	5304	Zweite bis dritte Serie im Anschluss an die Leistung nach Nummer 5303, je Serie	200		10,87 €	10,87 €	20,27 €
		Bei der angiographischen Darstellung von hirnversorgenden Arterien ist auch die vierte bis sechste Serie jeweils nach Nummer 5304 berechnungsfähig.					
5305	5305	Weitere Serien im Anschluss an die Leistungen nach den Nummern 5303 und 5304, insgesamt	300		16,28 €	16,28 €	30,41 €
5306	5306	Serienangiographie im Bereich des Beckens und beider Beine, eine Serie	2.000		108,57 €	108,57 €	202,74 €
5306a		Leistung nach Nummer 5306, jedoch im zeitlichen Zusammenhang mit einer oder mehreren Leistung(en) nach den Nummern 5303 bis 5305			108,57 €	108,57 €	

O I.5 Angiographie

Nummern 5307–5311

BGT Tarif-Nr.	DKG-NT Tarif-Nr.	Leistung	Punkte (nur DKG-NT I)	Besondere Kosten	Allgemeine Kosten	Sach-kosten	Vollkosten (nur DKG-NT I)
1a	1b	2	3	4	5	6	7
		Neben diese Leistung sind die Leistungen nach den Nummern 5309 bis 5312 für die Untersuchung der Beine nicht berechnungsfähig.					
5307	5307	Zweite Serie im Anschluss an die Leistung nach Nummer 5306	600		32,57 €	32,57 €	60,82 €
5307a		Leistung nach Nummer 5307, jedoch im zeitlichen Zusammenhang mit einer oder mehreren Leistung(en) nach den Nummern 5303 bis 5305			32,57 €	32,57 €	
		Neben dieser Leistung sind die Leistungen nach den Nummern 5309 bis 5312 für die Untersuchung der Beine nicht berechnungsfähig.					
5308	5308	Weitere Serien im Anschluss an die Leistungen nach den Nummern 5306 und 5307, insgesamt	800		43,42 €	43,42 €	81,10 €
		Neben den Leistungen nach den Nummern 5306 bis 5308 sind die Leistungen nach den Nummern 5309 bis 5312 für die Untersuchung der Beine nicht berechnungsfähig.					
		Werden die Leistungen nach den Nummern 5306 bis 5308 im zeitlichen Zusammenhang mit einer oder mehreren Leistung(en) nach den Nummern 5300 bis 5305 erbracht, so sind die Leistungen nach den Nummern 5306 bis 5308 nur mit dem einfachen Gebührensatz berechnungsfähig.					
5308a		Leistungen nach Nummer 5308, jedoch im zeitlichen Zusammenhang mit einer oder mehreren Leistung(en) nach den Nummern 5300 bis 5305.			43,42 €	43,42 €	
		Neben dieser Leistung sind die Leistungen nach den Nummern 5309 bis 5312 für die Untersuchung der Beine nicht berechnungsfähig.					
5309	5309	Serienangiographie einer Extremität, eine Serie	1.800		97,71 €	97,71 €	182,47 €
5310	5310	Weitere Serien im Anschluss an die Leistung nach Nummer 5309, insgesamt	600		32,57 €	32,57 €	60,82 €
5311	5311	Serienangiographie einer weiteren Extremität im zeitlichen Zusammenhang mit der Leistung nach Nummer 5309, eine Serie	1.000		54,29 €	54,29 €	101,37 €

O I.5 Angiographie

BGT Tarif-Nr.	DKG-NT Tarif-Nr.	Leistung	Punkte (nur DKG-NT I)	Besondere Kosten	Allgemeine Kosten	Sach-kosten	Vollkosten (nur DKG-NT I)
1a	1b	2	3	4	5	6	7
5312	**5312**	Weitere Serien im Anschluss an die Leistung nach Nummer 5311, insgesamt	600		**32,57 €**	**32,57 €**	**60,82 €**
5313	**5313**	Angiographie der Becken- und Beingefäße in Großkassetten-Technik, je Sitzung	800		**43,42 €**	**43,42 €**	**81,10 €**
		Die Leistung nach Nummer 5313 ist neben den Leistungen nach den Nummern 5300 bis 5312 sowie 5315 bis 5339 nicht berechnungsfähig.					
5315	**5315**	Angiokardiographie einer Herzhälfte, eine Serie	2.200		**119,44 €**	**119,44 €**	**223,02 €**
		Die Leistung nach Nummer 5315 ist je Sitzung nur einmal berechnungsfähig.					
5316	**5316**	Angiokardiographie beider Herzhälften, eine Serie	3.000		**162,98 €**	**162,98 €**	**304,11 €**
		Die Leistung nach Nummer 5316 ist je Sitzung nur einmal berechnungsfähig.					
		Neben der Leistung nach Nummer 5316 ist die Leistung nach Nummer 5315 nicht berechnungsfähig.					
5317	**5317**	Zweite bis dritte Serie im Anschluss an die Leistungen nach den Nummern 5315 oder 5316, je Serie	400		**21,71 €**	**21,71 €**	**40,55 €**
5318	**5318**	Weitere Serien im Anschluss an die Leistung nach Nummer 5317, insgesamt	600		**32,57 €**	**32,57 €**	**60,82 €**
		Die Leistungen nach den Nummern 5315 bis 5318 sind neben den Leistungen nach den Nummern 5300 bis 5302 sowie 5324 bis 5327 nicht berechnungsfähig.					
5324	**5324**	Selektive Koronarangiographie eines Herzkranzgefäßes oder Bypasses mittels Cinetechnik, eine Serie	2.400		**130,28 €**	**130,28 €**	**243,29 €**
		Die Leistungen nach den Nummern 5324 und 5325 sind nicht nebeneinander berechnungsfähig.					
5325	**5325**	Selektive Koronarangiographie aller Herzkranzgefäße oder Bypasse mittels Cinetechnik, eine Serie	3.000		**162,98 €**	**162,98 €**	**304,11 €**

O I.5 Angiographie

BGT Tarif-Nr.	DKG-NT Tarif-Nr.	Leistung	Punkte (nur DKG-NT I)	Besondere Kosten	Allgemeine Kosten	Sach-kosten	Vollkosten (nur DKG-NT I)
1a	1b	2	3	4	5	6	7
5326	5326	Selektive Koronarangiographie eines oder aller Herzkranzgefäße im Anschluss an die Leistungen nach den Nummern 5324 oder 5325, zweite bis fünfte Serie, je Serie	400		21,71 €	21,71 €	40,55 €
5327	5327	Zusätzliche Linksventrikulographie bei selektiver Koronarangiographie	1.000		54,29 €	54,29 €	101,37 €
		Die Leistungen nach den Nummern 5324 bis 5327 sind neben den Leistungen nach den Nummern 5300 bis 5302 sowie 5315 bis 5318 nicht berechnungsfähig.					
5328	5328	Zuschlag zu den Leistungen nach den Nummern 5300 bis 5327 bei Anwendung der simultanen Zwei-Ebenen-Technik	1.200		65,15 €	65,15 €	121,65 €
		Der Zuschlag nach Nummer 5328 ist je Sitzung nur einmal und nur mit dem einfachen Gebührensatz berechnungsfähig.					
5329	5329	Venographie im Bereich des Brust- oder Bauchraums	1.600		86,86 €	86,86 €	162,19 €
5330	5330	Venographie einer Extremität	750		40,72 €	40,72 €	76,03 €
5331	5331	Ergänzende Projektion(en) (insbesondere des zentralen Abflussgebiets) im Anschluss an die Leistung nach Nummer 5330, insgesamt	200		10,87 €	10,87 €	20,27 €
5335	5335	Zuschlag zu den Leistungen nach den Nummer 5300 bis 5331 bei computergestützter Analyse und Abbildung	800		43,42 €	43,42 €	81,10 €
		Der Zuschlag nach Nummer 5335 kann je Untersuchungstag unabhängig von der Anzahl der Einzeluntersuchungen nur einmal und nur mit dem einfachen Gebührensatz berechnet werden.					
5338	5338	Lymphographie, je Extremität	1.000		54,29 €	54,29 €	101,37 €
5339	5339	Ergänzende Projektion(en) im Anschluss an die Leistung nach Nummer 5338 – einschließlich Durchleuchtung(en) –, insgesamt	250		13,57 €	13,57 €	25,34 €

O I.6 Interventionelle Maßnahmen

Nummern 5345–5348

BGT Tarif-Nr.	DKG-NT Tarif-Nr.	Leistung	Punkte (nur DKG-NT I)	Besondere Kosten	Allgemeine Kosten	Sach- kosten	Vollkosten (nur DKG-NT I)
1a	1b	2	3	4	5	6	7
		Allgemeine Bestimmung					
		Die Leistungen nach den Nummern 5345 bis 5356 können je Sitzung nur einmal berechnet werden.					
5345	5345	Perkutane transluminale Dilatation und Rekanalisation von Arterien mit Ausnahme der Koronararterien – einschließlich Kontrastmitteleinbringungen und Durchleuchtung(en) im zeitlichen Zusammenhang mit dem gesamten Eingriff –	2.800	7,57 €	117,54 €	125,11 €	291,41 €
		Neben der Leistung nach Nummer 5345 sind die Leistungen nach den Nummern 350 bis 361 sowie 5295 nicht berechnungsfähig.					
		Wurde innerhalb eines Zeitraums von vierzehn Tagen vor Erbringung der Leistung nach Nummer 5345 bereits eine Leistung nach den Nummern 5300 bis 5313 berechnet, darf neben der Leistung nach Nummer 5345 für dieselbe Sitzung eine Leistung nach den Nummern 5300 bis 5313 nicht erneut berechnet werden. Im Falle der Nebeneinanderberechnung der Leistung nach Nummer 5345 neben einer Leistung nach den Nummern 5300 bis 5313 ist in der Rechnung zu bestätigen, dass in den vorhergehenden vierzehn Tagen eine Leistung nach den Nummern 5300 bis 5313 nicht berechnet wurde.					
5346	5346	Zuschlag zu der Leistung nach Nummer 5345 bei Dilatation und Rekanalisation von mehr als zwei Arterien, insgesamt	600		25,13 €	25,13 €	60,82 €
		Neben der Leistung nach Nummer 5346 sind die Leistungen nach den Nummern 350 bis 361 sowie 5295 nicht berechnungsfähig.					
5348	5348	Perkutane transluminale Dilatation und Rekanalisation von Koronararterien – einschließlich Kontrastmitteleinbringungen und Durchleuchtung(en) im zeitlichen Zusammenhang mit dem gesamten Eingriff –	3.800	7,57 €	151,77 €	159,34 €	392,78 €
		Neben der Leistung nach Nummer 5348 sind die Leistungen nach den Nummern 350 bis 361 sowie 5295 nicht berechnungsfähig.					

O I.6 Interventionelle Maßnahmen

BGT Tarif-Nr.	DKG-NT Tarif-Nr.	Leistung	Punkte (nur DKG-NT I)	Besondere Kosten	Allgemeine Kosten	Sach-kosten	Vollkosten (nur DKG-NT I)
1a	1b	2	3	4	5	6	7
		Wurde innerhalb eines Zeitraums von vierzehn Tagen vor Erbringung der Leistung nach Nummer 5348 bereits eine Leistung nach den Nummern 5315 bis 5327 berechnet, darf neben der Leistung nach Nummer 5348 für dieselbe Sitzung eine Leistung nach den Nummern 5315 bis 5327 nicht erneut berechnet werden. Im Falle der Nebeneinanderberechnung der Leistung nach Nummer 5348 neben einer Leistung nach den Nummern 5315 bis 5327 ist in der Rechnung zu bestätigen, dass in den vorhergehenden vierzehn Tagen eine Leistung nach den Nummern 5315 bis 5327 nicht berechnet wurde.					
5349	5349	Zuschlag zu der Leistung nach Nummer 5348 bei Dilatation und Rekanalisation von mehr als einer Koronararterie, insgesamt	1.000		42,01 €	42,01 €	101,37 €
		Neben der Leistung nach Nummer 5349 sind die Leistungen nach den Nummern 350 bis 361 sowie 5295 nicht berechnungsfähig.					
5351	5351	Lysebehandlung, als Einzelbehandlung oder ergänzend zu den Leistungen nach den Nummern 2826, 5345 oder 5348 – bei einer Lysedauer von mehr als einer Stunde –	500		21,00 €	21,00 €	50,69 €
5352	5352	Zuschlag zu der Leistung nach Nummer 5351 bei Lysebehandlung der hirnversorgenden Arterien	1.000		42,01 €	42,01 €	101,37 €
5353	5353	Perkutane transluminale Dilatation und Rekanalisation von Venen – einschließlich Kontrastmitteleinbringungen und Durchleutchung(en) im zeitlichen Zusammenhang mit dem gesamten Eingriff –	2.000	7,57 €	84,14 €	91,71 €	210,31 €
		Neben der Leistung nach Nummer 5353 sind die Leistungen nach den Nummern 344 bis 347, 5295 sowie 5329 bis 5331 nicht berechnungsfähig.					
5354	5354	Zuschlag zu der Leistung nach Nummer 5353 bei Dilatation und Rekanalisation von mehr als zwei Venen, insgesamt	200		8,38 €	8,38 €	20,27 €

O I.6 Interventionelle Maßnahmen

Nummern 5355–5357

BGT Tarif-Nr.	DKG-NT Tarif-Nr.	Leistung	Punkte (nur DKG-NT I)	Besondere Kosten	Allgemeine Kosten	Sach-kosten	Vollkosten (nur DKG-NT I)
1a	1b	2	3	4	5	6	7
		Neben der Leistung nach Nummer 5354 sind die Leistungen nach den Nummern 344 bis 347, 5295 sowie 5329 bis 5331 nicht berechnungsfähig.					
5355	5355	Einbringen von Gefäßstützen oder Anwendung alternativer Angioplastiemethoden (Atherektomie, Laser), zusätzlich zur perkutanen transluminalen Dilatation – einschließlich Kontrastmitteleinbringungen und Durchleuchtung(en) im zeitlichen Zusammenhang mit dem gesamten Eingriff	2.000		84,14 €	84,14 €	202,74 €
		Neben der Leistung nach Nummer 5355 sind die Leistungen nach den Nummern 344 bis 361, 5295 sowie 5300 bis 5327 nicht berechnungsfähig.					
5356	5356	Einbringen von Gefäßstützen oder Anwendung alternativer Angioplastiemethoden (Atherektomie, Laser), zusätzlich zur perkutanen transluminalen Dilatation einer Koronararterie – einschließlich Kontrastmitteleinbringungen und Durchleuchtung(en) im zeitlichen Zusammenhang mit dem gesamten Eingriff	2.500		105,15 €	105,15 €	253,43 €
		Neben der Leistung nach Nummer 5356 sind die Leistungen nach den Nummern 350 bis 361, 5295, 5315 bis 5327, 5345, 5353 sowie 5355 nicht berechnungsfähig.					
		Neben der Leistung nach Nummer 5356 ist die Leistung nach Nummer 5355 für Eingriffe an Koronararterien nicht berechnungsfähig.					
5357	5357	Embolisation einer oder mehreren Arterie(n) mit Ausnahme der Arterien im Kopf-Halsbereich oder Spinalkanal – einschließlich Kontrastmitteleinbringungen und Durchleuchtung(en) und angiographischer Kontrollen im zeitlichen Zusammenhang mit dem gesamten Eingriff –, je Gefäßgebiet	3.500		175,01 €	175,01 €	354,80 €
		Neben der Leistung nach Nummer 5357 sind die Leistungen nach den Nummern 350 bis 361, 5295 sowie 5300 bis 5312 nicht berechnungsfähig.					

O I.6 Interventionelle Maßnahmen

BGT Tarif-Nr.	DKG-NT Tarif-Nr.	Leistung	Punkte (nur DKG-NT I)	Besondere Kosten	Allgemeine Kosten	Sachkosten	Vollkosten (nur DKG-NT I)
1a	1b	2	3	4	5	6	7
5358	5358	Embolisation einer oder mehreren Arterie(n) im Kopf-Halsbereich oder Spinalkanal – einschließlich Kontrastmitteleinbringungen und Durchleuchtung(en) und angiographischer Kontrollen im zeitlichen Zusammenhang mit dem gesamten Eingriff –, je Gefäßgebiet	4.500		189,29 €	189,29 €	456,17 €
		Neben der Leistung nach Nummer 5358 sind die Leistungen nach den Nummern 350, 351, 5295 sowie 5300 bis 5305 nicht berechnungsfähig.					
5359	5359	Embolisation Vena spermatica – einschließlich Kontrastmitteleinbringung(en) und angiographischer Kontrollen im zeitlichen Zusammenhang mit dem gesamten Eingriff –	2.500		105,15 €	105,15 €	253,43 €
		Neben der Leistung nach Nummer 5359 sind die Leistungen nach den Nummern 344 bis 347, 5295 sowie 5329 bis 5331 nicht berechnungsfähig.					
5360	5360	Embolisation von Venen – einschließlich Kontrastmitteleinbringung(en) und angiographischer Kontrollen im zeitlichen Zusammenhang mit dem gesamten Eingriff –	2.000		84,14 €	84,14 €	202,74 €
		Neben der Leistung nach Nummer 5360 sind die Leistungen nach den Nummern 344 bis 347, 5295 sowie 5329 bis 5331 nicht berechnungsfähig.					
5361	5361	Transhepatische Drainage und/oder Dilatation von Gallengängen – einschließlich Kontrastmitteleinbringung(en) und cholangiographischer Kontrollen im zeitlichen Zusammenhang mit dem gesamten Eingriff –	2.600		109,40 €	109,40 €	263,56 €
		Neben der Leistung nach Nummer 5361 sind die Leistungen nach den Nummern 370, 5170 sowie 5295 nicht berechnungsfähig.					

O I.7 Computertomographie   Nummern 5369–5370a

BGT Tarif-Nr.	DKG-NT Tarif-Nr.	Leistung	Punkte (nur DKG-NT I)	Besondere Kosten	Allgemeine Kosten	Sach-kosten	Vollkosten (nur DKG-NT I)
1a	1b	2	3	4	5	6	7
		Allgemeine Bestimmungen					
		Die Leistungen nach den Nummern 5369 bis 5375 sind je Sitzung jeweils nur einmal berechnungsfähig.					
		Die Nebeneinanderberechnung von Leistungen nach den Nummern 5370 bis 5374 ist in der Rechnung gesondert zu begründen. Bei Nebeneinanderberechnung von Leistungen nach den Nummern 5370 bis 5374 ist der Höchstwert nach Nummer 5369 zu beachten.					
		Die im einzelnen erbrachten Leistungen sind in der Rechnung anzugeben.					
5369	5369	Höchstwert für die Leistungen nach den Nummern 5370 bis 5374	3.000		162,98 €	162,98 €	304,11 €
5370	5370	Computergesteuerte Tomographie im Kopfbereich – gegebenenfalls einschließlich des kranio-zervikalen Übergangs –	2.000		108,57 €	108,57 €	202,74 €
5370a		Digitale Volumentomographie im Kopfbereich ggf. einschließlich computergesteuerte Analyse und 3-D-Rekonstruktion. Die zu erwartende therapieentscheidende Mehrinformation gegenüber der konventionellen Bildgebung ist in der Rechnung anzugeben.			75,38 €	75,38 €	
		Die Nr. 5377 kann nicht gesondert berechnet werden. Bei Kindern sind die klinischen Befunde, aus denen die rechtfertigende Indikationsstellung resultiert, und eine Begründung, warum strahlungsfreie Untersuchungsmethoden nicht angewendet werden konnten, anzugeben. Bei Kindern ist ein DVT in der Regel nur einmal pro Behandlungsfall abrechenbar. Sollten im Einzelfall auf Grund besonderer Umstände mehrere DVT-Aufnahmen notwendig sein, so ist die Begründung anzugeben.					

O I.7 Computertomographie

BGT Tarif-Nr.	DKG-NT Tarif-Nr.	Leistung	Punkte (nur DKG-NT I)	Besondere Kosten	Allgemeine Kosten	Sach-kosten	Vollkosten (nur DKG-NT I)
1a	1b	2	3	4	5	6	7
	5371	Computergesteuerte Tomographie im Hals- und/oder Thoraxbereich	2.300		124,86 €	124,86 €	233,15 €
5371		Computergesteuerte Tomographie im Hals- und/oder Thoraxbereich			124,86 €	124,86 €	
		Bei zusätzlicher Beurteilung eines HR CT nach der ICOERD-Klassifizierung im Rahmen der Pneumokoniose-Diagnostik im Auftrag des UV-Trägers kann die Gebühr der Besonderen Heilbehandlung abgerechnet werden.					
5372	5372	Computergesteuerte Tomographie im Abdominalbereich	2.600		141,15 €	141,15 €	263,56 €
5373	5373	Computergesteuerte Tomographie des Skeletts (Wirbelsäule, Extremitäten oder Gelenke bzw. Gelenkpaare)	1.900		103,14 €	103,14 €	192,60 €
5374	5374	Computergesteuerte Tomographie der Zwischenwirbelräume im Bereich der Hals-, Brust- und/oder Lendenwirbelsäule – gegebenenfalls einschließlich der Übergangsregionen –	1.900		103,14 €	103,14 €	192,60 €
5375	5375	Computergesteuerte Tomographie der Aorta in ihrer gesamten Länge	2.000		108,57 €	108,57 €	202,74 €
		Die Leistung nach Nummer 5375 ist neben den Leistungen nach den Nummern 5371 und 5372 nicht berechnungsfähig.					
5376	5376	Ergänzende computergesteuerte Tomographie(n) mit mindestens einer zusätzlichen Serie (z.B. bei Einsatz von Xenon, bei Einsatz der High-Resolution-Technik, bei zusätzlichen Kontrastmittelgaben) – zusätzlich zu den Leistungen nach den Nummern 5370 bis 5375 –	500		27,15 €	27,15 €	50,69 €
5377	5377	Zuschlag für computergesteuerte Analyse – einschließlich speziell nachfolgender 3D-Rekonstruktion –	800		43,42 €	43,42 €	81,10 €
		Der Zuschlag nach Nummer 5377 ist nur mit dem einfachen Gebührensatz berechnungsfähig.					

O I.7 Computertomographie

BGT Tarif-Nr.	DKG-NT Tarif-Nr.	Leistung	Punkte (nur DKG-NT I)	Besondere Kosten	Allgemeine Kosten	Sach-kosten	Vollkosten (nur DKG-NT I)
1a	1b	2	3	4	5	6	7
5378	5378	Computergesteuerte Tomographie zur Bestrahlungsplanung oder zu interventionellen Maßnahmen	1.000		54,29 €	54,29 €	101,37 €
		Neben oder anstelle der computergesteuerten Tomographie zur Bestrahlungsplanung oder zu interventionellen Maßnahmen sind die Leistungen nach den Nummern 5370 bis 5376 nicht berechnungsfähig.					
5380	5380	Bestimmung des Mineralgehalts (Osteodensitometrie) von repräsentativen (auch mehreren) Skelettteilen mit quantitativer Computertomographie oder quantitativer digitaler Röntgentechnik	300		16,28 €	16,28 €	30,41 €
		ICOERD Klassifizierung von Fremd-CT-Aufnahmen					
		Beurteilung der ICOERD-Klassifizierung anderweitig durchgeführter CT- oder HR CT-Untersuchungen im Rahmen der Pneumokoniose-Diagnostik im Auftrag des UV-Trägers oder im Rahmen einer Begutachtung für Aufnahmen					
5381		einer (HR) CT-Untersuchung					
		Die Gebühr nach Nr. 5381 ist neben der Gebühr nach Nrn. 5382 und/oder 5383 nicht berechnungsfähig.					
5382		von zwei (HR) CT-Untersuchungen					
		Die Gebühr nach Nr. 5382 ist neben der Gebühr nach Nrn. 5381 und/oder 5383 nicht berechnungsfähig.					
5383		von drei oder mehr (HR) CT-Untersuchungen					
		Die Gebühr nach Nr. 5383 ist neben der Gebühr nach Nrn. 5381 und/oder 5382 nicht berechnungsfähig.					

O II Nuklearmedizin

BGT Tarif-Nr.	DKG-NT Tarif-Nr.	Leistung	Punkte (nur DKG-NT I)	Besondere Kosten	Allgemeine Kosten	Sach-kosten	Vollkosten (nur DKG-NT I)
1a	1b	2	3	4	5	6	7
		Allgemeine Bestimmungen					
		1. Szintigraphische Basisleistung ist grundsätzlich die planare Szintigraphie mit der Gammakamera, gegebenenfalls in mehreren Sichten / Projektionen. Bei der Auswahl des anzuwendenden Radiopharmazeutikums sind wissenschaftliche Erkenntnisse und strahlenhygienische Gesichtspunkte zu berücksichtigen. Wiederholungsuntersuchungen, die nicht ausdrücklich aufgeführt sind, sind nur mit besonderer Begründung und wie die jeweilige Basisleistung berechnungsfähig.					
		2. Ergänzungsleistungen nach den Nummern 5480 bis 5485 sind je Basisleistung oder zulässiger Wiederholungsuntersuchung nur einmal berechnungsfähig. Neben Basisleistungen, die quantitative Bestimmungen enthalten, dürfen Ergänzungsleistungen für Quantifizierungen nicht zusätzlich berechnet werden. Die Leistungen nach den Nummern 5473 und 5481 dürfen nicht nebeneinander berechnet werden. Die Leistungen nach den Nummern 5473, 5480, 5481 und 5483 sind nur mit Angabe der Indikation berechnungsfähig.					
		3. Die Befunddokumentation, die Aufbewahrung der Datenträger sowie die Befundmitteilung oder der einfache Befundbericht mit Angaben zu Befund(en) und zur Diagnose sind Bestandteil der Leistungen und nicht gesondert berechnungsfähig.					
		4. Die Materialkosten für das Radiopharmazeutikum (Nuklid, Markierungs- oder Testbestecke) sind gesondert berechnungsfähig. Kosten für die Beschaffung, Aufbereitung, Lagerung und Entsorgung der zur Untersuchung notwendigen Substanzen, die mit ihrer Anwendung verbraucht sind, sind nicht gesondert berechnungsfähig.					

O II Nuklearmedizin

BGT Tarif-Nr.	DKG-NT Tarif-Nr.	Leistung	Punkte (nur DKG-NT I)	Besondere Kosten	Allgemeine Kosten	Sach-kosten	Vollkosten (nur DKG-NT I)
1a	1b	2	3	4	5	6	7
		5. Die Einbringung von zur Diagnostik erforderlichen Stoffen in den Körper – mit Ausnahme der Einbringung durch Herzkatheter, Arterienkatheter, Subokzipitalpunktion oder Lumbalpunktion – sowie die gegebenenfalls erforderlichen Entnahmen von Blut oder Urin sind mit den Gebühren abgegolten, soweit zu den einzelnen Leistungen des Abschnitts nichts anderes bestimmt ist.					
		6. Die Einbringung von zur Therapie erforderlichen radioaktiven Stoffen in den Körper – mit Ausnahme der intraartikulären, intralymphatischen, endoskopischen oder operativen Einbringungen des Strahlungsträgers oder von Radionukliden – ist mit den Gebühren abgegolten, soweit zu den einzelnen Leistungen des Abschnitts nichts anderes bestimmt ist.					
		7. Rechnungsbestimmungen					
		a) Der Arzt darf nur die für den Patienten verbrauchte Menge an radioaktiven Stoffen berechnen.					
		b) Bei der Berechnung von Leistungen nach Abschnitt O II sind die Untersuchungs- und Behandlungsdaten der jeweils eingebrachten Stoffe sowie die ausgeführten Maßnahmen in der Rechnung anzugeben, sofern nicht durch die Leistungsbeschreibung eine eindeutige Definition gegeben ist.					

O II.1 Diagnostische Leistungen (In-vivo-Untersuchungen)

BGT Tarif-Nr.	DKG-NT Tarif-Nr.	Leistung	Punkte (nur DKG-NT I)	Besondere Kosten	Allgemeine Kosten	Sach-kosten	Vollkosten (nur DKG-NT I)
1a	1b	2	3	4	5	6	7
5400	5400	Szintigraphische Untersuchung (Schilddrüse) – gegebenenfalls einschließlich Darstellung dystoper Anteile –	350		19,00 €	19,00 €	35,48 €
5401	5401	Szintigraphische Untersuchung (Schilddrüse) – einschließlich quantitativer Untersuchung –, mit Bestimmung der globalen, gegebenenfalls auch der regionalen Radionuklidaufnahme in der Schilddrüse mit Gammakamera und Messwertverarbeitungssystem als Jodidclearance-Äquivalent – einschließlich individueller Kalibrierung und Qualitätskontrollen (z.B. Bestimmung der injizierten Aktivität) –	1.300		70,58 €	70,58 €	131,78 €
5402	5402	Radiojodkurztest bis zu 24 Stunden (Schilddrüse) – gegebenenfalls einschließlich Blutaktivitätsbestimmungen und/oder szintigraphischer Untersuchung(en) –	1.000		54,29 €	54,29 €	101,37 €
		Die Leistungen nach den Nummern 5400 bis 5402 sind nicht nebeneinander berechnungsfähig.					
5403	5403	Radiojodtest (Schilddrüse) vor Radiojodtherapie mit ^{131}J mit mindestens drei zeitlichen Messpunkten, davon zwei später als 24 Stunden nach Verabreichung – gegebenenfalls einschließlich Blutaktivitätsbestimmungen –	1.200		65,15 €	65,15 €	121,65 €
		Die Leistungen nach den Nummern 5402 und 5403 sind nicht nebeneinander berechnungsfähig.					

O II.1.b Gehirn

BGT Tarif-Nr.	DKG-NT Tarif-Nr.	Leistung	Punkte (nur DKG-NT I)	Besondere Kosten	Allgemeine Kosten	Sach-kosten	Vollkosten (nur DKG-NT I)
1a	1b	2	3	4	5	6	7
5410	5410	Szintigraphische Untersuchung des Gehirns ..	1.200		**65,15 €**	**65,15 €**	**121,65 €**
5411	5411	Szintigraphische Untersuchung des Liquorraums	900		**48,85 €**	**48,85 €**	**91,23 €**
		Für die Leistung nach Nummer 5411 sind zwei Wiederholungsuntersuchungen zugelassen, davon eine später als 24 Stunden nach Einbringung(en) des radioaktiven Stoffes.					

O II.1.c Lunge

BGT Tarif-Nr.	DKG-NT Tarif-Nr.	Leistung	Punkte (nur DKG-NT I)	Besondere Kosten	Allgemeine Kosten	Sach-kosten	Vollkosten (nur DKG-NT I)
1a	1b	2	3	4	5	6	7
5415	5415	Szintigraphische Untersuchung der Lungenperfusion – mit mindestens vier Sichten/Projektionen –, insgesamt	1.300		70,58 €	70,58 €	131,78 €
5416	5416	Szintigraphische Untersuchung der Lungenbelüftung mit Inhalation radioaktiver Gase, Aerosole oder Stäube	1.300		70,58 €	70,58 €	131,78 €

O II.1.d Herz — Nummern 5420–5424

BGT Tarif-Nr.	DKG-NT Tarif-Nr.	Leistung	Punkte (nur DKG-NT I)	Besondere Kosten	Allgemeine Kosten	Sachkosten	Vollkosten (nur DKG-NT I)
1a	1b	2	3	4	5	6	7
5420	5420	Radionuklidventrikulographie mit quantitativer Bestimmung von mindestens Auswurffraktion und regionaler Wandbewegung in Ruhe – gegebenenfalls einschließlich EKG im zeitlichen Zusammenhang mit der Untersuchung –	1.200		65,15 €	65,15 €	121,65 €
5421	5421	Radionuklidventrikulographie als kombinierte quantitative Mehrfachbestimmung von mindestens Auswurffraktion und regionaler Wandbewegung in Ruhe und unter körperlicher oder pharmakologischer Stimulation – gegebenenfalls einschließlich EKG im zeitlichen Zusammenhang mit der Untersuchung –	3.800		206,41 €	206,41 €	385,21 €
		Neben der Leistung nach Nummer 5421 ist bei zusätzlicher Erste-Passage-Untersuchung die Leistung nach Nummer 5473 berechnungsfähig.					
5422	5422	Szintigraphische Untersuchung des Myokards mit myokardaffinen Tracern in Ruhe – gegebenenfalls einschließlich EKG im zeitlichen Zusammenhang mit der Untersuchung –	1.000		54,29 €	54,29 €	101,37 €
		Die Leistungen nach den Nummern 5422 und 5423 sind nicht nebeneinander berechnungsfähig.					
5423	5423	Szintigraphische Untersuchung des Myokards mit myokardaffinen Tracern unter körperlicher oder pharmakologischer Stimulation – gegebenenfalls einschließlich EKG im zeitlichen Zusammenhang mit der Untersuchung –	2.000		108,57 €	108,57 €	202,74 €
5424	5424	Szintigraphische Untersuchung des Myokards mit myokardaffinen Tracern in Ruhe und unter körperlicher oder pharmakologischer Stimulation – gegebenenfalls einschließlich EKG im zeitlichen Zusammenhang mit der Untersuchung –	2.800		152,12 €	152,12 €	283,84 €
		Neben der Leistung nach Nummer 5424 sind die Leistungen nach den Nummern 5422 und/ oder 5423 nicht berechnungsfähig.					

O II.1.e Knochen- und Knochenmarkszintigraphie

BGT Tarif-Nr.	DKG-NT Tarif-Nr.	Leistung	Punkte (nur DKG-NT I)	Besondere Kosten	Allgemeine Kosten	Sach-kosten	Vollkosten (nur DKG-NT I)
1a	1b	2	3	4	5	6	7
5425	5425	Ganzkörperskelettszintigraphie, Schädel- und Körperstamm in zwei Sichten/Projektionen – einschließlich der proximalen Extremitäten, gegebenenfalls einschließlich der distalen Extremitäten –	2.250		122,14 €	122,14 €	228,08 €
5426	5426	Teilkörperskelettszintigraphie – gegebenenfalls einschließlich der kontralateralen Seite –	1.260		68,45 €	68,45 €	127,73 €
5427	5427	Zusätzliche szintigraphische Abbildung des regionalen Blutpools (Zwei-Phasenszintigraphie) – mindestens zwei Aufnahmen –	400		21,71 €	21,71 €	40,55 €
5428	5428	Ganzkörperknochenmarkszintigraphie, Schädel und Körperstamm in zwei Sichten/Projektionen – einschließlich der proximalen Extremitäten, gegebenenfalls einschließlich der distalen Extremitäten –	2.250		122,14 €	122,14 €	228,08 €

O II.1.f Tumorszintigraphie

BGT Tarif-Nr.	DKG-NT Tarif-Nr.	Leistung	Punkte (nur DKG-NT I)	Besondere Kosten	Allgemeine Kosten	Sach-kosten	Vollkosten (nur DKG-NT I)
1a	1b	2	3	4	5	6	7
		Tumorszintigraphie mit radioaktiv markierten unspezifischen Tumormarkern (z.B. Radiogallium oder -thallium), metabolischen Substanzen (auch ^{131}J), Rezeptorsubstanzen oder monoklonalen Antikörpern					
5430	5430	eine Region	1.200		65,15 €	65,15 €	121,65 €
5431	5431	Ganzkörper (Stamm und/oder Extremitäten) ..	2.250		122,14 €	122,14 €	228,08 €
		Für die Untersuchung mehrerer Regionen ist die Leistung nach Nummer 5430 nicht mehrfach berechnungsfähig.					
		Für die Leistung nach Nummer 5430 sind zwei Wiederholungsuntersuchungen zugelassen, davon eine später als 24 Stunden nach Einbringung der Testsubstanz(en).					
		Die Leistungen nach den Nummern 5430 und 5431 sind nicht nebeneinander berechnungsfähig.					

O II.1.g   Nieren

BGT Tarif-Nr.	DKG-NT Tarif-Nr.	Leistung	Punkte (nur DKG-NT I)	Besondere Kosten	Allgemeine Kosten	Sach-kosten	Vollkosten (nur DKG-NT I)
1a	1b	2	3	4	5	6	7
5440	5440	Nierenfunktionsszintigraphie mit Bestimmung der quantitativen Ganzkörper-Clearance und der Einzelnieren-Clearance – gegebenenfalls einschließlich Blutaktivitätsbestimmungen und Vergleich mit Standards –	2.800		152,12 €	152,12 €	283,84 €
5441	5441	Perfusionsszintigraphie der Nieren – einschließlich semiquantitativer oder quantitativer Auswertung –	1.600		86,86 €	86,86 €	162,19 €
5442	5442	Statische Nierenszintigraphie	600		32,57 €	32,57 €	60,82 €
		Die Leistungen nach den Nummern 5440 bis 5442 sind je Sitzung nur einmal und nicht nebeneinander berechnungsfähig.					
5443	5443	Zusatzuntersuchungen zu den Leistungen nach den Nummern 5440 oder 5441 – mit Angabe der Indikation (z.B. zusätzliches Radionephrogramm als Einzel- oder Wiederholungsuntersuchung, Tiefenkorrektur durch Verwendung des geometrischen Mittels, Refluxprüfung, forcierte Diurese) –	700		38,00 €	38,00 €	70,96 €
5444	5444	Quantitative Clearanceuntersuchungen der Nieren an Sondenmessplätzen – gegebenenfalls einschließlich Registrierung mehrerer Kurven und Blutaktivitätsbestimmungen –	1.000		54,29 €	54,29 €	101,37 €
		Neben der Leistung nach Nummer 5444 ist die Leistung nach Nummer 5440 nicht berechnungsfähig.					

O II.1.h Endokrine Organe   Nummer 5450

BGT Tarif-Nr.	DKG-NT Tarif-Nr.	Leistung	Punkte (nur DKG-NT I)	Besondere Kosten	Allgemeine Kosten	Sach-kosten	Vollkosten (nur DKG-NT I)
1a	1b	2	3	4	5	6	7
5450	**5450**	Szintigraphische Untersuchung von endokrin aktivem Gewebe – mit Ausnahme der Schilddrüse –	1.000		54,29 €	54,29 €	101,37 €
		Das untersuchte Gewebe ist in der Rechnung anzugeben.					
		Für die Leistung nach Nummer 5450 sind zwei Wiederholungsuntersuchungen zugelassen, davon eine später als 24 Stunden nach Einbringung der radioaktiven Substanz(en).					
		Die Leistung nach Nummer 5450 ist neben den Leistungen nach den Nummern 5430 und 5431 nicht berechnungsfähig.					

O II.1.i Gastrointestinaltrakt Nummern 5455–5456

BGT Tarif-Nr.	DKG-NT Tarif-Nr.	Leistung	Punkte (nur DKG-NT I)	Besondere Kosten	Allgemeine Kosten	Sachkosten	Vollkosten (nur DKG-NT I)
1a	1b	2	3	4	5	6	7
5455	5455	Szintigraphische Untersuchung im Bereich des Gastrointestinaltrakts (z.B. Speicheldrüsen, Ösophagus-Passage – gegebenenfalls einschließlich gastralem Reflux und Magenentleerung –, Gallenwege – gegebenenfalls einschließlich Gallenreflux –, Blutungsquellensuche, Nachweis eines Meckel'schen Divertikels)	1.300		70,58 €	70,58 €	131,78 €
5456	5456	Szintigraphische Untersuchung von Leber und/oder Milz (z.B. mit Kolloiden, gallengängigen Substanzen, Erythrozyten), in mehreren Ebenen	1.300		70,58 €	70,58 €	131,78 €

O II.1.j   Hämatologie, Angiologie

BGT Tarif-Nr.	DKG-NT Tarif-Nr.	Leistung	Punkte (nur DKG-NT I)	Besondere Kosten	Allgemeine Kosten	Sach-kosten	Vollkosten (nur DKG-NT I)
1a	1b	2	3	4	5	6	7
5460	5460	Szintigraphische Untersuchung von großen Gefäßen und/oder deren Stromgebieten – gegebenenfalls einschließlich der kontralateralen Seite –	900		48,85 €	48,85 €	91,23 €
		Die Leistung nach Nummer 5460 ist neben der Leistung nach Nummer 5473 nicht berechnungsfähig.					
5461	5461	Szintigraphische Untersuchung von Lymphabflussgebieten an Stamm und/oder Kopf und/oder Extremitäten – gegebenenfalls einschließlich der kontralateralen Seite –	2.200		119,44 €	119,44 €	223,02 €
5462	5462	Bestimmung von Lebenszeit und Kinetik zellulärer Blutbestandteile – einschließlich Blutaktivitätsbestimmungen –	2.200		119,44 €	119,44 €	223,02 €
5463	5463	Zuschlag zu der Leistung nach Nummer 5462, bei Bestimmung des Abbauorts	500		27,15 €	27,15 €	50,69 €
		Szintigraphische Suche nach Entzündungsherden oder Thromben mit Radiogallium, markierten Eiweissen, Zellen oder monoklonalen Antikörpern					
5465	5465	eine Region	1.260		68,45 €	68,45 €	127,73 €
5466	5466	Ganzkörper (Stamm und Extremitäten)	2.250		122,14 €	122,14 €	228,08 €
		Für die Untersuchung mehrerer Regionen ist die Leistung nach Nummer 5465 nicht mehrfach berechnungsfähig.					
		Für die Leistungen nach den Nummern 5462 bis 5466 sind zwei Wiederholungsuntersuchungen zugelassen, davon eine später als 24 Stunden nach Einbringung der Testsubstanz(en).					

O II.1.k   Resorptions- und Exkretionsteste   Nummer 5470

BGT Tarif-Nr.	DKG-NT Tarif-Nr.	Leistung	Punkte (nur DKG-NT I)	Besondere Kosten	Allgemeine Kosten	Sach-kosten	Vollkosten (nur DKG-NT I)
1a	1b	2	3	4	5	6	7
5470	5470	Nachweis- und/oder quantitative Bestimmung von Resorption, Exkretion oder Verlust von körpereigenen Stoffen (durch Bilanzierung nach radioaktiver Markierung) und/oder von radioaktiv markierten Analoga, in Blut, Urin, Faeces oder Liquor – einschließlich notwendiger Radioaktivitätsmessungen über dem Verteilungsraum –	950		51,58 €	51,58 €	96,30 €

O II.1.l Sonstige — Nummern 5472–5474

BGT Tarif-Nr.	DKG-NT Tarif-Nr.	Leistung	Punkte (nur DKG-NT I)	Besondere Kosten	Allgemeine Kosten	Sachkosten	Vollkosten (nur DKG-NT I)
1a	1b	2	3	4	5	6	7
5472	5472	Szintigraphische Untersuchung (z.B. von Hoden, Tränenkanälen, Augen, Tuben) oder Funktionsmessungen (z.B. Ejektionsfraktion mit Messsonde) ohne Gruppenzuordnung – auch nach Einbringung eines Radiopharmazeutikums in eine Körperhöhle –	950		51,58 €	51,58 €	96,30 €
5473	5473	Funktionsszintigraphie – einschließlich Sequenzszintigraphie und Erstellung von Zeit-Radioaktivitätskurven aus ROI und quantifizierender Berechnung (z.B. von Transitzeiten, Impulsratenquotienten, Perfusionsindex, Auswurffraktion aus Erster-Radionuklid-Passage) –	900		48,85 €	48,85 €	91,23 €
		Die Leistung nach Nummer 5473 ist neben den Leistungen nach den Nummern 5460 und 5481 nicht berechnungsfähig.					
5474	5474	Nachweis inkorporierter unbekannter Radionuklide	1.350		73,28 €	73,28 €	136,85 €

O II.1.m Mineralgehalt

BGT Tarif-Nr.	DKG-NT Tarif-Nr.	Leistung	Punkte (nur DKG-NT I)	Besondere Kosten	Allgemeine Kosten	Sach-kosten	Vollkosten (nur DKG-NT I)
1a	1b	2	3	4	5	6	7
5475	5475	Quantitative Bestimmung des Mineralgehalts im Skelett (Osteodensitometrie) in einzelnen oder mehreren repräsentativen Extremitäten- oder Stammskelettabschnitten mittels Dual-Photonen-Absorptionstechnik	300		16,28 €	16,28 €	30,41 €

O II.1.n Ergänzungsleistungen   Nummern 5480–5485

BGT Tarif-Nr.	DKG-NT Tarif-Nr.	Leistung	Punkte (nur DKG-NT I)	Besondere Kosten	Allgemeine Kosten	Sach-kosten	Vollkosten (nur DKG-NT I)
1a	1b	2	3	4	5	6	7
		Allgemeine Bestimmung					
		Die Ergänzungsleistungen nach den Nummern 5480 bis 5485 sind nur mit dem einfachen Gebührensatz berechnungsfähig.					
5480	5480	Quantitative Bestimmung von Impulsen/Impulsratendichte (Fläche, Pixel, Voxel) mittels Gammakamera mit Messwertverarbeitung – mindestens zwei ROI –	750		36,23 €	36,23 €	76,03 €
5481	5481	Sequenzszintigraphie – mindestens sechs Bilder in schneller Folge –	680		32,81 €	32,81 €	68,93 €
5483	5483	Subtraktionsszintigraphie oder zusätzliche Organ- oder Blutpoolszintigraphie als anatomische Ortsmarkierung –	680		32,81 €	32,81 €	68,93 €
5484	5484	In-vitro-Markierung von Blutzellen, (z.B. Erythrozyten, Leukozyten, Thrombozyten) – einschließlich erforderlicher In-vitro-Qualitätskontrollen –	1.300		62,79 €	62,79 €	131,78 €
5485	5485	Messung mit einem Ganzkörperzähler – gegebenenfalls einschließlich quantitativer Analysen von Gammaspektren –	980		47,33 €	47,33 €	99,34 €

O II.1.o Emissions-Computer-Tomographie

BGT Tarif-Nr.	DKG-NT Tarif-Nr.	Leistung	Punkte (nur DKG-NT I)	Besondere Kosten	Allgemeine Kosten	Sach-kosten	Vollkosten (nur DKG-NT I)
1a	1b	2	3	4	5	6	7
5486	5486	Single-Photonen-Emissions-Computertomographie (SPECT) mit Darstellung in drei Ebenen	1.200		65,15 €	65,15 €	121,65 €
5487	5487	Single-Photonen-Emissions-Computertomographie (SPECT) mit Darstellung in drei Ebenen und regionaler Quantifizierung	2.000		108,57 €	108,57 €	202,74 €
5488	5488	Positronen-Emissions-Tomographie (PET) – gegebenenfalls einschließlich Darstellung in mehreren Ebenen –	6.000		325,84 €	325,84 €	608,23 €
5489	5489	Positronen-Emissions-Tomographie (PET) mit quantifizierender Auswertung – gegebenenfalls einschließlich Darstellung in mehreren Ebenen –	7.500		407,27 €	407,27 €	760,28 €

O II.2 Therapeutische Leistungen (Anwendung offener Radionuklide)

Nummern 5600–5607

BGT Tarif-Nr.	DKG-NT Tarif-Nr.	Leistung	Punkte (nur DKG-NT I)	Besondere Kosten	Allgemeine Kosten	Sach-kosten	Vollkosten (nur DKG-NT I)
1a	1b	2	3	4	5	6	7
5600	5600	Radiojodtherapie von Schilddrüsenerkrankungen	2.480		134,66 €	134,66 €	251,40 €
5602	5602	Radiophosphortherapie bei Erkrankungen der blutbildenden Organe	1.350		73,28 €	73,28 €	136,85 €
5603	5603	Behandlung von Knochenmetastasen mit knochenaffinen Radiopharmazeutika	1.080		58,66 €	58,66 €	109,48 €
5604	5604	Instillation von Radiopharmazeutika in Körperhöhlen, Gelenke oder Hohlorgane	2.700		146,57 €	146,57 €	273,70 €
5605	5605	Tumorbehandlung mit radioaktiv markierten, metabolisch aktiven oder rezeptorgerichteten Substanzen oder Antikörpern	2.250		122,14 €	122,14 €	228,08 €
5606	5606	Quantitative Bestimmung der Therapieradioaktivität zur Anwendung eines individuellen Dosiskonzepts – einschließlich Berechnungen auf Grund von Vormessungen –	900		48,85 €	48,85 €	91,23 €
		Die Leistung nach Nummer 5606 ist nur bei Zugrundeliegen einer Leistung nach den Nummern 5600, 5603 und/oder 5605 berechnungsfähig.					
5607	5607	Posttherapeutische Bestimmung von Herddosen – einschließlich Berechnungen auf Grund von Messungen der Kinetik der Therapieradioaktivität –	1.620		88,04 €	88,04 €	164,22 €
		Die Leistung nach Nummer 5607 ist nur bei Zugrundeliegen einer Leistung nach den Nummern 5600, 5603 und/oder 5605 berechnungsfähig.					

O III Magnetresonanztomographie

BGT Tarif-Nr.	DKG-NT Tarif-Nr.	Leistung	Punkte (nur DKG-NT I)	Besondere Kosten	Allgemeine Kosten	Sachkosten	Vollkosten (nur DKG-NT I)
1a	1b	2	3	4	5	6	7
		Allgemeine Bestimmungen					
		Die Leistungen nach den Nummern 5700 bis 5735 sind je Sitzung nur einmal berechnungsfähig.					
		Die Nebeneinanderberechnung der Leistungen nach den Nummern 5700 bis 5730 ist in der Rechnung gesondert zu begründen. Bei Nebeneinanderberechnung von Leistungen nach den Nummern 5700 bis 5730 ist der Höchstwert nach Nummer 5735 zu beachten.					
		NUR BG-T:					
		Leistungen nach den Nummern 5700 bis 5735 können dann ausgeführt und abgerechnet werden, wenn der Arzt die Genehmigung zur Durchführung kernspintomographischer Leistungen in der vertragsärztlichen Versorgung besitzt.*					
5700	5700	Magnetresonanztomographie im Bereich des Kopfes – gegebenenfalls einschließlich des Halses –, in zwei Projektionen, davon mindestens eine Projektion unter Einschluss T2-gewichteter Aufnahmen	4.400		238,98 €	238,98 €	446,03 €
5705	5705	Magnetresonanztomographie im Bereich der Wirbelsäule, in zwei Projektionen	4.200		228,11 €	228,11 €	425,76 €
5715	5715	Magnetresonanztomographie im Bereich des Thorax – gegebenenfalls einschließlich des Halses –, der Thoraxorgane und/oder der Aorta in ihrer gesamten Länge	4.300		233,54 €	233,54 €	435,90 €
5720	5720	Magnetresonanztomographie im Bereich des Abdomens und/oder des Beckens	4.400		238,98 €	238,98 €	446,03 €
5721	5721	Magnetresonanztomographie der Mamma(e) ..	4.000		217,26 €	217,26 €	405,48 €
5729	5729	Magnetresonanztomographie eines oder mehrerer Gelenke oder Abschnitte von Extremitäten	2.400		130,28 €	130,28 €	243,29 €
		Fußnoten: * Nach Auffassung der Verbände der Unfallversicherungsträger gilt Gleiches auch für Ärzte, die nicht an der kassenärztlichen Versorgung teilnehmen, aber die hierfür festgelegten Qualitätskriterien erfüllen.					

O III Magnetresonanztomographie

BGT Tarif-Nr.	DKG-NT Tarif-Nr.	Leistung	Punkte (nur DKG-NT I)	Besondere Kosten	Allgemeine Kosten	Sach-kosten	Vollkosten (nur DKG-NT I)
1a	1b	2	3	4	5	6	7
5730	5730	Magnetresonanztomographie einer oder mehrerer Extremität(en) mit Darstellung von mindestens zwei großen Gelenken einer Extremität	4.000		217,26 €	217,26 €	405,48 €
		Neben der Leistung nach Nummer 5730 ist die Leistung nach Nummer 5729 nicht berechnungsfähig.					
5731	5731	Ergänzende Serie(n) zu den Leistungen nach den Nummern 5700 bis 5730 (z.B. nach Kontrastmitteleinbringung, Darstellung von Arterien als MR-Angiographie)	1.000		54,29 €	54,29 €	101,37 €
5732	5732	Zuschlag zu den Leistungen nach den Nummern 5700 bis 5730 für Positionswechsel und/oder Spulenwechsel	1.000		54,29 €	54,29 €	101,37 €
		Der Zuschlag nach Nummer 5732 ist nur mit dem einfachen Gebührensatz berechnungsfähig.					
5733	5733	Zuschlag für computergesteuerte Analyse (z.B. Kinetik, 3D-Rekonstruktion)	800		43,42 €	43,42 €	81,10 €
		Der Zuschlag nach Nummer 5733 ist nur mit dem einfachen Gebührensatz berechnungsfähig.					
5735	5735	Höchstwert für Leistungen nach den Nummern 5700 bis 5730	6.000		325,84 €	325,84 €	608,23 €
		Die im einzelnen erbrachten Leistungen sind in der Rechnung anzugeben.					

O IV Strahlentherapie

BGT Tarif-Nr.	DKG-NT Tarif-Nr.	Leistung	Punkte (nur DKG-NT I)	Besondere Kosten	Allgemeine Kosten	Sach-kosten	Vollkosten (nur DKG-NT I)
1a	1b	2	3	4	5	6	7
		Allgemeine Bestimmungen					
		1. Eine Bestrahlungsserie umfasst grundsätzlich sämtliche Bestrahlungsfraktionen bei der Behandlung desselben Krankheitsfalls, auch wenn mehrere Zielvolumina bestrahlt werden.					
		2. Eine Bestrahlungsfraktion umfasst alle für die Bestrahlung eines Zielvolumens erforderlichen Einstellungen, Bestrahlungsfelder und Strahleneintrittsfelder. Die Festlegung der Ausdehnung bzw. der Anzahl der Zielvolumina und Einstellungen muss indikationsgerecht erfolgen.					
		3. Eine mehrfache Berechnung der Leistungen nach den Nummern 5800, 5810, 5831 bis 5833, 5840 und 5841 bei der Behandlung desselben Krankheitsfalls ist nur zulässig, wenn wesentliche Änderungen der Behandlung durch Umstellung der Technik (z.B. Umstellung von Stehfeld auf Pendeltechnik, Änderung der Energie und Strahlenart) oder wegen fortschreitender Metastasierung, wegen eines Tumorrezidivs oder wegen zusätzlicher Komplikationen notwendig werden. Die Änderungen sind in der Rechnung zu begründen.					
		4. Bei Berechnung einer Leistung für Bestrahlungsplanung sind in der Rechnung anzugeben: Diagnose, das/die Zielvolumen/ina, die vorgesehene Bestrahlungsart und -dosis sowie die geplante Anzahl von Bestrahlungsfraktionen.					
5800	**5800**	Erstellung eines Bestrahlungsplans für die Strahlenbehandlung nach den Nummern 5802 bis 5806, je Bestrahlungsserie	250		**13,57 €**	**13,57 €**	**25,34 €**
		Der Bestrahlungsplan nach Nummer 5800 umfasst Angaben zur Indikation und die Beschreibung des zu bestrahlenden Volumens, der vorgesehenen Dosis, der Fraktionierung und der Strahlenschutzmaßnahmen und gegebenenfalls die Fotodokumentation.					

O IV Strahlentherapie — Nummern 5802–5806

BGT Tarif-Nr.	DKG-NT Tarif-Nr.	Leistung	Punkte (nur DKG-NT I)	Besondere Kosten	Allgemeine Kosten	Sach-kosten	Vollkosten (nur DKG-NT I)
1a	1b	2	3	4	5	6	7
5802	5802	Orthovoltstrahlenbehandlung (10 bis 100 kV Röntgenstrahlen) Bestrahlung von bis zu zwei Bestrahlungsfeldern bzw. Zielvolumina, je Fraktion	200		10,87 €	10,87 €	20,27 €
5803	5803	Zuschlag zu der Leistung nach Nummer 5802 bei Bestrahlung von mehr als zwei Bestrahlungsfeldern bzw. Zielvolumina, je Fraktion ...	100		5,43 €	5,43 €	10,14 €
		Der Zuschlag nach Nummer 5803 ist nur mit dem einfachen Gebührensatz berechnungsfähig.					
		Die Leistungen nach den Nummern 5802 und 5803 sind für die Bestrahlung flächenhafter Dermatosen jeweils nur einmal berechnungsfähig.					
5805	5805	Strahlenbehandlung mit schnellen Elektronen, je Fraktion	1.000		54,29 €	54,29 €	101,37 €
5806	5806	Strahlenbehandlung der gesamten Haut mit schnellen Elektronen, je Fraktion	2.000		108,57 €	108,57 €	202,74 €

O IV.2 Orthovolt- oder Hochvoltstrahlenbehandlung

BGT Tarif-Nr.	DKG-NT Tarif-Nr.	Leistung	Punkte (nur DKG-NT I)	Besondere Kosten	Allgemeine Kosten	Sach-kosten	Vollkosten (nur DKG-NT I)
1a	1b	2	3	4	5	6	7
5810	5810	Erstellung eines Bestrahlungsplans für die Strahlenbehandlung nach den Nummern 5812 und 5813, je Bestrahlungsserie	200		10,87 €	10,87 €	20,27 €
		Der Bestrahlungsplan nach Nummer 5810 umfasst Angaben zur Indikation und die Beschreibung des zu bestrahlenden Volumens, der vorgesehenen Dosis, der Fraktionierung und der Strahlenschutzmaßnahmen und gegebenenfalls die Fotodokumentation.					
5812	5812	Orthovolt- (100 bis 400 kV Röntgenstrahlen) oder Hochvoltstrahlenbehandlung bei gutartiger Erkrankung, je Fraktion	190		10,27 €	10,27 €	19,26 €
		Bei Bestrahlung mit einem Telecaesiumgerät wegen einer bösartigen Erkrankung ist die Leistung nach Nummer 5812 je Fraktion zweimal berechnungsfähig.					
5813	5813	Hochvoltstrahlenbehandlung von gutartigen Hypophysentumoren oder der endokrinen Orbitopathie, je Fraktion	900		48,85 €	48,85 €	91,23 €

O IV.3 Hochvoltstrahlenbehandlung bösartiger Erkrankungen (mindestens 1 MeV) — Nummern 5831–5833

BGT Tarif-Nr.	DKG-NT Tarif-Nr.	Leistung	Punkte (nur DKG-NT I)	Besondere Kosten	Allgemeine Kosten	Sach-kosten	Vollkosten (nur DKG-NT I)
1a	1b	2	3	4	5	6	7
		Allgemeine Bestimmungen					
		Die Leistungen nach den Nummern 5834 bis 5837 sind grundsätzlich nur bei einer Mindestdosis von 1,5 Gy im Zielvolumen berechnungsfähig. Muss diese im Einzelfall unterschritten werden, ist für die Berechnung dieser Leistungen eine besondere Begründung erforderlich.					
		Bei Bestrahlungen von Systemerkrankungen oder metastasierten Tumoren gilt als ein Zielvolumen derjenige Bereich, der in einem Großfeld (z.B. Mantelfeld, umgekehrtes Y-Feld) bestrahlt werden kann.					
		Die Kosten für die Anwendung individuell geformter Ausblendungen (mit Ausnahme der Kosten für wieder verwendbares Material) und/oder Kompensatoren oder für die Anwendung individuell gefertigter Lagerungs- und Fixationshilfen sind gesondert berechnungsfähig.					
5831	5831	Erstellung eines Bestrahlungsplans für die Strahlenbehandlung nach den Nummern 5834 bis 5837, je Bestrahlungsserie	1.500		81,43 €	81,43 €	152,06 €
		Der Bestrahlungsplan nach Nummer 5831 umfasst Angaben zur Indikation und die Beschreibung des Zielvolumens, der Dosisplanung, der Berechnung der Dosis im Zielvolumen, der Ersteinstellung einschließlich Dokumentation (Feldkontrollaufnahme).					
5832	5832	Zuschlag zu der Leistung nach Nummer 5831 bei Anwendung eines Simulators und Anfertigung einer Körperquerschnittszeichnung oder Benutzung eines Körperquerschnitts anhand vorliegender Untersuchungen (z.B. Computertomogramm), je Bestrahlungsserie	500		27,15 €	27,15 €	50,69 €
		Der Zuschlag nach Nummer 5832 ist nur mit dem einfachen Gebührensatz berechnungsfähig.					
5833	5833	Zuschlag zu der Leistung nach Nummer 5831 bei individueller Berechnung der Dosisverteilung mit Hilfe eines Prozessrechners, je Bestrahlungsserie	2.000		108,57 €	108,57 €	202,74 €

O IV.3   Hochvoltstrahlenbehandlung bösartiger Erkrankungen (mindestens 1 MeV)   Nummern 5834–5837

BGT Tarif-Nr.	DKG-NT Tarif-Nr.	Leistung	Punkte (nur DKG-NT I)	Besondere Kosten	Allgemeine Kosten	Sach-kosten	Vollkosten (nur DKG-NT I)
1a	1b	2	3	4	5	6	7
		Der Zuschlag nach Nummer 5833 ist nur mit dem einfachen Gebührensatz berechnungsfähig.					
5834	5834	Bestrahlung mittels Telekobaltgerät mit bis zu zwei Strahleneintrittsfeldern – gegebenenfalls unter Anwendung von vorgefertigten, wieder verwendbaren Ausblendungen, je Fraktion	720		39,06 €	39,06 €	72,99 €
5835	5835	Zuschlag zu der Leistung nach Nummer 5834 bei Bestrahlung mit Großfeld oder von mehr als zwei Strahleneintrittsfeldern, je Fraktion ...	120		6,49 €	6,49 €	12,16 €
5836	5836	Bestrahlung mittels Beschleuniger mit bis zu zwei Strahleneintrittsfeldern – gegebenenfalls unter Anwendung von vorgefertigten, wieder verwendbaren Ausblendungen –, je Fraktion	1.000		54,29 €	54,29 €	101,37 €
5837	5837	Zuschlag zu der Leistung nach Nummer 5836 bei Bestrahlung mit Großfeld oder von mehr als zwei Strahleneintrittsfeldern, je Fraktion ...	120		6,49 €	6,49 €	12,16 €

O IV.4 Brachytherapie mit umschlossenen Radionukliden — Nummern 5840–5846

BGT Tarif-Nr.	DKG-NT Tarif-Nr.	Leistung	Punkte (nur DKG-NT I)	Besondere Kosten	Allgemeine Kosten	Sach-kosten	Vollkosten (nur DKG-NT I)
1a	1b	2	3	4	5	6	7
		Allgemeine Bestimmungen					
		Der Arzt darf nur die für den Patienten verbrauchte Menge an radioaktiven Stoffen berechnen.					
		Bei der Berechnung von Leistungen nach Abschnitt O IV.4 sind die Behandlungsdaten der jeweils eingebrachten Stoffe, sowie die Art der ausgeführten Maßnahmen in der Rechnung anzugeben, sofern nicht durch die Leistungsbeschreibung eine eindeutige Definition gegeben ist.					
5840	5840	Erstellung eines Bestrahlungsplans für die Brachytherapie nach den Nummern 5844 und/oder 5846, je Bestrahlungsserie	1.500		81,43 €	81,43 €	152,06 €
		Der Bestrahlungsplan nach Nummer 5840 umfasst Angaben zur Indikation, die Berechnung der Dosis im Zielvolumen, die Lokalisation und die Einstellung der Applikatoren und die Dokumentation (Feldkontrollaufnahmen).					
5841	5841	Zuschlag zu der Leistung nach Nummer 5840 bei individueller Berechnung der Dosisverteilung mit Hilfe eines Prozessrechners, je Bestrahlungsserie	2.000		108,57 €	108,57 €	202,74 €
		Der Zuschlag nach Nummer 5841 ist nur mit dem einfachen Gebührensatz berechnungsfähig.					
5842	5842	Brachytherapie an der Körperoberfläche – einschließlich Bestrahlungsplanung, gegebenenfalls einschließlich Fotodokumentation –, je Fraktion	300		16,28 €	16,28 €	30,41 €
5844	5844	Intrakavitäre Brachytherapie, je Fraktion	1.000		54,29 €	54,29 €	101,37 €
5846	5846	Interstitielle Brachytherapie, je Fraktion	2.100		114,00 €	114,00 €	212,88 €

O IV.5 Besonders aufwendige Bestrahlungstechniken — Nummern 5851–5855

BGT Tarif-Nr.	DKG-NT Tarif-Nr.	Leistung	Punkte (nur DKG-NT I)	Besondere Kosten	Allgemeine Kosten	Sach-kosten	Vollkosten (nur DKG-NT I)
1a	1b	2	3	4	5	6	7
5851	5851	Ganzkörperstrahlenbehandlung vor Knochenmarktransplantationen – einschließlich Bestrahlungsplanung –	6.900		374,70 €	374,70 €	699,46 €
		Die Leistung nach Nummer 5851 ist unabhängig von der Anzahl der Fraktionen insgesamt nur einmal berechnungsfähig.					
5852	5852	Oberflächen-Hyperthermie, je Fraktion	1.000		54,29 €	54,29 €	101,37 €
5853	5853	Halbtiefen-Hyperthermie, je Fraktion	2.000		108,57 €	108,57 €	202,74 €
5854	5854	Tiefen-Hyperthermie, je Fraktion	2.490		135,24 €	135,24 €	252,41 €
		Die Leistungen nach den Nummern 5852 bis 5854 sind nur in Verbindung mit einer Strahlenbehandlung oder einer regionären intravenösen oder intraarteriellen Chemotherapie und nur mit dem einfachen Gebührensatz berechnungsfähig.					
5855	5855	Intraoperative Strahlenbehandlung mit Elektronen	6.900		374,70 €	374,70 €	699,46 €

Teil P

Sektionsleistungen

Dieser Teil ist nur nachrichtlich aufgeführt.
Werden Sektionsleistungen als Institutsleistungen des Krankenhauses erbracht, findet der Teil S III (Nummern 9900 ff.) Anwendung.

P Sektionsleistungen

BGT Tarif-Nr.	DKG-NT Tarif-Nr.	Leistung	Punkte (nur DKG-NT I)	Besondere Kosten	Allgemeine Kosten	Sach-kosten	Vollkosten (nur DKG-NT I)
1a	1b	2	3	4	5	6	7
6000	6000	Vollständige innere Leichenschau – einschließlich Leichenschaubericht und pathologisch-anatomischer Diagnose –	1.710				
6001	6001	Vollständige innere Leichenschau, die zusätzliche besonders zeitaufwendige oder umfangreiche ärztliche Verrichtungen erforderlich macht (z.B. ausgedehnte Untersuchung des Knochensystems oder des peripheren Gefäßsystems mit Präparierung und/oder Untersuchung von Organen bei fortschreitender Zersetzung mit bereits wesentlichen Fäulniserscheinungen) – einschließlich Leichenschaubericht und pathologisch-anatomischer Diagnose –	2.300				
6002	6002	Vollständige innere Leichenschau einer exhumierten Leiche am Ort der Exhumierung – einschließlich Leichenschaubericht und pathologisch-anatomischer Diagnose –	3.200				
6003	6003	Innere Leichenschau, die sich auf Teile einer Leiche und/oder auf einzelne Körperhöhlen beschränkt – einschließlich Leichenschaubericht und pathologisch-anatomischer Diagnose – ...	739				
6010	6010	Makroskopische neuropathologische Untersuchung des Zentralnervensystems (Gehirn, Rückenmark) einer Leiche, einschließlich Organschaubericht und pathologisch-anatomischer Diagnose –	400				
6015	6015	Mikroskopische Untersuchung von Organen (Haut, Muskel, Leber, Niere, Herz, Milz, Lunge) nach innerer Leichenschau – einschließlich Beurteilung des Befundes –, je untersuchtes Organ	242				
6016	6016	Mikroskopische Untersuchung eines Knochens nach innerer Leichenschau – einschließlich Beurteilung des Befundes – je Knochen ..	300				
6017	6017	Mikroskopische Untersuchung von vier oder mehr Knochen nach innerer Leichenschau – einschließlich Beurteilung des Befundes –	1.045				
6018	6018	Mikroskopische Untersuchung von Nerven oder Rückenmark oder Gehirn nach innerer Leichenschau – einschließlich des Befundes – ...	300				

Teil R

Analoge Bewertungen

R   Analoge Bewertungen

BGT Tarif-Nr.	DKG-NT Tarif-Nr.	Leistung	Punkte (nur DKG-NT I)	Besondere Kosten	Allgemeine Kosten	Sach-kosten	Vollkosten (nur DKG-NT I)
1a	1b	2	3	4	5	6	7
	70036	Strukturierte Schulung einer Einzelperson mit einer Mindestdauer von 20 Minuten bei Asthma bronchiale, Hypertonie – einschließlich Evaluation zur Qualitätssicherung zum Erlernen und Umsetzen des Behandlungsmanagements, einschließlich Auswertung standardisierter Fragebögen, je Sitzung; analog Nr. 33	300		4,25 €	4,25 €	30,41 €
	70072	Vorläufiger Entlassungsbericht aus dem Krankenhaus; analog Nr. 70	40		2,02 €	2,02 €	4,05 €
	70353	Einbringung des Kontrastmittels mittels intraarterieller Hochdruckinjektion zur selektiven Arteriographie (z.B. Nierenarterie), einschließlich Röntgenkontrolle und gegebenenfalls einschließlich fortlaufender EKG-Kontrolle, je Arterie; analog Nr. 351	500		7,55 €	7,55 €	50,69 €
	70409	A-Bild-Sonographie; analog Nr. 410	200		7,67 €	7,67 €	20,27 €
	70482	Relaxometrie während und/oder nach einer Allgemeinanästhesie bei Vorliegen von die Wirkungsdauer von Muskelrelaxantien verändernden Vorerkrankungen (z.B. ACE-Hemmer-Mangel) oder gravierenden pathophysiologischen Zuständen (z.B. Unterkühlung); analog Nr. 832	158		6,96 €	6,96 €	16,02 €
	70496	Drei-in-eins-Block, Knie- oder Fußblock; analog Nr. 476	380	6,62 €	4,48 €	11,10 €	45,14 €
	70618	H_2-Atemtest (z.B. Laktosetoleranztest), einschließlich Verabreichung der Testsubstanz, Probeentnahmen und Messungen der H_2-Konzentration, einschließlich Kosten; analog Nr. 617	341		18,64 €	18,64 €	34,57 €
	70619	Durchführung des ^{13}C-Harnstoff-Atemtest, einschließlich Verabreichung der Testsubstanz und Probeentnahmen; analog Nr. 615	227		12,39 €	12,39 €	23,01 €
	70658	Hochverstärktes Oberflächen-EKG aus drei orthogonalen Ableitungen mit Signalermittlung zur Analyse ventrikulärer Spätpotentiale im Frequenz- und Zeitbereich (Spätpotential-EKG); analog Nr. 652	445		24,32 €	24,32 €	45,11 €
	70704	Analtonometrie; analog Nr. 1791	148		7,08 €	7,08 €	15,00 €

BGT Tarif-Nr.	DKG-NT Tarif-Nr.	Leistung	Punkte (nur DKG-NT I)	Besondere Kosten	Allgemeine Kosten	Sach-kosten	Vollkosten (nur DKG-NT I)
1a	1b	2	3	4	5	6	7
	70707	Untersuchung des Dünndarms mittels Kapselendoskopie und Auswertung des Bildmaterials bei unklarer gastrointestinaler Blutung, nach vorausgegangener Endoskopie des oberen und unteren Gastrointestinaltraktes; analog Nr. 684	1.200		38,12 €	38,12 €	121,65 €
		plus Nr. 687	1.500		38,12 €	38,12 €	152,06 €
	70795	Kipptisch-Untersuchung mit kontinuierlicher EKG- und Blutdruckregistrierung; analog Nr. 648	605		33,04 €	33,04 €	61,33 €
	70796	Ergometrische Funktionsprüfung mittels Fahrrad- oder Laufbandergometer (physikalisch definierte und reproduzierbare Belastungsstufen), einschließlich Dokumentation; analog Nr. 650	152		8,26 €	8,26 €	15,41 €
	70888	Psychiatrische Behandlung zur Reintegration eines Erwachsenen mit psychopathologisch definiertem Krankheitsbild als Gruppenbehandlung (in Gruppen von 3 bis 8 Teilnehmern) durch syndrombezogene verbale Intervention als therapeutische Konsequenz aus den dokumentierten Ergebnissen der selbsterbrachten Leistung nach Nr. 801, Dauer mindestens 50 Minuten, je Teilnehmer und Sitzung; analog Nr. 887	200		2,83 €	2,83 €	20,27 €
	71006	Gezielte weiterführende sonographische Untersuchung zur differenzialdiagnostischen Abklärung und/oder der Überwachung bei aufgrund einer Untersuchung nach Nr. 415 erhobenem Verdacht auf pathologische Befunde (Schädigung eines Fetus durch Fehlbildung oder Erkrankung oder ausgewiesener besonderer Risikosituation aufgrund der Genetik, Anamnese oder einer exogenen Noxe); analog Nr. 5373 je Sitzung	1.900		103,14 €	103,14 €	192,60 €

R Analoge Bewertungen

BGT Tarif-Nr.	DKG-NT Tarif-Nr.	Leistung	Punkte (nur DKG-NT I)	Besondere Kosten	Allgemeine Kosten	Sach-kosten	Vollkosten (nur DKG-NT I)
1a	1b	2	3	4	5	6	7
		Die Indikationen ergeben sich aus der Anlage 1c II.2 der Mutterschafts-Richtlinien in der jeweils geltenden Fassung. Die weiterführende sonographische Diagnostik kann ggf. mehrfach, zur gezielten Ausschlussdiagnostik bis zu dreimal im gesamten Schwangerschaftsverlauf, berechnet werden. Im Positivfall einer fetalen Fehlbildung oder Erkrankung ist die Berechnung auch häufiger möglich. Das zur Untersuchung genutzte Ultraschallgerät muss mindestens über 64 Kanäle im Sende- und Empfangsbereich, eine variable Tiefenfokussierung, mindestens 64 Graustufen und eine aktive Vergrößerungsmöglichkeit für Detaildarstellungen verfügen.					
	71007	Farbcodierte Doppler-echokardiographische Untersuchung eines Fetus einschließlich Bilddokumentation bei Verdacht auf Fehlbildung oder Erkrankung des Fetus, einschließlich eindimensionaler Doppler-echokardiographischer Untersuchung, gegebenenfalls einschließlich Untersuchung mit cw-Doppler und Frequenzspektrumanalyse, gegebenenfalls einschließlich zweidimensionaler echokardiographischer Untersuchung mittels Time-Motion-Verfahren (M-Mode); analog Nrn. 424	700		34,10 €	34,10 €	70,96 €
		plus Nr. 404	250		13,57 €	13,57 €	25,34 €
		plus Nr. 406	200		10,87 €	10,87 €	20,27 €
		Die Indikationen ergeben sich aus der Anlage 1d der Mutterschafts-Richtlinien in der jeweils geltenden Fassung. Die Dopplerechokardiographie kann ggf. neben den Leistungen nach den Nrn. 71006 und 71008 berechnet werden.					
	71008	Weiterführende differenzialdiagnostische sonographische Abklärung des fetomaternalen Gefäßsystems mittels Duplexverfahren bei Verdacht auf Gefährdung oder Schädigung des Fetus, gegebenenfalls farbcodiert und/oder direktionale Doppler-sonographische Untersuchung im fetomaternalen Gefäßsystem, einschließlich Frequenzspektrumanalyse; analog Nr. 689	700		9,68 €	9,68 €	70,96 €

BGT Tarif-Nr.	DKG-NT Tarif-Nr.	Leistung	Punkte (nur DKG-NT I)	Besondere Kosten	Allgemeine Kosten	Sach-kosten	Vollkosten (nur DKG-NT I)
1a	1b	2	3	4	5	6	7
		Die Indikationen ergeben sich aus der Anlage 1d der Mutterschafts-Richtlinien in der jeweils geltenden Fassung. Die Duplex-sonographische Untersuchung nach 71008 kann ggf. neben den Leistungen nach den Nrn. 415, 71006 und 71007 berechnet werden. Bei Mehrlingen sind die Leistungen nach den Nrn. 71006, 71007 und 71008 entsprechend der Zahl der Mehrlinge mehrfach berechnungsfähig.					
		Voraussetzung für das Erbringen der Leistungen nach den Nrn. 71006, 71007 und 71008 ist das Vorliegen der Qualifikation zur Durchführung des fetalen Ultraschalls im Rahmen der Erkennung von Entwicklungsstörungen, Fehlbildungen und Erkrankungen des Fetus nach der jeweils für die Ärztin/den Arzt geltenden Weiterbildungsordnung.					
	71157	Chorionzottenbiopsie, transvaginal oder transabdominal unter Ultraschallsicht; analog Nr. 1158	739	7,78 €	23,96 €	31,74 €	82,69 €
	71387	Netzhaut-Glaskörper-chirurgischer Eingriff bei anliegender oder abgelöster Netzhaut ohne netzhautablösende Membranen, einschließlich Pars-plana-Vitrektomie, Retinopexie, ggf. einschließlich Glaskörper-Tamponade, ggf. einschließlich Membran-Peeling; analog Nr. 2551	7.500	45,30 €	234,14 €	279,44 €	805,58 €
		Neben der Nr. 71387 sind keine zusätzlichen Eingriffe an Netzhaut oder Glaskörper berechnungsfähig.					

R Analoge Bewertungen   Nummern 713871–71833a

BGT Tarif-Nr.	DKG-NT Tarif-Nr.	Leistung	Punkte (nur DKG-NT I)	Besondere Kosten	Allgemeine Kosten	Sach-kosten	Vollkosten (nur DKG-NT I)
1a	1b	2	3	4	5	6	7
	713871	Netzhaut-Glaskörper-chirurgischer Eingriff bei anliegender und/oder abgelöster Netzhaut mit netzhautablösenden Membranen und/oder therapierefraktärem Glaukom und/oder submakulärer Chirurgie, einschließlich Pars-plana-Vitrektomie, Buckelchirurgie, Retinopexie, Glaskörper-Tamponade, Membran-Peeling, ggf. einschließlich Rekonstruktion eines Iris-Diaphragmas, ggf. einschließlich Retinotomie, ggf. einschließlich Daunomycin-Spülung, ggf. einschließlich Zell-Transplantation, ggf. einschließlich Versiegelung eines Netzhautlochs mit Thrombozytenkonzentraten, ggf. einschließlich weiterer mikrochirurgischer Eingriffe an Netzhaut oder Glaskörper (z.B. Pigmentgewinnung und -implantation); analog Nr. 2551	7.500	**45,30 €**	**234,14 €**	**279,44 €**	**805,58 €**
		plus analog Nr. 2531	7.500	**22,60 €**	**137,72 €**	**160,32 €**	**782,88 €**
		Neben der Nr. 713871 sind keine zusätzlichen Gebührenpositionen für weitere Eingriffe an Netzhaut oder Glaskörper berechnungsfähig.					
		Ergänzende Abrechnungsempfehlung zu den Nrn. 71387 und 713871: Die Ausschlussbestimmungen bei den Nrn. 71387 und 713871, wonach keine zusätzlichen Gebührenpositionen für weitere Eingriffe an Netzhaut oder Glaskörper berechnungsfähig sind, gelten nicht für Netzhaut-Glaskörper-chirurgische Eingriffe bei Ruptur des Augapfels mit oder ohne Gewebeverlust oder bei Resektion uvealer Tumoren und/oder Durchführung einer Macula-Rotation. Neben Leistungen nach den Nrn. 71387 oder 713871 können in diesen Ausnahmefällen – je nach Indikation – die genannten Maßnahmen als zusätzliche Leistungen berechnet werden, wie z.B. die Nr. 713872 für die Macula-Rotation.					
	713872	Macula-Rotation; analog Nr. 1375	3.500	**7,78 €**	**14,16 €**	**21,94 €**	**362,58 €**
	71716	Spaltung einer Harnröhrenstriktur unter Sicht (z.B. nach Sachse); analog Nr. 1802	739	**7,78 €**	**20,18 €**	**27,96 €**	**82,69 €**
	71833a	Wechsel eines suprapubischen Harnblasenfistelkatheters, einschl. Spülung, Katheterfixation und Verband; analog Nr. 1833	237		**11,08 €**	**11,08 €**	**24,02 €**

BGT Tarif-Nr.	DKG-NT Tarif-Nr.	Leistung	Punkte (nur DKG-NT I)	Besondere Kosten	Allgemeine Kosten	Sach-kosten	Vollkosten (nur DKG-NT I)
1a	1b	2	3	4	5	6	7
	71861	Transurethrale endoskopische Litholapaxie von Harnleitersteinen einschließlich Harnleiterbougierung, intrakorporaler Steinzertrümmerung und endoskopischer Entfernung der Steinfragmente, ggf. einschließlich retrograder Steinreposition; analog Nr. 1817	2.220	31,11 €	55,59 €	86,70 €	256,15 €
		plus Nr. 1787	252		10,87 €	10,87 €	25,55 €
	71862	Perkutane Nephrolitholapaxie (PNL oder PCNL) – mit Ausnahme von Nierenausgusssteinen – einschließlich intrakorporaler Steinzertrümmerung, pyeloskopischer Entfernung der Steinfragmente und Anlage einer Nierenfistel; analog Nr. 1838	2.220	38,89 €	51,80 €	90,69 €	263,93 €
		plus Nr. 1852	700	7,78 €	33,88 €	41,66 €	78,74 €
	71863	Transurethrale Endopyelotomie, einschließlich Ureterorenoskopie mit Harnleiterbougierung, ggf. einschließlich der retrograden Darstellung des Ureters und des Nierenbeckens mittels Kontrastmittel und Durchleuchtung, ggf. einschließlich Einlage eines transureteralen Katheters oder transkutane Endopyelotomie, einschließlich Punktion des Nierenbeckens und Bougierung der Nierenfistel sowie Pyeloskopie, ggf. einschließlich der Darstellung des Nierenbeckens mittels Kontrastmittel und Durchleuchtung, ggf. einschließlich Einlage eines Nierenfistelkatheters; analog Nr. 1827	1.500		33,75 €	33,75 €	152,06 €
		plus analog Nr. 1852	700	7,78 €	33,88 €	41,66 €	78,74 €
		Die Einlage eines transureteralen Katheters nach Nr. 1812 bzw. die Einlage eines Nierenfistelkatheters nach Nr. 1851 ist Leistungsbestandteil der transurethralen bzw. perkutanen Endopyelotomie und kann nicht zusätzlich berechnet werden. Die retrograde bzw. anterograde Darstellung von Ureter und Nierenbecken nach Nr. 5220 ist Leistungsbestandteil der transurethralen bzw. perkutanen Endopyelotomie und kann nicht zusätzlich berechnet werden. Die Darstellung von Harnblase und Urethra nach Nr. 5230 ist, sofern erforderlich, neben der transurethralen Endopyelotomie berechnungsfähig.					

R Analoge Bewertungen Nummern 71870–71880

BGT Tarif-Nr.	DKG-NT Tarif-Nr.	Leistung	Punkte (nur DKG-NT I)	Besondere Kosten	Allgemeine Kosten	Sach-kosten	Vollkosten (nur DKG-NT I)
1a	1b	2	3	4	5	6	7
	71870	Totale Entfernung der Prostata und der Samenblasen einschließlich pelviner Lymphknotenentfernung mit anschließender Rekonstruktion des Blasenhalses und der Schließmuskelfunktion, einschließlich Blasenkatheter, ggf. einschließlich suprapubischem Katheter, ggf. einschließlich einer oder mehrerer Drainagen; analog Nr. 1845	4.990	116,57 €	201,46 €	318,03 €	622,41 €
	71871	Totale Entfernung der Prostata und der Samenblasen einschließlich pelviner Lymphknotenentfernung mit anschließender Rekonstruktion des Blasenhalses und der Schließmuskelfunktion sowie Potenzerhalt durch Präparation der Nervi erigentes, auch beidseitig, einschließlich Blasenkatheter, ggf. einschließlich suprapubischem Katheter, ggf. einschließlich einer oder mehrerer Drainagen; analog Nr. 1850	6.500	116,57 €	262,46 €	379,03 €	775,48 €
	71872	Totale Entfernung der Prostata und der Samenblasen ohne pelvine Lymphknotenentfernung mit anschließender Rekonstruktion des Blasenhalses und der Schließmuskelfunktion, einschließlich Blasenkatheter, ggf. einschließlich suprapubischem Katheter, ggf. einschließlich einer oder mehrerer Drainagen; analog Nr. 1843	4.160	77,79 €	167,93 €	245,72 €	499,49 €
	71873	Totale Entfernung der Prostata und der Samenblasen ohne pelvine Lymphknotenentfernung mit anschließender Rekonstruktion des Blasenhalses und der Schließmuskelfunktion sowie Potenzerhalt durch Präparation der Nervi erigentes, auch beidseitig, einschließlich Blasenkatheter, ggf. einschließlich suprapubischem Katheter, ggf. einschließlich einer oder mehrerer Drainagen; analog Nr. 3088	5.600	45,30 €	207,70 €	253,00 €	612,98 €
		Die Analogen Bewertungen nach 71870, 71871, 71872 und 71873 können nicht nebeneinander, sondern nur alternativ (je nach Leistungsumfang) berechnet werden.					
	71880	Organerhaltende Entfernung eines malignen Nierentumors ohne Entfernung der regionalen Lymphknoten; analog Nr. 1842	3.230	62,22 €	85,91 €	148,13 €	389,65 €

R Analoge Bewertungen

Nummern 71881–75830

BGT Tarif-Nr.	DKG-NT Tarif-Nr.	Leistung	Punkte (nur DKG-NT I)	Besondere Kosten	Allgemeine Kosten	Sach- kosten	Vollkosten (nur DKG-NT I)
1a	1b	2	3	4	5	6	7
	71881	Organerhaltende Entfernung eines malignen Nierentumors mit Entfernung der regionalen Lymphknoten; analog Nr. 1843	4.160	77,79 €	167,93 €	245,72 €	499,49 €
		Bei metastatischem Befall von Lymphknoten über das regionäre Lymphstromgebiet (nach gültiger TNM-Klassifikation) hinaus kann zusätzlich die Nr. 1783 analog für die extraregionäre Lymphknotenentfernung als selbstständige Leistung, nach Abzug der Eröffnungsleistung, neben der Nr. 1843 analog berechnet werden.					
	71890	Fluoreszenzendoskopie bei Urothelkarzinom, einschließlich Instillation des Farbstoffs; analog Nr. 1789	325	2,31 €	14,87 €	17,18 €	35,26 €
	73289	Operation eines großen Leisten- oder Schenkelbruches oder Rezidivoperation eines Leisten- oder Schenkelbruches, jeweils einschließlich Implantation eines Netzes; analog Nr. 3286	2.000	46,78 €	66,21 €	112,99 €	249,52 €
	73732	Troponin-T-Schnelltest; analog Nr. 3741	200		6,10 €	6,10 €	13,80 €
	73733	Trockenchemische Bestimmung von Theophyllin; analog Nr. 3736	120		3,70 €	3,70 €	8,28 €
	73734	Qualitativer immunologischer Nachweis von Albumin im Stuhl; analog Nr. 3736	120		3,70 €	3,70 €	8,28 €
	73757	Eiweißuntersuchung aus eiweißarmen Flüssigkeiten (z.B. Liquor-, Gelenk- oder Pleurapunktat); analog Nr. 3760	70		2,20 €	2,20 €	4,83 €
	74463	Qualitative Bestimmung von Antikörpern mittels Ligandenassay – gegebenenfalls einschließlich Doppelbestimmung und aktueller Bezugskurve; analog Nr. 4462	230		7,10 €	7,10 €	15,88 €
	75830	Computergestützte Individual-Ausblendung (Multileaf-Kollimatoren = MLC), einmal je Feld und Bestrahlungsserie, einschließlich Programmierung; analog Nr. 5378	1.000		54,29 €	54,29 €	101,37 €

BGT Tarif-Nr.	DKG-NT Tarif-Nr.	Leistung	Punkte (nur DKG-NT I)	Besondere Kosten	Allgemeine Kosten	Sach-kosten	Vollkosten (nur DKG-NT I)
1a	1b	2	3	4	5	6	7
		Individuelle Ausblendungen zum Schutz von Normalgewebe und Organen können anstelle von Bleiblöcken auch durch Programmierung eines (Mikro-) Multileaf-Kollimators erstellt werden, wobei für den Programmieraufwand die analoge Nr. 5378 einmal je Feld und Bestrahlungsserie angesetzt werden kann.					
	75860	Radiochirurgisch stereotaktische Bestrahlung benigner Tumoren mittels Linearbeschleuniger – einschließlich Fixierung mit Ring oder Maske –, einschließlich vorausgegangener Bestrahlungsplanung, einschließlich Anwendung eines Simulators und Anfertigung einer Körperquerschnittszeichnung oder Benutzung eines Körperquerschnitts anhand vorliegender Untersuchungen, einschließlich individueller Berechnung der Dosisverteilung mit Hilfe eines Prozessrechners; analog 6 × Nr. 5855	41.400		**2.248,17 €**	**2.248,17 €**	**4.196,76 €**
		Unter radiochirurgischer Bestrahlung (Radiochirurgie) ist die einzeitige stereotaktische Bestrahlung mittels Linearbeschleuniger zu verstehen. Die Radiochirurgie ist nur einmal in sechs Monaten berechnungsfähig. Diese Therapie ist grundsätzlich bei folgenden Indikationen geeignet: Akustikusneurinom, Hypophysenadenom, Meningeom, arteriovenöse Malformation, medikamentös oder operativ therapierefraktäre Trigeminusalgesie, Chordom.					
	75861	Radiochirurgisch stereotaktische Bestrahlung primär maligner Tumoren oder von Hirnmetastasen mittels Linearbeschleuniger – einschließlich Fixierung mit Ring oder Maske –, einschließlich vorausgegangener Bestrahlungsplanung, einschließlich Anwendung eines Simulators und Anfertigung einer Körperquerschnittszeichnung oder Benutzung eines Körperquerschnitts anhand vorliegender Untersuchungen, einschließlich individueller Berechnung der Dosisverteilung mit Hilfe eines Prozessrechners; analog 3,5 × Nr. 5855	24.150		**1.311,43 €**	**1.311,43 €**	**2.448,11 €**

BGT Tarif-Nr.	DKG-NT Tarif-Nr.	Leistung	Punkte (nur DKG-NT I)	Besondere Kosten	Allgemeine Kosten	Sach-kosten	Vollkosten (nur DKG-NT I)
1a	1b	2	3	4	5	6	7
		Unter radiochirurgischer Bestrahlung (Radiochirurgie) ist die einzeitige stereotaktische Bestrahlung mittels Linearbeschleuniger zu verstehen. Die Radiochirurgie ist nur einmal in sechs Monaten berechnungsfähig. Diese Therapie ist grundsätzlich bei folgenden Indikationen geeignet: Inoperabler primärer Hirntumor oder Rezidiv eines Hirntumors, symptomatische Metastase ZNS, Aderhautmelanom.					
	75863	3-D-Bestrahlungsplanung für die fraktionierte stereotaktische Präzisionsbestrahlung bei Kindern und Jugendlichen mit malignen Kopf-, Halstumoren und bei allen Patienten (ohne Altersbegrenzung) mit benignen Kopf-, Halstumoren mittels Linearbeschleuniger, einschließlich Anwendung eines Simulators und Anfertigung einer Körperquerschnittszeichnung oder Benutzung eines Körperquerschnitts anhand vorliegender Untersuchungen, einschließlich individueller Berechnung der Dosisverteilung mit Hilfe eines Prozessrechners; analog 3 × Nr. 5855	20.700		1.124,09 €	1.124,09 €	2.098,38 €
		Diese 3-D-Bestrahlungsplanung ist nur einmal in sechs Monaten berechnungsfähig. Die analoge Nr. 5855 wird dreimal angesetzt für den Bestrahlungsplan im Rahmen der fraktionierten stereotaktischen Präzisionsbestrahlung benigner Tumoren.					
	75864	Fraktionierte stereotaktische Präzisionsbestrahlung bei Kindern und Jugendlichen mit malignen Kopf-, Halstumoren und bei allen Patienten (ohne Altersbegrenzung) mit benignen Kopf-, Hirntumoren mittels Linearbeschleuniger, ggf. einschließlich Fixierung mit Ring oder Maske, je zwei Fraktionen; analog 1 × Nr. 5855	6.900		374,70 €	374,70 €	699,46 €
		Unter einer Fraktion wird eine Bestrahlung verstanden. Die Gebührenposition Nr. 5855 analog ist einmal für zwei Fraktionen berechnungsfähig. Wird eine weitere Fraktion erbracht, so löst diese einen halben (0,5-maligen) analogen Ansatz der Nr. 5855 aus.					

BGT Tarif-Nr.	DKG-NT Tarif-Nr.	Leistung	Punkte (nur DKG-NT I)	Besondere Kosten	Allgemeine Kosten	Sach-kosten	Vollkosten (nur DKG-NT I)
1a	1b	2	3	4	5	6	7
	75865	3-D-Bestrahlungsplanung für die fraktionierte stereotaktische Präzisionsbestrahlung von Rezidiven primär maligner Kopf-, Halstumoren oder Rezidiven von Hirnmetastasen mittels Linearbeschleuniger, einschließlich Anwendung eines Simulators und Anfertigung einer Körperquerschnittszeichnung oder Benutzung eines Körperquerschnitts anhand vorliegender Untersuchungen, einschließlich individueller Berechnung der Dosisverteilung mit Hilfe eines Prozessrechners; analog 1,75 × Nr. 5855	12.075		655,72 €	655,72 €	1.224,05 €
		Diese 3-D-Bestrahlungsplanung ist nur einmal in sechs Monaten berechnungsfähig. Die analoge Nr. 5855 wird 1,75-mal angesetzt für den Bestrahlungsplan im Rahmen der fraktionierten stereotaktischen Präzisionsbestrahlung primär oder sekundär maligner Tumoren.					
	75866	Fraktionierte stereotaktische Präzisionsbestrahlung von Rezidiven primär maligner Kopf-, Halstumoren oder Rezidiven von Hirnmetastasen mittels Linearbeschleuniger, ggf. einschließlich Fixierung mit Ring oder Maske, je drei Fraktionen; analog 1 × Nr. 5855	6.900		374,70 €	374,70 €	699,46 €
		Unter einer Fraktion wird eine Bestrahlung verstanden. Die Gebührenposition Nr. 5855 analog ist einmal für drei Fraktionen berechnungsfähig. Werden eine oder zwei weitere Fraktion/en erbracht, so löst/lösen diese Fraktion/en zwei Drittel (zur Vereinfachung 0,7) bzw. ein Drittel (zur Vereinfachung 0,35) mal den analogen Ansatz der Nr. 5855 aus.					

R Analoge Bewertungen

Nummern 77001–77008

BGT Tarif-Nr.	DKG-NT Tarif-Nr.	Leistung	Punkte (nur DKG-NT I)	Besondere Kosten	Allgemeine Kosten	Sach-kosten	Vollkosten (nur DKG-NT I)
1a	1b	2	3	4	5	6	7
		Die fraktionierte stereotaktische Präzisionsbestrahlung analog nach Nr. 5855 ist maximal fünf Mal (15 Fraktionen) in sechs Monaten berechnungsfähig. Kriterien für die fraktionierte stereotaktische Präzisionsbestrahlung, in Abgrenzung zur einzeitigen stereotaktischen Bestrahlung (Radiochirurgie), sind: Primäre Hirntumoren (Inoperabilität und/oder Therapieresistenz bzw. Progression oder Rezidiv z. B. nach konventioneller Bestrahlung mit oder ohne Chemotherapie), Rezidiv einer symptomatischen Metastase des ZNS, chiasmanahe oder im Hirnstamm lokalisierte Hirnmetastase, Rezidiv eines Aderhautmelanoms.					
	77001	Untersuchung der alters- oder erkrankungsbedingten Visusäquivalenz, z.B. bei Amblyopie, Medientrübung oder fehlender Mitarbeit; analog Nr. 1225	121		**4,84 €**	**4,84 €**	**12,27 €**
	77002	Qualitative Aniseikonieprüfung mittels einfacher Trennerverfahren; analog Nr. 1200	59		**3,07 €**	**3,07 €**	**5,98 €**
		Die Untersuchung nach Nr. 77002 kann nur bei besonderer Begründung, und dann auch zusätzlich zur Kernleistung nach Nr. 1200, berechnet werden.					
	77003	Quantitative Aniseikoniemessung, gegebenenfalls einschließlich qualitativer Aniseikonieprüfung; analog Nr. 1226	182		**4,25 €**	**4,25 €**	**18,45 €**
	77006	Bestimmung elektronisch vergrößernder Sehhilfen, je Sitzung; analog Nr. 1227	248		**7,79 €**	**7,79 €**	**25,14 €**
	77007	Quantitative Untersuchung der Hornhautsensibilität; analog Nr. 825	83		**1,52 €**	**1,52 €**	**8,41 €**
		Nr. 77007 ist nicht berechnungsfähig neben Nr. 6.					
	77008	Konfokale Scanning-Mikroskopie der vorderen Augenabschnitte, einschließlich quantitativer Beurteilung des Hornhautendothels und Messung von Hornhautdicke und Streulicht, ggf. einschließlich Bilddokumentation je Auge; analog Nr. 1249	484		**26,31 €**	**26,31 €**	**49,06 €**

R Analoge Bewertungen

Nummern 77009–77020

BGT Tarif-Nr.	DKG-NT Tarif-Nr.	Leistung	Punkte (nur DKG-NT I)	Besondere Kosten	Allgemeine Kosten	Sach-kosten	Vollkosten (nur DKG-NT I)
1a	1b	2	3	4	5	6	7
	77009	Quantitative topographische Untersuchung der Hornhautbrechkraft mittels computergestützter Videokeratoskopie, ggf. an beiden Augen; analog Nr. 415	300		11,57 €	11,57 €	30,41 €
	77010	Laserscanning-Ophthalmoskopie; analog Nr. 1249	484		26,31 €	26,31 €	49,06 €
	77011	Biomorphometrische Untersuchung des hinteren Augenpols, ggf. beidseits; analog Nr. 423	500		24,43 €	24,43 €	50,69 €
	77012	Frequenz-Verdopplungs-Perimetrie oder Rauschfeld-Perimetrie; analog Nr. 1229	182		4,25 €	4,25 €	18,45 €
	77013	Überschwellige und/oder schwellenbestimmende quantitativ abgestufte, rechnergestützte statische Rasterperimetrie, einschließlich Dokumentation; analog Nr. 1227	248		7,79 €	7,79 €	25,14 €
	77014	Ultraschall-Biomikroskopie der vorderen Augenabschnitte, einmal je Sitzung; analog Nr. 413	280		10,73 €	10,73 €	28,38 €
	77015	Optische und sonographische Messung der Vorderkammertiefe und/oder der Hornhautdicke des Auges; analog Nr. 410	200		7,67 €	7,67 €	20,27 €
	77015	für die Untersuchung des anderen Auges in der gleichen Sitzung; analog Nr. 420	80		3,07 €	3,07 €	8,11 €
	77016	Berechnung einer intraokularen Linse, je Auge; analog Nr. 1212	132		7,91 €	7,91 €	13,38 €
	77017	Zweidimensionale Laserdoppler-Untersuchung der Netzhautgefäße mit Farbkodierung, ggf. beidseits; analog Nr. 424	700		34,10 €	34,10 €	70,96 €
	77017	plus Nr. 406	200		10,87 €	10,87 €	20,27 €
	77018	Einlegen eines Plastikröhrchens in die ableitenden Tränenwege bis in die Nasenhöhle, ggf. einschließlich Nahtfixation, je Auge; analog Nr. 1298	132		2,02 €	2,02 €	13,38 €
	77019	Prismenadaptionstest vor Augenmuskeloperationen, je Sitzung; analog Nr. 1215	121		5,78 €	5,78 €	12,27 €
	77020	Präoperative kontrollierte Bulbushypotonie mittels Okulopression; analog Nr. 1257	242		8,97 €	8,97 €	24,53 €

R Analoge Bewertungen

Nummern 77021–77029

BGT Tarif-Nr.	DKG-NT Tarif-Nr.	Leistung	Punkte (nur DKG-NT I)	Besondere Kosten	Allgemeine Kosten	Sach-kosten	Vollkosten (nur DKG-NT I)
1a	1b	2	3	4	5	6	7
	77021	Operative Reposition einer intraokularen Linse; analog Nr. 1353	832	7,78 €	23,96 €	31,74 €	92,12 €
	77022	Chirurgische Maßnahmen zur Wiederherstellung der Pupillenfunktion und/oder Einsetzen eines Irisblendenrings; analog Nr. 1326	1.110	7,46 €	26,55 €	34,01 €	119,98 €
	77023	Messung der Zyklotropie mittels haploskopischer Verfahren und/oder Laserscanning-Ophthalmoskopie; analog Nr. 1217	242		8,14 €	8,14 €	24,53 €
	77024	Differenzierende Analyse der Augenstellung beider Augen mittels Messung von Horizontal-, Vertikal- und Zyklo-Deviation an Tangentenskalen in 9 Blickrichtungen, einschließlich Kopfneige-Test; analog Nr. 1217	242		8,14 €	8,14 €	24,53 €
	77025	Korrektur dynamischer Schielwinkelveränderungen mittels retroäquatorialer Myopexie (sog. Fadenoperation nach Cüppers) an einem geraden Augenmuskel; analog Nr. 1376	1.480	7,78 €	32,81 €	40,59 €	157,81 €
	77026	Chirurgische Maßnahmen bei Erkrankungen des Aufhängeapparates der Linse; analog Nr. 1326	1.110	7,46 €	26,55 €	34,01 €	119,98 €
		Eine Berechnung der Nr. 77026 neben einer Katarakt-Operation, z.B. nach den Nrn. 1349 bis 1351, Nr. 1362, Nr. 1374 oder Nr. 1375, ist in gleicher Sitzung nur bei präoperativer Indikationsstellung zu diesem Zweiteingriff auf Grund des Vorliegens einer besonderen Erkrankung (z.B. subluxierte Linse bei Marfan-Syndrom oder Pseudoexfoliationssyndrom) zulässig.					
	77027	Operation einer Netzhautablösung mit eindellenden Maßnahmen, einschließlich Kryopexie der Netzhaut und/oder Endolaser-Applikation; analog Nr. 1368	3.030	5,47 €	46,62 €	52,09 €	312,62 €
	77028	Untersuchung und Beurteilung einer okulär bedingten Kopfzwangshaltung, beispielsweise mit Prismenadaptionstest oder Disparometer; analog Nr. 1217	242		8,14 €	8,14 €	24,53 €
	77029	Isolierte Kryotherapie zur Behandlung oder Verhinderung einer Netzhautablösung, als alleinige Leistung; analog Nr. 1366	1.110	5,47 €	21,24 €	26,71 €	117,99 €

Teil S

Krankenhaus-sachleistungen, Obduktionen

S I Bäder, Massagen, Krankengymnastik und andere Heilbehandlungen

BGT Tarif-Nr.	DKG-NT Tarif-Nr.	Leistungsbeschreibung	Preis
		Beachte:	
		1. Ein Zeitintervall entspricht einer Behandlungszeit von 10 Minuten.	
		2. Die jeweilige Anzahl abrechnungsfähiger Zeitintervalle ergibt sich aus dem vertraglich vereinbarten ärztlichen Verordnungsblatt.	
		Gruppe 1: Krankengymnastik	
9101	9101	Krankengymnastische Behandlung auch auf neurophysiologischer Grundlage	11,47 €**)
9102	9102	Krankengymnastische Behandlung auf neurophysiologischer Grundlage bei erworbenen traumatischen, zentralen und peripheren Bewegungsstörungen beim Kind	11,47 €**)
9103	9103	Krankengymnastische Behandlung auf neurophysiologischer Grundlage bei erworbenen traumatischen, zentralen und peripheren Bewegungsstörungen beim Erwachsenen	11,77 €**)
9104	9104	Krankengymnastische Behandlung in Gruppen ab 3 Teilnehmern, je Teilnehmer	4,73 €**)
9105*)	9105*)	Krankengymnastik im Bewegungsbad	13,05 €**)
9106*)	9106*)	Krankengymnastik im Bewegungsbad in Gruppen, je Teilnehmer	6,55 €**)
9107	9107	Manuelle Therapie	13,69 €**)
		Gruppe 2: Thermotherapie (Wärme- und Kältetherapie)	
9201	9201	Wärmeanwendung bei einem oder mehreren Körperabschnitten (alle Wärmestrahler)	7,43 €**)
9202	9202	Heiße Rolle bei einem oder mehreren Körperabschnitten	6,27 €**)
9203*)	9203*)	Warmpackung oder Teilbäder eines oder mehrer Körperabschnitte mit Paraffinen bzw. Paraffin-Peloid-Gemischen	8,88 €**)
9204*)	9204*)	Warmpackung mit natürlichen Peloiden (Moor, Fango, Schlick, Pelose), Teilpackung, ein Körperabschnitt (Arm, Bein, Schulter, Nacken) auch Fangokneten	11,91 €**)
9205*)	9205*)	Warmpackung mit natürlichen Peloiden (Moor, Fango, Schlick, Pelose), Doppelpackung, zwei Körperabschnitte (beide Arme, ein Bein, beide Beine oder ganzer Rücken)	15,08 €**)
9206	9206	Kälteanwendung bei einem Körperabschnitt oder mehreren Körperabschnitten (Kompresse, Eisbeutel, Peloide, Eisteilbad)	12,15 €**)
9207	9207	Apparative Kälteanwendung bei einem oder mehreren Körperteilen (Kaltgas, Kaltluft)	10,78 €

BGT Tarif-Nr.	DKG-NT Tarif-Nr.	Leistungsbeschreibung	Preis
		Gruppe 3: Elektrotherapie	
9301	9301	Elektrobehandlung einzelner oder mehrerer Körperabschnitte mit Reizströmen	5,04 €**)
9302	9302	Elektrogymnastik einzelner oder mehrerer Körperabschnitte bei Lähmungen	5,04 €**)
9303	9303	Behandlung eines oder mehrerer Körperabschnitte mit Ultraschall	8,76 €**)
9304	9304	Behandlung eines oder mehrerer Körperabschnitte mit Iontophorese (ohne Medikamente)	7,65 €**)
		Gruppe 4: Massage, manuelle Lymphdrainage, medizinische Bädertherapie und Chirogymnastik	
9401	9401	Klassische Massage einzelner oder mehrerer Körperabschnitte sowie auch Spezialmassagen (Bindegewebs-, Reflexzonen-, Segment-, Periost-, Bürsten- und Colonmassage)	19,51 €
9402	9402	Manuelle Lymphdrainage eines Körperabschnittes, Teilbehandlung	9,51 €**)
9403	9403	Manuelle Lymphdrainage zweier oder mehrerer Körperabschnitte, Ganzbehandlung	10,09 €**)
9403a	9403a	Kompressionsbandagierung einschl. der Kosten für Polstermaterial und Trikofix	16,32 €
9404*)	9404*)	Sitzbad mit Zusatz	*weggefallen*
9405*)	9405*)	Hand-, Fußbad mit Zusatz	6,35 €
9406*)	9406*)	Vollbad, Halbbad - mit Zusatz	*weggefallen*
9407*)	9407*)	Kohlensäurebad	25,02 €
9408*)	9408*)	Gashaltiges Bad mit Zusatz	*weggefallen*
9409*)	9409*)	Hydroelektrisches Vollbad (z. B. Stangerbad)	24,90 €
9410	9410	Hydroelektrisches Teilbad (Zwei- und Vierzellenbad)	13,07 €
9412*)	9412*)	Unterwasserdruckstrahlmassage	30,44 €
9413	9413	Chirogymnastik (funktionelle Wirbelsäulengymnastik)	18,42 €
9414	9414	Extensionsbehandlung	6,80 €
		Gruppe 5: Inhalationstherapie	
9501	9501	Einzelinhalation	7,43 €**)
9502	9502	Rauminhalation, je Teilnehmer	3,73 €**)
		Gruppe 6: Zusätzliche Leistungen	
9601	9601	Zusätzlich ärztlich verordnete Ruhe, d. h. außerhalb der mit einem *) versehenen Leistungen (einschließlich Wäsche)	4,55 €

S I Bäder, Massagen, Krankengymnastik und andere Heilbehandlungen

BGT Tarif-Nr.	DKG-NT Tarif-Nr.	Leistungsbeschreibung	Preis
9602	9602	Ärztlich verordneter Hausbesuch, je Besuch	13,55 €
9603	9603	Wegegebühr bei ärztlich verordnetem Hausbesuch je km	0,36 €
		Ergotherapie	
		Beachte: Ein Zeitintervall entspricht einer Behandlungszeit von 15 Minuten (einschließlich Vor- und Nachbereitungszeit). Die jeweilige Anzahl abrechnungsfähiger Zeitintervalle ergibt sich aus der zwischen den Spitzenverbänden der UV-Träger und den Verbänden der ergotherapeutischen Berufe vertraglich vereinbarten ärztlichen Verordnung. Der Arzt verordnet die Leistung unter Angabe der Nummer des mit diesen Verbänden vereinbarten Gebührenverzeichnisses. Die zwischen den Spitzenverbänden der UV-Träger und den Verbänden der ergotherapeutischen Berufe vereinbarte Leistungsbeschreibung in der jeweils gültigen Fassung findet Anwendung.	
9651 (11.1[2])	9651 (11.1[2])	Ergotherapeutische Behandlung bei motorisch-funktionellen Störungen	
		Regel-Behandlungszeit: 3 Zeitintervalle	14,15 €[**]
9652 (11.2[2])	9652 (11.2[2])	Ergotherapeutische Behandlung bei sensomotorischen/perzeptiven Störungen	
		Regel-Behandlungszeit: 4 Zeitintervalle	14,15 €[**]
9653 (11.3[2])	9653 (11.3[2])	Ergotherapeutisches Hirnleistungstraining/Neurophysiologisch orientierte Behandlung	
		Regel-Behandlungszeit: 3 Zeitintervalle	14,15 €[**]
9654 (11.4[2])	9654 (11.4[2])	Ergotherapeutische Behandlung bei psychisch-funktionellen Störungen	
		Regel-Behandlungszeit: 5 Zeitintervalle	14,15 €[**]
9655 (11.5[2])	9655 (11.5[2])	Arbeitstherapie/betriebliches Arbeitstraining	
		Regel-Behandlungszeit: 4 Zeitintervalle	
		Nur in Absprache mit dem UV-Träger	15,20 €[**]
9656 (11.6[2])	9656 (11.6[2])	Beratung zur Integration in das berufliche und soziale Umfeld (außerhalb der ergotherapeutischen Praxis)	
		Regel-Behandlungszeit: 4 Zeitintervalle	
		Nur in Absprache mit dem UV-Träger	15,20 €[**]
9651G (11.1-G[2])	9651G (11.1-G[2])	Ergotherapeutische Behandlung bei motorisch-funktionellen Störungen, Gruppe	
		Regel-Behandlungszeit: 3 Zeitintervalle	4,87 €[**]

S I   Bäder, Massagen, Krankengymnastik und andere Heilbehandlungen Nummern 9652G–9672

BGT Tarif-Nr.	DKG-NT Tarif-Nr.	Leistungsbeschreibung	Preis
9652G (11.2-G[2)])	9652G (11.2-G[2)])	Ergotherapeutische Behandlung bei sensomotorischen/perzeptiven Störungen, Gruppe	
		Regel-Behandlungszeit: 4 Zeitintervalle	4,87 €[**)]
9653G (11.3-G[2)])	9653G (11.3-G[2)])	Ergotherapeutisches Hirnleistungstraining/Neuropsychologisch orientierte Behandlung, Gruppe	
		Regel-Behandlungszeit: 4 Zeitintervalle	4,87 €[**)]
9654G (11.4-G[2)])	9654G (11.4-G[2)])	Ergotherapeutische Behandlung bei psychisch-funktionellen Störungen, Gruppe	
		Regel-Behandlungszeit: 7 Zeitintervalle	4,87 €[**)]
9657 (12.1[2)])	9657 (12.1[2)])	Analyse des ergotherapeutischen Bedarfs (keine Berechnung nach Zeitintervall)	31,64 €
9658 (12.2[2)])	9658 (12.2[2)])	Thermische Anwendung, Kälte/Wärme (keine Berechnung nach Zeitintervall)	7,34 €
9659 (12.3[2)])	9659 (12.3[2)])	Ergotherapeutische Schiene	über 150 € nur mit Kostenvoranschlag
9660 (12.4[2)])	9660 (12.4[2)])	Ausführlicher Bericht auf Anforderung des UV-Trägers	31,64 €
9661 (12.5[2)])	9661 (12.5[2)])	ärztlich verordneter Hausbesuch bei einem Patienten; je Besuch	13,46 €
9662 (12.6[2)])	9662 (12.6[2)])	Wegegeld je km bei ärztlich verordnetem Hausbesuch	0,36 €
		Sprachheilbehandlung	
9670[1)]	9670[1)]	Logopädische Untersuchung mit Beratung des Patienten und ggf. der Eltern	23,34 €
		Logopädische Einzelbehandlung mit Beratung des Patienten und ggf. der Eltern	
9671a	9671a	Dauer mindestens 30 Minuten	24,38 €
9671b	9671b	Dauer mindestens 45 Minuten	35,00 €
9671c	9671c	Dauer mindestens 60 Minuten	46,36 €
9672	9672	Logopädische Gruppenbehandlung (max. 3 Personen) mit Beratung der Patienten und ggf. der Eltern, Behandlungsdauer mindestens 45 Minuten, je Teilnehmer	15,35 €

Fußnoten:
[*)] Die erforderliche Nachruhe ist Bestandteil des Vergütungssatzes.
[**)] Preis pro Zeitintervall (Näheres vgl. unter „Beachte", abgedruckt vor Nr. 9101)
[1)] Kann in einem Behandlungsfall nur einmal berechnet werden.
[2)] Leistungs-Nr. des DVE-Gebührenverzeichnisses.

S II Arzneimittel, Sera, Blutersatzmittel, Blutkonserven, Blutspenden, Blutplasmen, therapeutische Hilfsmittel Nummern 9700–9731

BGT Tarif-Nr.	DKG-NT Tarif-Nr.	Leistungsbeschreibung	Preis
9700	9700	Arzneirezepturen in Krankenanstalten ohne Anstaltsapotheke	*Einkaufspreise zuzügl. 10 v.H.*
9701	9701	Arzneirezepturen in Krankenanstalten mit Anstaltsapotheke	*Preise nach AMPreisV[1)]*
9703	9703	Arzneispezialitäten, Sera, Blutersatzmittel u.ä.	*Apothekenverkaufspreise mit Umsatzsteuer der kleinsten Klinikpackung*
9704	9704	Blutkonserven von fremden Blutbanken	*Einkaufspreis zuzügl. 10 v.H.*
		Human-Blutkonserven eigener Herstellung mit Stabilisator(en)[2)]	
9705	9705	Vollblut-Konserve bis 99 ml	43,60 €
9706	9706	Vollblut-Konserve 100 bis 299 ml	64,34 €
9707	9707	Vollblut-Konserve 300 bis 399 ml	84,36 €
9708	9708	Vollblut-Konserve 400 bis 499 ml	97,40 €
9709	9709	Vollblut-Konserve 500 bis 599 ml	110,56 €
9710	9710	Vollblut-Konserve 600 ml	123,64 €
		Frischplasma (GFP) – gefroren	
9715	9715	GFP – 1 ml	0,21 €
		Erythrozyten-Sediment-Konserven eigener Herstellung mit Stabilisator(en)[2)]	
9720	9720	aus Vollblut-Konserve bis 99 ml	36,34 €
9721	9721	aus Vollblut-Konserve 100 bis 299 ml	53,10 €
9722	9722	aus Vollblut-Konserve 300 bis 399 ml	66,14 €
9723	9723	aus Vollblut-Konserve 400 bis 499 ml	77,10 €
9724	9724	aus Vollblut-Konserve 500 bis 599 ml	88,73 €
9725	9725	aus Vollblut-Konserve 600 ml	99,63 €
		Gewasch. Human-Erythrozyten-Konzentrat eigener Herstellung mit Stabilisator	
9730	9730	aus Vollblut-Konserve bis 99 ml	66,14 €
9731	9731	aus Vollblut-Konserve 100 bis 299 ml	84,36 €

S II Arzneimittel, Sera, Blutersatzmittel, Blutkonserven, Blutspenden, Blutplasmen, therapeutische Hilfsmittel — Nummern 9732–9761

BGT Tarif-Nr.	DKG-NT Tarif-Nr.	Leistungsbeschreibung	Preis
9732	9732	aus Vollblut-Konserve 300 bis 399 ml	96,69 €
9733	9733	aus Vollblut-Konserve 400 bis 499 ml	108,41 €
9734	9734	aus Vollblut-Konserve 500 bis 599 ml	119,99 €
9735	9735	aus Vollblut-Konserve 600 ml	130,90 €
		Frischblut-Konserven eigener Herstellung mit Stabilisator	
9740	9740	Konserve bis 499 ml	111,26 €
9741	9741	Konserve 500 bis 599 ml	122,82 €
9742	9742	Konserve 600 ml	137,44 €
		Gefiltertes Human-Erythrozyten-Konzentrat (leuko-thrombozytenarm) Erythrozyten-Sediment-Konserven mittels Filtration	
9745	9745	aus Vollblut-Konserve bis 99 ml	65,42 €
9746	9746	aus Vollblut-Konserve 100 bis 299 ml	94,55 €
9747	9747	aus Vollblut-Konserve 300 bis 399 ml	120,70 €
9748	9748	aus Vollblut-Konserve 400 bis 499 ml	139,68 €
9749	9749	aus Vollblut-Konserve 500 bis 599 ml	161,45 €
		Human-Erythrozyten-Konzentrat (leuko-thrombozytenarm) mittels mechanischen Trennverfahrens hergestellt	
9750	9750	aus Vollblut 500 ml	104,00 €
		Thrombozytenreiches Human-Plasma (Konserven) eigener Herstellung mit Stabilisator PRP + TK	
9755	9755	aus Vollblut-Konserve bis 499 ml	82,17 €
9756	9756	aus Vollblut-Konserve 500 bis 599 ml	92,32 €
9757	9757	aus Vollblut-Konserve 600 ml	101,10 €
		Human-Thrombozyten-Konzentrat gefiltert (leukozytenarm) TK	
9760	9760	aus Vollblut 500 ml	116,38 €
9761	9761	Human-Thrombozytenapherese-Konzentrat mittels einer Zellseparations-Zentrifuge gewonnen, Mindestgehalt Thrombozyten 3×10^{11}	681,24 €

BGT Tarif-Nr.	DKG-NT Tarif-Nr.	Leistungsbeschreibung	Preis
		Zuschläge für Blutkonserven mit besonderen Merkmalbestimmungen	
		Werden Blutkonserven benötigt, die Blutgruppenmerkmale besonderer Systeme aufzuweisen haben, oder werden vom Besteller Konserven mit Blutgruppenmerkmalen besonderer Systeme verlangt, so werden die dazu erforderlichen Laboruntersuchungen nach dem Abschnitt Laboratoriumsdiagnostik berechnet, wobei jede Untersuchungsart einmal berechnet wird. Für die Merkmalbestimmungen im HLA-System und die Lymphozyten-Mischkultur gelten die Tarifnummern 9765 bis 9769.	
9765	9765	HLA-Typisierung, alle Antigene	676,77 €
9766	9766	HLA-Typisierung, Einzelantigene, je	151,74 €
9767	9767	Kreuzprobe im HLA-System	213,84 €
9768	9768	Antikörper-Suchtest im HLA-System	133,35 €
9769	9769	Lymphozyten-Mischkultur MLC	1.033,17 €
9770	9770	Anti-CMV (bei Berücksichtigung des Merkmals Zuschlag für vorausgegangene routinemäßige Austestung)	31,70 €
9771	9771	Blutdirektübertragung vom Spender zum Empfänger (ohne ärztliche Leistung)	*Blutspenderentschädigung nach landesüblicher Regelung, Fahr-kostenersatz, Verdienstausfallentschädigung und Kosten der Blutspendermahlzeit*
9772	9772	Transportkostenersatz bei Beschaffung und Transport von Spezialblutkonserven in Einzelfällen [4]	*Selbstkosten der Blutspendezentrale*
9773	9773	Zusätzliche Präparate für Spezialblutkonserven	*Selbstkosten der Blutspendezentrale*
9774	9774	Zusätzliche Materialien für Spezialblutkonserven	*Selbstkosten der Blutspendezentrale*
		Knochenmark und Knochenmark-Konserven eigener Herstellung mit Stabilisator	
9780	9780	bis 19 ml	75,63 €
9781	9781	20 bis 29 ml	85,72 €
9782	9782	30 bis 39 ml	96,69 €
9783	9783	40 bis 49 ml	105,42 €

BGT Tarif-Nr.	DKG-NT Tarif-Nr.	Leistungsbeschreibung	Preis
9784	9784	50 bis 74 ml	127,25 €
9785	9785	75 bis 99 ml	148,30 €
9786	9786	100 und mehr ml	170,13 €
		Sonstiges	
9790	9790	Knochennägel, Knochenschrauben, Stahlsehnendrähte, Gefäßprothesen u.a.	*Selbstkosten*
9791	9791	Gummi-Elastikbinden	*Selbstkosten*
9792	9792	Fotografische Aufnahme, schwarz/weiß oder bunt	0,25 €
9794	9794	Übersendung angeforderter herkömmlicher Röntgenfilmaufnahmen[5] einschließlich Verpackung (zuzüglich Porto), je Sendung	
		Diese Gebühr gilt auch für auf Anforderung des Kostenträgers oder eines anderen Arztes auf CD oder DVD übersandte Aufnahmen einschließlich der Herstellung.	5,47 €
		Röntgenfilmkopien	
9795a	9795a	Röntgenfilmkopie, Format 18 × 24	5,08 €
9795b	9795b	Röntgenfilmkopie, größere Formate	7,31 €
9795c	9795c	Ausdruck auf Spezialpapier von digital gefertigten Aufnahmen für Dritte, die die Grundleistung nicht bezahlt haben, einschließlich Verpackung und Versand	3,14 €
9796	9796	Fotokopie	0,17 €
9797	9797	Wochenbettpackungen	*Selbstkosten*

Fußnoten:
[1] Arzneimittel-Preis-Verordnung (Nachfolgeregelung der DAT)
[2] Primärstabilisator ggf. und/oder additive Lösung
[3] Frischblutkonserven sind Konserven, die innerhalb von 72 Stunden nach der Blutentnahme verwendet werden.
[4] Beschaffung z.B. von tiefgefrorenen, nach Auftauen gewaschenen Erythrozyten-Sediment-Konserven von auswärtigen Blutspendediensten
[5] Wenn statt der angeforderten herkömmlichen Röntgenfilmaufnahmen Röntgenfilmkopien übersandt werden, sind neben dem Pauschalbetrag nach 9794 die Kosten für Röntgenfilmkopien nach 9795a oder 9795b berechenbar.

S III   Sonstige Leistungen, Obduktionen*

Nummern 9800*–9910

BGT Tarif-Nr.	DKG-NT Tarif-Nr.	Leistungsbeschreibung	Preis
9800*	9800	Pauschalgebühr bei Hämodialyse zum ärztlichen Honorar zusätzlich	333,93 €
	9900	Leichenöffnung (Eröffnung der 3 Körperhöhlen)[1]	874,00 €
	9901	Leichenöffnung, zeitraubend und schwierig (bei Eröffnung des Rückenmarkkanals und/oder ausgedehnter Untersuchung des Knochen-, Gefäß- oder Nervensystems oder von Organen, bei fortgeschrittener Zersetzung mit bereits wesentlichen Fäulniserscheinungen)[1]	1.027,00 €
	9902	Leichenöffnung einer beerdigten Leiche oder Wasserleiche[1]	1.282,00 €
	9902a	Makroskopie, neuropathologische Untersuchungen des Zentralnervensystems (Gehirn, Rückenmark) zusätzlich zu den Tarif-Nrn. 9900, 9901, 9902	357,00 €
	9903	Nutzung Sektionssaal (incl. Kühlzelle und Reinigung) einschl. Gestellung eines Präparationsassistenten[2]	364,00 €
	9904	Nutzung Sektionssaal (incl. Kühlzelle und Reinigung)[3]	250,00 €
	9905	Leichenhallenbenutzung (je angefangener Tag)[4]	8,07 €
	9906	Kühlzellenbenutzung (je angefangener Tag)[4]	11,73 €
	9907	Dampfdesinfektion, Einzelbenutzung	8,07 €
	9910	Leichenschau und Ausstellung der Totenbescheinigung	*nach ortsüblichen Sätzen*

Fußnoten:
[1] Einschl. Nutzung Sektionssaal (incl. Kühlzelle und Reinigung), Gestellung eines Präparationsassistenten und einschl. Sektionsprotokoll
[2] Neben der Gebühr 9903 sind die Gebühren 9904 bis 9907 nicht berechnungsfähig.
[3] Neben der Gebühr 9904 sind die Gebühren 9903 sowie 9905 bis 9907 nicht berechnungsfähig.
[4] Leichenhallen- und Kühlzellenbenutzung, je angefangener Tag, für Leichen von Personen, die nicht im Krankenhaus verstorben sind.
* Beschluss des Ständigen Ausschuss BG-NT vom 06.12.2017: Die Gebührenziffern 9900 bis 9910 entfallen. Vergütungsgrundlage für vom Krankenhaus im Auftrag des Unfallversicherungsträgers erbrachte Leichenöffnungen und damit in Zusammenhang stehender Leistungen, der Entnahme von Körperflüssigkeiten bei Leichen ohne Leichenöffnung sowie von Einbalsamierungen ist die Vereinbarung zwischen der DGUV und SVLFG einerseits sowie dem Berufsverband Deutscher Pathologen e.V. und dem Berufsverband Deutscher Rechtsmediziner e.V. andererseits („Vereinbarung UV/Pathologen") in der jeweils gültigen Fassung.

Anhang

Abkommen zwischen der Deutschen Krankenhausgesellschaft und den Unfallversicherungsträgern

Abkommen

zwischen

1. dem Hauptvorstand der gewerblichen Berufsgenossenschaft e.V., Bonn,

2. dem Bundesvorstand der Landwirtschaftlichen Berufsgenossenschaften e.V., Kassel,

3. der Bundesarbeitsgemeinschaft der gemeindlichen Unfallversicherungsträger e.V., München

und

der Deutschen Krankenhausgesellschaft, Düsseldorf, vom 17. Dezember 1959 in der Fassung vom 29. April 1965

§ 1

Für die Abrechnung zwischen Krankenhäusern und Berufsgenossenschaften von

a) Leistungen bei ambulanter berufsgenossenschaftlicher Heilbehandlung[1]) und

b) Nebenleistungen bei Begutachtung

wird der diesem Abkommen als Anlage beigefügte Tarif vereinbart.

§ 2

Die Parteien verpflichten sich, den Tarif ihren Mitgliedern zur Anwendung zu empfehlen.

§ 3

Der Tarif ist für Leistungen des Teiles C, Nrn. 3000-3037[2]), nicht anzuwenden, soweit hierüber abweichende Vereinbarungen bestehen oder künftig getroffen werden.

§ 4

Es sind zu berechnen die Sätze:

a) der Spalte 4 „Besondere Kosten"
   bei Leistungen, für die dem Krankenhaus die Vergütung für die besonders berechenbaren Kosten im Sinne des § 5 der Gebührenverordnung für Ärzte vom 18. März 1965[3]) zusteht,

b) der Spalte 5 „Allgemeine Kosten"
   bei Leistungen, für die dem Krankenhaus die Vergütung für die allgemeinen Kosten im Sinne des § 5[4]) der Gebührenordnung für Ärzte zusteht,

c) der Spalte 6 „Sachkosten"
   bei Leistungen, für die dem Krankenhaus die Vergütung für die „Besonderen Unkosten" (a) und für die „Allgemeinen Unkosten" (b) zusteht,

d) der Spalte 7 „Vollkosten"
   bei Leistungen, für die dem Krankenhaus die Vergütung für die ärztliche Leistung, für die „Besonderen Unkosten"[1]) und für die „Allgemeinen Unkosten" zusteht.

---

[1]) Gilt auch für „Allgemeine Heilbehandlung" nach Ltnr. 5, Ziff. 2 und Ltnr. 71 Abs. 2 Abkommen Ärzte/Unfallversicherungsträger
[2]) jetzt Nrn. 9400 bis 9436
[3]) jetzt § 10 GOÄ 1983
[4]) jetzt § 4 GOÄ 1983

Anhang

§ 5

gestrichen

§ 6

(1) Es wird ein ständiger Ausschuß, bestehend aus je 5 Vertretern der beiden Vertragsparteien, gebildet, dem die Änderung und Ergänzung des Tarifs obliegt.

(2) Streitigkeiten über die Auslegung des Abkommens sind dem in Absatz 1 genannten Ausschuß vorzulegen, der eine gütliche Einigung anstreben soll.

(3) Der ständige Ausschuß gibt sich eine Geschäftsordnung.

§ 7

Ändern sich die Grundlagen dieses Abkommens, insbesondere die Gebührenordnung für Ärzte, so sind die Vertragsparteien verpflichtet, unverzüglich Verhandlungen über die Änderungen dieses Abkommens aufzunehmen.

§ 8

(1) Dieses Abkommen[5]) gilt für das Bundesgebiet und für das Land Berlin. Es tritt am 1. April 1960 in Kraft.

(2) Das Abkommen kann mit halbjähriger Frist zum Schluß eines jeden Kalendervierteljahres, erstmalig zum 31. Dezember 1961, gekündigt werden.[6])

Bonn/Kassel/München/Düsseldorf, den 17. Dezember 1959 und 29. April 1965

---

[5]) Die vorstehend abgedruckte Fassung gilt ab 1. Juli 1965.
[6]) Protokollnotiz vom 6. November 1986.

Sachregister

Mit Ausnahme des Teils M (Laboratoriumsuntersuchungen). Die Zahlen nennen, sofern nicht anders angegeben, die Nrn. des Gebührenverzeichnisses des DKG-NT Band I sowie die Nummern des Gebührenverzeichnisses des BG-T.

A

Abdomenübersicht 5190 f.
Abdruck durch Gips 3310 ff.
Abduktionsschienenverband 214
Abort
– operative Beendigung 1052
Abrasio
– Gebärmutterhöhle 1104
– Hornhaut 1339
Abstrichmaterial
– Entnahme 297 f.
Abszeßeröffnung
– Douglasraum 1136
– intraabdominal 3137
– paranephiritisch 1826
– peritonsillär 1505, 1507
– retropharyngeal 1506
– subkutan 2428
– subphrenisch 3136
– tiefliegend 2430
– Zunge 1511
Abszeßpunktion 303
Achalasie
– Dehnungsbehandlung 780
Achillessehnenruptur 2073
Adaption
– Untersuchung 1233
Adenom der Schilddrüse
– Enukleation 2755
Adenotomie 1493
Aderhauttumor
– Koagulation 1369
Aderlaß 285
Adhäsiolyse
– laparoskopisch 701
Adnex-Operation 1145 f.
Adnex-Tumor
– Punktion 317
Afterschließmuskel
– blutige Erweiterung 3237
– Dehnung 3236
Afterverschluß
– oberflächlich 3215
– tiefreichend 3216
Agnosie
– Untersuchung 830
Agraphie
– Untersuchung 830
Akkommodationsbreite
– Messung 1203

Akneknoten
– Sticheln oder Öffnen 758
Akupunktur 269 f.
Akustikusneurinom
– Operation 2551
Akustisch evozierte Potentiale 828, 1408
Albumin
– immunologisch 73734
Alkali-Neutralisationszeit
– Bestimmung 759
Alkali-Resistenzbestimmung 760
Allergeninjektion
– subkutan 263
Allergiediagnostik 385 ff.
Alveolarfortsatz
– Reposition 2686 f.
Ambulante Operationen und Anästhesien
– Zuschläge 440 ff., 440 f.
Amnioskopie 1010
Amniozentese 1011
Amputation
– Gliedmaßen 2170 ff.
– Penis 1747 f.
Amthauer-Test 856
Analatresie
– Operation 3217
Analfissur
– Operation 3219
Analfistel
– Operation 3220 ff.
Analspekulum-Untersuchung 705
Analtonometrie 1791, 70704
Anamnese
– biographisch 807
– Fremdanamnese 835
– homöopatisch 30 f.
– neurosenpsychologisch 860
Anästhesie 450 ff.
– ambulant 446 f., 446 f.
Angiographie 5300 ff.
– computergestützt 5335
– Kontrastmitteleinbringung 346 f.
Angiokardiographie 5315 ff.
– Kontrastmitteleinbringung 355
Angioplastie
– perkutan transluminal 5345 f.
Angioplastiemethoden
– andere 5355 f.
Aniseikonieprüfung
– qualitativ 77002
– quantitativ 77003
Anomaloskop-Untersuchung 1229
Anti CMV 9770
Antikörper
– qualitative Bestimmung mittels Ligandenassay 74463
Antikörpersuchtest
– im HLA-System 9768
Antroskopie 1466

Anus prater
– Anlegen 3207, 3210
– Unterweisung des Patienten 3211
– Verschluß 3208 f.
Aortenaneurysma
– Operation 2827
Aortenkatheter
– beim Neugeborenen 283
Appendektomie 3200
Applanationstonometrie 1256
Apraxie
– Untersuchung 830
Arbeitsunfähigkeitsbescheinigung 70
Arterie
– Embolisation 5357 f.
– Entnahme zum Gefäßersatz 2807
– perkutane transluminale Dilatation 5345 f.
– rekonstruktive Operation 2820 ff.
– Unterbindung oder Naht 2801 ff.
– Verletzung im Extremitätenbereich 2809
Arteriendruckmessung
– am freigelegten Gefäß 2804
– blutig 648
– Digitalarterien 638
– Dopler-sonographisch 643
Arterienpulsschreibung 638
Arterienpunktion 251
Arteriographie 5300 ff.
Arteriovenöser Shunt
– Anlage 2895 f.
– Beseitung 2897
Arthrodese 2130 ff.
Arthrographie 5050
– Kontrastmitteleinbringung 373
Arthroplastik 2134 ff.
Arthroskopie
– diagnostisch 2196, 3300
Arthroskopische Operationen 2189 ff.
Arzneirezepturen 9700 f.
Arzneispezialitäten 9703
Arztbericht
– Übermittlung elektronisch 192
Assistenten-Hinzuziehung 62
Aszitespunktion 307
Atemgrenzwert
– Bestimmung 608
Atemgymnastik 505
Atemstoßtest 608
Atemtest 70618 f.
Atemwegwiderstand
– Bestimmung 603 f.
Atherektomie 5355 f.
Attest 70
Audioelektroenzephalographie 828, 1408
Audiometrie 1403 ff.
Aufbauplastik der Mamma 2415 f.
Aufwachphase
– ambulante Operationen 448 f., 448a f.

Sachregister

Augapfel
- Entfernung 1370 f.
- Entnahme bei einem Toten 107

Auge
- Analyse des Bewegungsablaufs 1218
- Fremdkörperentfernung 1275 ff.
- Fremdkörperlokalisation 1250
- künstliches 1271
- Sonographie 410

Augenhintergrund
- binokulare Untersuchung 1242
- Fluoreszenzuntersuchung 1248 f.

Augenhöhle
- Ausräumung 1373
- Fremdkörperentfernung 1283 ff.
- operative Ausräumung 1373
- Punktion 304
- Rekonstruktion 1290 f.
- Tumorentfernung 1283 ff.

Augenhöhlenphlegmone
- Operation 1292

Augeninnendruck
- Messung 1255 ff.
- operative Regulierung 1358 ff.

Augenlid
- Plastik 1310 ff.
- Rekonstruktion 2443

Augenmuskel
- Operation 1330 ff.

Augenvorderkammer
- Eröffnung 1356
- Glaskörperentfernung 1384

Ausscheidungsurographie 5200 f.

Auswurffraktion des Herzens
- nuklearmedizinische Bestimmmung 5420 f., 5473

Autogenes Training 846 f.

B

Bad
- hydroelektrisch 9408 f.

Badeverfahren 531 ff., 536 ff.

Ballonsondentamponade 703

Band
- plastischer Ersatz 2104 ff.
- primäre Naht oder Reinsertion 2105 f.
- primäre Naht oder Reinsertion am Kniegelenk 2104

Bandruptur
- Akromioklavikulargelenk 2224
- Daumengrundgelenk 2105
- Kniegelenk 2105
- Sprunggelenk 2106

Bandscheibe
- Chemonukleolyse 2279

Bandscheibenvorfall
- Operation 2282 f.

Bartholin-Zysten
- Marsupialisation 1141

Basaliom
- chemo-chirurgische Behandlung 757
- Strahlenbehandlung 5800 f.

Bauchhöhle
- endoskopische Untersuchung 700 f.
- Eröffnung 3135
- Punktion 307

Beatmung 427 f.

Beckenbodenplastik 126

Beckenendlage
- Geburtsleitung 1022 f.

Beckenfraktur
- Reposition 2329

Beckenkamm
- Punktion 311

Beckenosteotomie 2148, 2165

Beckenübersicht 5040 f.

Beck'sche Bohrung 2346

Befundbericht 75

Befundübermittlung 2

Begleitung
- Patient zur stationären Behandlung 55
- psychisch Kranker 833

Begutachtung 80 f.

Behandlungsplan
- bei Chemotherapie und Nachsorge 78

Beinlappenplastik 2395

Beinvenen
- Thrombus-Expression 763

Beistand (Assistenz) 61
- bei Nacht 60b

Belastungs-EKG 652

Beratung 1
- eingehend 3
- Erörterung 34
- humangenetisch 21
- in Gruppen 20
- Schwangerschaftskonflikt 22

Bescheinigung 70

Besprechung mit dem Psychotherapeuten 865

Bestrahlungsplanung 5800, 5810, 5831 ff., 5840 f.

Besuch 50
- auf Pflegestation 48
- bei weiterem Kranken 51
- durch Praxispersonal 52
- einschl. Beratung + Untersuchung 50a ff.

Beugesehne
- Naht 2073

Beurteilung von Fremdaufnahmen 5255 ff.

Bewegungstherapie 9101 ff.

Bewegungsübungen 510, 9101 ff.

Bezugsperson
- eingehende Unterweisung bei psychisch krankem Kind 817
- Unterweisung 4

Biliodigestive Anastomose 3188

Billroth-Operation 3145

Bilobektomie 2998

Bindegewebsmassage 523

Bindehaut
- Ätzung 1313
- Fremdkörperentfernung 1275 f.
- Injektion 1320
- Wundnaht 1325

Bindehautsack
- plastische Wiederherstellung 1319

Binet-Simon-Test 856

Binokularer Sehakt
- Prüfung 1216 f.

Binokularmikroskopie des Trommelfells 1415

Biographische Anamnese
- kinderpsychiatrisch 807
- neurosenpsychologisch 860

Biomorphometrische Untersuchung hinterer Augenabschnitt 77011

Biopsie, endoskopisch
- im Magen-Darm-Trakt 695 f.

Bird-Respirator zur Inhalationstherapie 501

Blasendruckmessung 1794

Blasenmole
- Ausräumung 1060

Blasensteinzertrümmerung 1800

Blinkreflex
- Messung 829

Blutadergeschwulst
- operative Entfernung 2885 f.

Blutaustauschtransfusion 287

Blutdirektübertragung 9771

Blutdruck
- blutige Messung 648
- gesteuerte Senkung 480
- Langzeit 654

Blutdruckmessung 2

Blutegelbehandlung 747

Blutentnahme
- bei einem Toten 106
- beim Feten 1012 ff.
- beim Kind (kapillar) 250a
- durch Arterienpunktion 251
- durch Venenpunktion 250
- transfemoral aus der Nierenvene 262
- zum Zweck der Alkoholbestimmung 251a

Blutersatzmittel 9703

Blutgasanalyse beim Feten 1013 f.

Blutgefäß
- Druckmessungen 2804
- Flußmessungen 2805
- Unterbindung 2801

Blutkonserven 9705 ff.

Blutleere bzw. -sperre 2029

Blutstillung
- nach Tonsillektomie 1501
- Nase 1435
- postpartal 1042
- uterin 1082
- vaginal 1081

Sachregister

Bluttamponade der Harnblase
– Ausräumung 1797
Bobath-Therapie 725 f.
Bodyplethysmographie 610, 612
Bohrlochtrepanation 2515
Brachytherapie mit umschlossenen Radionukliden 5840 ff.
Break-up-time
– Messung 1209
Bronchialanästhesie 489
Bronchialer Prvokationstest 397 f.
Bronchographie 5285
– Kontrastmitteleinbringung 368
Bronchoskopie 677 f.
Bronchotomie 3000
Bruchoperation 3280 ff.
Brustbein
– Reposition 2326
Brustdrüse
– Absetzen 2411 ff.
– Aufbauplastik 2415 ff.
– Reduktionsplastik 2414
Brusthöhle
– Eröffnung 2990
Brustkorbdeformität
– Operation 2960
Brustwandseite
– operative Stabilisierung 2334
Brustwandteilresektion 2956 f.
Brustwarze
– Operation 2417 ff.
Bühler-Hetzer-Test 856
Bülau-Drainage 2970
Bulboskopie 684, 691
Bypassoperation
– arteriell 2839 ff.
– Koronararterien 3088 f.
– venös 2888 ff.

C

Cauda equina
– Operation 2571 ff.
Cerclage 1129
– Entfernung 1131
Chassaignac-Syndrom
– Einrenkung 2226
Check-up-Untersuchung 29
Chemo-chirurgische Behandlung 756 f.
Chemonukleolyse einer Bandscheibe 2279
Chirotherapeutischer Eingriff 3305 f.
Choanenverschluß
– Operation 1458
Choledochoskopie
– intraoperativ 3121
Choledochusrevision 3187
Cholesteatom-Operation 1601
Cholezystektomie 3186

Chorionzottenbiopsie 71157
Chromatin-Bestimmung 4870 f.
Chromosomenanalyse 4872 f.
Chromo-Zystoskopie 1789
Chronaxie
– Bestimmung 829, 840
Chronisch Kranker
– ambulante Betreuung 15
– Gruppenberatung 20
Cineangiographie 5324 ff.
Clearance
– nuklearmedizinische Bestimmung 5444
Comeoskleralfäden
– Entfernung 1279
Compliance
– Bestimmung 611
Computertomographie 5369 f., 5371, 5381 ff.
– als SPECT 5486 f.
Condylomata acuminata
– chemo-chirurgische Behandlung 756
Crossektomie 2883
Crutchfield-Zange
– Anlegen 2183

D

Dämmerungssehen
– Untersuchung 1235
Dammriß
– alt 1120 f.
– Versorgung 1044 f.
Dampfdesinfektion 9907
Darm
– hoher Einlauf 533, 539
– Operationen 3165 ff.
Darmbad
– subaqual 533, 539
Darmbeinknochen
– Resektion 2266
Darmmobilisation
– operativ 3172
Darmperforation
– Naht 3144
Darmwandperforation
– operative Versorgung 3144
Dauerkatheter
– Einlegen 1732
Dauertropfinfusion 274 ff.
Daumen
– Amputation 2170
– plastischer Ersatz 2054
Daumengrundgelenk
– Bandnaht 2105
Defäkographie 5167
Dekortikation der Lunge 2975
Denervierung von Gelenken 2120 f.
Denver-Skala 715
Dermafett-Transplantat 2385

Dermatoskopie 750
Desensibilisierung 263
Diabetiker-Schulung 33
Diaphanoskopie
– Kieferhöhle 1414
Diaphragma-Hernie
– Operation 3280
Diasklerale Durchleuchtung 1243
Diätplan 76
Dienstunfähigkeitsbescheinigung 70
Diffusionskapazität
– Bestimmung 615 f.
Digitalarterien
– Pulsschreibung oder Druckmessung 638
Digitale Radiographie
– Zuschlag 5298
Digitaluntersuchung
– Mastdarm 11
– Prostata 11
Dilatation von Arterien
– perkutan transluminal 5345 f.
Diskographie 5260
– Kontrastmitteleinbringung 372
Distraktor-Behandlung 2273 f.
Doppelbildung
– Operation 2043 ff.
Doppler-Echokardiographie 424
– farbcodiert 406, 424
– farbcodiert eines Feten 71007
Doppler-Sonographie
– Extremitätenarterien, bidirektional 644
– Extremitätenarterien, unidirektional 643
– Extremitätenvenen, bidirektional 644
– Extremitätenvenen, unidirektional 643
– Frequenzspektrumanalyse 404
– hirnversorgende Gefäße 645
– Penisgefäße 1754
– Skrotalfächer 1754
– transkraniell 649
Douglas-Abszeß
– Eröffnung 1136
Douglaspunktion 316
Drahtaufhängung
– oro-fazial 2696
Drahtextension 218
Drahtfixation
– perkutan 2347, 2349
Drahtligatur 2697
– im Kieferbereich 2697
Drahtstiftung 2060, 2062
– Entfernung 2061, 2063
Drahtumschlingung des Unterkiefers 2696
Drainage
– transhepatisch 5361
Drainagespülung 2093
Drei-in-eins Block 496, 70496
Dreiviertelpackung 9203 ff.
DSA 5300 ff., 5335

Sachregister

Ductus Botalli
- Operation 2824
Dünndarm
- Kontrastmitteleinbringung 374
Dünndarm-Anastomose 3167
Dünndarm-Saugbiopsie 697
Duodenalsaft
- Aushebung 672
Duodenoskopie 684 f.
Duplex-Sonographie 401, 406, 424, 71008
Dupuytren'sche Kontraktur
- Operation 2087 ff.
Durchleuchtungen 5295
Dysgnathie
- operative Kieferverlagerung 2640 f.

E

Echoenzephalographie 669
Echokardiographie
- eindimensional (TM) 422
- zweidimensional (B-Mode) 423
Eden-Hybinette-Operation 2220
EEG 827, 828
Eigenblutinjektion 284
Eigenblutkonserve
- Blutentnahme 288 f.
- Reinfusion 286 f.
Eileiter
- Durchblasung 1112
- Durchgängigkeitsprüfung 1113
Eingehende Untersuchung 800 f.
Eingeklemmter Bruch
- Zurückbringen 3282
Einrichtung von Knochen 2320 ff.
Einschwemmkatheter-Untersuchung 630, 632
Einzelinhalation 9501
Eipol-Lösung 1096
Eisanwendung 9206
Eisbad 9206
Eiweißuntersuchung 73757
Eizellkultur bei IVF 4873
Ejektionsfraktion
- nuklearmedizinische Bestimmung 5420 f.
EKG 650 ff., 70658
EKG-Monitoring 650
Ektropium
- plastische Korrektur 1304
Elektro-Defibrillation des Herzens 430
Elektroenzephalographie 827
- Langzeit-EEG 827a
Elektroglottographie 1557
Elektrokardiographie
- Belastungs-EKG 652
- intrakavitär 656
- Langzeit-EKG 659
- Ösophagusableitung 655
- telemetrisch 653

- vektorkardiograpisch 657
Elektrokardioscopie im Notfall 431
Elektrokrampftherapie 837
Elektrolytgehalt im Schweiß
- Bestimmung 752
Elektromyographie
- Augenmuskeln 560
- Nadelelektroden 838 f.
- Oberflächenelektroden 838 f.
Elektronenmikroskopie
Elektroneurographie
- motorisch 832
- motorisch mit EMG 839
- sensibel mit Nadelelektroden 840
- sensibel mit Oberflächenelektroden 829
Elektronische Sehhilfe
- Bestimmung 77006
Elektronystagmographie 1413
Elektrostimulation bei Lähmungen 555
Elektrostimulation des Herzens 430
- permanenter Schrittmacher 3095
- temporärer Schrittmacher 631
Elektrostimulator
- Implantation bei Skoliose oder Pseudarthrose 2291
Elektrotherapie 548 f., 9301 ff.
Embolektomie
- intrakraniell 2530
- kardial 3075
Embolisation
- Arterie 5357 f.
- transpemil 1759
- Vene 5359 f.
Embryotomie 1031
Emmet-Plastik
- Nagel 2035
Emmissions-Computer-Tomographie 5486 ff.
Enddarm
- Ätzung 768
- Infrarotkoagulation 699
- Kryochirurgie 698
Endernagelung 2351
Endobronchiale Behandlung 1532
Endodrainage
- Anlage 3205
Endoprothese
- ersatzlose Entfernung 2167
- Hüftgelenk 2149 ff.
- Kniegelenk 2153 f.
- Wechsel 2150, 2154
Endoptische Wahrnehmung
- Prüfung 1243
Endoskopie
- Amnioskopie 1010
- Antroskopie 1466
- Bronchoskopie 677 f.
- Bulboskopie 684
- Choledochoskopie 3121
- Duodenoskopie 685

- Gastroskopie 682 f.
- Hysteroskopie 1110 f.
- Koloskopie 687 f.
- Kolposkopie 1070
- Kuldoskopie 1158
- Laparoskopie 700 f., 1155 f.
- Laryngoskopie 1530, 1533
- Lasereinsatz 706
- Mediastinoskopie 679
- Nasenendoskopie 1418
- Nephroskopie 700
- Ösophagoskopie 680 f.
- Pelviskopie 1155 f.
- Proktoskopie 705
- Pyeloskopie, transkutan 1852
- Rektoskopie, starr 690
- Sigmoidoskopie 689
- Stroboskopie 1416
- Thorakoskopie 677
- Ureterorenoskopie 1827
- Urethroskopie 1712 f.
- Vaginoskopie bei Virgo 1062
- Zystoskopie 1785 ff.
Entbindung 1021 f.
Enterostomie 3206
Entlassungsbericht
- vorläufiger 70072
Entlastungsinzision 2427
Entropium
- plastische Korrektur 1304
Entwicklungsdiagnostik 715 ff.
Entwicklungs-Tests 856
Entwicklungstherapie
- funktionell 719
- sensomotorisch 725 f.
Entzündungsherd
- szintigraphische Suche 5465 f.
Enzephalozele
- Operation 2538 f.
Epidermisstücke
- Transplantation 2380
Epiduralanästhesie 471, 472, 473
Epidurales Hämatom
- Operation 2502
Epikanthus
- plastische Korrektur 1302
Epikondylitis
- Operation 2072, 2295
Epikutan-Test 380 ff.
Epilation
- Elektrokoagulation 742
- Wimpernhaare 1323
Epilepsiebehandlung
- neuropsychiatrisch 816
Episiotomie
- Anlegen und Wundversorgung 1044
Epispadie 1746
ERCP
- endoskopisch-retrograd 5170

Sachregister

– Kontrastmitteleinbringung 370, 692
Ergometrische Funktionsprüfung 796
Ergotherapie 9651 f., 9651G f.
Erörterung
– bei lebensbedrohender Krankheit 34
– konsiliarisch 60
Erythemschwellenwertbestimmung 761
Erythrozyten-Lebenszeit
– nuklearmedizinische Bestimmung 5462 f.
ESWL 1860
Eustachische Röhre
– Insufflation 1589
– Katheterismus 1590
Evozierte Hirnpotentiale
– Messung 828
Exartikulation 2158 ff.
Exenteration des kleinen Beckens 1168
Exfoliativzytologie 4850 ff.
Exophthalmometrie 1244
Exostosen-Abmeißelung 2295
Extensionsbehandlung 9414
– Crutchfield-Zange 2183
– Extensionstisch 516
– Glissonschlinge 515
– Haloapparat 2184
– kombiniert 514
Externa
– großflächiges Auftragen 209
Extrakorporale Stoßwellenlithotripsie 1860
Extrakorporale Zirkulation 3050
Extrauterinschwangerschaft
– Operation 1048
Exzision 2401 ff.

F

Fäden
– Entfernung 2007
Fadenoperation nach Cüppers 1332, 77025
Farbsinnprüfung
– mit Anomaloskop 1229
– orientierend 1228
Farnkrauttest 4850
Faszie
– Naht 2073
– plastische Auschneidung 2064
Fazialisdekompression 1625 f.
Fazialislähmung
– Wiederherstellungsoperation 2451
Fehlgeburt
– instrumentelle Einleitung 1050
– operative Beendigung 1052
Feinfokustechnik 5115
Fensterungsoperation 1620
Fernoralhemie
– Operation 3285 f.
Fernrohrbrille
– Bestimmung 1215

Fersenbeinbruch
– Osteosynthese 2345
Fetalblutanalyse (FBA) 1014
Fettgewebe
– operative Entfernung 2454
Fettschürze
– Exstirpation 2452
Fibromatose
– operative Entfernung 2670 f.
Finger
– Amputation 2170
– Operationen 2030 ff.
– Replantation 2053
– Röntgenuntersuchung 5010 f.
– Tumorexstirpation 2040
Fingergelenk
– Bandplastik 2105
– Drahtstiftung 2062
– Exartikulation 2158
– operative Eröffnung 2155
– Punktion 300
– Reposition 2205 f., 2210
Fingernagel
– Ausrottung 2034
– Extraktion 2033
– Spangenanlage 2036
Fingerverlängerung
– Operation 2050
Fistel
– perianal 3220 ff.
– Röntgenuntersuchung 5260
– Sondierung oder Katheterisierung 321
– Spaltung 2008
Fixateur extern
– Anbringen 2273 f.
Flügelfell
– Operation 1321 f.
Fluoreszenzangiographie am Augenhintergrund 1249
Fluoreszenzendoskopie 71890
Flußvolumenkurve 605a
Formulargutachen 146 ff.
Fotokopien 9796
Fragebogentest 857
Fraktur
– Reposition 2320 ff.
Freie Gutachen 160 ff.
Fremdanamnese 4
– Erhebung über psychisch Kranken 835
Fremdkörperentfernung
– Augenhöhle 1283 ff.
– Augeninneres 1280
– Bindehaut 1275 f.
– Bronchien 3000
– Gehörgang 1569 f.
– Gelenk 2118 f.
– Harnröhre männlich 1703 f.
– Harnröhre weiblich 1711
– Hornhaut 1275 ff.

– Kehlkopf 1528
– Kiefer 2651
– Knochen 2010
– Magen 3156
– Mastdarm 3238
– Mundhöhle oder Rachen 1508
– Nase 1427 f.
– oberflächlich 2009
– Paukenhöhle 1569 f.
– Scheide eines Kindes 1080
– Speiseröhre 681
– tiefsitzend 2010
Frenulum
– Durchtrennung 1742
– plastische Operation 1741
Frequenzspektrumanalyse 404
Frischblutkonserven 9740 ff.
Frischplasma (gefroren) 9715
Fruchtwasserentnahme 1111
Früherkennungsuntersuchung
– Check-up 29
– Kinder 26
– Krebs bei Frauen 27
– Krebs bei Männern 28
Fuß
– Exartikulation 2159
Fußbad 9404 f.
Fußblock 496, 70496
Fußmißbildung
– Operation 2067
– Redressement 3301 f.
Fundoplicatio 3280
Fundusfotografie 1253
Funktionelle Entwicklung
– Untersuchung 716 ff.
Funktionsdiagnostik
– vegetativ 831
Funktionsprüfung
– ergometrisch 70796
Funktionsszintigraphie 5473
Funktionstest 857
Fußplattenresektion 1623
Furunkel
– Exzision 2428

G

Galaktographie 5260
– Kontrastmitteleinbringung 370
Gallenblase
– Exstirpation 3186
Gallengang
– Drainageplazierung 692a
Gallenwege
– Operation 3187
Ganglion
– Exstirpation 2404
– Hand- oder Fußgelenk 2051

Sachregister

- Punktion 303
- Schädelbasis 2600
Ganglion Gasseri
- Verödung etc 2597 f.
Ganzkörperplethysmographie 610, 612
Gasanalyse 615
Gashaltige Bäder 9406 ff.
Gastroenterostomie 3158
Gastrokamera 676
Gastroschisis
- Operation 3287
Gastroskopie 682 f.
- Lasereinsatz 706
- mit Varizensklerosierung 691
Gastrotomie 3150
Gaumen
- Verschluß 2625, 2627
Gaumenmandeln
- konservative Behandlung 1498
- Resektion 1499 f.
Gebärmutter
- Abrasio 1104
- Antefixation 1147
- Aufrichtung 1049
- Exstirpation 1138 f.
- Lageverbesserung durch Ringeinlage 1088
- Myomenukleation 1137
- operative Reposition 1095
- Tamponade 1082
Gebärmutterhöhle
- Gewinnung von Zellmaterial 1105
Gebrauchsakkommodation
- Messung 1203
Geburt
- Leitung 1022
Gefäßersatz
- Entnahme 2807 f.
Gehirn
- Teilresektion 2535 f.
Gehörgang
- Ätzung 1578
- Fremdkörperentfernung 1569
- Furunkelspaltung 1567
- Kauterisation 1580
- Operationen 1568
- plastische Herstellung 1596
- Polypentfernung 1586
- Rekonstruktion 1621 f.
- Zeruminalpfropfentfernung 1565
Gelenk
- Arthroplastik 2134 ff.
- Bandnaht oder Bandplastik 2104 ff.
- Chirotherapie 3306
- Drainage 2032
- endoprothetischer Ersatz 2140 ff.
- endoskopische Untersuchung 3300
- Exartikulation 2158 ff.
- Fixierung mittels Drahtstiftung 2060, 2062
- Fremdkörperentfernung 2119

- gehaltene Aufnahme 5022
- in zwei Ebenen 5020
- Injektion 255
- Kapselnaht 2100 ff.
- mobilisierende Behandlung 3305
- Mobilisierung in Narkose 2181 f.
- Punktion 300 ff.
- Resektion 2122 ff.
- Synovektomie 2110 ff.
- Versteifung 2130 ff.
Geruchs- oder Geschmacksprüfung 825
Geschwulst
- Exzision 2403 ff.
Gesichtsnarbe
- operative Korrektur 2441
Gesichtsspalte
- plastisch-chirurgische Behandlung 2622
Gesundheitsuntersuchung 29
GFP 9715
Gips
- Abdruck oder Modellherstellung 3310 ff.
Gipsfixation
- zu einem Verband 208
Gipsschienenverband 229, 238, 229, 238
Gipsverband
- Abnahme 246
Glaskörperchirurgie 1368
Glaskörperstrangdurchtrennung 1383
Glaukom
- Operation 1361 f., 1382
Gleichgewichtsprüfung 826, 1412
Glissonschlinge 515
Gonioskopie 1241
Goniotrepanation 1382
Grauer Star
- Operation 1348 ff., 1374 f.
Grenzstrang
- Blockade 497 f.
- Resektion 2601 ff.
Großhirntumor
- Exstirpation 2527
Grundumsatzbestimmung 665 f.
Gummi-Elastikbinde 9791
Gutachten 85
Gutachtliche Äußerung
- schriftlich 80 f.

H

Haare
- Epilation 742, 1323
Habituelle Patellaluxation
- Operation nach Goldthwait 2235
- Operation nach Krogius 2235
Habituelle Schulterluxation
- Operation nach Eden-Hybinette 2220
- Rotationsosteotomie 2252
Hallux-valgus-Operation 2295 ff.

Halo-Extension
- Anlegen 2184
Halsfistel
- Exstirpation 2752, 2754
Halskrawattenverband 204
Halswirbelbruch
- konservative Behandlung 2183, 2323
Halszyste
- Exstirpation 2752, 2754
Haltevorrichtung im Kieferbereich 2700 f.
Hämangiom
- Exstirpation 2585 f.
Hämapherese
- therapeutisch 792
Hämatokolpos
- operative Eröffnung 1061
Hämatom
- intrakraniell 2502 ff.
- operative Ausräumung 2397
- Punktion 303
Hämatometra
- Operation 1099
Hämatothorax
- Ausräumung 2976
- Drainage 2970
Hammer-Amboß-Extraktion 1588
Hammerzehe
- Stellungskorrektur 2080 f.
Hämodialyse
- ärztliche Betreuung 790 ff.
- Shuntanlage 2895 f.
Hämofiltration
- ärztliche Betreuung 790 ff.
Hämorrhoiden
- Infrarotkoagulation 699
- Ligatur 766
- Operation nach Miligan-Morgan 3241
- Sklerosierung 764
Handbad 9404 f.
Handmißbildung
- Operation 2067
Handwurzelknochen
- Ersatz durch Implantat 2268
- Resektion 2263
Harnblase
- Anästhesie 488
- Ausräumung einer Bluttamponade 1797
- Divertikeloperation 1804
- endoskopische Untersuchung 1785 ff.
- Exstirpation 1808
- Katheterisierung 1728, 1730
- manometrische Untersuchung 1793 f.
- operative Bildung 1807
- operative Eröffnung 1801
- Punktion 318
- Spülung 1729, 1731, 1733
- tonographische Untersuchung 1791
- transurethraler Eingriff 1802
- Tumorentfernung 1805 f.

Sachregister

– Verweilkathetereinlage 1732
Harnblasenfistel
– Katheterwechsel 71833a
– operative Anlage 1796
– perkutane Anlage 1795
Harnblasenhals-Resektion 1782
Harnblasensteine
– endoskopische Entfernung 1800
– operative Entfernung 1817
Harnblasenverletzung
– operative Versorgung 1723
Harninkontinenz
– Implantation eines künstlichen Schließmuskels 1781
– Operation nach Marshall-Marchetti 1780
Harnleiter
– Bougierung 1814
– endoskopische Untersuchung 1827
– Freilegung 1829
– plastische Operation 1825
– Segmentresektion 1819
– Sondierung 321
– Verpflanzung 1823 f.
Harnleiterostium
– Schlitzung 1816
Harnleiterstein
– operative Entfernung 1817
– Schlingenextraktion 1815
– transkutane Pyeloskopie 1853
– transurethrale Entfernung 71861
– Ureterorenoskopie 1827
Harnröhre
– Anästhesie 488
– Dehnung 1701 f., 1710
– endoskopische Untersuchung 1712 f.
– Fremdkörperentfernung 1703 f., 1711
– Kalibrierung 1708 f.
– Schlitzung unter Sicht 1802
– Spülung 1700
Harnröhrendivertikel
– Operation 1724
Harnröhrenfistel
– Anlage 1720
– Verschluß 1721 f.
Harnröhrenmündung
– Tumorentfernung 1714
Harnröhrenstriktur
– plastische Operation 1724
– Spaltung nach Otis 1715
– Spaltung unter Sicht 71716
Harnröhrenverletzung
– operative Versorgung 1723
Haus-Baum-Mensch-Test 857
Hausbesuch
– Krankengymnast 9602
– Masseur 9602
– Medizinischer Bademeister 9602
– Physiotherapeut 9602

Haut
– Allergietestung 385 ff.
– chemochirurgische Behandlung 756 f.
– Fädenentfernung 2007
– Fräsen 743
– Fremdkörperentfernung 2009
– hochtouriges Schleifen 755
– Kauterisation 746
– Kryotherapie 740
– Photochemotherapie (PUVA) 565
– Phototherapie 566 f.
– Skarifikation 748
– Stanzen 744
– thermographische Untersuchung 623 f.
– UV-Bestrahlung 560 ff.
– Verschorfung 741
Hautdefekt
– plastische Deckung 2380 ff.
Haut-Expander
– Auffüllung 265a
– Implantation 2396
Hautfunktionsproben 759 f.
Hautkrankheit
– externe Behandlung 209
HAWIE 856
Heiße Rolle 9202
Heilpackungen 9203 ff.
Heimdialyse 790 f.
Heißpackung 530, 535
Hellbrügge-Tafeln 716 ff.
Hemikolektomie 3169
Hemilaminektomie 2555, 3169
Hernie
– Operation 3280 ff.
– Reposition bei Einklemmung 3282
Herz
– Bypass-Operation 3088 f.
– Devertikelentfernung 3076
– Fremdkörperentfernung 3075
– Klappenoperation 3085 ff.
– Tumorentfernung 3076
Herzbeutel
– operative Maßnahmen 3065 f.
– Punktion 310
Herzfehler
– Operation 3068 ff.
Herzfunktionsdiagnostik
– szintigraphisch 5420 f.
Herzkammerscheidewanddefekt
– Operation 3077 f.
Herzkatheterismus 626 f.
Herz-Lungen-Maschine 3050
Herzmassage
– extrathorakal 429
– intrathorakal 2991
Herzmuskel
– Biopsie 3067
Herzmuskelverletzung
– operative Versorgung 3071

Herzrhythmusstörungen
– operative Korrektur 3091
Herzschrittmacher
– Aggregatwechsel 3096
– Elektrodenwechsel 3097
– Entnahme bei einem Toten 109
– Implantation 3095
– Impulsanalyse 661
– temporär 631
Herzwandaneurysma
– operative Entfernung 3076
Herzzeitvolumen
– Messung 647
Heterophorie-Prüfung 1216
High-Resolution-Technik 5376
Hirnpotentiale
– Messung 828
Hirnstammreflexe
– Messung 829
Hirntumor
– Exstirpation 2526 ff., 2550 ff.
Hirnverletzung
– operative Versorgung 2500 ff.
Hirschsprung'sche Erkrankung
– Operation 3234
His-Bündel-EKG 656
Histochemische Verfahren
Histologische Untersuchung 4800 ff.
HLA-System 9765 ff.
Hochdruckinjektion zur Kontrastmitteleinbringung
– peripher 346 f.
Hochfrequenzdiathermie 548 f.
Hochfrequenzelektroschlinge 695 f.
Hochvolttherapie 5810 f.
Hoden
– Entfernung 1765 f.
– operative Freilegung 1767
– Punktion 315
Hodenprothese
– Einlegen 1763
– Entfernen 1764
Hodentorsion
– Operation 1767
Hohlhandphlegmone
– operative Eröffnung 2066
Homöopathische Anamnese 30 f.
Hörgerätegebrauchsschulung 518
Hörgerätekontrolle
– sprachaudiometrisch 1405
Hormonpreßlinge
– Implantation 291
Hornhaut
– Abschabung 1339
– chemische Ätzung 1338
– Dickenmessung 77015
– Entnahme bei einem Toten 108
– Fremdkörperentfernung 1275 ff.
– plastische Operation 1345
– Tätowierung 1341

Sachregister

- Testung Sensibilität 71007
- Thermo- oder Kryotherapie 1340
- Transplantation 1346

Hornhautkrümmungsradien
- Messung 1204

Hornhautwunde
- Naht 1325 f.

Hörprüfung 1400 f.
Hruby-Linse 1240
Hufeisenniere
- operative Trennung 1835

Hüftgelenk
- Endoprothesenwechsel 2152
- endoprothetischer Totalersatz 2251 ff.

Hüftgelenksluxation beim Kind
- manuelle Reposition in Narkose 2233 f.
- operative Reposition 2239

Hüftkopf
- Endoprothese 2149
- Schalenplastik nach Wagner 2149

Hüftpfanne
- Endoprothese 2149
- Pfannendachplastik 2148

Human-Erythrozyten-Konzentrat 9730 ff.
Human-Erythrozyten-Suspension 9720 ff.
Humangenetische Beratung 21
Humangenetisches Gutachten 80 f.
Human-Plasma-Konserve 9755 ff.
Human-Thrombozytapharese-Konzentrat 9750
Human-Thrombozyten-Konzentrat 9760
Hydroelektrisches Bad 9408 f.
Hydrotherapie 531 ff., 536 f.
Hydrozele
- Operation 1761
- Punktion 318

Hygrom
- Operation 2051
- Punktion 303

Hymen
- Abtragung 1061

Hyperthermie 5852 ff.
Hyperventilationsprüfung 601
Hypnose 845
Hypoglykämiebehandlung
- unterschwellig 836

Hypophysentumor
- Exstirpation 2528

Hyposensibilisierung 263
Hypospadie
- Operation 1746

Hypothermie in Narkose 481
Hypoxietest 646
Hysterektomie 1138 f.
Hystero-Salpingographie 5250
- Kontrastmitteleinbringung 321

Hysteroskopie 1110 f.
H2-Atemtest 618

I

Ileostomie 3206
- bei Kolektomie 3170

Ileus-Operation (Darmmobilisation) 3172
Impedanzmessung 1407
Impfung 375 ff.
Implantation
- alloplastisches Material 2442
- Hormonpreßlinge 291
- Knochen 2254

Impressionsfraktur des Schädels 2500 f.
Impressionstonometrie 1255
Impulsanalyse von Herzschrittmachern 661
Indikatorverdünnungsmethode 647
Infiltration gewebehärtender Mittel 274
Infiltrationsanästhesie 490 f.
Infiltrationsbehandlung 264, 267 f., 290
Infrarotkoagulation
- Enddarm 699

Infrarot-Thermographie 624
Infusion 270 ff.
- beim Kleinkind 273
- Dauertropfinfusion 274
- Knochenmark 279
- Zytostatika 275 f.

Infusionsurographie 5200 f.
Inhalationstherapie 500 f., 9501 f.
Injektion 252 ff.
Inkontinenzoperation 1780
Insemination
- homolog 1114

Insulinkur 836
Intelligenz-Test 856
Intensivmedizinische Überwachung und Behandlung 435
- Laboratoriumsuntersuchungen 437

Interferenzmikroskopie
Interventionelle Radiologie 5345
Intrakutan-Test 390 f.
- nach Mendel-Mantoux 384

Intramuskuläre Injektion 252
Intraokularlinse
- Berechnung 77016
- Extraktion 1353
- Implantation 1352
- Reposition 77021

Intrauterin-Pessar
- Einlegen oder Wechseln 1091
- Entfernung 1092

Intravenöse Allgemeinanästhesie 451 ff.
Intravenöse Injektion 253
Intravenöse Regionalanästhesie 475
Intubation
- endotracheal 1529

Intubationsnarkose 462, 463
Invagination
- operative Beseitigung 3171

In-vitro-Fertilisation
- Eizellkultur 4873
- laparoskopische Eizellgewinnung 701

Iontophorese 552
Iridektomie 1358
Irrigator-Methode
- Unterweisung 3211

Isokinetische Muskelfunktionsdiagnostik 842
Isokinetische Muskelfunktionstherapie 558

J

Jalousieplastik 2954
Jejunoskopie 685
Jochbeinfraktur
- operative Reposition 2693

Jugendarbeitsschutzgesetz
- Untersuchung 32

Jugularvenenpulskurve 638

K

Kaiserschnitt-Entbindung 1032
Kalibrierung der Harnröhre 1708 f.
Kalkinfarkt der Bindehaut
- Entfernung 1282

Kältebehandlung 530, 535, 9206
Kaltgastherapie 9207
Kaltlufttherapie 9207
Kaltpackung 9206
Kampimetrie 1225
Kapselendoskopie 70707
Karbunkel
- Operation 2431

Kardiaresektion 3146
Kardiasprengung 780
Kardiotokographie
- extern 1002
- intern 1003

Karotispulskurve 638
Karpaltunnelsyndrom
- Operation 2070

Kataphoretisches Bad 554
Katarakt-Operation 1348 ff.
- extrakapsulär 1374 f.

Katheter
- arteriell 260
- Medikamenteneinbringung 261
- peridural 259
- zentralvenös 260

Katheterisierung
- Harnblase 1728, 1730
- Nabelvene 273

Kaudalanästhesie 469
Kauterisation
- Gehörgang oder Paukenhöhle 1580
- Haut 746

Sachregister

– Kehlkopf 1527
– Naseninneres 1429 f.
– Portio 1083
– Tränenwege 1293
Kavakatheter
– Anlage 260
Kavernenabszeß
– Eröffnung 3002
Kehlkopf
– Anästhesie 484
– Ätzung 1526
– Dehnung 1529
– endobronchiale Behandlung 1532
– Exstirpation 1543 ff.
– Fremdkörperentfernung 1528
– Kauterisation 1527
– Laryngoskopie 1530
– Medikamenteneinbringung 1525
– Polypentfernung 1535
– Polypentfernung, laserchirurgisch 706
– Probeexzision 1534
– Schwebe-Stützlaryngoskopie 1533
– Stenoseoperation 1547
– Stimmbandteilresektion 1540
– Trümmerverletzung 1551
– Tumorentfernung 1535
Keilbeinhöhlenoperation 1469 f.
Keratoplastik 1322
Keratoprothesis 1347
Kerngeschlecht-Bestimmung 4870 f.
Kernspintomographie 5700
Kiefer
– Fremdkörperentfernung 2651
– Panoramaaufnahme 5002
– partielle Resektion 2710 f.
Kieferfraktur
– allmähliche Reposition 2687
– Fixation 2688 f.
Kieferhöhle
– Absaugung 1480
– Ausräumung 1485
– Ausspülung 1479
– endoskopische Untersuchung 1466
– Eröffnung 1467 f., 1485
– Kontrastmitteleinbringung 370
– Punktion 1465
– Radikaloperation 1486
Kieferhöhlenfistel
– Verschluß 1628
Kieferzyste
– Operation 2655 ff.
Kinderaudiometrie 1406
Kinderfrüherkennungsuntersuchung 26
Kindliche Entwicklung
– Untersuchung 715 ff.
Kinesiologische Entwicklung
– Untersuchung 714
Kirschnerdraht
– Entfernung 2009, 2061, 2063

– Extension 218
– Gelenkfixation 2060, 2062
– Radiusfraktur 2349
Klammernentfernung 2007
Kleinhirntumoren
– Exstirpation 2550 f.
Klinische Untersuchung 5 ff., 5 ff., 11, 800 f., 825 f., 830, 1412
Klumpfuß
– Operation 2067
– Stellungskorrektur 3301 f.
Knieblock 496, 70496
Kniegelenk
– Arthrodese 2133
– Arthroplastik 2136
– Bandnaht 2104
– Bandplastik 2104
– endoprothetischer Ersatz 2144, 2153 f.
– endoskopische Untersuchung 3300
– Exartikulation 2160
– Gelenkkörperentfernung 2119
– Injektion 255
– Meniskusoperation 2117
– Punktion 301
– Röntgenuntersuchung 5030 f., 5050
– Synovektomie 2112
Kniescheibe
– operative Reposition 2230
– Osteosynthese 2336, 2344
– Reposition 2221 f.
Knochen
– Aufmeißelung 2256 ff.
– Entnahme 2253
– histologische Untersuchung 4802
– Implantation 2254
– Osteotomie 2260, 2273 ff.
– Reposition 2320 ff.
– Resektion 2263 f.
– Stanzbiopsie 312
– Verpflanzung 2255
Knochenbolzung 2660
Knochenmark 9780 ff.
– Infusion 279
– Konserven 9780
– Punktion 311
Knochenstanze 312
Knorpel
– Transplantation 2384
Kohlensäurebad 9406 f.
Kolon
– Doppelkontrastuntersuchung 5166
– endoskopische Untersuchung 685 ff.
– Exstirpation 3170
– hoher Einlauf 533, 539
– Kontrastuntersuchung 5165
– Massage 523
– Polypentfernung 695 f.
– Teilresektion 3169

Koloskopie
– partiell 688
– vollständig 687
Kolostomie 3206
Kolporrhaphie 1125 ff.
Kolposkopie 1070
Kolpozöllotomie 1136
Kombinationsnarkose
– mit endotrachealer Intubation 462, 463
– mit Maske 460 f.
Komeoskleralfäden
– Entfernung 1279
Kompressen 9203 ff.
Kompressionsbandagierung 9403a
Kompressionstherapie
– intermittierend apparativ 525 f.
Kompressionsverband 204
Kondylome
– chemochirurgische Behandlung 756
Konisation der Portio 1086
Konjunktivaler Provokationstest 393 f.
Konsiliarische Erörterung 60
Konstruktionsplan für orthopädische Hilfsmittel 3321
Kontaktlinse
– Erstanpassung 1210 f.
– Prüfung 1212 f.
Kontrastmitteleinbringung 340, 70353
– zur selektiven Arteriographie 353
Kontrastuntersuchungen 5050, 5150
Konvulsionstherapie
– Elektrokrampftherapie 837
– Insulinkur 836
Koordinationsprüfung 826
Koronarangiographie 5324 ff.
– Kontrastmitteleinbringung 360 f.
Körperkanalverschluß
– Öffnung 2400
Körperkerntemperatur
– gesteuerte Senkung 481
Krampfadern
– Operation 2880 ff., 2890 f.
– Verödung 764
Kraniopharyngeom
– Exstirpation 2528
Kranioplastik 2278
Krankengeschichte
– Übersendung 193
Krankengymnastik 9101 ff.
– Ganzbehandlung 506
– Gruppenbehandlung 509
– im Bewegungsbad 508
– Teilbehandlung 507
Krankheitsbericht 75
Krebsfrüherkennungsuntersuchung
– Frauen 27
– Männer 28
Kreislauffunktionsprüfung 600, 70795

487

Sachregister

Kreislaufzeiten
- Messung 631

Kreuzprobe
- im HLA-System 9767

Kropfgeschwulst
- Operation 2755

Krossektomie 2883

Kryochirurgie
- Enddarmbereich 698
- Prostata 1777
- Vaginalbereich 1085

Kryotherapie
- Haut 740
- Hornhaut 1340

Kryo-Zyklothermie-Operation 1359

Kryptorchismus
- Operation 1768 f.

Kühlzellenbenutzung 9906

Kuldoskopie 1158

Kunstglied
- Anpassen 3320
- Gebrauchsschulung 518
- Konstruktionsplan 3321

Kurzwellenbehandlung 548 f., 9301

Kutane Testung 383

L

Laboratoriumsuntersuchungen bei Intensivbehandlung 437

Lagerbildung im Kieferbereich 2730 f.

Lagereaktionen
- Prüfung 714

Laminektomie 2556 f.

Langzeit-Blutdruck-Messung 654

Langzeit-EEG 827a

Langzeit-EKG 659

Langzeit-pH-metrie des Ösophagus 693

Laparoskopie 700 f.

Laparotomie 3135

Laryngoskopie 1530

Laser-Anwendung
- ambulante Operation 441

Laser-Koagulationen
- endoskopisch 706
- Netzhaut 1365

Laserscanning-Ophthalmoskopie 77010

Lasertrabekuloplastik 1360

Lavage
- bronchoalveolär 678

LDL-Apherese 792

Leber
- laparoskopische Probeexzision 700 f.
- Operation 3185
- Punktion 315
- Transplantation 3184

Lederhaut
- Fremdkörperentfernung 1276

- Wundnaht 1326

Leiche
- Augapfel-Entnahme 107
- Entnahme von Körperflüssigkeit 106
- Herzschrittmacher-Entnahme 109
- Hornhautentnahme 108
- Sektion 6000 ff.

Leichenhallenbenutzung 9905

Leichenöffnung 9900 ff.

Leichenschau 9910

Leichenschauschein 100 ff., 100

Leistenbruch
- Operation 3285 f., 73289
- Reposition bei Einklemmung 3282

Leistenhoden
- Operation 1768 f.

Leitungsanästhesie 493 ff.

Leitungswasser-Iontophorese 552a

Licht-Reflexions-Rheographie 634

Lid
- plastische Operation 1310 ff.
- Tumorentfernung 1282

Lidsenkung
- Operation 1305 f.

Lidspalte
- plastische Korrektur 1302
- vorübergehende Spaltung 1303

Limited-Care-Dialyse 791

Linearbeschleuniger
- Hochvolttherapie 5836 f.

Linksherzkatheterismus 627, 629

Linksventrikulographie 5327 f.

Linse
- Diszission 1348
- Implantation 1352
- Operation bei Erkrankung des Aufhängeapparates 77026

Linsenkernverflüssigung (Phakoemulsifikation) 1374 f.

Lippen-Kieferspalte
- Operation 2621

Lippenspalte
- Operation 2620

Liquorableitung
- extrakorporal 2542
- intrakorporal 2540

Liquorfistel
- Operation 2553

Liquorpunktion
- durch die Fontanelle 305a
- subokzipital oder lumbal 305

Lobektomie 2995

Logopädische Behandlung 9670, 9672

Lokalanästhesie
- Bronchialgebiet 489
- großer Bezirk 491
- Harnröhre/Harnblase 488
- Kehlkopf 484
- kleiner Bezirk 490

- Trommelfell 485

Lumbalanästhesie 470, 471, 472

Lumbalpunktion 305

Lunge
- Abszeßeröffnung 3002
- Lappenresektion 2995 ff.
- operative Gewebeentnahme 2992
- operativer Eingriff 2994
- Punktion 306
- Resektion 2995
- Segmentresektion 2996

Lungendehnbarkeit (Compliance)
- Bestimmung 611

Lungenperfusion
- szintigraphische Untersuchung 5415

Lungenventilation
- szintigraphische Untersuchung 5416

Lupenbrille
- Bestimmung 1215

Lymphdrainage
- manuell 523

Lymphknoten
- Exzision 2404

Lymphknotenausräumung
- Axilla 2408, 2413
- inguinal 1762
- pelvin 1783
- retroperitoneal 1809
- suprahyoidal 2715
- zervikal (Neck-Dissection) 2716, 2760

Lymphödem
- apparative Kompressionstherapie 525
- Entleerung mittels Gummischlauch 762
- Operation 2453

Lymphographie 5338
- Kontrastmitteleinbringung 365

Lymphozytenmischkultur 9769

Lysebehandlung 5351 f.

M

Magen
- Ausspülung 433
- Resektion 3147
- Teilresektion 3145

Magenballon
- Implantation 3156

Magenfistel
- Anlegen 3138

Magenperforation
- operative Versorgung 3144

Magensaft
- Aushebung 671

Magenspülung 433

Magenverweilsonde
- Einführen 670

Magnetkörper
- Implantation ins Augenlid 2444

Sachregister

Magnetresonanztomographie (MRT) 5700
Mamille
– Operation 2417 ff.
Mamma
– Amputation 2411 ff.
– Aufbauplastik 2415 f.
– Punktion 314
– Reduktionsplastik 2414
– thermographische Untersuchung 623
Mammaprothese
– Implantation oder Austausch 2420
Mammatumor
– diagnostische Exstirpation 2410
Mammographie 5265 ff.
Manometrie an den Gallenwegen
– intraoperativ 3122
Manualextraktion bei Entbindung 1025
Manualmedizinischer Eingriff 3306
Manuelle Lymphdrainage 9402 f.
Manuelle Therapie 9107
Marisquen
– operative Entfernung 765
Marshall-Marchetti-Operation 1780
Marsupialisation
– vaginal 1141
Massage 520 f., 9401 ff.
Mastdarm
– digitale Ausräumung 770
– digitale Untersuchung 11
– endoskopische Untersuchung 690
– Fremdkörperentfernung 3238
Mastdarmfistel
– Operation 3220 ff.
Mastdarmriß
– Operation 3219
Mastdarmschließmuskel
– Dehnung 3236
– Sphinkterotomie 3237
Mastdarmtumor
– peranale Entfernung 3224 f.
Mastdarmvorfall
– Operation 3231 f.
– Reposition 3230
Mastektomie 2411 ff.
Maximalakkomodation
– Messung 1203
MDP 5157
Meatomie 1737
Meatusstriktur
– plastische Versorgung 1738
Meckel'sches Divertikel
– Exstirpation 3173
Medianus-Kompressionssyndrom
– Operation 2070
Mediastinaltumor
– Entfernung 3011
Mediastinoskopie 679
Mediastinum
– Drainage 3012

Medikamentenpumpe
– Erstanlegen und Anleitung 784
Medikamentenreservoir
– Auffüllung 265
– Implantation 2421
Medizinische Bäder mit Zusätzen 9404 ff.
Megacolon congenitum
– Operation 3234
Mehrstärkenbrillen
– Prüfung 1207
Mekonium-Ileus
– Operation 3011
Mendel-Mantoux-Test 384
Meningozele
– Operation 2571
Meniskus
– Entfernung 2117
– Reposition 2226
Mikro-Herzkatheterismus 630, 632
Mikrowellenbehandlung 548 f.
Milz
– Exstirpation 3199
– Punktion 315
– Revision 3192
Milzszintigraphie 5456
Mineralgehalt von Knochen
– computertomographische Bestimmung 5380
– Photonenabsorptionstechnik (DPA) 5475
Missed abortion
– Ausräumung 1060
Mittelgesicht
– operative Rekonstruktion 2630
– Osteotomie nach disloziert verheilter Fraktur 2705
Mittellinienbruch
– Operation 3283 f.
Mittelohr
– Tumorentfernung 1601 f.
MLC 9769
Modellherstellung durch Gips 3310 ff.
Moro-Test 383
MRT-Untersuchung 5700
Mukoviszidose
– Schweißtest 752
Mundbodeneingriff
– Osteotomie 2720
Mundbodenphlegmone
– operative Behandlung 1509
Mundbodenplastik 2675 f.
Mund-Kieferbereich
– operative Blutstillung 2660
Muschel-Operation 1430
Muskel
– Durchtrennung 2072
– Naht 2073
– Probeexzision 2402
– Verlängerung 2064
– Verpflanzung 2074

Muskelfunktionsdiagnostik
– isokinetisch 842
Muskelfunktionstherapie
– isokinetisch 558
Mutterschaftsvorsorge
– Erstuntersuchung 23
Myektomie 3234
Myelographie 5280
– Kontrastmitteleinbringung 340
Myelomeningozele
– Operation 2571
Myokardbiopsie
– operativ 3067
Myokard-Revaskularisation 3088 f.
Myokardszintigraphie 5423 f.
Myokardverletzung
– operative Versorgung 3071
Myom-Enukleation
– abdominal 1162
– vaginal 1137
Myringoplastik 1611

N

Nabelbruch
– Operation 3283 f.
Nachblutung
– intraabdominal 2802
– nach Tonsillektomie 1501
– postpartal 1042
– vaginal 1140
Nachgeburt
– Entfernung durch inneren Eingriff 1041
Nachstar
– Diszision 1348
Nachtastung
– postpartal 1042
Naevus flammeus
– Operation 2440
Nagel
– Ausrottung 2034
– Extraktion 2033
– Schleifen oder Fräsen 743
– Trepanation 303
Nagelspange
– Anlegen 2036
Nagelung eines großen Röhrenknochens 2349 ff.
Nagelwall
– plastische Operation 2035
Nagelwurzel
– Exzision 2034
Narbe
– Exzision bei Funktionsbehinderung 2392a
– operative Korrektur 2441
Narbe oder Naevus
– hochtouriges Schleifen 755
Narkose 450 ff.
Nasaler Provokationstest 395 f.

489

Sachregister

Nase
- Ätzung 1436
- Entfernung 1452 f.
- Fremdkörperentfernung 1427 f.
- Kauterisation 1429
- Rekonstruktion 1449 f.
- Repositon 2320
- Tamponade 1425 f.

Nasenbluten
- Stillung 1435

Nasenflügel
- operative Korrektur 1457

Nasenhaupthöhlen
- Applikation von Substanzen 1436
- endoskopische Untersuchung 1418

Nasenmuschel
- Abtragung 1438
- Operation 1430

Nasennebenhöhlen
- Absaugung 1480
- Radikaloperation 1488
- Röntgendiagnostik 5098
- Sonographie 410

Nasenpolypen
- Entfernung 1440 f.

Nasenscheidewand
- Abszeßeröffnung 1459
- plastische Korrektur 1447 f.
- submuköse Resektion 1445 f.
- Verschluß einer Perforation 1455

Nasensteg
- operative Verschmälerung 1456

Nebenhoden
- Entfernung 1771 f.

Nebenniere
- operative Entfernung 1858 f.

Neck-Dissection 2760
Nekrosenabtragung 2006
- Hand- oder Fußbereich 2065

Nekrotomie an Knochen 2256 ff.
Nephrektomie 1841 ff.
Nephropexie 1831

Nerv
- Dekompression im Wirbelsäulenbereich 2565 f.
- Durchtrennung oder Exhairese 2580
- elektroneurographische Untersuchung 829, 832, 839 f.
- End-zu-End-Naht 2586
- Entnahme zur Transplantation 2582
- Leitungsanästhesie 493 ff.
- Leitungsanästhesie im Bereich der Schädelbasis 2599
- mikrochirurgische Naht 2588 f.
- Neurolyse 2583 f.
- Pfropfung 2595
- Sekundärnaht 2587

Nervenleitgeschwindigkeit
- Messung 832, 839

Nervenplexus
- Anästhesie 476, 477
- Naht 2590 f.

Nervenstimulation
- bei Lähmungen 555

Netzhaut
- Licht- bzw. Laser-Koagulation 1365

Netzhautablösung
- isolierte Kryotherapie 77029
- mit eindellenden Maßnahmen 77027
- Operation 1366 ff.

Netzhautgefäße Laser-Doppleruntersuchung 77017

Netzhaut-Glaskörper-Chirurgie 71387
Netzhautveränderungen
- Lokalisierung 1251

Neugeborenes
- Erstuntersuchung 25

Neuraltherapie 266 ff.
Neurologische Untersuchung 800, 825 f.
Neurolyse 2583 f.

Neurom
- operative Entfernung 2404

Neuropsychiatrische Behandlung bei Epilepsie 816
Niederfrequenzbehandlung bei Lähmungen 555

Niere
- Ausgußsteinentfernung 1839
- Dekapsulation 1831
- Entfernung (Nephrektomie) 1841 ff.
- Explantation beim Lebenden 1847
- Explantation beim Toten 1848 ff.
- Implantation 1845
- operative Freilegung 1830
- Punktion 315
- Transplantation 1850

Nierenbecken
- endoskopische Stein- oder Tumorentfernung 1827, 1853
- Kontrastmitteleinbringung 1790
- Kontrastuntersuchung 5200 ff.
- Spülung bei Fistelkatheter 1733
- transkutane Pyeloskopie 1852
- Ureterorenoskopie 1827

Nierenbecken-Druckmessung 1799
Nierenbeckenplastik 1840
Nierenbeckenstein
- operative Entfernung 1838
- pyeloskopische Entfernung 71862

Nierenfistel
- Bougierung 1852
- Katheterwechsel 1833
- operative Anlage 1832
- perkutane Anlage 1851

Nierenpolresektion 1836 f.
Nierenszintigraphie 5440 ff.
Nierentumor
- Entfernung 71880 f.

Nierenvenen
- transfemorale Blutentnahme 262

Nuklearmedizinische Untersuchungen 5400 ff.
Nukletomie
- perkutan 2281

Nystagmusprüfung 1412

O

Oberarm
- Gehaltenen Aufnahme 5032
- in zwei Ebenen 5030

Oberarmknochen
- Reposition 2327

Oberflächenanästhesie 483 ff.
Oberschenkel
- Amputation 2174

Oberschenkelknochen
- Reposition 2330

Oberst-Anästhesie 493
Ohrenschmalzpfropf
- Entfernung 1565

Ohrmuschel
- Anlegeplastik 1635
- operative Korrektur 1636 ff.

Ohrtrompete
- Katheterismus 1590

Okklusiv-Pessar
- Anlegen oder Wechseln 1090

Olekranon
- Verschraubung 2340

Omphalozele
- Operation 3287

Operationsmikroskop
- Zuschlag 440, 442a

Ophthalmodynamometrie 1262 f.
Opiatanalgesie
- peridural 470

Orbicularis-Oculi-Reflex 829
Orbitabodenfraktur
- operative Reposition 2693

Orchiektomie 1765 f.
Organpunktion 315
Orthopädisches Hilfsmittel
- Anpassung 3320
- Gebrauchsschulung 518
- Konstruktionsplan 3321

Orthopädisches Turnen 509
Orthopantomogramm 5004
Orthoptische Behandlung 1269 f.
Orthovolttherapie 5802 f.
Os lunatum
- operativer Ersatz 2268

Os naviculare
- Pseudarthrose 2269

Ösophagoskopie 680 f.
Ösophago-tracheale Fistel
- Operation 3128

Sachregister

Ösophagus
- Bougierung 781
- Eröffnung 3125
- Langzeit-pH-Metrie 693
- manometrische Untersuchung 694
- Operationen 3125 ff.
- Röntgenuntersuchung 5150
Ösophagusableitung
- elektrokardiographisch 655
Ösophagusatresie
- Operation 3127
Ösophagusprothese
- Einsetzen 3151
Ösophagussphinkter
- Dehnungsbehandlung 780
Ösophagusvarizen
- Sklerosierung 691
- Tamponade 703
Osteodensitometrie
- computertomographisch 5380
- digitale Röntgentechnik 5380
- Photonenabsorption (DPA) 5475
Osteosynthese 2339 f.
Osteosynthesematerial
- Entfernung 2353 f., 2694
Osteotomie 2250 ff.
- zur Entfernung eines retinierten Zahnes 2650
Oszillographische Untersuchung (Gesenius-Keller) 621
Otoakustische Emissionen 1409
Otoskleroseoperation 1623
Ovarektomie 1145 f.
Oxymetrie
- blutig oder transkutan 602
Ozaena
- osteoplastische Operation 1492

P

Palmaraponeurose
- Entfernung 2087 ff.
Panaritium
- Eröffnung 2030 f.
- Resektion 3195 ff.
Pankreas
- Punktion 315
Pankreatikographie 5170
- endoskopisch-retrograde Kontrastmitteleinbringung 370
Panoramaaufnahme
- Kiefer 5002
Papillotomie
- transduodenal 3190
Paraffinwarmpackung 9203
Paranephritischer Abszeß
- Eröffnung 1826
Paraphimose
- operative Beseitigung 1740
- unblutige Beseitigung 1739
Paratenonitis
- Operation 2076
Parathyreoidektomie 2756
Paravertebralanästhesie 476, 477
Paravertebrale Infiltration 267 f.
Parazentese 1575
Parazervikal-Block 491
Parenteraler Katheter
- Einbringung von Arzneimitteln 261
Paronychie
- Eröffnung 2030
Parotis
- Exstirpation 1522
- Schlitzung des Ausführungsganges 1510
Patellafraktur
- Osteosynthese 2344
Patellektomie 2344
Paukenhöhle
- Anästhesie 485
- Ätzung 1579
- binokularmikroskopische Untersuchung 1415
- Drainage 1576 f.
- Eröffnung 1612
- Fremdkörperentfernung 1569 f.
- Kauterisation 1580
- Medikamenteneinbringung 1579
- Polypentfernung 1586
Pelotte
- Anlegen 2701
Pelviskopie 1155 f.
Penis
- Amputation 1747 f.
Penisprothese
- Entfernung 1753
- Implantation 1752
Perforansvenen
- Exstirpation oder Ligatur 2890
Perianalfistel
- Operation 3220 ff.
Perianalthrombose
- Spaltung 763
Periduralanästhesie
- einzeitig 470, 471, 472
- kontinuierlich 473, 474, 475
- Periduralkatheter, Legen 259
Perikapsuläre Infiltration 267
Perikard
- Operation 3065 f.
- Punktion 310
Perimetrie 1225 ff.
- Frequenz-Verdopplungsperimetrie, Rauschfeld-Perimetrie 77012
- Rasterperimetrie 77013
Perineurale Infiltration 267
Periostmassage 523
peripher
- zentral 355, 356, 357

Peritonealdialyse
- Betreuung bei CAPD 793
- Katheterentfernung 2010
- Katheterimplantation 3135
- Überwachung 785 f.
Peritoneal-Lavage 3120
Peritonitis
- operative Revision 3139
Peritonsillarabszeß
- Eröffnung 1505, 1507
Perkutane transluminale Dilatation 5345 f.
Pertusionsszintigraphie 5415
Pessar
- Anlegen oder Wechseln 1090
PET 5488 f.
Pfannendachplastik 2148
Phakoemulsifikation 1374 f.
Phimose
- Ringligatur 1741
Phlebographie 5325 f.
Phlegmone
- Eröffnung 2432
- Hohlhand 2066
- Mundboden 1509
Phonokardiographie 660
Photo-Patch-Test 569
Phototherapie
- als Photochemotherapie 565
- bei Neugeborenen 566
- selektiv 567
Pilonidalzyste oder -fistel
- Exstirpation 2293
Plasmapherese
- ärztliche Betreuung 792
Plattenthermographie 623
Pleoptische Behandlung 1268, 1270
Pleura
- Operation 2973 ff.
- Probeexzision 308, 2972
- Punktion 307
Pleuradrainage
- Anlegen 2970
- Spülung 2971
Plexusanästhesie 476, 477
Pneumonektomie 2995
PNF 725 f.
Polarisationsmikroskopie
Politzer-Luftdusche 1589
Polypentfernung
- endoskopisch im Gastrointestinaltrakt 695 f.
- Gebärmutter 1102 ff.
- Gehörgang oder Paukenhöhle 1586
- Kehlkopf 1535
- Nase 1440 f.
Polysomnographie 659
Port
- Implantation 2801
- Spülung 265

Sachregister

Portaler Hochdruck
- Operation 2900 ff.
Portio
- Kauterisation 1083
- Konisation 1086
- medikamentöse Behandlung 1075
- Probeexzision 1103, 2402
- Thermokoagulation 1084
Positronenemissionstomographie (PET) 5488 f.
Präkanzerose
- chemochirurgische Behandlung 757
Präventive Untersuchungen
- Frauen 27
- Jugendliche 32
- Kinder 26
- Männer 28
Priapismus
- Operation 1749 f.
Prick-Test 385 ff.
Prismenadaptionstest 77019
Prismenbrillen
- Prüfung 1207
Probeexzision
- Kehlkopf 1534
- oberflächliches Körpergewebe 2401
- tiefliegendes Körpergewebe 2402
- Zunge 1513, 2402
Profilperimetrie 1227
Profundaplastik 2840
Projektionsperimetrie 1226
Proktokolektomie 3183
Proktoskopie 705
Prostata
- Digitaluntersuchung 11
- Elektroresektion 1777
- Infiltrationsbehandlung 264
- Massage 1775
- physikalische Behandlung 1775
- Punktion 319
- Resektion 1777 ff., 71870 ff.
Prostataabszeß
- Eröffnung 1776
Prostataadenom
- Elektroresektion 1777
Prothesengebrauchsschulung 518
Provokationstest
- allergologisch 393 ff.
Pseudarthrose
- Operation 2355 f.
Psychiatrische Behandlung 804 f., 886 f., 70888
- im Notfall 812
Psychiatrische Untersuchung 801, 885
Psychisch Kranker
- Fremdanamnese 835
- Transportbegleitung 833
Psychische Dekompensation
- Sofortmaßnahme 812
Psychotherapie 849
- analytisch 863 f.

- Anamnese 860
- Einleitung 808
- tiefenpsychologisch fundiert 861 f.
PTA 5345 f.
PTCA 5348 f.
Ptosis
- Operation 1305 f.
Pudendus-Block 494
Punkteanalyse 73757
Punktion 300 ff.
Pupillenfunktion
- Wiederherstellung und/oder Irisblendenring 77022
Pupillographie 1259
PUVA
- Therapie 565
Pyeloskopie
- transkutan 1852
Pyelotomie
- transurethral 71863
Pyloromyotomie 3152
Pyloroplastik 3153
Pyometra
- Operation 1099

Q

Quaddelbehandlung 266
Quadrizepssehnenruptur 2073
Quecksilberhochdrucklampe 563 f.
Quengelverband 245

R

Rachen
- Fremdkörperentfernung 1508
Rachenmandel
- Entfernung 1493
Radiojodbehandlung 5600
Radiojodtest 5402 f.
Radionuklid-Diagnostik
- in-vivo 5400 ff.
Radionuklidtherapie
- Brachytherapie 5840 ff.
- offen 5600 f.
Radiusfraktur
- Reposition 2328
Radiusköpfchen-Subluxation
- Reposition 2226
Rasterperimetrie 1227
Rauminhalation 9502
Raven-Test 857
Reanimation 429
- Neugeborenes 1040
Rechtsherzkatheterismus 626
Rectostomia posterior 3226
Redon-Drainagen 2015

- Entfernen 2007
Redressement
- Fußmißbildung 3301 f.
- Wirbelsäulenverkrümmung 2280
Reduktionsplastik der Mamma 2414
Refluxzystographie 5235
Refraktionsbestimmung 1200 ff.
Regionalanästhesie 469 f., 471
Reib-Test 388 f.
Reiseentschädigung 90, 86 ff.
Reizleitungssystem
- Operation 3091
Reizstrombehandlung 551, 9301
Reiztherapie
- intrakutan 266
Rektum
- digitale Ausräumung 770
- digitale Untersuchung 11
- Operationen 3215 ff.
Rektumatresie
- Operation 3217
Rektumexstirpation
- abdomino-perineal 3235
- perineal 3233
Rektumprolaps
- Operation 3231 f.
- Reposition 3230
Rektumtumor
- Exstirpation 3224 f.
Relaxationsbehandlung nach Jacobson 846 f.
Relaxometrie
- Allgemeinanästhesie 70482
Replantation
- Arm oder Bein 2056
- Finger 2053
- Hand 2055
Reposition
- eingeklemmte Hernie 3282
- Fraktur 2320 ff.
Residualvolumen
- Bestimmung 607
Resistance
- Bestimmung 603 f.
Retrobulbäre Infiltration 267
Retrobulbärer Tumor
- Exstirpation 2552
Retrograde Urographie 5220
Retropharyngealabszeß
- Eröffnung 1506
Retroskopie 690
Retrotonsillarabszeß
- Eröffnung 1505
Reverdin-Plastik 2380
Rheobase
- Bestimmung 829, 840
Rheographie 620
Rhinomanometrie
- Flußmessung 395 f., 1417

Sachregister

Rhinophym
- Operation 2450
Ring
- Einlegen oder Wechseln 1087
Rippenresektion 2950 ff.
Röhrenknochen
- Frakturreposition 2327 ff.
- Osteosynthese 2340
Röntgenaufnahmen
- Übersendung 195 f., 9794
Röntgendiagnostik 5000 f.
Röntgenfilmkopien 9795a f.
Rorschach-Test 855
Rostring
- Ausfräsen 1277
Rückenmark
- Dauerstimulation 2570
- Operationen 2571 ff.
Rucksackverband 204
Rundstiellappen 2392, 2393 f.

S

Salpingektomie 1145 f.
Salpingographie 5250
- Kontrastmitteleinbringung 370
Salpingolyse 1145 f.
Salpingotomie 1145 f.
Samenleiter
- operative Wiederherstellung 1758
- Unterbindung 1755 ff.
Sauerstoffatmung 500 f.
Sauerstoffbad 9406 f.
Sauerstoffpartialdruck
- transkutane Messung 614
Sauerstoffsättigung
- blutige oder unblutige Bestimmung 602
Sauerstoffzelt 9104
Saugapparate-Anwendung 747
Saugbiopsie des Dünndarms 697
Saugdrainagen
- Anlegen 2015
- Entfernen 2007
Saug-Spül-Drainage
- Einbringen 2032
Scanning-Mikroskopie
- vorderer Augenabschnitt 77008
Sceno-Test 857
Schädel
- Computertomographie 5370
- Röntgenuntersuchung 5090
- Trepanation 2515 ff.
Schädelhirnverletzung
- Operation 2500 ff.
Schanz'scher Halskrawattenverband 204
Scheide
- Fremdkörperentfernung beim Kind 1080
- Tamponade 1081

- Vaginoskopie bei einer Virgo 1062
Scheidenplastik 1125 ff.
Scheidenriß
- Versorgung 1044
Scheidenseptum
- Abtragung 1098
Schellong-Test 600
Schenkelhalsfraktur
- Endoprothese 2149, 2151
- Osteosynthese 2351
Schenkelhernie
- Operation 3285 f.
Schichtaufnahmen 5290
Schieloperation 1330 ff.
- retroaquatoriale Myopexie 77025
Schieluntersuchung
- differenzierende an Tangentenskalen 77024
- Kopfzwanghaltung 77028
Schiene
- am Ober- oder Unterkiefer 2698 f.
- Änderung 2702
Schienenverband 210 ff., 210 ff.
- bei Kieferfraktur 2695
Schilddrüse
- Operation 2755, 2757
- Punktion 319
- Sonographie 417
- Szintigraphie 5400 ff.
Schirmer-Test 1209
Schlafapnoe-Diagnostik 659
Schleifen der Haut 743
- hochtourig 755
Schleimbeutel
- Exstirpation 2405
- Punktion 303
Schleimhauttransplantation 2386
Schlingenbiopsie
- endoskopisch 695 f.
Schlingenextraktion von Harnleitersteinen 1815
Schlotterkamm
- operative Entfernung 2670 f.
Schlüsselbeinfraktur
- Osteosynthese 2325
- Reposition 205, 2324
Schmerztherapie 266 ff., 469 f., 471
Schnellschnitt-Untersuchung 4816
Schnittentbindung 1032
Schnürfurche an einem Finger
- Operation 2041
Schreibgebühren 95 f.
Schröpfkopfbehandlung 747
Schulterblattfraktur
- Reposition 2326
Schultergelenk
- Luxation 2217
Schulung
- bei Asthma bronchiale 70036
- bei Hypertonie 70036
Schulung eines Diabetikers 33

Schutzimpfungen 375 ff.
Schwangerschaft
- Erstuntersuchung 23
- Konfliktberatung 22
- sonographische Untersuchung 415
- weitere Untersuchung 24
Schwangerschaftsabbruch 1055 f.
- Beratung 22
- Indikationsfeststellung 22
Schwebelaryngoskopie 1533
Schweißtest 752
Scratch-Test 388 f.
Sectio caesarea 1032
Segmentosteotomie im Kieferbereich 2710 f.
Segmentresektion 2996 f.
Sehne
- Durchschneidung 2072
- freie Transplantation 2083
- Lösung von Verwachsungen 2076
- Naht 2073
- plastische Ausschneidung 2064
- Verpflanzung 2074
Sehnenbett
- operative Herstellung 2082
Sehnenscheide
- Operation 2091 f.
Sehnenscheidenpanaritium
- Eröffnung 2031
- Spülung 2090
Sehnenscheidenstenose
- Operation 2084
Sehschärfe
- Bestimmung 1200 ff.
Seitenstränge
- Applikation von Substanzen 1436
Sekundenkapazität
- Bestimmung 608 f.
Sequenzszintigraphie 5481
Sequestrotomie 2651
Serienangiographie 5300 ff.
Shuntanlage zur Hämodialyse 2895 f.
Shuntoperation an herznahen Gefäßen 3069
Siebbeinzellen
- Ausräumung 1485, 1487
Sigmoidoskopie
- partiell 690
- vollständig 689
Silastik- oder Silikon-Plombe
- Entfernung 1377
Simultan-Impfung 378
Single-Photonen-Emissions-
 Computertomographie (SPECT) 5486 f.
Skalenoskopie 679
Skarifikation 748
Skarifikationstest 388 f.
Skelett
- Röntgendiagnostik 5000 f.
- Szintigraphie 5425 f.

493

Sachregister

Skin-Expander
– Implantation 2396
Sklerosierungsbehandlung
– Hämorrhoiden 764
– Ösophagusvarizen 691
– Varizen 764
Sklerotomie 1357
Sonographie 401 ff.
– A-Bild 70409
– B-Bild (Real-Time) 410 f.
– Brustdrüse 418
– Duplexverfahren 401, 424
– fetale Entwicklung 415
– Herz 422 ff.
– perkutan transluminal 408
– Schilddrüse 417
– transkavitär 403
– transösophageal 402
– weiterführend bei Verdacht auf Schädigung eines Fetus 71006 f., 71008
Spalthauttransplantation 2382
Spaltlampenfotographie 1252
Spaltlampenmikroskopie 1240
SPECT 5486 f.
Speicheldrüse
– Exstirpation 1520 ff.
Speichelfistel
– Operation 1518
Speichelsteine
– operative Entfernung 1519
Spermatozele
– Operation 1761
Spezialblutkonserven 9772 ff.
Sphinkterdehnung 3236
Sphinkterinsuffizienz
– Muskelplastik 3239
Sphinkterotomie 3237
Spickdrähte
– Entfernung 2061, 2063, 2353 f.
Spinalanästhesie 470, 471, 472
Spinalkanal
– operative Eröffnung 2555 ff.
Spiroergometrie 606
Spirographie 605, 608
Splanchnikusdurchtrennung 2604
Spondylodese 2286 f.
Sprachaudiometrie 1404 f.
Sprache
– Untersuchung 1555
Sprachheilbehandlung 9670, 9672
Sprachstörungen
– Behandlung 726
Sprachübungsbehandlung 1559
Spreizspekulum-Untersuchung 705
Sprunggelenk
– Bandnaht 2106
– Bandplastik 2106
Spüldrainage
– Einbringen 2032

Spülung bei liegender Drainage 2093
Stammhirntumor
– Exstirpation 2551
Stanger-Bad 554, 9408 f.
Stanzen der Haut 744
Stapedius-Lautheitstest 1407
Staroperation 1350 f., 1374 f.
Steißbeinfistel
– Operation 2293
Steißbeinresektion 2294
Stellatum-Blockade 497
Stereotaktische Operationen 2560 ff.
Sterilisation
– bei der Frau 1156
– beim Mann 1756
Sternalpunktion 311
Sternoklavikulargelenk 2226
Sternotomie 3010
Stimmband
– Resektion 1540
– stroboskopische Untersuchung 1416
Stimme
– Untersuchung 1556
Stimmtherapie bei Kehlkopflosen 1558
Stimmübungsbehandlung 1560
Stirnhöhle
– Anbohrung von außen 1472
– Ausspülung 1479
– operative Eröffnung 1471, 1485
– Radikaloperation 1487
– Sondierung 1478
Stoßwellenlithotripsie
– extrakorporal 1860
Strabismus-Prüfung 1216
Strahlendiagnostik 5000 f.
Strahlentherapie 5800 f., 75830
Strecksehne
– Naht 2073
Streckverband 217 f., 217 f.
Stroboskopie der Stimmbänder 1416
Strumaresektion 2755
Stützapparat
– Änderung 2702
Stützvorrichtung im Kieferbereich 2700 f.
Subaquales Darmbad 533, 539
Submandibularis-Ausführungsgang
– Schlitzung 1510
Subokzipitalpunktion 305
Subphrenischer Abszeß
– operative Eröffnung 3136
Subtraktionsszintigraphie 5483
Sympathektomie 2920 f.
Sympathikusblockade 497 f.
Syndaktylie
– Operation 2043 f.
Syndesmosenverletzung
– Operation 2106
Synechielösung 1430
Synovektomie 2110 ff.

Szintigraphie 5400 ff.

T

Tape-Verband 206
Tarsaltunnelsyndrom
– Operation 2070
TAT 855
Teilbad 531, 536
Telekobaltbestrahlung 5831 ff.
Telethermographie 624
Tendosynovektomie 2091
Tendosynovitis
– Operation 2076, 2092
TEP
– Implantation 2151
Testverfahren
– orientierend 857
– projektiv 855
– standardisiert 856
Tetanus-Impfung 375, 378
Theophyllin 73733
Thermodilutionsverfahren 647
Thermographie 623 f.
Thermokoagulation
– Portio und Zervix 1084
Thermotherapie
– Hornhaut 1340
Thorakoplastik 2953 ff.
Thorakoskopie 677
Thorakotomie 2990
Thorax
– Operationen 2953 ff.
– Röntgendiagnostik 5135 f.
Thrombektomie
– Herz 3075
– venöses System 2887
Thrombennachweis
– szintigraphisch 5465 f.
Thrombozyten-Lebenszeit
– nuklearmedizinische Bestimmung 5462
Thrombus-Expression
– oberflächliche Beinvenen 763
– perianal 763
Thyreoidektomie 2755, 2757
TK 9760
Todesfeststellung 100 ff., 100
Tokographie 1001
Tomographie 5290
– computergesteuert 5369 f., 5371, 5381 ff.
Tonometrie 1255 f.
– fortlaufend 1257
Tonschwellenaudiogramm
– Kopie und Versand 194
Tonschwellenaudiometrie 1403
Tonsillektomie 1499 f.
– nach Blutung 1501

Sachregister

Totenschein
− Ausstellung 100 ff., 100
Toter
− Augapfelentnahme 107
− Entnahme von Körperflüssigkeit 106
− Herzschrittmacher-Entnahme 109
− Hornhautentnahme 108
Trabekulotomie 1382
Tracheotomie 2751
Trainingsdialyse 790
Tränendrüse
− Exstirpation oder Verödung 1301
Tränenpünktchen
− Operation 1297
Tränensack
− Exstirpation 1299
Tränensackoperation 1300
− vom Naseninnern aus 1497
Tränensackphlegmone
− Operation 1292
Tränensekretionsmenge 1209
Tränenwege
− Dehnung usw 1293
− Sondierung bei Kindern 1294
− Sprengung von Strikturen 1298
− Versorgung nach Trauma 77018
Transfemorale venöse Blutentnahme 258
Transfusion 280 ff.
Transhepatische Drainage 5361
Transplantation
− Haut 2380 ff.
− Hornhaut 1346
− Leber 3184
− Nerv 2591
− Niere 1845
Transportbegleitung 55, 833
Trepanation
− Nagel 303
− Schädel 2515 ff.
Trichiasis
− plastische Korrektur 1304
Trichogramm 4860
Trichterbrust
− plastische Operation 2960
Trockenpackung 9201 ff.
Trommelfell
− Anästhesie 485
− binokularmikroskopische Untersuchung 1415
− Entfernung von Granulationen 1585
− Parazentese 1575
− Vibrationsmassage 1591
Trommelfellprothese
− Einsetzen oder Auswechseln 1577
Troponin-T-Schnelltest
− qualitativ 73732
Tubendurchgängigkeitsprüfung 1112 f.
Tubensterilität
− Refertilisierungsoperation 1148 f.
Tuberkulin-Test 384

Tuberplastik 2675
Tumor
− Exzision 2403 ff.
Tumorszintigraphie 5430 f.
Turnen
− als krankengymnastische Gruppenbehandlung 509
Tympanoplastik 1610, 1613 f.

U

Übende Verfahren 846 f.
Überdruckbeatmung
− intermittierend 501
Überwärmungsbad 532, 538
Überweisung 2
Übungsbehandlung
− krankengymnastisch 510
− sensomotorisch 725 f.
Ulcus pepticum
− Resektion 3148
Ultraschall-Behandlung 9303
Ultraschall-Biometrie vorderer Augenabschnitt 77014
Ultraschallvernebelung zur Inhalationstherapie 500
Umstellungsosteotomie 2252, 2276
Unterarmknochen
− Reposition 2328
Unterkiefer
− Drahtumschlingung 2696
− Halbseitenresektion 2712
− Osteotomie nach disloziert verheilter Fraktur 2706
− partielle Resektion 2710 f.
Unterkieferfraktur
− operative Reposition 2690
Unterkieferluxation
− Reposition 2680 ff.
Untersuchung
− Ganzkörperstatus 8
− neurologisch 800
− Organsystem 6 f., 6 f.
− psychiatrisch 801
− symptombezogen 5
Unterwasserdruckstrahlmassage 9412
Urachusfistel
− Operation 3288
Ureter
− Bougierung 1814
− Segmentresektion 1819
Ureterektomie 1818
Ureterolyse 1829, 1830
Ureterorenoskopie 1827 f.
Ureterverweilschiene
− Anlegen 1812
− ersatzlose Entfernung 1802

Urethra
− Anästhesie 488
− Dehnung 1701 f., 1710
− Fremdkörperentfernung 1703 f., 1711
− Spülung 1700
Urethradruckprofilmessung 1798
Urethrographie 5230
Urethroskopie 1712 f.
Uroflowmetrie 1792
Urographie 5200 f.
Uterus
− Abrasio 1104
− Antefixation 1147
− endoskopische Untersuchung 1110 f.
− Exstirpation 1138 f.
− Exstirpation nach Ruptur 1036
− Myomenukleation 1137, 1162
− Nachblutung 1140
UV-Bestrahlung
− als Photo-Chemotherapie 565
− bei einem Neugeborenen 566
− selektiv 567
− ungefiltert 560 ff.

V

Vaginalatresie
− plastische Operation 1123, 1124 f.
Vaginale Behandlung 1075
Vaginalzysten
− Exstirpation 1141
Vaginoskopie 1062
− beim Kind 1063
Vagotomie 3154 f.
Vakuumextraktion 1026
Valvuloplastik 3084
Varikozele
− Embolisationsbehandlung 5359
− Operation 1759 f.
− Sklerosierung 764, 5329
Varixknoten
− Inzision 2880
Varizen
− Crossektomie 2883
− Exstirpation 2881 f.
− Perforansligatur 2890
− Seitenastexstirpation 2890
Varizensklerosierung
− an den Beinen 764
− im oberen Gastrointestinaltrakt 691
Vasomotorik
− plethysmographische Prüfung 639
Vasoresektion 1756
Vektorkardiographie 657
Velopharyngoplastik 2626
Venae sectio 2800
Vene
− Entnahme zum Gefäßersatz 2808

Sachregister

– Freilegung bzw. Unterbindung 1639, 2801 ff.
– rekonstruktive Operation 2891
– Verletzung im Extremitätenbereich 2809
Vene cava inferior
– Unterbrechung 2898 f.
Venendruckmessung
– am freigelegten Gefäß 2804
– peripher (Phlebodynamometrie) 640
– zentral 648
Venenembolisation
– transpenil oder transskrotal 1759
Venenkatheter
– zentral 260
Venenpulsschreibung 638
Venen-Verschlußplethysmographie 641 f.
Venographie 5329 ff.
Ventrikulographie
– szintigraphisch 5420 f.
Ventrikulozisternostomie 2541
Verband 200, 202
– Gipsfixation 208
Verhaltenstherapie 870 f.
– biographische Anamnese 860
Verschiebeplastik 2381 f.
Verschlußplethysmographie 641 f.
Verweilen 56
– bei Nacht 57
Verweilkatheter
– Einlegen 1732
– Spülung 1733
Vesikulographie 5260
– Kontrastmitteleinbringung 370
Vestibulum
– Verschluß von perforierenden Defekten 2625
Vestibulumplastik 2675 ff.
Videokeratoskopie 77009
Vierzellenbad 553, 9410
Visite
– im Krankenhaus 45 f., 45 ff.
Visus
– Untersuchung 1200 ff.
Visusäquivalenz
– Untersuchung 77001
Vitalkapazität
– Bestimmung 608
Vitrektomie 1384
Vojta-Diagnostik 714
Vojta-Therapie 725 f.
Vollbad 532, 538, 9408 f.
Vollhauttransplantation 2383
Vollnarkose 453 ff.
Volumenpulsschreibung
– photoelektrisch 635
Volvulus
– Operation 3171
Vordruck 110 ff., 136 ff.
Vorhaut
– Ringligatur 1741

Vorhautverklebung
– Lösung 1739
Vorhofseptumdefekt
– operative Anlage 3070
– operativer Verschluß 3072 f.
Vorsorgeuntersuchung 23 ff.
Vulvektomie 1159

W

Wärmeanwendung 9201
Wärmebehandlung 9201 ff.
Warmpackung 528 f., 9203 ff.
Wartegg-Zeichentest 857
Warzen
– Entfernung 745
Warzenfortsatz
– Eröffnung 1597 f.
Wasserbruch
– Operation 1761
– Punktion 318
Wechsel-Vollbad 9408 f.
Wegegebühr
– ärztl. verordneter Hausbesuch 9603
Wegegeld 75 ff., 71 ff.
Weichteiltechnik 3305
Wendung
– geburtshilflich 1028 f.
Wickel 530, 535
Wiederbelebung 429
Wiederholungsrezept 2
Wimpernfehlstellung
– plastische Korrektur 1304
Wimpernhaare
– Epilation 1323
Wirbelbogenresektion 2282 f.
Wirbelfraktur
– Aufrichtung im Durchhang 2322
– operative Aufrichtung 2332 f.
Wirbelgelenk
– Chemonukleolyse 2279
– Kontrastmitteleinbringung 372
Wirbelgelenkluxation
– Reposition 2203
Wirbelsäule
– Chirotherapie 3306
– mobilisierende Behandlung 3305
– operative Versteifung 2285
– Röntgenuntersuchung 5100 f.
Wirbelsäulenverkrümmung
– Operation 2286 ff.
– Redressement 2280
Wochenbettpackungen 9797
Wunde
– Behandlung 2006
– Fädenentfernung 2007
– Verband 200
– Versorgung 2000 ff.

Wundreinigungsbad 2016
Wurmfortsatz
– Exstirpation 3200

X

Xeroradiographietechnik 5115

Z

Zahn
– Entfernung bei extremer Verlagerung 2650
– Reposition 2685
– Röntgenuntersuchung 5000
Zentralvenenkatheter
– Legen 260
Zentrumsdialyse
– ärztliche Betreuung 792
Zeruminalpfropf
– Entfernung 1565
Zervix
– Abrasio 1102
– Dehnung bei Geburt 1020
– plastische Operation 1129
– Probeexzision 1103, 2402
– Thermokoagulation 1084
Zervixinsuffizienz
– Cerclage-Behandlung 1129
Zervixriß
– Naht 1043
Zirkulärer Verband 204
Zökalfistel 3206
Zunge
– Entfernung 1512, 1514
– Keilexzision 1513
– Probeexzision 2402
Zungenabszeß
– Eröffnung 1511
zusätzliche Ruhe 9601
ZVD
– Messung 648
Zweizellenbad 9410
Zwerchfell
– thorakaler Eingriff 2985
Zwerchfellhernie
– Operation 3280
Zwerchfellrelaxation
– Operation 3281
Zyklodialyse 1358
Zyklodiathermie-Operation 1359
Zyklotropie 77023
Zyklusphasenbestimmung
– zytologisch 4850
Zystoskopie 1785 ff.
Zystotonometrie 1791
Zytogenetische Untersuchung 4870 ff.
Zytologische Untersuchung 4850 ff.

Sachregister

– Entnahme von Abstrichmaterial 297, 1105

Zytostatika-Infusion 275 f.

Sachregister (Labor)

Sachregister (Labor) zu Teil M (Laboratoriumsuntersuchungen). Für die speziellen Laboratoriumsuntersuchungen (Abschnitte M III und M IV) sind die Stichworte auf Oberbegriffe und ausgesuchte Laboratoriumsuntersuchungen begrenzt
Die Zahlen nennen, sofern nicht anders angegeben, die Nrn. des Gebührenverzeichnisses des DKG-NT Band I und des BG-T.

A

AB0-Merkmale 3980 ff.
Albumin
– photometrisch 3570.H1
Alkalische Phosphatase 3587.H1
Allergenspezifisches Immunglobulin 3890 ff.
Alpha-Amylase 3512, 3588.H1
Alpha-Fetoprotein 3743
ALT 3515, 3594.H1
Aminosäuren 3735 ff.
Amylase 3512, 3588.H1
Amylase-Clearance 3610
Antibiogramm 4610 ff.
Antibiotika-Konzentration 4203
Antikörper
– antinukleär und zytoplasmatisch (Subformen) 3857 ff.
– gegen Bakterienantigene 4220 ff.
– gegen körpereigene Antigene, qualitative Immunfluoreszenz 3805.H2 ff.
– gegen körpereigene Antigene, quantitative Immunflureszenz 3832 ff.
– gegen körperfremde Antigene 3890 ff.
– gegen Parasitenantigene 4430 ff.
– gegen Pilzantigene 4415 f.
– gegen Virusantigene 4300 ff.
– qualitativer Nachweis mittels Agglutination 3884 f.
– quantitative Bestimmung mittels Immundiffusion 3886
Antikörpersuchtest 3987 ff.
Antinukleäre Antikörper
– Subformen 3857 ff.
Anti-Streptolysin 3523, 4231, 4247, 4293 f.
Antithrombin III 3930 f.
Arzneimittelkonzentrationen 4150 ff.
ASL 3523, 4231, 4247, 4293 f.
AST 3516, 3595.H1

B

Bakterielle Toxine
– Untersuchung 4542 f.
Bakterien
– Empfindlichkeitstestung 4610 ff.
– Gewebekultur 4530 ff.
– Identifizierung 4545 ff.
– Keimzahlbestimmung 4605 f.
– lichtmikroskopische Untersuchung 4506 f.
– Metabolitprofil 4567 f.
– Nativuntersuchungen 4500 ff.
– Untersuchung durch Phagentypisierung 4578 ff.
Bakterienantigene
– Antikörper 4220 ff.
– Nachweis durch Präzipitation 4596 ff.
– Nachweis mittels Ligandenassay 4561 ff.
– qualitative Untersuchung des Nativmaterials 4520 ff.
– qualitativer Nachweis von Antikörpern 4220 ff., 4251 ff.
– quantitative Bestimmung 4235 ff., 4263 ff.
Bakterientoxine
– Nachweis durch Präzipitation 4596 ff.
– Nachweis mittels Ligandenassay 4590 ff.
Beta-hämolysierende Streptokokken Gruppe B
– qualitativer Nachweis 4520
Bilirubin
– direkt 3582
– gesamt 3581.H1
– im Fruchtwasser, spektralphotometrisch 3775
Blut im Stuhl 3500, 3650
Blutausstrich
– Differenzierung 3680 f.
– mikroskopische Differenzierung 3502
Blutbild 3550
Blutgasanalyse 3710
Blutgruppenmerkmale 3980 ff.
Blutkörperchensenkungsgeschwindigkeit 3501, 3711
Blutungszeit 3932
Blutzuckertagesprofil 3611
BSG 3501, 3711

C

Calcium 3555
Chlorid 3556
Cholesterin 3562.H1
Cholinesterase 3589.H1
CK 3590.H1
CK-MB 3591.H1
– Ligandenassay 3788
Coombstest
– direkt 3997 f.
– indirekt 3987 ff.
C-reaktives Protein 3524, 3741
CRP 3524, 3741
Cyclosporin 4185

D

Digoxin 4162

Drogen-Bestimmung 4150 ff.

E

Eisen 3620
Elektrolyte 3710 ff.
Elektrophoreseverfahren 3735 ff.
Enzyme 3774 ff.
Erythrozyten
– Einzelbestimmung 3504
Ethanol 4211

F

Ferritin 3742
Fibrinogen 3933 ff.
Fibrinolysesystem 3930 ff.
Freies Thyroxin 4023.H4
Funktionsteste 4090 ff.

G

Gamma-GT 3513, 3592.H1
Gerinnungssystem 3930 ff.
Gesamt-Protein 3573.H1
GLDH 3593.H1
Glukose 3514, 3560
Glukose-Toleranztest
– intravenös 3612
– oral 3613
Glutamatdehydrogenase 3593.H1
Glykierte Hämoglobine 3561
Glykierte Proteine 3721
GOT 3515, 3594.H1
GPT 3516, 3595.H1
Gramfärbung 3510, 4511, 4553
Guthrie-Test 3758

H

Hämatokrit 3503
Hämoglobin 3517
Hämoglobin-Untersuchungen 3689 ff.
Harnsäure 3518, 3583.H1
Harnstoff 3584.H1
HbA 3561
HBDH 3596.H1
HBs-Antigen
– Antikörperbestimmung 4381
HDL-Cholesterin 3563.H1
Heparin 3945
HIV
– Antikörperbestimmung 4322 f., 4349 f., 4395, 4409
HLA-System 3980 ff.

Sachregister (Labor)

Hormonbestimmung
- Chromatographie 4071 ff.
- Ligandenassay 4020 ff.
Hormonrezeptoren 4086 ff.
Humanes Choriongonadotropin 4024
- im Urin 4081 f.
Hungerversuch 4104 f.

I

IgE 3572
Immunelektrophorese 3748
Immunglobulin E
- Ligandenassay 3572
Immunglobuline
- allergenspezifisch 3890 ff.
- Ligandenassay 3571
Isoenzyme 3784 ff.

K

Kalium 3519, 3557
Keimzahlbestimmung 4605 f.
Kohlenhydratstoffwechsel 3721 ff.
Komplementsystem 3930 ff.
Kreatinin 3520, 3585.H1
Kreatinin-Clearance 3615
Kreatinkinase 3590.H1
Kreatinkinase MB 3591.H1
Kreuzprobe 4000 ff.

L

Laktatdehydrogenase (LDH) 3597.H1
LDL-Cholesterin 3564.H1
Lecitin/Sphingomyelin-Quotient 3782
Leukozyten
- Einzelbestimmung 3505
Leukozyten-Differenzierung
- zusätzlich zum Blutbild 3551
Lipase 3521, 3598.H1
Lipidstoffwechsel 3721 ff.
Liquor-Untersuchungen 3669 ff.
Lithium 4214
Luteinisierendes Hormon 4026
Lymphozytenmischkultur 4013 f.

M

Magnesium 3621
Metabolite 3774 ff.
Methadon 4168
Methylenblaufärbung 4506
Mikroskopische Untersuchung
- nach differenzierender Färbung 3510

- nach einfacher Färbung 3509
- Nativpräparat 3508
Molekularbiologische Identifizierung von Bakterien etc 4780 ff.
Mononukleose-Test 3525
Mykobakterien
- Anzüchtung 4540

N

Nativmaterial
- bakteriologische Untersuchungen 4500 ff.
Nativpräparat
- mikroskopische Untersuchung 3508
Natrium 3558
Nukleinsäuren 3920 ff.
- Amplifikation (PCR) 3922 f., 4783 f.
- Isolierung 3920, 4780 f.

O

Opiate 4172
Östradiol 4039
Östriol 4027
Östrogenrezeptoren 4086

P

Parasiten
- Identifizierung 4765 f.
- Nachweis durch lichtmikroskopische Untersuchung 4740 ff.
- xenodiagnostische Untersuchungen 4770 f.
Parasitenantigene
- qualitativer Nachweis von Antikörpern 4430 ff., 4440 ff.
- quantitative Bestimmung von Antikörpern 4435 ff., 4448 ff.
Partielle Thromboplastinzeit
- Einfachbestimmung 3605, 3946
PCR 4783 f.
Phänotypisierung von Zellen 3696 ff.
Phenobarbital 4173
Phosphat
- anorganisch 3580.H1
pH-Wert 3714
Pilzantigene
- Nachweis mittels Agglutination 4705 ff.
- qualitativer Nachweis 4415 f., 4421 ff.
- quantitative Bestimmung 4418, 4425 f.
Pilze
- Empfindlichkeitstestung 4727 f.
- Nachweis durch Anzüchtung 4715 ff.
- Untersuchungen im Nativmaterial 4705 ff.
Plasmathrombinzeit
- Doppelbestimmung 3606

Polymerase-Kettenreaktion 4783 f.
Porphyrine 4120 ff.
Progesteron 4040
Progesteron-Rezeptoren 4087
Prostataspezifische saure Phosphatase 3794
Protein (Gesamtbestimmung) 3573.H1
- Serumelektrophorese 3574
Proteine 3735 ff.
Prothrombinzeit 3607
PTT
- Einfachbestimmung 3605, 3946
PTZ
- Doppelbestimmung 3606

Q

Quickwert 3530, 3607

R

RAST 3890 ff.
Reninbestimmung
- seitengetrennt 4115
Reptilasezeit 3955
Retikulozytenzahl 3552
Rheumafaktor 3526

S

Saure Phosphatase
- photometrisch 3599
Schilddrüsenhormone
- Ligandenassay 4022.H4 ff.
Schwangerschaftstest 3528, 4081 f.
Schwermetalle
- Untersuchung mittels Atomabsorption 4190 ff.
Sekret-Untersuchungen 3660 ff.
Sexualhormone
- Ligandenassay 4020 ff.
Spermien-Untersuchungen 3663 ff.
Spurenelemente 4130 ff.
Steinanalyse 3672 ff.
Stuhluntersuchung auf Blut 3500, 3650
Substrate 3774 ff.

T

Teststreifen-Untersuchung 3511
- Trockenchemische Bestimmung, Theophyllin 3733
Theophyllin 4179
Thromboplastinzeit 3530, 3607
- partiell (Einfachbestimmung) 3605
Thrombozyten
- Einzelbestimmung 3506

Sachregister (Labor)

Thyroxin 4031.H4
Toxische Substanzen
– Bestimmung 4150 ff.
Transferrin
– Immundiffusion o. ä 3575
Treponema pallidum 4232, 4248, 4259 f., 4270 f., 4283
TRH-Test 4117
Triglyceride 3565.H1
Tumormarker 3900.H3 ff.
Tumornekrosefaktor 3767
Tumorstammzellenassay 3700

U

Urinsediment 3531
– phasenkontrastmikroskopische Untersuchung 3532

Urin-Streifentest 3511, 3652
Urinuntersuchungen 3651 ff.

V

Viren
– Antigennachweis mittels Ligandenassay 4675 ff.
– Identifizierung 4665 ff.
– Nachweis durch Anzüchtung 4655
– Nachweis von Antigenen mittels Ligandenassay 4640 ff.
– Untersuchungen im Nativmaterial 4630 f.
Virusantigene
– quantitative Bestimmung von Antikörpern 4305 ff., 4337 ff.
– Viskosität 3712

– Vitamine 4138 ff.
Virusantigene. qualitativer Nachweis von Antikörpern 4300 ff., 4310 ff.

W

Wasserhaushalt 3710 ff.

Y

Yersinien 4233, 4249

Z

Zellfunktionsuntersuchungen 3680 ff.